특허판례평석

최덕규 저

세창출판사

지은이 **최덕규**

1957년 충북 청원에서 출생하여 서울공대를 졸업하고 제23회 변리사 시험에 합격하였다. 미국 Franklin Pierce Law School (현재 뉴햄서 대학교 로스쿨) 지적재산권 석사과정(MIP)을 수료하고, 『특허법』(1991년 세창출판사) 및 『상표법』(1994년 세창출판사)을 출간하여 영미제도를 우리나라에 최초로 소개하였다. 경기대, 숙명여대, 연세대 국제법무대학원, 경희대 국제법무대학원, 광운대에서 특허법과 상표법을 가르쳤다. 1993년 이래 명지특허법률사무소 대표변리사(현)로 일하면서 50여 편의 판례평석과 30여 편의 논문을 발표하였다. 2014년 지적재산권 분야는 물론 사법부를 중심으로 한 우리 사회의 문제점을 파헤친 『법! 말장난의 과학』(도서출판 청어)을 출간하여 호평을 받기도 하였다.

특허판례평석

초판 인쇄 2021년 12월 7일
초판 발행 2021년 12월 20일

지은이 최덕규
펴낸이 이방원
펴낸곳 세창출판사
　　　신고번호 제300-1990-63호
　　　주소 03736 서울시 서대문구 경기대로 58 경기빌딩 602호
　　　전화 02-723-8660 팩스 02-720-4579
　　　이메일 edit@sechangpub.co.kr　홈페이지 www.sechangpub.co.kr
　　　블로그 blog.naver.com/scpc1992　페이스북 fb.me/sechangofficial　인스타그램 @sechang-official

ISBN 979-11-6684-069-2 93360

| 머 리 말 |

　우리나라 특허청의 특허출원 건수는 지난 십수 년간 전 세계적으로 4~5위를 기록하고 있다. 그렇다면, 특허출원에 대한 심사나 심판 나아가 관련 소송에 대한 품질은 몇 위쯤 될까? 이 질문에 대해 필자가 답한다면 40~50위쯤 될 것이라고 할 수 있다. 해마다 특허출원 건수를 자랑스럽게 발표하는 우리 실정에 비해, 심사나 심판 또는 관련 소송의 품질은 형편없는 수준이다. 필자가 이렇게 혹독한 평가를 내리는 데에 대한 대표적인 근거 세 가지를 들겠다.

　첫째, 우리는 아직까지 다중종속항의 의미도 알지 못하고, '약', '바람직하게', '및/또는' 등과 같은 용어를 불명확한 용어라고 단정하여 특허를 거절한다. 이와 같이 형식적인 요건의 미비로 특허를 거절하는 것은 특허명세서를 올바로 이해하지 못하고 있다는 것을 의미한다. 특허명세서의 의미를 올바로 이해하고, 한 번이라도 특허명세서를 진지하게 작성해 본다면, 법에서 규정하는 형식적인 요건들이 얼마나 잘못된 것이라는 것을 깨닫게 될 것이다.

　둘째, 우리는 특허발명에 대한 심사나 심판 또는 관련 소송의 상당수에서 발명의 진보성을 올바로 판단하지 못하고 있다. 발명의 진보성은 신규성과 함께 특허심사의 핵심요건이다. 신규성은 진보성에 비해 판단하기도 쉽고 문제가 되는 경우도 상대적으로 매우 적기 때문에 큰 문제가 되지 않는다. 하지만 진보성은 특허심사에 있어서 숫자적으로 95% 이상을 차지하기 때문에, 이를 올바로 판단하지 못한다는 것은 심각한 일이 아닐 수 없다. 때로는 신규성과 진보성도 구분하지 못하는 어처구니없는 경우도 발생한다.

　셋째, 우리의 잘못된 특허 심판이나 소송의 또 다른 문제점은 잘못된 대법원 판례를 반복하여 인용하고 있다는 점이다. 무엇이 잘못된 판례인지조차도 모르고 심판이나 소송을 하고 있는 형국이다. 대표적인 예로, 인간의 치료방법 발명을 산업상 이용가능성이 없다고 판단한 대법원 90후250 판결이나, 청구항에서 하나라도 하자가 있으면 출원 전체가 특허를 받을 수 없다고 판단한 2000후747 판결이 있다. 이들은 특허제도에 대한 근본적인 이해가 부족하기 때문에 내려진 잘못된 판결들이고, 그것이 잘못된 것인 줄도 모르고, 대법원 판례라는 이름으로 아직까지도 반복하여 인용되고 있다. 이는 빙산의 일각에 불과하다.

특허 심판이나 소송이 상당수 잘못되고 있는데도 개선될 여지는 요원한 것 같다. 잘못된 판결에 대한 비판이나 비평이 나오지 않기 때문이다. 사회는 비판을 통하여 발전하게끔 되어 있다. 헤겔은 사물의 변화 과정을 정-반-합의 변증법적 과정으로 설명했다. 한 시대에 옳다고 받아들여졌던 정(正)은 그다음 시대에 그 단점이 명백해지면서 정면으로 부정된다. 그리고 이 반(反)을 거치면서 정(正)의 본래 좋았던 점들은 새로운 시대에 맞게 변화하며 비로소 합(合)을 이룬다. 이렇게 정(正)이 전면 부정되는 반(反)의 과정을 거쳐야 비로소 합(合)을 이뤄 사회는 앞으로 나아갈 수 있다. 그런데 특허판례에 대해서는 비판이나 비평이 전무하다. 언론매체, 특허법을 학문적으로 연구하는 학자들, 전문가라 자처하는 변리사, 변호사들도 특허판례에 대한 비판이나 비평을 하지 못하고 있다.

특허판례에 대한 비판이나 비평을 내놓지 못하는 가장 큰 이유는, 특허는 기본적으로 기계, 화학, 전기전자, 생화학 등과 같은 지극히 전문적인 기술을 주제로 하는데, 이들 기술을 이해하지 못하기 때문이다. 이러한 어려움 때문에 특허판례는 일반인은 물론 언론매체나 학자 나아가 관련업계 전문가들조차도 이해하기 어려운 경우가 많고, 그래서 평석이 쉽지 않다. 그렇다고 비판이나 비평을 하지 않는다면 특허판결의 발전은 기대할 수 없고, 오리무중의 미궁 속을 헤매는 선무당 사람 잡는 식의 판결은 계속될 것이다.

필자는 35년간 특허업무를 해 오면서 잘못된 판례에 대해 평석과 논문을 발표하였다. 잘못된 판결에 대한 기록을 남기고, 앞으로는 그런 잘못이 반복되지 않게 하기 위해서였다. 이 책에는 그간 발표한 17건의 특허판례에 대한 평석과 함께 우리나라 특허제도의 문제점을 진단한 18편의 논문을 실었다. 거의 대부분이 지적재산권 전문 학술지인 「창작과 권리」, 대한변리사회 발행지인 「특허와 상표」, 일간지, 법률신문 등에 발표되었던 글들이다.

　이 책에서의 판례 평석은 기술에 대한 이해가 수반되어야 하기 때문에 거의 대부분 필자가 수임하였던 사건을 다루었다. 이 책의 판례평석에서 법리에 맞지 않는 내용이나 논리적이지 못한 부분이 있다면 그것은 전적으로 필자의 부족함으로 인한 것이다. 특허제도의 문제점을 지적한 논문에서는 이미 개선되어 문제점이 해결된 부분도 다수 있다. 지난 30여 년에 걸쳐 발표하였기 때문에, 인용된 법조문이 현재 특허법과는 상당히 다를 수 있다. 인용된 법조문을 비롯하여 기타 시대적 상황에 대한 표현은 발표된 시점에서 서술한 것이니 독자 제현의 양해를 구한다.

　필자는 지적재산권 분야의 유일한 전문 학술지였던 「창작과 권리」를 25년간 발행해 온 세창출판사에 많은 빚을 지고 있다. 이번에도 이방원 사장님, 임길남 상무님을 비롯하여 세창출판사 임직원 여러분들의 도움으로 이 책이 나오게 되었다. 진심으로 감사드린다.

2021년 12월에
서초동에서 **최 덕 규**

| 목 차 |

제1부 판례평석

제2부 논단(논문 및 단편)

제1부

판례평석

1. 개량의장의 등록여부와 선후의장권의 상호관계[1]
─ 항고심결 94항원794를 중심으로 ─

I. 서 언

특허나 실용신안에서와 같이, 의장에 있어서도 기본고안에 대한 개량고안(improvements)의 법적 문제는 계속되고 있다. 특히 기본고안에 대하여 이미 의장권이 설정 등록된 후, 그를 개량하여 의장의 등록요건을 충족한 것으로 판단되는 개량의장에 대하여 의장등록출원을 한 경우, 그 개량의장에 대한 등록여부를 어떻게 판단할 것이며, 나아가 그 개량의장에 대하여 의장권이 설정등록된 경우, 기본의장에 대한 의장권(이하 '선의장권')과 개량의장에 대한 의장권(이하 '후의장권')과의 권리 간의 저촉 문제, 즉 의장권의 실시상의 문제나 침해상의 문제가 종종 발생하고 있다. 물론 여기서 논하고자 하는 것은 선의장권과 후의장권의 권리자가 서로 다른 경우이다. 이러한 취지는 선의장권과 후의장권의 권리자가 동일한 경우에는 개량의장에 대한

---

1 「창작과 권리」 제3호(1996년 여름호).

등록여부에 관한 문제만이 발생하며 의장권의 실시상의 문제나 침해상의 문제는 발생하지 않기 때문이다. 나아가 권리자가 동일한 경우에는 의장법에서 규정하는 유사의장제도도 적절하게 활용될 수 있기 때문이다.

여기서는 의장등록출원 제93-3143호에 대한 거절사정불복 항고심판에서의 항고심결 94항원794를 중심으로 개량의장의 등록여부에 대한 문제와 의장권의 실시상의 문제 및 침해상의 문제를 살펴본다.

II. 항고심결 94항원794의 개요

1. 의장등록출원 제93-3143호

미국의 코마이어사는 1993.02.25일자로 하기 제1도와 같이 도시되는 등가방(배낭의 형상과 모양의 결합)을 의장고안의 요지로 하여 우리나라 특허청에 의장등록출원을 하였다.

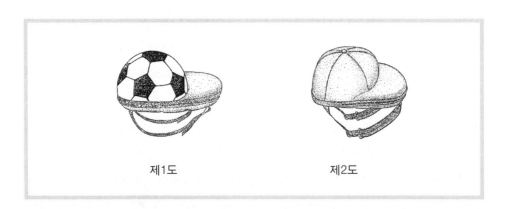

제1도   제2도

제1도에 도시된 바와 같이, 이 의장은 두 개의 멜빵을 부착하고, 옆에는 배낭을 열고 닫을 수 있는 지퍼가 부착되며, 이들 부분은 통상의 공지된 배낭과 크게 다를 바가 없다.

하지만 전체적인 형상은 모자와 같은 형상을 나타내기도 하며, 배낭의 뒷부분은 축구공의 무늬를 나타내고 있어서, 이러한 의장고안이 신규한 것이라 한다면 의장의 심미감을 판단하는 주체인 '통상의 지성적인 사람(ordinary intelligent man)'[2]이 판단할 때 의장으로서의 심미감을 부인하기 어려운 것으로 볼 수 있다.

상기 의장(이하 '후의장')의 등록여부를 심사한 심사관은 상기 의장이 의장등록 제135988호 의장과 유사하다는 거절이유를 통지하였고, 그 거절이유에 대하여 출원인은 의견서를 제출하였지만, 의견서는 받아들여지지 않고 거절사정을 하였다.

2. 의장등록 제135988호(이하 '선의장')

선의장은 내국인 박진구가 1992.05.20일자로 출원하여 1993.01.14일자로 등록된 것으로, 그 의장은 제2도에 도시된 바와 같이 등가방(배낭)의 형상과 모양의 결합을 그 요지로 하고 있다.

상기 선의장과 후의장을 비교하면, 배낭의 뒷부분이 하나는 모자의 형상과 모양을 나타낸 것이고, 다른 하나는 축구공의 형상과 모양을 나타낸 것으로, 이 부분을 제외한 모든 부분이 서로 동일하다.

3. 후의장의 거절이유에 대한 의견서

상기와 같은 심사관의 거절이유에 대하여, 출원인은 다음과 같은 요지의 의견서를 제출하였지만, 그 의견은 받아들여지지 않았다.

> *(1) 본원의장이 표현된 물품과 인용의장이 표현된 물품은 모두 등가방(배낭)으로 동일하지만, 그 물품에 표현된 의장은 서로 유사하지 않다.*
> *인용의장은 배낭의 형상과 모양의 결합으로 모자의 무늬모양을 6개의 선으로 구*

---

2 미국판례 In Re Laverne, 356 F. 2d 1003(1966).

성된 모양을 이루고 있는 반면, 본원의장은 축구공의 모양을 나타내도록 고안되었기 때문에, 인용의장과 본원의장이 나타내는 심미감은 서로 상이하다. 나아가 모자의 무늬모양을 배낭에 최초로 표현함으로써 그 물품에 대하여 심미감을 일으킬 수 있는 인용의장이 되었듯이, 모자와 전혀 심미감의 관점에서 관계가 없는 축구공의 무늬모양을 동일한 형상의 물품에 적용한 본원의장은 의장으로서의 심미감을 일으킬 수 있기 때문에 본원의장은 적법하게 등록될 수 있어야 한다.

(2) 선후출원되어 등록된 등록의장들의 이용관계에 대한 판단과 의장의 진보성을 비롯한 등록요건의 판단은 서로 별개의 것으로 이들은 혼동되어서는 안 된다.

만일 인용의장 고안이 표현된 물품인 배낭의 형상이 인용의장의 권리범위에 포함된다면(모자무늬에 관한 부분은 제외하고 배낭의 형상만을 고려하면), 본원의장은 배낭의 형상을 그대로 이용하기 때문에 인용의장의 권리범위에 속하게 된다. 이 경우에 본원의장과 인용의장은 이용관계가 성립할 수 있다. 그러나 비록 이러한 이용관계가 인정된다 하더라도, 본원의장은 축구공의 무늬모양으로 이루어져 있어서 인용의장과는 서로 다른 심미감을 나타내고, 따라서 고안의 진보성도 부인될 수 없는 것이다. 의장법 제45조[3]에서도 선후의장의 이용관계와 의장의 등록요건을 서로 별개로 행할 수 있도록 선후의장의 이용관계에 대하여 명시하고 있다. 물론 축구공의 무늬모양이 표현된 본원의장이 모자의 무늬모양이 표현된 인용의장에 비하여 그 진보성이 인정되지 않는다면 본원의장은 의장등록을 받을 수 없지만, 축구공과 모자는 본원의장의 심미감과 관련하여 어떠한 관계가 존재하지 않으며, 배낭과 관련하여 축구공과 모자무늬가 서로 다른 심미감을 나타낸다면 고안의 진보성을 부인할 수 없는 것이다.

---

3 意匠法 제45조(타인의 등록의장 등과의 관계) ① 의장권자·전용실시권자 또는 통상실시권자는 등록의장 또는 이와 유사한 의장이 그 의장등록출원일 전에 출원된 타인의 등록의장 또는 이와 유사한 의장·특허발명·등록실용신안 또는 등록상표를 이용하거나 의장권이 그 의장권의 의장등록 출원일 전에 출원된 타인의 특허권·실용신안권 또는 상표권과 저촉되는 경우에는 그 의장권자·특허권자·실용신안권자 또는 상표권자의 동의를 얻지 아니하거나 제70조의 규정에 의하지 아니하고는 자기의 등록의장 또는 이와 유사한 의장을 업으로서 실시할 수 없다.

4. 항고심판의 청구이유

본원의장과 관련하여 출원인은 다음과 같은 요지로 항고심판을 청구하였다.

(1) 본원의장의 심미감의 여부

의장의 심미감의 판단은 그 의장이 속하는 분야의 기술자도 아니고 그 의장을 창작하는 디자이너도 아니며 보통의 지성적인 사람(ordinary intelligent man)에 의해 행해진다[4]고 할 때, 인용의장은 모자의 무늬모양을 배낭의 뒷부분에 적용한 것이고, 본원의장은 축구공의 무늬모양을 배낭의 뒷부분에 적용한 것으로, 본원의장과 인용의장은 서로 다른 심미감을 갖는 것을 부인할 수 없다.

(2) 의장권의 이용관계

의장권은 선후등록의장 간에 이용관계가 인정되는 권리로서 의장권의 이용관계와 의장의 등록요건은 서로 별개로 판단되어야 하며, 즉 이용관계에 있는 정도의 의장이라고 해서 의장등록으로부터 배제될 수 있는 것은 아니며, 선등록의장과 이용관계에 있는 의장이라 하더라도 심미감이나 진보성 등의 등록요건을 충족한다면 그 의장은 등록되어야 한다.

(3) 배타권으로서의 의장권

특허권과 마찬가지로 의장권도 등록을 받았다 해서 의장권자가 항상 자유롭게 실시할 수 있는 전용권 또는 독점실시권이 아니며, 제3자가 의장권의 등록의장을 실시하는 것을 배제하는 배타권 또는 금지권으로, 선후등록의장 간에 이용관계가 성립한다면 후등록 의장권자는 선등록 의장권자의 허락 없이 그의 등록의장을 실시할 수 없다.

---

4   상기 판례, 356 F. 2d 1003(1966).

(4) 이용관계에서의 실시

선후등록의장 간에 이용관계가 성립하는 경우, 후의장권자가 그의 등록의장을 실시할 수 있는 방법은 선등록 의장권자로부터 허락을 받거나, 그 허락을 정당하게 받지 못한 경우 통상실시권 허여심판을 통하여 실시권 허락을 받을 수 있기 때문에, 이러한 의장법상의 제도를 보더라도 선후의장의 등록여부와 이용관계는 별개의 문제로 취급되어야 한다.

(5) 따라서 본원의장에 대한 거절사정은 의장권의 이용관계와 등록요건을 명확히 구분하지 못한 데에서 비롯된 법리오해로부터 비롯된 것이고, 만일 선후의장권의 이용관계를 인정하지 않는다면, 이는 의장법 제45조 제1항의 규정에 정면으로 배치되는 결과를 초래할 것이며, 나아가 이미 등록된 의장(선등록의장)으로부터 더 진보되어 다른 심미감을 갖는 의장고안의 개발은 기대하기 어렵다.

5. 항고심결(94항원794)

이 항고심결의 이유는 다음과 같다.

> "본원의장은 1993.02.25. 출원된 것으로서 그 의장은 출원서의 기재 및 도면에 표현된 바와 같으며 이에 대비되는 인용의장은 관련기록서류에 기재된 바와 같다.
> 원사정은 본원의장을 의장법 제16조 제1항의 규정에 해당하여 등록받을 수 없는 것이라고 거절사정하였다.
> 이에 대하여 항고심판청구인은 주문과 같은 취지의 심결을 구하고 원사정의 거절이유는 부당하다는 요지의 주장을 하였다.
> 이에 살피건대, 양 의장은 다같이 모자형상을 기본으로 한 공통점이 있으나 본원의장은 등가방의 아래부분이 축구공의 형상, 모양인 데 대하여 인용의장은 모자의 형상, 모양을 그대로 나타내도록 6개의 선으로 구분되어 형성된 점 등의 차이로 인하여 양 의장은 전체적으로 감득되는 의장적 미감이 다른 별이의 의장이라 판단되므로 원사정의 거절이유는 타당하지 아니하다. 그러므로 원사정을 파기하고, 본원의장을 다시 심사에 부치기 위하여 심사국에 환송하기로 하여 주문과 같이 심결한다."

Ⅲ. 개량의장의 등록여부

1. 신규성

의장고안의 등록요건의 하나인 신규성은 의장법 제5조 제1항[5]과 제16조 제1항[6]에서 규정한다. 의장등록출원 전에 국내 또는 국외에서 공지되었거나 공연히 실시(公用)된 의장 또는 반포된 간행물에 기재된 의장을 기준으로 신규성을 판단하는 경우에는 의장법 제5조 제1항을 적용하고, 의장등록출원시에 출원 중인 의장등록출원의 의장을 기준으로 신규성을 판단하는 경우에는 의장법 제16조 제1항의 규정을 적용한다.

의장의 신규성은 특허와 마찬가지로 의장고안의 동일성(identity) 또는 실질적인 동일성(substantial identity)을 기준으로 판단하여야 하기 때문에, 실질적으로 의장법 제5조 제1항 제1호 및 제2호에 의거하여 판단하여야 한다. 현행 의장법은 제5조 제1항 제3호와 같이 유사한 의장까지를 포함하고 있지만, 이는 실질적으로 신규성을 판단함에 있어서, '실질적인 동일성(substantial identity)'을 판단하기 위한 것으로 해석되어야 하며, 고안의 진보성을 판단하기 위한 규정으로 해석되어서는 안 된다.

개량고안과 관련하여 등록요건을 판단할 때, 이는 신규성의 문제라기보다는 진보성의 문제로 접근하여야 할 것이다.

---

5 의장법 제5조(의장등록의 요건) ① 공업상 이용할 수 있는 의장으로서 다음 각호의 1에 해당하는 것을 제외하고는 그 의장에 대하여 의장등록을 받을 수 있다.
   1. 의장등록출원시에 국내 또는 국외에서 공지되었거나 공연히 실시된 의장
   2. 의장등록출원시에 국내 또는 국외에서 반포된 간행물에 기재된 의장
   3. 제1호 또는 제2호에 해당하는 의장에 유사한 의장
6 의장법 제16조(先願) ① 동일 또는 유사한 의장에 대하여 다른 날에 2 이상의 의장등록출원이 있는 때에는 먼저 의장등록출원한 자만이 그 의장에 관하여 의장등록을 받을 수 있다.

2. 진보성

신규성과 같이 의장고안의 등록요건의 하나인 진보성은 의장법 제5조 제1항 제2항7과 제16조 제1항에서 규정하고 있다. 의장의 진보성의 판단은 제5조 제2항에 의해서 행해지며, 그 판단의 기초대상에 따라 제5조 제1항 또는 제16조 제1항의 규정을 적용할 수 있다.

의장의 진보성은 이미 공지, 공용 또는 간행물에 기재된 의장 등에 의하여 그 의장이 속하는 분야에서 통상의 지식을 가진 자가 용이하게 창작할 수 있는 경우에 그 진보성이 부인되어 의장등록을 받을 수 없다. 그러나 현재의 우리 의장법 제15조 제2항은 진보성의 판단기준이나 판단방법을 올바르게 규정하고 있지 못하다.

의장등록출원 제93-3143호와 관련된 거절사정이유에서는 본원의장을 신규성에 해당하는 제5조 제1항에 해당된다는 이유로 거절하였지만, 이는 엄밀히 얘기해서 진보성의 규정을 적용했어야 한다. 개량의장의 등록여부는 신규성의 문제라기보다는 진보성의 문제로 취급되어야 하기 때문이다.

3. 심미감

현행 의장법에서는 '의장'을 물품의 형상, 모양, 색채 또는 이들을 결합한 것으로서 시각을 통하여 미감을 일으키게 하는 것으로 규정하고 있다.8 그러나 이 규정은 의장법 제26조에서 규정하는 거절사정의 이유에 포함되어 있지 않기 때문에, 거절

---

7 의장법 제5조(의장등록의 요건) ② 의장등록출원시에 그 의장이 속하는 분야에서 통상의 지식을 가진 자가 제1항 각호의 의장에 해당하는 경우를 제외하고 국내에서 널리 알려진 形狀・模樣・色彩 또는 이들의 결합에 의하여 용이하게 창작할 수 있는 의장은 제1항의 규정에 불구하고 의장등록을 받을 수 없다.
8 의장법 제2조(定義) 이 法에서 사용하는 用語의 定義는 다음과 같다.
   1. "意匠"이라 함은 物品의 形狀・模樣・色彩 또는 이들을 結合한 것으로서 視覺을 통하여 美感을 일으키게 하는 것을 말한다.

사정의 이유에 대한 명백한 법규정상의 미비점으로 볼 수 있다. 왜냐하면 의장등록의 가장 중요한 요건은 그 의장고안이 심미감을 나타내는 것이어야 하기 때문이다. 의장의 심미감을 판단함에 있어서, 그 의장이 어떠한 심미감을 나타내느냐의 문제에 따라 신규성 또는 진보성에 대한 판단결과는 달라질 수 있기 때문에, 개량의장의 등록여부를 판단함에 있어서도 그 의장이 기본의장과 비교하여 어떠한 심미감의 차이를 나타낼 수 있는지를 명확히 판단해야 한다.

IV. 선후의장권의 상호관계

1. 선후의장의 이용관계

특허법에서도 마찬가지이지만, 의장법에서도 선후의장 간의 이용관계를 인정한다. 의장법 제45조 제1항에 따르면, 의장권자는 그의 등록의장이 타인의 선출원에 의한 등록의장(先意匠)을 이용하는 경우에는 그 선등록 의장권자로부터 동의를 얻지 아니하거나 통상실시권 허여심판에 의하여 실시권을 얻지 아니하면 그의 등록의장을 실시할 수 없다. 즉 후출원을 한 경우라도, 선등록의장과 이용관계가 성립하는 경우에 그리고 의장의 등록요건을 만족하는 경우에 의장의 실시여부를 떠나서 의장등록을 받을 수 있도록 규정한다. 이는 선후의장 간의 이용관계에 대한 판단과 의장의 등록요건이 서로 별개임을 명백히 구분하는 규정이라 할 수 있다.

2. 의장권의 본질

의장권의 본질은 한마디로 배타권이다. 물론 의장법 제41조[9]에서는 "의장권자는

9　의장법 제41조(의장권의 효력)　의장권자는 업으로서 등록의장 또는 이와 유사한 의장을 실시할 권리를 독점한다(하략).

업으로서 등록의장 또는 이와 유사한 의장을 실시할 권리를 독점한다"라고 규정함으로써 배타권이라기보다는 전용권으로 볼 수 있지만, 이는 의장권의 이용관계를 규정한 의장법 제45조 제1항의 규정에 의하여 모든 의장권이 전용권이 아님을 알 수 있다. 다시 말해서 모든 의장권은 전용권이라고는 할 수 없지만 의장권은 모두 배타권이라고 할 수 있다. 이는 의장권이 타인의 선등록 의장권과 저촉되지 않는 범위 내에서 전용권이라 할 수 있는 것이지, 의장등록을 받은 의장권이라 해서 그 자신이 항상 자유롭게 실시할 수 있는 것은 아니다. 이러한 의장권의 본질은 미국 특허법에서 규정하는 특허권의 내용에서 명백히 드러난다. 이 규정에서는 특허권의 내용을 그 특허발명을 타인이 생산, 사용 또는 판매하는 것을 배제할 수 있는 권리라 규정한다.[10]

V. 선후의장의 이용관계의 판단과 그 문제점

1. 이용관계의 판단의 어려움

어떤 두 의장이 서로 이용관계에 놓여 있느냐 아니면 이용관계가 아닌 독점관계에 놓여 있느냐의 판단은 그리 용이한 것이 아니다. 기본의장에 대한 개량의장이라 할지라도, 이용관계를 판단하기 위해서는 의장의 구성요소인 물품의 형상, 모양, 색채 또는 이들의 결합상태 등을 종합적으로 고려하여야 한다. 이용관계에 대한 판단

---

10 미국특허법 §154. Contents and term of patent.
Every patent shall contain a short title of the invention and a grant to the patentee, his heirs or assigns, for the term of seventeen years, subject to the payment of fees as provided for in this title, of the right to exclude others from making, using, or selling the invention throughout the United States, referring to the specification for the particulars thereof. A copy of the specification and drawings shall be annexed to the patent and be a part thereof.

은 선의장권의 창작에 관한 권리의 보호를 침해하지 않아야 하고, 또한 개량의장에 대한 개발의욕도 적절히 보호되어야 하기 때문이다.

2. 이용관계의 판단시점

선후의장 간의 이용관계를 판단하는 시점은 실제로 의장등록출원에 대한 심사시점부터 시작하여 심판, 또는 침해시의 침해소송 등으로 다양하게 해석될 수 있다. 예를 들어 의장등록출원을 심사하는 과정에서 거절이유통지에 대하여 출원인이 의견서를 제출할 때, 그 의장이 선의장과 이용관계에 있음을 인정할 수 있다. 물론 의장등록출원과 관련된 거절사정불복 항고심판이나 대법원 상고에서, 출원인이 이용관계에 있음을 인정할 수도 있다. 또한 거절예고 없이 후출원의장이 등록되고, 그 후의장권자가 그 등록의장을 실시하는 과정에서 선의장권자가 의장권 침해소송을 청구한 경우, 그 소송과정에서 이용관계에 대한 판단이 행해질 수 있다.

3. 이용관계의 판단과 포대금반언의 원리(File Wrapper Estoppel)

의장등록출원 제93-3143호에서는 심사관의 거절예고에 대한 의견서를 제출하는 과정에서, 그리고 항고심판의 청구이유에서 각각 본원의장이 선등록의장(인용의장)과 이용관계에 있음을 인정하고 있다.

위에서 설명한 바와 같이, 선후의장 간의 이용관계는 심사단계, 항고심판, 상고 또는 침해소송에서 선후의장의 이용관계가 출원인, 심판관 또는 재판관에 의하여 판단될 수 있다. 선후의장 간의 이용관계를 판단함에 있어서 직접적으로 침해소송에서 이용관계의 문제를 판단하는 경우를 제외하고, 출원인에 의한 이용관계의 인정을 포대금반언의 원리와 함께 검토할 필요가 있다.

포대금반언의 원리는 특허를 받기 위하여 출원이 계속되는 동안에 특허출원인은 스스로 또는 심사관의 의사에 따라 출원에 관한 보정서나 의견서 등을 제출할 수 있는데, 이 경우 출원인이 보정한 내용에 따라 특허가 허여되고, 보정된 내용이나 주장한 내용이 그 전보다 불리하게 작용할 때 그 최초의 내용에 대한 권리를 주장할 수 없다는 이론이다.[11]

(1) 광의의 포대금반언의 원리

광의의 금반언의 원리는 특허출원과정에서 출원인이 보정한 서류를 특허청구범위에 한정하지 않고 모든 서류에 적용하여 그로 인하여 발생되는 어떠한 손해에 대하여도 출원인은 권리를 주장할 수 없는 것으로 해석한다.

특허청구범위를 중심으로 한 보정에 대하여는 협의의 금반언의 원리와 밀접한 관계가 있으며, 광의의 금반언의 원리에서 가장 문제시되고 있는 것은 의견서에 대한 이 원리의 적용 여부이다. 이 문제에 대한 견해는 의견서에도 금반언의 원리가 적용되어야 한다는 긍정론과 적용되어서는 안 된다는 부정론이 맞서고 있다.

긍정론에 의하면 의견서를 제출하는 행위도 스스로 금반언의 원리를 인정하는 것으로 보아야 하기 때문에 이 원리가 적용될 수 있다는 이론이다. 반면 부정론에서는, 특허권의 보호범위는 본래 특허청구범위를 중심으로 명세서 및 도면의 기재에 의하여 뒷받침되기 때문에 금반언의 원리를 무제한으로 확장하는 것은 부당하다고 한다. 만일 의견서의 내용까지 금반언의 원리가 적용된다면 일반공중은 명세서의 검토 외에 모든 서류를 검토하여야 하고 이는 일반공중에게 많은 부담을 주게 되어 부당하다고 한다.[12]

(2) 협의의 금반언의 원리

협의의 금반언의 원리는 특허청구범위를 비롯한 명세서 및 도면에 한정하여 금반언의 원리를 적용하는 것이다.

특허권의 보호범위는 결국 특허청구범위에 의하여 판단되기 때문에 특허청구범

---

11 R. E. Schechter, *Unfair Trade Practices & Intellectual Property*, West Publishing Co., p.125.

12 최덕규, 「특허법」, 세창출판사(1996), 658쪽.

위를 보정한 것에 대하여 권리를 인정하고 보정 전의 특허청구범위에 대해서는 권리를 주장할 수 없도록 하는 것만으로 충분하다는 이론이다.[13]

VI. 결 론

기본의장을 개량한 개량의장의 등록여부는 선후의장과의 이용관계와는 별도로 판단되어야 한다. 이는 의장의 등록요건을 규정하는 의장법 제5조 제2항과 선후의장 간의 이용관계를 규정하는 의장법 제45조 제1항에 의하여 명백히 뒷받침되고 있다. 또한 의장권의 본질이 전용권 또는 독점실시권이 아니고 타인의 실시를 배제하는 배타권 또는 금지권이라는 의장법의 해석에 의해서도 뒷받침되고 있다. 다만 선후의장의 이용관계를 판단하는 방법상의 어려움과 그 판단하는 시점은 포대금반언의 원리와 관련하여 그 적용범위가 아직도 논란의 대상이 되고 있다. 의장등록출원 제93-3143호의 항고심결에서는 후출원의장의 등록을 인정하였지만, 포대금반언의 원리를 어느 범위부터 적용하여 선후의장 간의 이용관계를 인정할 수 있는지는 해결되지 않은 상태라 할 수 있다. 앞으로 이 문제에 대한 이론적 연구가 물론 실제 침해소송 등에서의 법률적 판단에 주목된다 하겠다.

---

13 위의 책, 659쪽.

2. 특허사건에 있어서의 대법원 판결의 문제점[1]
— 대법원 사건 97후1344 판결을 중심으로 —

I. 서 언

　1998년 3월부터 특허법원이 설립되어 특허심판원의 심결에 대한 불복소송이 현재 특허법원에서 진행되고 있으며, 특허법원의 판결에 대한 불복상고가 대법원에 청구되고 있다. 그러나 특허법원 개원 전에 행해진 특허청 항고심판소의 심결에 대하여는 아직도 대법원에 의하여 상고심이 진행되고 있다. 필자는 종전의 특허청 항고심판소의 심결에 불복하여 청구되었던 상고사건[사건번호 97후1344 거절사정(특허): 이하 '본 사건']의 대법원 판결에 대하여 몇 가지 문제점을 살펴보고자 한다.

1　「*AIPPI KOREA JOURNAL*」1999년 1월호.

II. 본 사건의 판결이유

본 사건의 판결이유는 다음과 같다:

"특허법 제42조 제4항에 의하면, 특허출원서에 첨부되는 명세서의 기재에 있어서 특허청구범위의 청구항은 발명의 상세한 설명에 의하여 뒷받침되고, 발명이 명확하고 간결하게 기재되며, 발명의 구성에 없어서는 아니 되는 사항만으로 기재되어야 하고, 같은 법 제62조 제4호에 의하면, 그러한 요건을 갖추지 아니한 경우 이는 특허출원에 대한 거절이유가 되도록 되어 있는바, 이 점에서 특허청구범위에는 발명의 구성을 불명료하게 표현하는 용어는 원칙적으로 허용되지 아니하고, 발명의 기능이나 효과를 기재한 이른바 기능적 표현도 그러한 기재에 의하더라도 발명의 구성이 전체로서 명료하다고 보이는 경우가 아니면 허용될 수 없다 할 것이다.

원심심결 이유에 의하면, 원심은 이 사건 출원발명의 특허청구범위 제1항 내지 제29항에서는 화합물의 치환기를 기능적 표현으로 정의하고 있을 뿐만 아니라 발명의 상세한 설명과 대비하여 보더라도 부당하게 광범위한 권리를 청구하고 있는 셈이고, 또한 특허청구범위 제33항, 제54항, 제59항 및 제84항의 각 기재 역시 화학물질을 구체적으로 특정하지 아니한 것으로서, 위 각 특허청구범위의 기재는 발명의 상세한 설명에 의하여 뒷받침되지 아니하고 명확하지 아니하여 특허법 제42조 제4항에 위배되어 특허를 받을 수 없다는 취지로 판단하였는바, 기록에 비추어 살펴보면, 위와 같은 원심의 판단은 정당하고, 거기에 소론과 같은 특허법 제42조 제4항에 관한 법리오해, 심리미진 등의 위법이 있다고 할 수 없다. 논지는 이유 없다.

그러므로 상고를 기각하고 상고비용은 패소자의 부담으로 하기로 하여 관여 법관의 일치된 의견으로 주문과 같이 판결한다."

Ⅲ. 본 사건 판결의 문제점

1. 3개 문단(4개 문장)으로 이루어진 판결이유

위에서 보는 바와 같이, 본 사건의 판결이유는 정확히 4개의 문장으로 이루어지고, 이는 3개의 문단을 이루고 있다. 200자 원고지로 환산할 때, 본 사건의 판결이유는 4매 남짓한 분량이다. 필자가 최근 번역소개 하였던(「창작과 권리」 제11호) 미국 대법원의 Hiton Davis 사건의 판례가 200자 원고지로 120매를 넘는 분량을 고려한다면, 우리 대법원 판례는 우선 양적인 면에서 외국의 특허판례들과 천양지차를 이루고 있다. 물론 판결의 양이 그 질과 항상 직접적인 관계를 갖는다고는 할 수 없지만, 많은 양의 사건검토, 분석, 토론 등이 설시되지 않은 판결은 결코 좋은 판결을 낳을 수 없다.

2. 내용상의 문제점

본 사건 판결 내용을 살펴보면, 첫째 문단은 특허법 제42조 제4항에 관한 일반적인 해석이고, 둘째 문단은 원심의 내용을 요약 · 인용한 것으로 그 결론에 이르러 원심의 판단이 정당하다고 설시하고 있으며, 셋째 문단은 주문 내용을 반복한 것이다.

이 상고심에서 대법원이 독자적으로 설시한 판결이유는 "*기록에 비추어 살펴보면, 위와 같은 원심의 판단은 정당하고, 따라서 특허법 제42조 제4항에 관한 법리오해, 심리미진 등의 위법이 있다고 할 수 없다*"는 것뿐이다.

이러한 판결이유는 올바른 판결이유가 아니다. 이것은 판결이유가 아니라 하나의 결론이다. 이러한 판결이유를 결론성 판결이유(conclusory reasoning)라 한다. 민사나 형사소송은 물론 특허소송에서도, 하나의 결론에 이르기 위한 판결이유는 항상 사실적 증거(factual evidences)로써 판단되어야 하며, 사실적 증거에 기초를 두지 않은 결론성 판결이유는 판결이유로서의 논리성과 정당성을 상실한다. 만일 하급심에서 결론성 판결이유만으로 주문을 이끌어냈다면 그러한 판결은 상급심에서 절대적으로 파기되어야 하고 또한 파기되고 있다. 대법원의 판결이 결론성 판결이유에 의존한다면 당사자는 어떤 조치를 취할 수 있단 말인가?

"*기록에 비추어 살펴보면, 원심의 판단은 정당하다…*" 어떤 기록을 어떻게 살펴보았다는 말인가. 살펴본 내용이 있다면 그 내용은 판결이유에 설시되어야 한다. 그리고 원심의 판단이 왜 정당한지 그 이유가 설시되어야 한다. 대법원 상고심이 법률심이라 하더라도 사실적 증거는 다시 검토되어야 하고, 그 사실적 증거를 바탕으로 법률해석이나 법률적용이 정당했는지의 여부를 판단해야 한다. 다시 말해서, 사건의 검토, 분석, 법률적용 등의 내용이 논리적으로 판결이유를 통하여 모두 밝혀지고, 그러한 판결이유가 양 당사자에게 공정성이 유지되고 제3자에게도 수긍할 수 있는 객관성과 합리성이 유지될 때 그 판결은 판결로서의 권위를 갖게 되고 법률심으로서의 규범이 될 수 있다. 그래야 판결이 判例法(common law)으로서의 권위와 가치를 가질 수 있다.

3. 특허사건 판결의 세계화

오래전부터 특허사건은 외국인도 내국민과 동등한 상황에서 당사자 지위를 갖고 있다. 필자가 대리하였던 본 사건도 상고인이 외국기업이었다. 우리의 대법원 판결은 거의 소송대리인에 의하여 영어 등의 외국어로 번역되어 외국의 현지대리인 또는 당사자에게 전달된다. 사법부의 최고의 보루인 대법원의 상고 판결은 우리 사법부의 얼굴이다. 하나의 사건에 대한 결론은 항상 상반되게 마련이다. 중요한 것은 사건에 대한 결론이 아니고, 그 결론에 이르기 위한 이유다. 결론에 대한 이유가 정당할 때, 비록 당사자가 바라는 결론이 아니더라도, 당사자는 수긍할 수 있고 또 수긍해야 한다. 그러나 이유가 결여된 결론성 판결이유만으로 판결을 쉽게 수긍할 사람은 많지 않다.

IV. 결 어

위에서 필자는 한 대법원 사건의 판결을 중심으로 그 문제점을 살펴보았지만, 특허사건에 있어서의 결론성 판결이유는 이제 止揚되어야 한다. 이는 당사자의 권익보호는 물론 사법부 판결의 권위 나아가 세계무대에서의 우리 판결의 정당한 좌표설정을 위해서 중요한 문제다. 특히 특허사건에 있어서는 기술내용에 관한 사실문제(matter of facts)를 올바로 파악하고 특허법의 올바른 해석과 적용을 통하여 특허제도에 가이드라인을 제시할 수 있는 판결이 행해져야 한다. 우리나라도 특허법원이 개원되고, 특허소송의 심리에 관여할 수 있는 기술심리관 제도가 도입되고 있는 등 특허분야의 사법제도에 괄목할 만한 발전이 있어 왔다. 대법원도 이제는 특허사건의 상고심에 관하여 제도적 또는 이론적으로 많은 연구와 노력을 아끼지 말아야 할 것이다.

3. 발명의 진보성 판단
— 특허법원 사건 99허7612(2000.06.01. 선고) 판결을 중심으로 —

I. 사건의 개요

(1) 특허 제173390호

대한민국 특허 제173390호는 종래의 플로아 매설용 콘센트 박스의 결점을 보완한 일종의 개량발명(이하 '이건특허' 또는 '이건특허발명')이다. 이건특허는 1996.01.11 출원하여 1998.10.29. 특허되었다.

(2) 무효심판 99당907

무효심판 청구인은 이건특허가 1995년 4월에 일본 송하전공에서 발행한 전설자재 카탈로그에 기재된 발명(이하 '인용발명 1')과 1986년 미국 워커사에서 발행한 카탈로그에 기재된 발명(이하 '인용발명 2')에 의하여 신규성 및 진보성이 없다는 이유로 특허법 제29조 제1항 및 제2항에 위배되어 등록되었기 때문에 무효되어야 한다고 심판을 청구하였으나, 특허심판원은 이건특허발명이 상기 인용발명 1 또는 2에 의하여 신규성이나 진보성을 상실하지 않는다고 판단하여 무효심판의 청구를 기각하였다.

(3) 심결취소소송 99허7612[1] (이하 '대상판결')

원고는 무효심판의 심결에 불복하여 특허법원에 심결취소소송을 청구하였고, 그 심결취소소송에서 원고는 상기 인용발명 1 및 2에 기초하여 무효여부를 판단한 무효심판의 심결의 정당성에 대하여는 다투지 아니하고, 새로운 증거[(갑)제5호증의3: 인용발명 3]를 제출하면서 이건특허발명이 진보성을 상실하고 있다고 주장하였다. 이러한 원고들의 주장에 대하여 재판부는 이건특허발명이 인용발명 3에 의하여 진보성을 상실하는 것으로 판단하여 이건특허를 무효로 하기에 이르렀다. 즉 특허법원은 이건특허발명이 인용발명 3에 의하여 진보성을 상실한다는 이유로 특허심판원의 심결을 파기하였다.

II. 대상판결의 요지

대상판결에서는, 이건특허발명이 인용발명 3에 의하여 발명의 진보성이 결여되었다는 결론을 내리면서 원심결을 파기하고 있지만, 대상판결은 (갑)제5호증의3(인용발명 3)의 증거채택과정, 공지(公知)의 법률적 해석, 진보성 판단방법 등에 있어서 많은 논란의 소재를 제공하고 있다. 대상판결의 요지는 다음과 같다:

> *"이 사건 특허발명의 각 구성요소들과 인용발명 3을 대비하여 보면, 구성요소 1의 바닥부는 바닥부재, 바닥중간부재, 바닥상부부재로 이루어지지만 인용발명 3은 하나*

---

1 특허 제173390호에 대하여는 서로 다른 청구인에 의하여 두 건의 무효심판(99당935, 99당937))이 청구되었으며, 이들은 모두 특허법원에 소송(99허7612, 99허7636: 2000.06.01 선고)이 제기되었으며, 이 두 소송은 모두 동일 증거에 의하여 동일한 내용으로 판결되었다. 여기서는 99허7612 사건만을 취급하였다.

의 일체형 박스(1)로 이루어진 차이가 있고, 구성요소 2의 좌우측 콘센트(21, 22)는 인용발명 3의 패널블럭(7)과 중간바닥부재(23)는 인용발명 3의 박스 베이스(3)와, 어셈블리 중간 제1부재(24)는 인용발명 3의 베이스 브라켓(4)과, 어셈블리 중간 제2부재(25)는 인용발명 3의 베이스 프레임(2)과, 어셈블리 상부부재(26)는 인용발명 3의 익스텐더(15)와 각 동일하며, 구성요소 3의 카바(3)는 인용발명 3의 플레이트(12)와 동일하고, 구성요소 4는 인용발명 3에서 4개의 볼트에 의하여 베이스 브라켓이 박스에 결합되는 구성과 동일하며, 구성요소 5는 인용발명 3에서 볼트(4-1)가 베이스 프레임(2)과 베이스 브라켓(4) 사이에 위치하고 있고, 볼트(4-1)를 조정할 수 있는 구멍이 베이스 프레임(2)에 형성되어 볼트를 풀거나 조임으로써 베이스 프레임이 상하로 이동되는 구성과 동일하고, 구성요소 6은 인용발명 3에서 각 볼트들(3-1, 7-1, 7-2)로 패널블록의 각 부품을 연결하는 구성과 동일하며, 구성요소 7은 인용발명 3에서 박스와 패널블록 사이에 공간이 형성되어 그 공간 속으로 전선이 통과되도록 하는 구성과 동일하다. … (중략) …

피고는 인용발명 3의 박스 베이스는 양쪽 측부가 하부 쪽으로 꺾여져 있고, 이 사건 특허발명의 구성요소 2의 중간바닥부재(23)는 양쪽 측부가 상부 쪽으로 꺾여져 있으므로 그 구조가 상이하다고 주장하나, 중간바닥부재(23)는 전선의 노출이나 보호를 위해 내부 어셈블리(2)를 구성하는 하나의 구성요소로서 청구하고 있을 뿐 중간바닥부재의 형상에 대하여 한정하고 있지 아니하므로 위 주장은 이유 없다.

또한 피고는 인용발명 3에서는 박스 브라켓에 의하여 부품이 상하로 이동하는 데 대하여, 이 사건 특허발명에는 박스 브라켓이 없다고 주장하나, 인용발명 3을 살펴보면, 콘센트와 박스 베이스 등이 결합된 패널블록이 베이스 프레임에 고정되어 있고, 상기 베이스 프레임은 베이스 브라켓에 볼트로 고정되어 있으며, 상기 베이스 브라켓은 높이 조정볼트에 의해 박스에 결합되어 높이 조정볼트로 조정하면 박스에 대해 상대적으로 베이스 브라켓이 상하로 이동하는 데 비하여, 이 사건 특허발명의 카바(3) 및 내부 어셈블리(2)는 어셈블리 중간 제1부재(24)에 고정되어 있고, 상기 어셈블리 중간 제1부재는 바닥부(1)에 4개의 볼트에 의해 결합되어 상기 4개의 볼트의 조정에 의해 어셈블리 중간 제1부재가 상기 바닥부(1)에 대해 상대적으로 이동한다. … (중략) …

나아가 피고는 인용발명 3은 이 사건 특허발명과는 달리 패널블록 아래와 박스 사이에 전선이 통과할 수 있는 공간부가 형성되지 않는다고 주장하나, 이 사건 특허발명의 구성요소 7을 살펴보면 단지 바닥부재(11)와 중간바닥부재(23) 사이에 공간이 형성된다고 기재하고 있어 중간바닥부재(23)의 아랫부분의 공간과 옆부분의 공간 중 어느 부분을 의미하는지 명확하지 않아 패널블록의 옆으로 공간이 형성될 수 있는 인용발명 3과 상이하다고 볼 수 없고, 설사 중간바닥부재의 아랫부분에 공간이 형성되는 구성이라고 하더라도 인용발명 3의 볼트(4-1)의 조정으로 아랫부분에 공간이 형성될 수 있어 위 주장은 이유 없다.

따라서, 이 사건 특허발명의 청구범위 제1항 내지 제4항은 인용발명 3과 비교할 때 구성의 곤란성이나 효과의 현저성이 인정되지 아니하여 인용발명 3으로부터 당업자가 용이하게 발명할 수 있다고 봄이 상당하여 이 사건 특허발명은 특허법 제29조 제2항의 규정에 위배하여 잘못 특허된 것이어서 그 특허등록이 무효로 되어야 할 것이다."

III. 본 사건의 논점

본 사건은 특허심판원의 무효심결에 관한 취소소송으로, 무효심결에서 제출되었던 증거자료(인용발명 1 및 2)에 의하여 무효심결이 적법하게 행해졌는지의 여부에 대하여는 다투지 아니하고 심결취소소송에서 새롭게 제출된 증거(인용발명 3)만을 기초로 이건특허발명의 특허요건을 판단한 점에 관하여, 그리고 이건특허발명의 진보성을 판단함에 있어서도 인용발명 3의 증거채택과정, 공지(公知)의 법률적 해석, 진보성 판단방법 등에 관하여 많은 논란이 있을 수 있지만 여기서는 다른 논점들은 생략하고 인용발명 3에 의한 진보성의 판단에 대하여만 살펴본다. 즉 인용발명 3을 적법한 증거로 가정하고 인용발명 3에 의한 진보성의 판단이 적법하게 행해졌는지의 여부에 대하여 구체적으로 살펴본다.

IV. 상기 논점에 대한 논증

1. 이건특허발명과 인용발명 3의 요지

우선 이건발명의 진보성 판단의 적법성을 살펴보기 위하여 이건발명과 인용발명 3을 요약하면, 이건발명은 카바(3)와 내부 어셈블리(2)가 상부 쪽으로 함께 이동하여 콘센트 위치도 카바(3)와 함께 이동하고, 그럼으로써 견고하고, 또한 중간바닥부재(23)에 의하여 전선이 그 하부로 통과하고 미관이 깨끗한 콘센트 박스에 관한 것이며, 인용발명 3은 베이스 브라켓(4)에 의하여 카바와 콘센트가 상부 쪽으로 함께 이동하는 구조를 갖는 콘센트 박스에 관한 것이다. 이건특허발명의 청구항 1은 다음과 같다:

청구항 1: 바닥부(1), 내부 어셈블리(2) 및 카바(3)로 이루어지는 플로아 매설용 콘센트 박스에 있어서, 상기 바닥부(1)가 바닥부재(11), 바닥중간부재(12) 및 바닥상부부재(13)로 구성되어 일체로 조립되고, 상기 내부 어셈블리(2)가 좌우측 콘센트(21, 22), 중간바닥부재(23), 어셈블리 중간 제1부재(24), 어셈블리 중간 제2부재(25) 및 어셈블리 상부부재(26)로 구성되어 일체로 조립되며 그 상부에는 상기 카바(3)가 조립되며, 상기 내부 어셈블리(2)는 4개의 볼트(27, 28, 29, 30)에 의하여 상기 바닥부(1)에 결합되는 것을 특징으로 하는 플로아 매설용 콘센트 박스.

이건특허발명과 인용발명 3에 대하여 중요부품에 대한 사항을 도면으로 살펴보면 다음과 같다. 도면에 나타난 바와 같이, 이건특허발명의 가장 큰 특징은 어셈블리 중간 제1부재(24)라 할 수 있고, 인용발명 3의 가장 큰 특징은 베이스 브라켓(4)이라 할 수 있다.

이건특허발명	인용발명 3

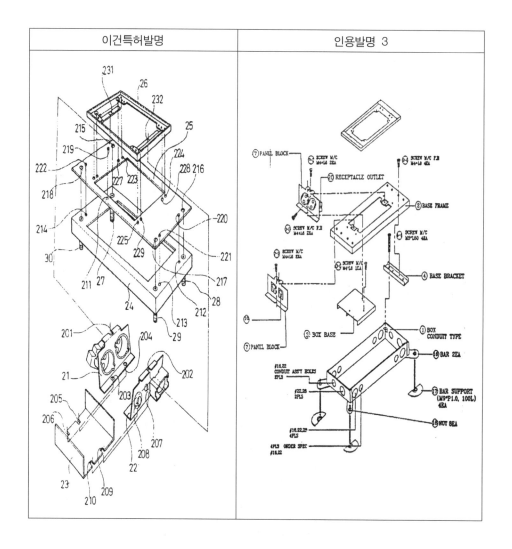

2. 이건특허발명에 대한 올바른 진보성 판단방법

발명의 진보성을 판단하기 위해서는 첫째, 대상발명과 인용발명을 각각 명확히 이해하여야 하고, 둘째, 그 두 발명의 차이점을 명확히 분석한 다음, 셋째, 대상발명 이 발명되지 않았다는 가설하에서 당업자가 인용발명으로부터 대상발명을 용이하 게 발명할 수 있는지의 여부로써 판단해야 한다. 콜럼버스의 계란을 예로 들면, 콜 럼버스의 달걀이 만들어지지 않았다는 가설하에서 누구든지 종래의 달걀로부터 콜

럼버스의 계란을 용이하게 만들 수 있는지의 여부를 판단하여야 하는 것이지, 콜럼버스의 계란을 관찰한 후에 그것이 누구나 용이하게 만들 수 있는 것이라고 판단해서는 안 된다.

진보성 판단은 위 설명과 같이 가설적 판단이기 때문에, 이를 객관적으로 입증하기 위하여 제2차적 증거(secondary considerations)가 보조적으로 이용된다.

따라서 인용발명 3에 의한 이건특허발명의 진보성도 이건특허발명이 발명되지 않았다는 가설 하에서 당업자가 인용발명 3으로부터 이건특허발명을 용이하게 발명할 수 있는지의 여부로써 판단되어야 한다. 대상판결에서는 이를 판단하기 위한 이건특허발명 및 인용발명 3에 대한 기본적인 이해와 분석이 잘못되어 있다. 그 구체적인 이유를 살펴본다.

3. 대상판결에서의 잘못된 진보성 판단방법

인용발명 3에 의하여 당업자가 이건특허발명을 용이하게 창작할 수 있는지의 여부는 한마디로 단정하기 어려우며, 그 판단을 위하여 두 발명을 명확히 분석해 볼 수 있는데, 대상판결에서는 그 분석과정에서 최소한 아래와 같은 잘못이 있음을 부인할 수 없다.

첫째, 대상판결에서는 이건특허발명에서 가장 중요한 구성요소인 어셈블리 중간 제1부재(24)를 인용발명 3의 베이스 브라켓(4)과 동일하다고 판단하였다(판결문 10쪽, 2-3행). 그러나 인용발명 3의 베이스 브라켓(4)이 이건특허발명의 어셈블리 중간 제1부재(24)와 동일한 기능을 갖는다고는 할 수 있을지언정, 그 구조가 동일하다고 할 수는 없다. 4각형의 구조를 가지며 일체형으로 이루어지는 이건특허발명의 어셈블리 중간 제1부재(24)와 일체형의 한쌍 구조(좌우 2개의 부품으로 이루어짐)를 갖는 인용발명 3의 베이스 브라켓(4)과 동일하다고 판단할 수는 없다. 원고측 증인 최○○도 반대신문과정에서, 이건특허발명에는 박스 브라켓(4)이라는 부품이 존재하지 않으며, 이건특허발명과 인용발명 3은 서로 다르다고 증언하였다. 그럼에도 불구하고 대상판결에서 어셈블리 중간 제1부재(24)와 베이스 브라켓(4)이 서로 동일하다고 판단한 것은 진보성 판단을 위한 발명의 이해와 분석이 미흡했다고 하지 않을 수 없다.

둘째, 대상판결에서는, "<u>(피고가) 인용발명 3의 박스 베이스(3)는 양쪽 측부가 하</u><u>부 쪽으로 꺾여져 있고, 이 사건 특허발명의 구성요소 2의 중간바닥부재(23)는 양쪽</u><u>측부가 상부 쪽으로 꺾여져 있으므로 그 구조가 상이하다고 주장하나, 중간바닥부</u><u>재(23)는 전선의 노출이나 보호를 위해 내부 어셈블리(2)를 구성하는 하나의 구성요</u><u>소로서 청구하고 있을 뿐 중간바닥부재의 형상에 대하여 한정하고 있지 아니하므</u><u>로 위 주장은 이유 없다.</u>"고 판단하였다(판결문 11쪽, 6~10행). 다시 말해서, 대상판결에서는 중간바닥부재(23)의 형상에 대하여 한정하고 있지 않기 때문에, 그 중간바닥부재(23)가 인용발명 3의 박스 베이스(3)와 서로 다르지 않다는 것이다. 당업자라하면 위의 도면만 보더라도 중간바닥부재(23)와 박스 베이스(3)의 형상 및 구조의차이점을 용이하게 이해할 수 있음에도 불구하고, 위와 같이 설시한 것은 발명을 올바로 이해하지 못한 심리미진이라 할 것이다. 더욱이 명세서는 중간바닥부재(23)에다음과 같이 설명하고 있기 때문에 이러한 설명과 도면을 참조한다면 중간바닥부재(23)가 어떠한 형상과 구조를 갖는다는 것은 당업자가 아닌 일반인들마저도 쉽게이해할 수 있다고 판단된다:

"또한 본 발명에서는 내부어셈블리(2)에 중간바닥부재(23)가 설치되고, 이 중간바닥부재(23)와 바닥부재(11) 사이에 형성된 충분한 공간 사이로 전선이 통과하게 된다. 그 공간 사이로 통과되는 전선을 중간바닥부재(23)가 상부에서 보호하는 역할을 하기 때문에 전선이 통과하는 공간에 콘크리트 부스러기 등의 이물질이 혼입되는 현상을 방지하여 미관상 또는 안전상 우수한 효과를 갖는다."[공보명세서(갑제2호증), 4쪽, 10~13행].

셋째, 대상판결에서는, "<u>어셈블리 중간 제1부재(24)의 형상도 한정되지 않아 인용</u><u>발명 3의 베이스 브라켓(4)과 어셈블리 중간 제1부재(24)는 실질적으로 그 구성이</u><u>동일하다</u>"고 판단하였다(판결문 12쪽, 5~7행). 어셈블리 중간 제1부재(24)의 형상은 상기 도면에서 보듯이 그리고 명세서의 설명(공보명세서, 3쪽, 30~35행)에서 보듯이 당업자라면 너무나도 용이하게 알 수 있다. 그런데 이 판결이유에서 더욱 더 잘못된 것은, 어셈블리 중간 제1부재(24)의 형상도 한정되지 않았다고 판단하면 서 어떻게 그것이 베이스 브라켓과 동일하다는 결론을 내리고 있는지 참으로 납득 하기 어렵다.

넷째, 대상판결에서는, "중간바닥부재(23)의 아랫부분의 공간과 옆부분의 공간 중 어느 부분을 의미하는지 명확하지 않아 패널블록의 옆으로 공간이 형성될 수 있 는 인용발명 3과 상이하다고 볼 수 없다"고 판단하였다(판결문 12쪽, 11~13행). 위에 서 설명한 바와 같이, 명세서의 설명(공보명세서, 4쪽, 10~13행) 및 도면을 참조한다 면 전선이 통과할 수 있는 공간을 누구나 쉽게 이해할 수 있다. 더욱이 잘못된 점은 그러한 공간이 명확하지 않다고 설시하면서 어떻게 그 공간이 인용발명 3의 공간과 상이하지 않다고 판단하였는가 하는 점이다. 이 판결이유도 명백한 심리미진 내지 는 판단유탈이라 할 수 있다.

다섯째, 피고는 이건특허발명이 인용발명 3에 의하여 진보성이 있다는 것을 입증 하기 위한 것으로 원고들이 인용발명 3을 실시하지 아니하고 이건특허발명을 실시 함으로써 피고의 특허권을 침해하고 있음을 주장하였다(실제로 건외 특허법원사건(99 허7629)에서 이러한 사실들은 현장검증을 통하여 확인된 바 있다). 그러나 원심판결에서 는 이러한 피고의 주장에 대하여 전혀 판단하지 않았고, 이는 명백한 판단유탈에 해 당한다. 이건특허발명이 인용발명 3에 의하여 진보성이 결여되어 있다고 주장하는 원고들이 인용발명 3을 실시하지 아니하고 이건특허발명을 실시하여 피고의 특허 권을 침해하는 행위는 명백한 제2차적 고려사항 중의 하나라 할 수 있는 소비자의 욕구에 해당하는 것으로, 이는 바로 이건특허발명이 인용발명 3에 의하여 진보성이 있음을 반증하고 있음에도 불구하고 대상판결에서는 이 점을 판단하지 않았다.

Ⅴ. 결 론

이건특허발명의 진보성에 관하여 어셈블리 중간 제1부재(24)와 인용발명 3의 베이스 브라켓(4)의 구조가 상이할 뿐만 아니라 원고 측 증인도 반대신문과정에서 이 건특허발명과 인용발명 3은 서로 다르다고 증언한 바 있음에도 불구하고 어셈블리 중간 제1부재(24)의 형상을 한정하지 않아 인용발명 3의 베이스 브라켓(4)과 구성이 동일하다고 판단한 점, 상기 도면에 나타난 바와 같이 중간바닥부재(23)는 인용발명 3의 박스 베이스(3)와 구조가 전혀 상이함에도 불구하고 형상에 대하여 한정하고 있지 않다고 하여 인용발명 3의 박스 베이스(3)와 동일하다고 판단한 점, 그리고 전선이 통과할 수 있는 공간은 중간바닥부재(23)의 아랫부분의 공간임을 누구나 쉽게 알 수 있는데도 불구하고 명확하지 않다고 하며, 패널블록의 옆으로 공간이 형성되는 인용발명 3과 동일하다고 판단한 점은 발명의 진보성 판단을 올바로 하였다고 보기 어렵다. 나아가 발명의 진보성 판단을 위하여 활용될 수 있는 제2차적 고려사항에 대하여도 판단하지 않았다. 발명의 진보성 판단은 대상발명이 발명되지 않았다는 가설하에서 당업자가 인용발명으로부터 대상발명을 용이하게 발명할 수 있는지의 여부로써 판단하기 때문에 적지 않은 어려움이 수반되지만 그렇다고 이현령 비현령식으로 판단될 수 있는 것은 결코 아니다. 진보성 판단은 명확하고 분명한 것이다.

4. 거절이유의 일부가 정당하지 못한 경우의 상급심에서의 판단방법[1]

— 특허법원 사건 99허1263(2000.03.30. 선고) 판결을 중심으로 —

I. 머리말

특허법원 사건 99허1263의 판결(이하 '대상판결')에 따르면, 복수개의 청구항으로 이루어진 특허출원에 있어서, 심사관이 일부의 청구항과 나머지 청구항에 대하여 서로 다른 거절이유를 근거로 거절사정한 경우, 그 상급심인 특허법원에서 거절이유 중 일부가 부당하다고 판단한 경우라도, 원거절사정을 지지한 원심결은 정당하므로 소송의 청구가 기각되어야 한다고 판단한 바 있어 그 판단이 정당한지의 여부에 대하여 살펴본다. 대상판결은 상기 논점 외에도 원고의 주장이 이유가 있는 것으로 판단된 청구항 1-18에 대하여도 매우 중요한 의의를 갖는다. 이러한 논점들을 중심으로 대상판결이 갖는 의의를 살펴본다.

---

1 「창작과 권리」 제19호(2000년 여름호).

II. 사건의 개요

1. 출원 및 심사과정

본 사건은 1994.06.23. 출원된 특허출원 제94-702197호와 관련된 사건으로, 본 출원은 청구항 1-25(청구항 4, 20-22는 심사과정에서 삭제됨)로 구성된 것으로, 이를 심사한 심사관은 ⅰ) 청구항 1-18이 특허법 제42조 제4항에 위배되고, ⅱ) 청구항 19-23은 특허법 제29조 제1항, 제42조 제3항 및 제4항에 위배된다는 이유로 거절하였다.

2. 거절사정에 대한 불복심판

출원인은 심사관의 거절사정에 대하여 불복심판을 청구하였으나, 심판에서는 심사관의 거절사정이 정당하다고 판단하여, 심판청구를 기각하였다. 심판청구를 기각하였던 심결이유는 아래와 같다:

> "본원발명 특허청구범위 제1항 내지 제18항은 올리고뉴클레오티드를 권리범위로 청구하면서 염기서열로 그 물질의 구조를 명기하지 않고 일부 특징적인 요소만으로 한정하여 권리범위를 청구하면서 청구인은 올리고뉴클레오티드가 특정되었다고 주장하고 있으나, 핵산의 스트랜드가 전혀 특정되어 있지 않는 상황에서는 이와 잡종화할 수 있는 올리고뉴클레오티드가 서열로 한정되지 않는 한 핵산분야에서는 일부 특징적인 요소로 한정되었다 하더라도 그 물질의 범위가 지나치게 넓어질 수밖에 없으므로 본원발명이 발명한 범위를 벗어나는 것이라 하지 않을 수 없다 하겠다.
> 본원발명 특허청구범위 제19항과 제23항은 의약에 관한 용도발명이나, 용도발명은 어떤 물질이 특정용도에 적합함이 확인되어야 발명으로서 성립된다 할 수 있을 것이고 이 경우 의약발명에 있어서의 특정용도의 적합여부는 약리효과, 투여량 및 투여방법으로 기재하는 것이 통상적인 것인바, 상기 청구항에는 구체적인 용도가 기재되

어 있지 아니할 뿐만 아니라 본원발명의 상세한 설명 어디에도 약리효과, 투여량 및 투여방법과 관련한 기재를 찾아볼 수 없으므로 본원발명의 상기 청구항에 기재된 발명은 당업자가 실시할 수 없는 완성되지 아니한 발명을 청구한 경우라 할 것이다.

따라서 본원발명이 특허법 제29조 제1항, 제42조 제3항 및 제4항을 위배되어 특허받을 수 없다는 원사정은 정당한 것이다."

3. 심결취소소송

위 심결에 대하여 출원인은 특허법원에 심결취소소송을 청구하였고, 그 결과 소송에서는 청구항 1-18의 거절이유에 대한 원고(출원인) 주장에 이유가 있으나, 청구항 19의 거절이유에 대하여는 최초의 거절이유가 정당하다고 설시하였다:

"이 사건 출원발명의 특허청구범위 제1 내지 3항, 제5 내지 18항에 기재된 올리고뉴클레오티드는 변형된 뉴클레오티드를 이용하는 데 특징이 있는 발명이라 할 것인데, 을 제1호증의1, 2, 3의 기재에 의하면 특정한 염기서열을 가지고 있는 변형된 올리고뉴클레오티드는 자동화된 DNA 합성기를 이용하면 쉽게 합성할 수 있는 사실이 인정되고, 표적 유전자(DNA 또는 RNA)가 정해지면 그 표적 유전자에 상보적인 염기서열은 쉽게 정해지는 것이므로 이 사건 출원발명의 대상이 되는 올리고뉴클레오티드의 염기서열을 청구범위의 항에 구체적으로 기재해 놓지 않았다는 사정만으로 그 청구범위가 특정되지 않은 것이라고 할 수는 없다. 따라서, 위에서 본 청구범위의 항들이 특정되었다는 원고의 주장은 이유가 있다. … (중략) …

이 사건 출원발명의 명세서의 기재 내용 중 제19항의 치료방법의 실시와 관련한 실험자료라고 여겨지는 것으로는 Ras-루시페라제 유전자를 이용한 실험이 기재되어 있을 뿐이므로 이에 대하여 살펴보기로 한다.

을 제1호증의1, 2, 3의 각 기재에 의하면 실험실에서 배양되고 Ras-루시페라제 유전자조합이 들어 있는 세포에 위 유전자조합의 염기서열과 특이적으로 결합할 수 있는 올리고뉴클레오티드를 투여한 결과 루시페라제의 발현이 일부 저해된 사실이 인정되고, 위 인정사실에 의하면 원고가 발명한 올리고뉴클레오티드를 이용하여 질병의 원인이 되는 단백질의 생성을 저해함으로써 질병을 치료할 가능성은 있다고 할 수 있다.

그럴지만, 위 실시예는 단순히 Ras-루시페라제 유전자조합을 실험관에서 배양한 세포 내에 도입하여 세포내의 루시페라제 유전자의 발현이 어느 정도 억제된다는 사실만을 기재하고 있을 뿐이므로, 이로부터 당업자가 특정 단백질의 발현에 의하여 생성되는 질병의 치료방법을 용이하게 실시할 수 있다고 보기는 어렵다."

그런데 판결에서는 특허청구범위가 복수항인 경우에 어느 한 청구항이라도 거절이유가 있다면 그 출원은 거절되어야 한다는 이유로 본 사건 원고의 청구를 기각한다고 판시하였다:

"특허청구범위가 여러 항으로 되어 있는 출원발명에서 하나의 항이라도 거절이유가 있는 경우에는 그 출원은 거절되어야 할 것이므로 이 사건 출원발명은 특허청구범위 중 제23항에 대하여는 살펴볼 필요도 없이 전부 거절사정 되어야 한다."

III. 본 사건의 논점

본 사건의 논점은 앞에서 제기한 거절이유의 일부가 잘못되었다고 상급심에서 판단한 경우 그 상급심의 청구에 대한 기각판결이 정당한지의 여부와 "유전자는 원칙적으로 염기서열로 특정하여 기재한다"라는 특허심사기준에 대한 진일보된 해석이라 할 수 있다. 한 가지 더 부가한다면, 일부의 거절이유가 성립한다고 해서, 문제가 되었던 거절이유 모두를 판단하지 않는 것이 정당한지의 여부에 대하여도 살펴본다. 대상판결과 관련된 논점을 요약하면 다음과 같다:

논점 1: 복수개의 청구항으로 이루어진 특허출원에 있어서, 심사관이 일부의 청구항과 나머지 청구항에 대하여 서로 다른 거절이유를 근거로 거절사정한 경우, 그 상급심에서 거절이유 중 일부는 부당하지만 타당한 거절이유가 존재한다고 판단한 경우 그 심판(또는 소송)의 청구가 기각되어야 하는지의 여부.

논점 2: 특허청구범위와 관련하여, 유전자를 염기서열로 특정하지 않은 청구항에 대하여 "기능적 표현만으로 기재되었다" 또는 "광범위한 표현이다"라는 이유로 거절하는 것이 정당한지의 여부.

논점 3: 일부의 거절이유가 성립한다고 해서 나머지 특허청구범위에 대한 다른 거절이유에 대하여 판단하지 않는 것이 옳은지의 여부.

IV. 평 석

1. 논점 1에 대하여

(1) 서 언

복수개의 특허청구범위로 이루어진 특허출원에 있어서, 심사관이 서로 다른 청구항(또는 청구항 그룹별)에 대하여 서로 다른 거절이유를 근거로 하여 거절한 경우에, 거절이유의 일부가 타당하지 않았다는 것을 그 상급심에서 발견하였다면, 최초의 거절사정은 처음부터 잘못된 것이기 때문에 심사관이 한 거절사정은 파기되어야 한다. 이에 대한 구체적인 이유는 다음과 같다.

(2) 특허청구범위 독립성 이론

특허청구범위를 복수의 청구항으로 기재하는 다항제는 특허발명의 보호범위를 올바로 한정하기 위하여 전 세계가 채택하고 있는 제도로서, 우리나라에서도 1980년에 도입하여 오늘날까지 시행되고 있다.

특허청구범위의 다항제에서는 우선 보호받고자 하는 발명의 내용을 하나 이상의 복수항으로 기재할 수 있도록 함과 동시에, 심사과정에서도 각각의 청구항에 대하여 심사하도록 규정하고, 출원인은 심사청구료도 청구항마다 가산하여 납부하고 있다. 또한 특허가 허여된 후에도 특허료도 청구항마다 가산하여 납부하여야 하고,

무효심판을 청구하는 경우에도 청구항마다 청구할 수 있으며(특허법 §133①), 권리범위확인심판을 청구하는 경우에도 청구항마다 청구할 수 있다(특허법 §135②). 이러한 원칙은 특허권의 침해를 판단하는 경우에도 그대로 적용되며, 특허청구범위의 이러한 이론을 특허청구범위의 독립성 이론이라 한다.

따라서 복수개의 청구항이 있는 특허출원에서, 심사관은 각 청구항마다 특허여부를 판단해야 하고, 심사관의 거절이유가 상급심인 심판이나 소송에서 타당하지 않은 것으로 판단되면, 비록 다른 거절이유가 정당하다 하더라도, 그 거절사정은 파기되어 올바른 거절이유가 출원인에게 통지되어야 하고, 그럼으로써 출원인은 다시 의견을 진술하거나 특허청구범위를 보정할 수 있어야 한다.

본 사건 판결과 같이, 심사관의 최초 거절이유 중 일부가 정당하지 못하였음에도 불구하고 나머지 일부의 거절이유가 타당하다고 하여 원고의 소송청구를 기각한다면 심사관의 최초의 잘못된 판단에 대한 대가를 출원인이 모두 부담하여야 하는 부당한 결과를 초래한다.

(3) 보정기회(또는 의견서 제출기회) 부여

특허출원의 심사결과 거절이유가 존재하는 경우에 심사관은 반드시 출원인에게 그 거절이유를 통지하여 의견을 진술할 수 있는 기회를 주어야 하며(특허법 §63), 판례는 특허법 제63조를 강행규정으로 해석하고 있으므로, 만약 심사관이 그렇게 하지 않았다면 위법행위를 한 것이다.

특허출원명세서, 특히 특허청구범위의 작성은 어느 누구도 절대적으로 완벽할 수 없으며, 따라서 심사관은 객관적 증거를 바탕으로 거절이유를 통지하고, 출원인은 거절이유에 대하여 의견을 제출하거나 잘못된 부분을 보정하면서 서로 보호받고자 하는 범위를 조율하는 단계가 반드시 필요하고, 그렇기 때문에 거절이유가 발견되면 심사관은 반드시 그 거절이유를 통지하여 의견을 제출하거나 보정할 수 있도록 법에서 규정한다.

최초에 심사관이 판단한 거절이유가 잘못되었다면, 그 부분에 대하여도 출원인에게 통지하여야 하고, 출원인은 그 부분에 대하여 의견을 제출하거나 보정할 수 있어야 함에도 불구하고, 본 사건 판결과 같이 원고청구를 기각하는 것은 출원인의 의견제출 기회나 보정기회를 박탈하는 결과를 가져온다.

본 사건과 같이 심사관의 일부 거절이유가 잘못되었다면, 그 잘못을 올바로 판단하지 못한 심판원의 심결은 취소되어야 하고, 심판원은 그 사건을 다시 심리하여 그 사건을 다시 심사에 붙일 것이라는 심결을 하여야 하며, 심사국에서는 다시 심사하여 출원인에게 새로운 의견제출통지서를 발부하여야 하고, 출원인은 최종적인 결정(의견제출 또는 보정)을 하여야 한다.

따라서 본 사건과 같이 심사관의 거절이유의 일부에 잘못이 있었음에도 불구하고 원고청구를 기각한 판결은 중대한 법리오해라 하지 않을 수 없다.

(4) 하나의 청구항에 대한 복수의 거절이유의 경우

본 사건을 하나의 청구항(또는 한 그룹의 청구항)에 대하여 복수의 거절이유가 존재하고 그중에서 일부의 거절이유가 타당하지 않다고 판단하는 경우와 혼동해서는 안 된다.

예를 들어, 어느 하나의 청구항(또는 한 그룹의 청구항)에 대하여 거절이유 A와 B가 존재한다는 이유로 거절한 경우, 그 상급심에서 거절이유의 일부(A 또는 B)가 타당하지 않고 나머지 거절이유가 타당하다면 그에 대한 상급심의 청구는 마땅히 기각되어야 한다. 이 경우에는, 나머지 거절이유가 타당하면, 비록 거절이유의 일부가 타당하지 않았다고 판단되더라도, 출원인에게 의견진술의 기회나 보정의 기회를 박탈하는 것도 아니고, 결과상으로 변함없는 결과를 가져오기 때문에 기각될 수 있다. 그러나 본 사건에서처럼 서로 다른 청구항에 대하여 서로 다른 거절이유가 제시된 경우는 위의 예와 동일시할 수 없는 것이다.

(5) 심판원의 심결례

건외 특허심판원 사건 99원973에서는, 본 사건의 판결과 달리, 일부 거절이유가 잘못된 경우에, 비록 나머지 일부의 거절이유가 정당하다는 것을 다시 판단했을지라도, 원사정을 취소하고 사건을 심사국으로 환송한 후, 심사국에서는 다시 의견제출통지서를 출원인에게 발부하고, 출원인은 심결 내용에 따라 보정을 함으로써 특허받을 수 있는 청구항에 대하여만 특허를 받도록 하였다.

특허심판원 사건 99원973에서는, 최초의 청구항 1-12에 대하여 심사관은 모두 거절이유가 있다고 통지하였고, 출원인은 의견서를 제출하였으나 거절이 확정되었다. 불복심판에서는 최소한 청구항 1에 대한 거절이유가 잘못되었다고 판단하였고, 나머지 청구항에 대하여는 거절이유가 정당하다고 확인하면서, 사건을 심사국으로 환송했다. 심사관은 심결에 기초한 의견제출통지서를 출원인에게 다시 발부하였고, 출원인은 특허받을 수 없는 청구항을 삭제한 결과 나머지 특허받을 수 있는 청구항에 대하여 특허를 받았다.

2. 논점 2에 대하여

(1) 서 언

유전자 관련발명의 특허청구범위를 심사함에 있어서, 유전자가 염기서열로 특정되지 않은 경우에 심사관은 특허심사기준의 "유전자는 원칙적으로 염기서열로 특정하여 기재한다"는 규정에만 의거하여 특허법 제42조 제4항을 근거로 하여 거절한다. 실제로 이러한 법률해석과 적용은 文理的 해석에만 의존한 잘못된 해석과 운용이라 하지 않을 수 없으며, 이는 특허발명의 실질적인 기술내용을 파악하지 못한 지극히 형식적인 판단결과라 할 수 있다. 대상판결은 이 논점과 관련하여 매우 중요한 의의를 갖는다.

(2) 논점 2와 관련된 원고의 주장

논점 2와 관련하여 원고가 주장한 내용을 요약하면 다음과 같다:

> "본원발명의 심사 및 심결에서는 특허심사기준에 기재된 '유전자는 원칙적으로 염기서열로 특정하여 기재한다'라는 규정에만 형식적으로 의존하여 청구항 1 및 청구항 16을 표 1에 기재되어 있는 6개의 염기서열로써 한정할 것을 요구하고 있다. 이처

럼 본원발명을 6개의 염기서열에만 한정하도록 요구하고 있는 것은 본원발명의 기술적 사상을 올바로 이해하지 못하고 특허심사기준의 문리적(文理的) 해석만을 강요하고 있는 것이며, 이는 특허법 제42조 제4항의 취지를 훼손하는 것이다.

특허심사기준은 특허법에 관한 하위 규정으로서 특허법의 기본적인 취지에 반하거나 그 취지를 훼손해서는 안 된다. 특허심사기준에서는 '원칙적으로' 염기서열로 특정하여 기재한다라고 규정함으로써, 특허청구범위가 특허법의 규정을 충족하도록 기술적으로 충분히 한정되었다면 '반드시' 염기서열로 특정하지 않더라도 특허받을 수 있다는 것을 제시한다. 다시 말해서, 특허심사기준의 규정은 모든 유전자 관련 발명에서 '반드시' 염기서열로써 특정하여야 하는 것이 아니고, *원칙적으로* 염기서열로써 특정하여야 하지만 특허요건을 충족하도록 발명사상의 특징을 충분히 한정하였다면 '예외'가 있다는 의미로 해석되어어야 하고, 또한 실제로 그렇게 적용되어어야 한다. 이제 특허법원에서는 특허심사기준에서 규정한 염기서열에 의한 기재가 모든 유전자 관련 발명에 '반드시' 적용되어야 하는지, 아니면 염기서열로써 기재하지 않더라도 특허요건을 충족하고 발명의 기술사상을 특정할 수 있다면 '예외'를 인정해야 할 것인지를 판단해야 할 때라고 생각한다. 특허심사기준에 관한 해석을 올바로 내림으로써 특허권 취득에 있어 불공정한 대우를 받거나 불이익을 받는 출원인이 있어서는 아니 될 것이다."

(3) 논점 2에 대한 대상판결의 의의

대상판결에서는, 이 사건 출원발명의 대상이 되는 "올리고뉴클레오티드의 염기서열을 청구범위에 구체적으로 기재해 놓지 않았다는 사정만으로 그 특허범위가 특정되지 않은 것이라고 할 수는 없다"라고 판단하였다. 대상판결에 설시된 판결이유도 명백하다. 따라서 유전자와 관련된 발명에 대한 종래의 심사관행은 이제 달라져야 한다. 반드시 염기서열을 기재하지 않는다 하더라도 특허요건을 충족하고 보호범위를 특정할 수 있다면 거절될 이유가 없게 되었다. 이러한 관점에서 대상판결은 매우 중요한 의의를 갖는다.

3. 논점 3에 대하여

대상판결에서는 어느 하나의 청구항에 거절이유가 있는 경우에 그 출원은 거절되어야 하기 때문에 청구항 23에 대하여 살펴볼 필요가 없다고 판단하고, 실제로 그 거절이유에 대하여는 판단하지 않았다. 이 논점 3은 앞에서 설명한 논점 2에 대한 논증과 유사하다. 청구항 23의 거절이유가 정당했는지의 여부에 대하여도 원심에서 판단했어야 했다. 출원인은 그 판단결과에 따라 청구항 23을 특허로써 보호받을 수 있고 그렇지 않을 수도 있다. 하나의 청구항에 대한 거절이유가 성립하기 때문에, 다른 청구항은 살펴볼 필요가 없다는 논리는 복수항의 특허청구범위의 특허 여부를 판단함에 있어서는 옳지 않다.

V. 결 어

본 사건의 대상판결과 같이, 심사관이 서로 다른 청구항 하나 또는 청구항 그룹에 대하여 서로 다른 거절이유를 근거로 하여 거절한 경우에, 거절이유의 일부가 타당하지 않았다는 것을 상급심에서 발견한 경우, 나머지 거절이유가 타당하다는 이유로 원고의 청구를 기각하는 것은 특허청구범위 독립성 이론에도 위배되고, 출원인에게 보정기회 또는 의견제출 기회를 박탈하는 결과를 가져와 특허법 규정(법§63)이나 특허제도의 근본적인 취지에 어긋난다. 논점 3과 같이 일부의 거절이유가 성립한다고 해서, 다른 청구항의 거절이유에 대하여 판단하지 않은 것도 옳은 판단이 아니다.

본 사건의 원고청구는 기각되었지만, 논점 2와 관련된 유전자 관련발명의 특허여부에 관한 판단은 매우 중요한 의의를 갖는다. 논점 2와 관련된 판결이유는 앞으로 심사관 심사기준의 잘못된 해석이나 이제까지의 잘못된 심사관행을 올바로 개선하게 될 것이다.

5. 거절이유의 일부가 정당하지 못한 경우의 상급심에서의 판단방법[1]

― 대법원 사건 2000후747(2001.07.27. 선고) 판결을 중심으로 ―

I. 머리말

이 글은 「창작과 권리」 제19호에 게재되었던 특허법원 2000.03.30 선고 99허 1263 사건에 대한 판례평석을 보완한 것으로, 99허1263 판결에 대한 상고심이 대법 원에서 확정됨에 따라 논점이 되고 있는 부분에 대하여 살펴본 것이다. 99허1263 판결은, 유전자와 관련된 발명에 대하여 종래의 심사관행과는 달리, 반드시 염기서 열을 기재하지 않더라도 특허요건을 충족하고 보호범위를 특정할 수 있도록 기재 된 특허청구범위가 적법하다고 판단하였다는 점에 있어서 중요한 의의를 갖는다. 그 외에도, 99허1263 판결은 연구할 만한 몇 가지 논점을 내포하고 있다. 그러나 여

---

1 「창작과 권리」 제25호(2001년 겨울호).

기서는 심사관의 거절이유의 일부가 상급심(심판, 소송 또는 상고)에서 부당하다고 판단된 경우에, 원결정이나 원심결을 파기하지 아니하고 그들을 지지하는 것이 정당한지의 여부에 대해서 살펴본다.

II. 사건의 개요

1. 출원 및 심사과정

본 사건은 1994.06.23 출원된 특허출원 제94-702197호와 관련된 사건으로, 본 출원은 청구항 1-25(청구항 4 및 20-22는 심사과정에서 삭제됨)로 구성된 것으로, 이를 심사한 심사관은 ⅰ) 청구항 1-18이 특허법 제42조 제4항에 위배되고, ⅱ) 청구항 19-23은 특허법 제29조 제1항, 제42조 제3항 및 제4항에 위배된다는 이유로 거절하였다.

2. 거절결정에 대한 불복심판

출원인은 상기 심사관의 거절결정에 대하여 불복심판을 청구하였으나, 심결에서는 심사관의 거절결정이 정당하다고 판단하여, 심판청구를 기각하였다. 심판청구를 기각하였던 심결이유는 다음과 같다:

> *"본원발명 특허청구범위 제1항 내지 제18항은 올리고뉴클레오티드를 권리범위로 청구하면서 염기서열로 그 물질의 구조를 명기하지 않고 일부 특징적인 요소만으로 한정하여 권리범위를 청구하면서 청구인은 올리고뉴클레오티드가 특정되었다고 주장하고 있으나, 핵산의 스트랜드가 전혀 특정되어 있지 않는 상황에서는 이와 잡종화할 수 있는 올리고뉴클레오티드가 서열로 한정되지 않는 한 핵산분야에서는 일부 특징적인 요소로 한정되었다 하더라도 그 물질의 범위가 지나치게 넓어질 수밖에 없으*

므로 본원발명이 발명한 범위를 벗어나는 것이라 하지 않을 수 없다 하겠다.

본원발명 특허청구범위 제19항과 제23항은 의약에 관한 용도발명이나, 용도발명은 어떤 물질이 특정용도에 적합함이 확인되어야 발명으로서 성립된다 할 수 있을 것이고 이 경우 의약발명에 있어서의 특정용도의 적합여부는 약리효과, 투여량 및 투여방법으로 기재하는 것이 통상적인 것인바, 상기 청구항에는 구체적인 용도가 기재되어 있지 아니할 뿐만 아니라 본원발명의 상세한 설명 어디에도 약리효과, 투여량 및 투여방법과 관련한 기재를 찾아볼 수 없으므로 본원발명의 상기 청구항에 기재된 발명은 당업자가 실시할 수 없는 완성되지 아니한 발명을 청구한 경우라 할 것이다.

따라서 본원발명이 특허법 제29조 제1항, 제42조 제3항 및 제4항에 위배되어 특허받을 수 없다는 원결정은 정당한 것이다."

3. 특허법원판결

위 결정불복심판의 심결에 대하여 심판청구인(출원인)은 특허법원에 심결취소소송을 청구하였고, 특허법원은 그 판결이유에서 청구항 1-18의 거절이유에 대한 원고(출원인)의 주장에 이유가 있으나, 청구항 19의 거절이유에 대하여는 최초의 거절이유가 정당하다고 설시하였다:

"이 사건 출원발명의 특허청구범위 제1 내지 3항, 제5 내지 18항에 기재된 올리고뉴클레오티드는 변형된 뉴클레오티드를 이용하는 데 특징이 있는 발명이라 할 것인데, 을 제1호증의1, 2, 3의 기재에 의하면 특정한 염기서열을 가지고 있는 변형된 올리고뉴클레오티드는 자동화된 DNA합성기를 이용하면 쉽게 합성할 수 있는 사실이 인정되고, 표적 유전자(DNA 또는 RNA)가 정해지면 그 표적 유전자에 상보적인 염기서열은 쉽게 정해지는 것이므로 이 사건 출원발명의 대상이 되는 올리고뉴클레오티드의 염기서열을 청구범위의 항에 구체적으로 기재해 놓지 않았다는 사정만으로 그 청구범위가 특정되지 않은 것이라고 할 수는 없다. 따라서, 위에서 본 청구범위의 항들이 특정되었다는 원고의 주장은 이유가 있다.… (중략) …

이 사건 출원발명의 명세서의 기재 내용 중 제19항의 치료방법의 실시와 관련한

실험자료라고 여겨지는 것으로는 Ras-루시페라제 유전자를 이용한 실험이 기재되어 있을 뿐이므로 이에 대하여 살펴보기로 한다.

을 제1호증의1, 2, 3의 각 기재에 의하면 실험실에서 배양되고 Ras-루시페라제 유전자조합이 들어 있는 세포에 위 유전자조합의 염기서열과 특이적으로 결합할 수 있는 올리고뉴클레오티드를 투여한 결과 루시페라제의 발현이 일부 저해된 사실이 인정되고, 위 인정사실에 의하면 원고가 발명한 올리고뉴클레오티드를 이용하여 질병의 원인이 되는 단백질의 생성을 저해함으로써 질병을 치료할 가능성은 있다고 할 수 있다.

그렇지만, 위 실시예는 단순히 Ras-루시페라제 유전자조합을 실험관에서 배양한 세포 내에 도입하여 세포 내의 루시페라제 유전자의 발현이 어느 정도 억제된다는 사실만을 기재하고 있을 뿐이므로, 이로부터 당업자가 특정 단백질의 발현에 의하여 생성되는 질병의 치료방법을 용이하게 실시할 수 있다고 보기는 어렵다."

그런데 특허법원에서는 특허청구범위가 복수항인 경우에 어느 한 청구항이라도 거절이유가 있다면 그 출원은 거절되어야 한다는 이유로 본 사건 원고의 청구를 기각한다고 판결하였다:

"특허청구범위가 여러 항으로 되어 있는 출원발명에서 하나의 항이라도 거절이유가 있는 경우에는 그 출원은 거절되어야 할 것이므로 이 사건 출원발명은 특허청구범위 중 제23항에 대하여는 살펴볼 필요도 없이 전부 거절결정되어야 한다."

4. 대법원 판결

위 특허법원판결에 불복하여 청구된 상고(사건번호 2000후747: 이하 '대상판결'이라 함) 사건에서, 대법원은 특허법원판결이 정당하다고 판단하여 상고청구를 기각하였다. 상고심의 판결은 다음과 같다:

"특허출원에 있어서 특허청구범위가 여러 개의 항이 있는 경우에는 그 하나의 항

이라도 거절이유가 있는 경우에는 그 출원은 전부가 거절되어야 한다(대법원 1997.04.25 선고 96후603 판결, 1995.10.13 선고 94후2018 판결, 1995.12.26 선고 94후203 판결, 1993.09.14 선고 92후1615 판결, 1992.02.25 선고 91후578 판결 등 참조).

원심 판결 이유에 의하면, 원심은, 이 사건 출원발명의 특허청구범위 제1 내지 3항, 제5 내지 18항에 기재된 올리고뉴클레오티드는 그 대상이 되는 올리고뉴클레오티드의 염기서열을 청구범위에 구체적으로 기재해 놓지 않았다는 사정만으로 그 청구범위가 특정되지 않은 것이라고 할 수는 없으나, 특허청구범위 제19항은 유기체의 치료방법에 관한 것인데도 그 상세한 설명에 그 발명이 속하는 기술분야에서 통상의 지식을 가진 자가 용이하게 실시할 수 있도록 특정 질병의 약리효과 등에 대한 기재가 되어 있지 않다고 한 후, 특허청구범위가 여러 항으로 되어 있는 출원발명에서 하나의 항이라도 거절이유가 있는 경우에는 그 출원은 거절되어야 할 것이므로 이 사건 출원발명은 전부 등록될 수 없다는 취지로 판단하였다.

기록과 위 법리에 비추어 살펴보면 원심의 위와 같은 판단은 정당하고 거기에 상고이유에서 지적하는 바와 같은 복수의 청구항으로 이루어진 특허출원의 거절결정에 대한 법리오해 등의 위법이 있다고 할 수 없다."

III. 본 사건의 논점

앞에서 언급한 바와 같이, 본 사건은 여러 가지 논점이 거론될 수 있지만, 여기서는, 상급심에서 심사관의 거절결정이유의 일부가 잘못되었다고 판단할지라도, 나머지 거절결정이유가 올바로 판단되었다면, 그 특허출원에 거절이유가 존재하기 때문에 그 특허출원이 거절결정되어야 한다는 것이 정당한지의 여부에 대하여만 논한다. 다시 말해서, 복수개의 청구항으로 이루어진 특허출원에 있어서, 심사관이 청구항들에 대하여 서로 다른 거절이유를 근거로 거절결정을 한 경우, 그 상급심에서 거절이유의 일부가 잘못되어 일부의 청구항이 특허받을 수 있다고 판단하였음에도 불구하고, 다른 거절이유가 정당하기 때문에(즉 일부의 청구항은 여전히 특허받을 수 없기 때문에), 그 심판이나 소송의 청구를 기각하는 것이 정당한지의 여부에 관한 것이다.

IV. 평 석

1. 서 언

복수개의 특허청구범위로 이루어진 특허출원에 있어서, 심사관이 서로 다른 청구항(또는 청구항 그룹별)에 대하여 서로 다른 거절이유를 근거로 하여 거절한 경우에, 거절이유의 일부가 타당하지 않았다는 것을 그 상급심에서 발견하였다면, 최초의 거절결정은 처음부터 잘못된 것이기 때문에 심사관이 한 거절결정은 파기되어야 한다. 그럼에도 불구하고, 대상판결과 같이, 우리 특허청, 특허법원 및 대법원은 한결같이 그러한 심판이나 소송의 청구를 기각하고 있다. 이러한 심판이나 소송의 청구가 받아들여져서 최종적으로 심사관의 거절결정이 파기되어야 하는 법률적 근거는 무엇이고 이론적 배경은 무엇인가. 이러한 심판이나 소송의 청구를 파기하고 있는 우리 특허청이나 법원의 이유는 어디에 그 근거를 두고 있는가. 또한 이 문제에 관한 외국(미국)의 예는 어떠한가. 우리의 특허제도는 근본적으로 무엇이 잘못되었기 때문에 이러한 문제를 일으키고 있는가. 이러한 논점들에 대하여 구체적으로 살펴본다.

2. 대상판결의 법률적 근거

대상판결과 그 원심인 특허법원판결은 법률적으로는 특허법 제189조 제1항에 정면으로 배치된다. 특허법원은 소송이 제기된 경우에 그 청구가 이유 있다고 인정한 때에는 판결로써 당해 심결을 취소하도록 규정한다(특허법 §189①). 심사관의 거절이유의 일부가 타당하지 않다고 판단한다면, 그것은 명백히 소송청구가 이유 있는 것이다. 그럼에도 불구하고 대상판결은 물론 우리의 관행에서는 당해 심결을 취소하지 않고 있다. 이러한 판결은 소송청구가 이유 있다고 인정하는 경우 당해 심결을 취소하도록 규정한 특허법 제189조 제1항에 위배된다.

그렇다면, 이처럼 특허법의 명문규정에 위배되는 판결을 내리는 법률적 근거는 무엇일까. 대상판결이나 그 원심인 특허법원의 판결에서 알 수 있듯이, 법원에서 의존하고 있는 법률적 근거는 일부 대법원 판례에서 인용된 "*특허출원에 있어서 특허청구범위가 여러 개의 항이 있는 경우에는 그 하나의 항이라도 거절이유가 있는 경우에는 그 출원은 전부가 거절되어야 한다*"라는 문구이다. 우리는 이제 이 문구가 과연 항상 옳은 것인지, 그래서 모든 경우에 그대로 적용될 수 있는 것인지에 대하여 검토하여야 한다. 나아가 이 문구가 모든 경우에 그대로 적용될 수 없다면, 어떤 특정의 경우에 제한적으로 적용될 수 있는지에 대하여도 살펴보아야 한다.

우선 위의 문제점들을 살펴보기 전에, 특허청구범위를 하나 이상의 여러 개의 항으로 기재하는 다항제의 역사를 살펴볼 필요가 있다. 특허제도에 있어서, 그 필요성에 따라, 다항제는 미국에서 1870년에 도입된 제도이다. 우리나라는 다항제를 1981년에 도입하였다. 올해로써 다항제 도입 21년째가 되는 우리는 사실 다항제에 대한 정확한 개념도 파악하지 못한 채 오늘에 이르고 있고, 그 결과 위 문구의 내용이 판례 여기저기서 아무렇게나 인용되고 있는 실정이다.

이제, 위의 문구를 요약하여 "일부 청구항에 거절이유가 있다면 그 출원은 거절되어야 한다"라는 내용이 항상 옳은 것인지, 그래서 이 내용을 모든 경우에 그대로 적용할 수 있는지에 대하여 살펴보자. 결론부터 말해서, 이 문구 내용은 어떠한 경우든지 그대로 적용될 수 없다. 이 문구 내용이 옳기 위해서, 그래서 실제 사건에 적용하기 위해서는 반드시 하나의 조건을 필요로 한다. 그 하나의 조건이란 바로 출원인이 적절한 조치를 취하지 않은 경우를 말한다. 예를 들어, 10개의 청구항 중에서, 1-5항은 특허받을 수 있고, 6-10항은 거절이유가 있다고 판단했다면, 출원인은 1-5항만이라도 특허받을 수 있는 조치를 취하여야 한다(이러한 조치를 특허제도에서는 '보정제도'라 하며, 출원인에게는 반드시 보정의 기회가 주어져야 한다). 이처럼 보정의 기회가 주어졌음에도 불구하고, 출원인이 이행할 법률적 행위를 이행하지 않았다면,

그로 인한 불이익은 출원인에게 돌아갈 수밖에 없다. 따라서 "일부 청구항에 거절이유가 있는 경우 그 출원이 거절되어야 한다"는 것은, 출원인이 적절한 조치(보정행위 등)를 취하지 않은 경우에만 한정되어야 하는 것이다.

그런데 우리의 심판이나 소송에서는 마치 "일부 청구항에 거절이유가 있다면 그 출원은 거절되어야 한다"라는 내용이 절체절명의 명제인 것처럼 아무 데나 함부로 적용하고 있다. 출원인에게 보정할 수 있는 기회가 주어졌는지, 보정기회가 주어졌는데에도 불구하고 보정을 하지 않았는지 등에 대하여는 전혀 판단하려 하지 않고, "일부 청구항에 거절이유가 있다면 그 출원은 거절되어야 한다"라는 문구만을 사건에 대입하여 문제를 해결하려 한다. 문자나 문구에만 얽매이지 않도록, 사건의 전후사정을 따져 봐야 하고, 문자나 문구 속에 내포된 의미를 파악할 줄 알아야 한다.

결론적으로, 대상판결과 같이 우리의 특허청이나 법원이 이제까지 법률적 근거로 삼았던 "일부 청구항에 거절이유가 있다면 그 출원은 거절되어야 한다"라는 내용은 출원인이 적절한 조치를 이행하지 않은 경우에 적용할 수 있는 조건적 명제이지, 모든 경우에 그대로 적용될 수 있는 절체절명의 명제가 아니다.

3. 대상판결이 잘못된 이유

특허법원은 청구항 1-18에 대한 심사관의 거절이유가 잘못되었다고 판단하여, 원고(출원인)의 주장이 이유 있다고 판단하였다. 그러나 청구항 19에 대하여는 심사관의 거절이유가 옳다고 판단하였다. 특허법원은 결국 "일부 청구항에 거절이유가 있다면 그 출원은 거절되어야 한다"를 인용하여 소송청구를 기각하였다. 특허법원의 이 같은 판결, 그리고 이 판결에 대한 대법원의 상고판결이 왜 잘못된 것인지 그 구체적인 이유를 살펴보자.

(1) 특허법의 근거

특허법에서는, 심결취소소송이 제기된 경우에 특허법원은 그 소송청구가 이유 있다고 인정한 때에 판결로써 당해 심결을 취소하여야 하고(특허법 §189①), 심판관은 취소심결이 확정되면 다시 심리하여야 하고(동조②), 취소의 기본이 된 이유는 그 사건에 대하여 특허심판원을 기속한다(동조③)라고 규정한다.

다항제에 기초한 특허출원의 심사는 청구항별로 심사가 행해지고, 따라서 당연히 복수의 거절이유를 수반하게 된다. 복수의 거절이유가 수반되는 한, 복수의 청구이유가 존재하게 되는데, 만일 대상판결에서 인용하고 있는 "일부 청구항에 거절이유가 있다면 그 출원은 거절되어야 한다"라는 내용을 적용받지 않기 위해서는, 복수의 청구이유가 모두 이유 있다고 판단되어야 한다. 특허법 제189조 제1항에서는 복수의 청구이유가 모두 이유 있다고 인정되어야 당해 심결을 취소할 수 있도록 규정한 것이 아니다. 복수의 청구이유 중에 일부라도 이유 있다고 인정된다면, 마땅히 당해 심결은 취소되어야 하고, 그 결과 출원인에게 보정할 수 있는 기회가 부여되어야 한다.

본 사건과 관련된 특허심판원의 심결에서는 심사관의 거절이유가 모두 옳다고 판단하여 본건 심판청구를 기각하였지만, 심판의 경우에도 소송의 경우와 다를 바가 없다. 심판관은 거절결정에 대한 불복심판이 청구된 경우에 그 청구가 이유 있다고 인정한 때에 심결로써 당해 거절결정을 취소하여야 하고(특허법 §176①), 심판에서 거절결정을 취소할 경우에는 심사에 붙일 것이라는 심결을 할 수 있고(동조②), 취소의 기본이 된 이유는 그 사건에 대하여 심사관을 기속한다(동조③)라고 규정한다.

따라서 심판에서 심사관의 거절이유의 일부가 잘못되어 일부 청구항에 대한 심사가 잘못되었다면, 심판관은 당해 거절결정을 취소하여야 한다. 당해 거절결정이 취소되면 그 취소이유에 대하여는 심사관을 기속하기 때문에, 심사관은 심결에 합당하는 새로운 심사결과(의견제출통지서: Office Action)를 출원인에게 통지하여야 하고, 출원인은 그 새로운 심사결과에 따라 적절한 조치(보정 등)를 취할 수 있어야 한다. 예를 들어, 10개의 청구항으로 이루어진 특허출원을 심사한 결과, 1-5항에 대하여는 거절이유 A를 들고, 그리고 6-10항에 대하여는 거절이유 B를 들어 거절결정한 경우, 심판에서 심사관의 거절이유 A가 잘못되어 1-5항에 대하여 특허를 받을 수 있는 것으로 판단하였다면, 마땅히 심판관은 당해 거절결정을 취소하는 심결을 하여야 한다. 이 경우 심사관은 심결이유에 기속받기 때문에 "1-5항에 대하여는 특허를 허여하고, 6-10항에 대하여 거절한다"라는 새로운 내용의 심사결과(의견제출통지서: Office Action)를 출원인에게 통지하여야 한다. 그러면 출원인은 6-10항을 포기하는 적절한 조치(삭제)를 함으로써 1-5항에 대하여 특허를 받을 수 있게 된다. 이러한 절차가 올바른 절차이다. 그런데 이때 만일 출원인이 1-5항에 대하여는 관심이 없고, 6-10항에 대하여만 관심이 있어서 6-10항을 포기하는 적절한 조치를 취하지 않았다면, 그때 "일부 청구항에 거절이유가 있다면 그 출원은 거절되어야 한다"라는 문구를 적용할 수 있는 것이다.

그런데 우리의 심판관행은 위와 같이 진행되지 않는다는 데에 문제가 있다. 우리의 심판관행이 그러하기 때문에 "일부 청구항에 거절이유가 있다면 그 출원은 거절되어야 한다"라는 문구를 아무 데나 함부로 인용하고 있다. 그렇다면 우리의 심판관행은 어떠한 이유 때문에 심사관의 거절결정을 취소하지 못하는 것일까. 그 법률적 근거를 살펴보면 다음과 같다.

특허심판원에서, 심사관의 거절이유의 일부가 잘못되어 그에 해당하는 청구항이 특허받을 수 있다고 판단됨에도 불구하고, 거절결정을 취소하지 못하는 이유는 바로 특허법 제170조 제2항을 적용하고 있기 때문이다. 그런데 특허법 제170조 제2항의 규정은 거절결정불복심판에서 심판관이 거절이유통지(의견제출통지)를 할 수 있도록 보장한 것이다. 다시 말해서, 심판관이 심리 도중에 심사관의 거절이유와 다른 거절이유를 발견한 경우에 출원인에게 직접 거절이유를 통지함으로써 출원인으로부터 그 새로운 거절이유에 대하여 직접 의견을 듣고 심판을 속히 진행시키고자 하는 취지에서, 심판관으로 하여금 출원인에게 의견제출통지서(Office Action)를 발부할 수 있는 법률적 근거를 마련한 것이다. 그럼에도 불구하고, 특허심판원은 이 제170조 제2항의 규정을 엉뚱하게 해석하여 엉뚱한 경우에 적용하고 있다. 특허청의 한 연구보고서에서 발췌한 내용을 살펴보자.

> *"거절결정 불복심판에서 특허법 제170조 규정(심사규정의 거절결정에 대한 심판에의 준용)에 의거 제63조(거절이유통지)를 하는 경우 결정의 이유와 다른 새로운 거*

절이유를 발견할 경우에 한하여 이를 적용하게 되어 있다. 그러나 실제 적용에 있어서 그 적용범위가 모호하게 되는 경우가 발생할 수 있게 된다. 결정의 이유가 여러 청구항에 대하여 각각 다르게 되어 있으나 심판에서 심리결과 결정의 이유가 일부만이 타당하고 일부 청구항은 특허될 수 있다고 판단될 때 일부 항에만 적용되는 이유만을 기재한 거절이유가 새로운 거절이유로 볼 수 있는가 하는 점이다. 또한 이 때 거절이유 통지를 하지 않고 바로 기각 결정을 할 수도 있으므로 심판결과가 심판관의 성향에 따라 달라지게 되는 문제가 제기될 수 있다.[2]

위 발췌내용에서 보더라도, 특허법 제170조 제2항의 내용을 얼마나 엉뚱하게 해석하고 있는지를 알 수 있다. 위의 발췌내용에서 보듯이, 이제까지 특허심판원은 제170조 제2항에서 규정하는 "새로운 거절이유"가 무엇이냐에 대한 해석에 매달려 있고, "심사관의 거절이유의 일부가 잘못된 경우"를 "새로운 거절이유"에 해당하는지의 여부를 판단하기에만 고심하여 왔다. 또한 이러한 판단에 대하여, 심판관의 성향에 따라, 거절이유통지(의견제출통지)를 할 수도 있고, 거절이유통지를 하지 않고 그대로 기각결정을 한다라고 하여, 심판관마다 해석이 다르고 따라서 구제방법도 다름을 알 수 있다. 만인은 법 앞에 평등하고, 법은 만인 앞에 공평해야 한다. 심판관의 성향에 따라 법의 해석이 달라져서는 안 된다.

이제 우리는 특허법 제170조 제2항에 대하여 분명한 해석을 내릴 수 있다. 그리고 심판에서는 특허법 제176조(소송에서는 제189조)가 올바로 운용되어야 한다는 결론에 이를 수 있다. 심사관의 거절이유의 일부가 잘못된 경우에는 특허법 제176조(또는 제189조)에 의하여 그 거절결정(또는 심결)이 취소되어야 한다. 특허법 제170조 제2항은 심사관의 거절이유의 일부가 잘못된 경우와 아무런 상관이 없는 규정이다. 다만 심판관이 심리도중에 새로운 거절이유를 발견하여 그에 대하여 출원인으로부터 직접 의견을 듣고자 한다면, 심판관은 특허법 제170조 제2항에 근거하여 출원인에게 거절이유통지(의견제출통지서: Office Action)를 하면 된다. 심판이나 소송에서는

---

2   심판장 김기효, 자료조사 연구 보고서, www.kipo.go.kr/ipt.

특허법 제176조 또는 제189조에 따라 충실히 심리하여 판단하고, 심판관이 심리도 중에 직접 출원인의 의견을 듣고자 한다면 제170조 제2항에 근거하여 통지하면 되는 것이지, 제176조(또는 제189조)가 제170조 제2항과 어떤 관계가 있는 것처럼 해석해서는 안 된다.

(2) 특허청구범위 독립성 이론 — 다항제에 대한 이해부족

특허청구범위를 복수의 청구항으로 기재하는 다항제는 특허발명의 보호범위를 올바로 한정하기 위하여 전 세계가 채택하고 있는 제도로서, 우리나라에서도 1981년부터 도입하여 오늘날까지 시행되고 있다.

특허청구범위의 다항제에서는 우선 보호받고자 하는 발명의 내용을 하나 이상의 복수항으로 기재할 수 있도록 함과 동시에, 심사과정에서도 각각의 청구항에 대하여 심사하도록 규정하고 출원인은 심사청구료도 청구항마다 가산하여 납부해야 한다. 또한 특허가 허여된 후 특허료도 청구항마다 가산하여 납부하여야 하고, 무효심판을 청구하는 경우에도 청구항마다 청구할 수 있으며(특허법 §133①), 권리범위확인심판을 청구하는 경우에도 청구항마다 청구할 수 있도록 규정한다(특허법 §135②). 이러한 원칙은 특허권의 침해를 판단하는 경우에도 그대로 적용되며, 특허청구범위의 이러한 이론을 특허청구범위의 독립성 이론이라 한다.

따라서 복수개의 청구항이 있는 특허출원에서, 심사관은 각 청구항마다 특허여부를 판단하여야 하고, 심사관의 거절이유가 상급심인 심판이나 소송에서 타당하지 않은 것으로 판단되면, 비록 다른 거절이유가 정당하다 하더라도, 그 거절결정은 파기되어야 하고 올바른 거절이유가 출원인에게 통지되어야 하고, 그럼으로써 출원인은 다시 의견을 진술하거나 특허청구범위를 보정할 수 있어야 한다.

본 사건의 특허법원 판결과 같이, 심사관의 최초 거절이유 중 일부가 정당하지 못하였음에도 불구하고 나머지 일부의 거절이유가 타당하다고 하여 원고의 소송청구를 기각한다면 심사관의 최초의 잘못된 판단에 대한 대가를 출원인이 모두 부담하여야 하는 부당한 결과를 초래한다. 대상판결과 같이 판단한다면, 심사관에 의한 한순간의 잘못된 판단에 대하여 출원인이 영원히 구제받을 수 없게 되는 결과를 가져온다. 이러한 판단은 3심제의 의의에도 반하는 것이다. 상급심이란 하급심의 잘못된 점을 올바로 바로잡아 하급심의 오판으로 인한 잘못된 결과를 교정하고자 하는 것인데 "일부 청구항에 거절이유가 있다면 그 출원은 거절되어야 한다"라는 문구에만 의존하여 하급심의 잘못을 교정할 수 없다면 3심제로서의 의의를 상실하게 될 것이다.

(3) 보정기회(또는 의견서 제출기회)의 박탈

특허출원의 심사결과, 거절이유가 존재하는 경우에 심사관은 반드시 출원인에게 거절이유를 통지하여 의견을 진술할 수 있는 기회를 주어야 하며(특허법 §63), 만약 심사관이 그렇게 하지 않았다면 위법행위를 한 것이다.

특허출원명세서, 특히 특허청구범위의 작성은 어느 누구도 절대적으로 완벽할 수 없으며, 따라서 심사관은 객관적 증거를 바탕으로 거절이유를 통지하고, 출원인은 그 거절이유에 대하여 의견을 제출하거나 잘못된 부분을 보정하면서 서로 보호받고자 하는 범위를 조율하는 단계가 반드시 필요하다. 따라서 거절이유가 발견되면 심사관은 반드시 그 거절이유를 통지하여 의견을 제출하거나 보정할 수 있도록 법에서 규정하고 있다.

최초에 심사관이 판단한 거절이유가 잘못되었다면, 그 부분에 대하여도 출원인에게 통지하여야 하고, 출원인은 그 부분에 대하여 의견을 제출하거나 보정할 수 있어야 함에도 불구하고, 본 사건 원심판결과 같이 원고청구를 기각하는 것은 출원인의 의견제출 기회나 보정기회를 박탈하는 결과를 가져온다. 본 사건과 같이 심사관의 일부 거절이유가 잘못되었다면, 그 잘못을 올바로 판단하지 못한 심판원의 심결은 취소되어야 하고, 심판원은 그 사건을 다시 심리하여 그 사건을 다시 심사에 붙일 것이라는 심결을 하여야 하며, 심사국에서는 다시 심사하여 출원인에게 새로운 의견제출통지서를 발부하여야 하고, 출원인은 최종적인 조치(의견제출 또는 보정)를 취해야 한다. 따라서 본 사건과 같이 심사관의 거절이유의 일부에 잘못이 있었음에도 불구하고 원고청구를 기각한 원심판결은 중대한 잘못이 있는 것이다.

본 사건을 하나의 청구항(또는 한 그룹의 청구항)에 대하여 복수의 거절이유가 존재하고 그중에서 일부의 거절이유가 타당하지 않다고 판단하는 경우와 혼동해서는 안 된다. 예를 들어, 어느 하나의 청구항(또는 한 그룹의 청구항)에 대하여 거절이유 A 와 B가 존재한다는 이유로 거절한 경우, 그 상급심에서 거절이유의 일부(A)가 타당하지 않고 나머지 거절이유(B)가 타당하다면 그에 대한 상급심의 청구는 마땅히 기각되어야 한다. 이 경우에는, 나머지 거절이유(B)가 타당하면, 비록 거절이유의 일부(A)가 타당하지 않았다고 판단되더라도, 출원인에게 의견진술의 기회나 보정의 기회를 박탈하는 것도 아니고, 결과상으로 변함없는 결과를 가져오기 때문에 기각될 수 있는 것이다. 그러나 본 사건에서처럼 서로 다른 청구항에 대하여 서로 다른 거절이유가 제시된 경우는 위의 예와 동일시할 수 없다.

4. 잘못된 우리의 관행 − 잘못 운용하고 있는 특허출원분할제도

다항제하에서 현재 행해지고 있는 심사관의 심사에 대하여 출원인이 대응하고 있는 특허법상의 절차를 살펴볼 필요가 있다. 예를 들어, 10개의 항으로 이루어진 출원에서, 심사관이 1-5항에 대하여 특허될 수 있는 것으로 판단하고 6-10항에 대하여 거절이유를 들어 거절했다고 가정하자.[3] 이 경우 출원인이 취할 수 있는 가장 안전한 방법은 1-5항에 대하여 분할출원을 하고, 6-10항에 대하여 불복심판을 청구하는 방법이다. 만일 1-5항에 대하여 분할출원을 하지 아니하고, 그대로 6-10항의 거절이유에 대하여 다툰 결과, 최종적으로 6-10항의 거절이유가 타당한 것으로 판단되면, 1-5항에 대한 권리마저도 받을 수 없기 때문이다. 지극히 비합리적인 방법이라 하지 않을 수 없다.

위의 경우와 같이, 비록 대법원 상고에서 6-10항에 대한 심사관의 거절이유가 타

---

3 우리의 심사관행은 거절이유가 있는 항만을 나열할 뿐이며, 특허받을 수 있는 항(들)에 대하여는 별도로 표시하지 않고 있다. 이러한 심사관행도 명백히 잘못된 것이다. 심사관은 거절이유가 있는 항(들)뿐만 아니라 특허받을 수 있는 항(들)에 대하여도 반드시 명시해야 한다. 그래서 우리는 거절이유가 있다고 명시된 항(들)을 제외한 나머지 항(들)에 대하여 특허될 수 있는 것으로 간주하고, 그에 상응하는 조치를 하고 있는 실정이다.

당한 것으로 판단될지라도, 1-5항에 대하여 분할출원을 하지 않고도, 1-5항에 대하여 특허를 받을 수 있도록 하여야 한다. 이러한 제도가 가장 이상적인 제도이고 거의 모든 국가들이 채택하고 있는 제도이다.

분할출원제도는 위의 예에서처럼 1-5항을 분할하여 특허받기 위한 제도가 아니다. 분할출원제도란 발명의 단일성 요건을 충족하지 못하는 2개 이상의 발명을 각각 별개의 특허출원으로 하기 위한 제도이지, 심사관이 일부의 청구항을 거절할 때 나머지 청구항을 분할하여 보호받기 위한 제도가 아니다. 제도의 취지를 망각하였기 때문에 이상하게 해석하게 되고, 그 결과 편법이 난무하는 격이라 할 수 있다.

심사관의 거절이유의 일부가 잘못된 경우에, 상급심에서 그 잘못을 인정하였다면, 비록 특허받을 수 없는 다른 청구항이 존재할지라도, 상급심에서는 그 원심을 취소하여야 한다. 나아가 심사관이 최초에 특허받을 수 있는 청구항에 대하여는, 비록 특허받을 수 없는 다른 청구항이 존재할지라도, 분할출원을 하지 않고도 적극적으로 특허받을 수 있는 제도가 마련되어야 한다.

5. 외국의 예

앞에서 살핀 바와 같이, 대상판결에서 논쟁의 대상이 되고 있는 부분에 대하여 외국의 경우를 살펴보자. 다항제를 가장 먼저 채택하여 운용하고 있는 미국의 예를 살펴보자.

우선 우리의 특허 심판원에 해당하는 항고심판국(The Board of Patent Appeals and Interferences)에서는 심사관의 거절이유 또는 청구항에 대하여 심사관의 결정을 전체적으로 또는 부분적으로 인정하거나 또는 파기할 수 있고, 또한 그 사건(특허출원)을 다시 심사하도록 심사관에게 환송할 수 있도록 규정한다[미국특허법 시행령 1.196(a) (37 CFR 1.196(a)].[4] 지극히 당연한 규정이다. 심사관의 거절이유의 일부에

---

4 미국특허법 시행령 1.196(a)(37 CFR 1.196(a)): The Board of Patent Appeals and Interferences, in its decision, may affirm or reverse the decision of the examiner in

잘못이 있는 경우에 심사관의 결정을 부분적으로 파기하도록 규정하는 것은 지극히 당연한 일이다.

또한 미국에서는 일부 청구항에 대하여 특허를 받을 목적으로 분할출원을 하지 않는다. 예를 들어 심사관이 1-5항에 대하여 특허받을 수 있는 것으로 판단하고, 6-10항에 대하여 거절결정을 한 경우, 이에 불복하여 청구된 심판이나 소송에서 6-10항에 대한 심사관의 거절이유가 정당하다고 판단될지라도, 1-5항에 대하여 특허받을 수 있도록 절차가 구비되어 있다. 미국특허청의 특허심사기준(MPEP) 216, 01, B에는, "어떤 특허출원이 심판청구 전에 심사관에 의하여 특허받을 수 있는 것으로 판단된 청구항(들) 및 심판이나 소송에서 파기되어 특허받을 수 있는 것으로 판단된 청구항(들)을 포함하여 하나 이상의 특허를 받을 수 있는 청구항(들)을 포함하는 경우에, 심판이나 소송절차는 거절된 청구항(들)에 한해서만 종료된다. 이 경우 출원인은 별도로 그 거절된 청구항(들)을 삭제할 필요가 없다. 왜냐하면 그 거절된 청구항(들)은, 특허공보에 인쇄할 때 혼동을 피하기 위하여, 심사관이 적절히 보정하여 삭제하기 때문이다. 그리고 별다른 형식적(서지적) 문제가 없는 한, 심사관은 그 특허받을 수 있는 것으로 인정된 청구항(들)에 대하여 특허공고할 수 있도록 그 특허출원을 (공보발행인에게) 이관시켜야 한다.[5] 더 이상의 설명이 필요 없는 부분이다.

출원인을 위하여 이 정도의 특허제도가 운영되고 있는 데 반하여, 우리는 특허법

---

whole or in part on the grounds and on the claims specified by the examiner or remand the application to the examiner for further consideration.

5   미국특허청의 특허심사기준(MPEP) 216,01, B. Some Clams Allowed
Where the case includes one or more allowed claims, including claims allowed by the examiner prior to appeal and claims whose rejections were reversed by either the Board or the court, the proceedings are considered terminated only as to any claims which still stand rejected. It is not necessary for the applicant or patent owner to cancel the rejected claims, since they may be canceled by the examiner in an examiner's amendment or by an appropriate notation in the margin of the claims, to avoid confusion to the printer.

제170조 제2항에서의 "새로운 거절이유"의 해석에 매달려 있고, "일부 청구항에 거절이유가 있다면 그 출원은 거절되어야 한다"라는 문구에 사로잡혀 있다.

6. 소 결

대상판결과 같이 우리의 특허청이나 법원이 이제까지 법률적 근거로 의존하였던 "일부 청구항에 거절이유가 있다면 그 출원은 거절되어야 한다"라는 내용은 출원인이 적절한 조치를 이행하지 않은 경우에 적용할 수 있는 조건적 명제이지, 모든 경우에 그대로 적용될 수 있는 절체절명의 명제가 아니다.

특허법 제170조 제2항의 규정은 심판관이 심리 도중에 심사관의 거절이유와 다른 거절이유를 발견한 경우에 출원인에게 직접 거절이유를 통지함으로써 출원인으로부터 그 새로운 거절이유에 대하여 직접 의견을 듣고 심판을 속히 진행시키고자 하는 취지에서, 심판관으로 하여금 출원인에게 의견제출통지서(Office Action)를 발부할 수 있는 법률적 근거를 마련한 것이지, 제176조(또는 제189조)와 어떤 관계가 있는 것처럼 해석해서는 안 된다.

대상판결과 같이 판단한다면, 심사관에 의한 한순간의 잘못된 판단에 대하여 출원인이 영원히 구제받을 수 없는 결과를 가져오게 되고, 이러한 판단은 3심제의 의의에도 반하게 된다.

본 사건과 같이 심사관의 일부 거절이유가 잘못되었다면, 그 잘못을 올바로 판단하지 못한 심판원의 심결은 취소되어야 하고, 심판원은 그 사건을 다시 심리하여 그 사건을 다시 심사에 붙일 것이라는 심결을 하여야 하며, 심사국에서는 다시 심사하여 출원인에게 새로운 의견제출통지서를 발부하여야 하고, 출원인은 최종적인 조치(의견제출 또는 보정)를 취할 수 있어야 한다.

V. 결 어

본 사건의 특허법원이나 대법원의 판결과 같이, 심사관이 서로 다른 청구항 하나 또는 청구항 그룹에 대하여 서로 다른 거절이유를 근거로 하여 거절결정한 경우에, 거절이유의 일부가 타당하지 않았다는 것을 그 상급심에서 발견한 경우, 나머지 거절이유가 타당하다는 이유로 원고의 청구를 기각하는 것은 앞에서 설명한 특허청구범위 독립성 이론에도 위배되고, 출원인에게 보정기회 또는 의견제출 기회를 박탈하는 결과를 가져와 특허법 규정(법 §63)이나 특허제도의 근본적인 취지에 어긋나기 때문에 중대한 법리오해라 하지 않을 수 없다. 나아가 심사관이 최초에 특허받을 수 있는 청구항에 대하여는, 비록 특허받을 수 없는 다른 청구항이 존재할지라도, 분할출원을 하지 않고도 적극적으로 특허받을 수 있는 제도가 마련되어야 할 것이다.

6. 선특허에 의한 후특허의 무효(신규성 및 진보성 상실) 여부[1]

— 특허법원 사건 98허10932(1999.10.08. 선고) 판결을 중심으로 —

I. 사건의 개요

알게마이네는 '의복단추 생크부의 감침방법 및 장치'에 관하여 1990.08.14. 특허출원하였고, 이 특허출원은 1993.10.04. 출원공고되어, 특허 제69698호(이하 '인용특허' 또는 '선특허')로서 특허받았다. 우○○은 '의복단추 생크부의 실감침 장치'를 개발하여 1994.06.07. 특허출원하였고, 1996.07.24. 출원공고되어, 특허 제109049호(이하 '본건특허' 또는 '후특허')로서 특허받았다.

알게마이네는 건외 특허침해소송에서 우○○과 특허침해 여부를 다투면서, 본건특허에 대한 무효심판을 청구하였다. 무효심판(특허심판원 97당192: 이하 '원심결')에서는 그 청구를 기각하였고, 그 심결에 대하여 알게마이네는 특허법원에 본 사건 심결취소소송을 제기하였다.

---

1 「창작과 권리」제21호(2000년 겨울호).

참고로, 본건특허의 명세서에는 인용특허의 특허번호를 명시하여, 인용특허가 본건특허의 종래기술의 일부임을 설명하였다.

II. 본건특허와 인용특허의 특허청구범위 및 대표도면

1. 본건특허의 특허청구범위

청구항 1. 의복단추 생크부의 실감침 장치에 있어서,

구동모터(50)의 축(52)에 결합되어 연장되는 축연장부재(51)의 한쪽에 베어링(54)에 의하여 결합된 감침용 회전부재(11)와 상기 감침용 회전부재(11)와는 한 쌍의 베어링(54)에 의하여 결합되고 받침대(1)와는 베어링(56)에 의하여 결합된 연결로드(55)로 이루어지는 나팔관형 회전장치;

보빈(20), 가이드(23), 실통과부재(9) 및 스프링(6)으로 이루어지는 감침용 실통로수단; 및

고정축(41)과 스프링에 의하여 지지되고 의복단추가 삽입될 수 있도록 홈이 형성되어 전원스위치를 작동시키는 플레이트(4), 구동모터(50) 및 상기 구동모터(50)를 일정시간 구동시키고 상기 구동모터(50)의 구동이 정지될 때 구동모터(50)의 구동을 제어하는 콘트롤장치(24)로 이루어지는 구동수단;

으로 구성되는 것을 특징으로 하는 의복단추 생크부의 실감침 장치. (이건 제1발명)

청구항 2. 제1항에 있어서, 상기 감침용 회전부재(11)의 단부에는 홈이 형성되어 그 홈에 실통과부재(60)를 삽입시키고 고무벤드(61)로써 고정되는 것을 특징으로 하는 의복단추 생크부의 실감침 장치. (이건 제2발명)

청구항 3. 제1항에 있어서, 상기 실통과부재(9)는 조절나사(10)에 의하여 감침용 실이 통과하는 구멍의 크기가 조절되는 것을 특징으로 하는 의복단추 생크부의 실감침 장치. (이건 제3발명)

청구항 4. 제1항에 있어서, 상기 감침용 회전부재(11)의 외부단부를 보호하기 위한 보호부재(3)와 감침용 실 끝을 고정시키기 위한 실고정부재(40)를 더 포함하는 것을 특징으로 하는 의복단추 생크부의 실감침 장치. (이건 제4발명)

청구항 5. 제1항에 있어서, 상기 콘트롤장치(24)는 상기 구동모터(50)를 고속 또는 저속으로 가동시킬 수 있는 고속/저속 스위치(27)를 더 포함하는 것을 특징으로 하는 의복단추 생크부의 실감침 장치. (이건 제5발명)

청구항 6. 제1항 내지 제5항의 어느 한 항에 있어서, 상기 감침용 실은 탄성중합체 플라스틱으로 제조된 것을 특징으로 하는 의복단추 생크부의 실감침 장치. (이건 제6발명)

2. 인용특허의 특허청구범위

청구항 1. 재봉실에 의해 의복에 꿰매진 단추의 생크부 둘레를 감치는 방법에 있어서, 탄성중합체의 플라스틱 재료로 만들어진 감침용 실이 단추와 의복 사이에서 재봉실로 형성된 실묶음에 얼마의 장력을 갖고 감겨지고, 후속적으로, 상기 실이 실묶음 둘레에 감쳐진 후, 감침용 실이 자신의 항복점 이상의 장력으로 축선에 대해 직각인 방향으로 단추 생크부로부터 당겨지면서 감침용 실의 끝단이 단추생크부에서 분리, 고정되어지는 것을 특징으로 하는 의복단추 생크부의 감침방법.[인용 제1발명]

청구항 5. 재봉실에 의해 의복이 꿰매진 단추의 생크부 둘레를 감치는 것으로서, 탄성중합체의 플라스틱 재료로 만들어진 감침용 실이 단추와 의복 사이에서 재봉실로 형성된 실묶음에 얼마의 장력을 갖고 감겨지고, 후속적으로, 상기 실이 실묶음 둘레에 감쳐진 후, 감침용 실이 자신의 항복점 이상의 장력으로 축선에 대해 직각인 방향으로 단추 생크부로부터 당겨지면서 감침용 실의 끝단이 단추 생크부에서 분리, 고정되어지는 의복단추 생크부의 감침방법을 수행하는 감침장치에 있어서, 상기 장치가 감침용실을 위한 와인딩 벨①, 감침용 실이 와인딩 벨에까지 통과되는 중공축을 갖춘 와인딩 벨 구동모터② 및 감침용 실의 공급부를 수용하는 매거진③으

로 구성되고, 상기 와인딩 벨, 중공축을 갖춘 구동모터 및 매거진이 서로 결합되어
수동식기구를 형성하도록 한 것을 특징으로 하는 의복단추 생크부의 감침장치.[인
용 제2, 제3발명]

청구항 8. 제5항에 있어서, 와인딩 벨 구동모터가 와인딩 벨의 축선에 대해 직각
인 축선을 가지며 또한 마이터 기어에 의해 상기 벨과 간접적인 구동접속관계를 이
루는 것을 특징으로 하는 의복단추 생크부의 감침장치.[인용 제4발명]

청구항 10. 제8항에 있어서, 마이터기어가 1쌍의 베벨휠, 즉 일측의 베벨휠은 와
인딩 벨에 고정된 중공축에 비회전식으로 맞추어지고 다른 측의 베벨휠은 구동모
터의 축에 고정되는 것을 특징으로 하는 의복단추 생크부의 감침장치.[인용 제5발
명]

3. 대표도면

본건특허	인용특허
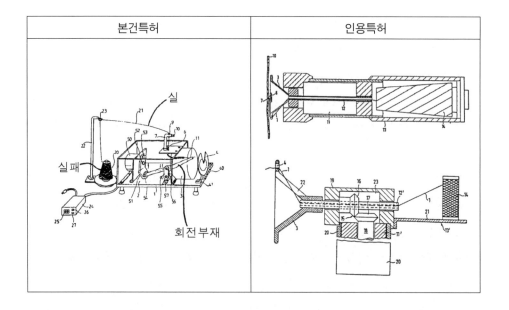	

Ⅲ. 본 사건의 논점

(1) 본건특허가 인용특허에 의하여 특허법 제29조 제1항에서 규정하는 발명의 신규성을 상실하고 있는지의 여부

(2) 본건특허가 인용특허에 의하여 특허법 제29조 제2항에서 규정하는 발명의 진보성을 상실하고 있는지의 여부

Ⅳ. 판결요지

1. 원심결의 요지

"…이건발명은 장치에 관한 발명으로서 그 필수구성요소는 특허청구의 범위 제1항에 기재된 바와 같이 실감침 기능을 수행하는 나팔관형 회전장치, 보빈으로부터 회전부재까지의 감침용실 통로수단 및 구동수단이라 하겠으므로 인용발명의 장치부문 중 이에 대응하는 구성요소들과 구체적으로 그 구성 및 작용효과를 대비해 보면,

이건발명의 회전장치에 대응하는 인용발명의 구성요소는 감침용실을 위한 와인딩벨이라 하겠고, 이건발명의 감침용실 통로수단은 인용발명의 중공축이라 하겠으며, 이건발명의 구동수단은 인용발명의 별도의 제어부라고 할 수 있겠다.

첫째, …이건발명의 회전장치는 구동모터(50)의 축(52)에 축연장부재(51)가 결합되어 있고, 그 축 연장부재에 결합된 회전부재(11)가 받침대(1)에 고정된 연결로드(55)와 결합된 구성이고, 인용발명의 와인딩벨(3)은 구동모터(11')의 축(18)에 2개의 베벨휠(16, 17) 중 한 베벨휠(17)이 고정되고 다른 베벨휠(16)은 중공축(12')에 고정되어 이 중공축(12')의 한쪽에 와인딩벨(3)이 고정되는 구성으로서, …양 발명은 동력전달 수단의 구성이 다르고 그 구성이 다름으로 해서 그 작용효과 또한 상이하다 하겠다.

둘째, …이건발명은 실통로수단을 동력전달 수단과는 별도로 구성한 데 비해 인용

발명은 중공축을 실통로수단 및 동력전달 수단으로 구성한 점에서 상이하다 할 것이고, … (중략) …

따라서 이건발명의 특허청구범위 제1항(독립항)의 필수구성요소의 구성 및 작용효과가 인용발명과는 상이하므로 이건발명은 인용발명과 실질적으로 동일하거나 인용발명으로부터 이 분야에 통상의 지식을 가진 자가 용이하게 발명할 수 있는 것이므로 특허법 제29조 제1항 및 제2항의 규정에 위배되어 특허받을 수 없는 것이라는 청구인의 주장은 받아들일 수 없는 것이라 하겠다.

또한 이건발명의 특허청구의 범위의 제2항 내지 제6항은 독립항인 제1항의 전체 특징을 포함한 종속항들로서 독립항을 기술적으로 한정하고 구체화한 것이므로 독립항의 특허요건이 인정되는 이상 그 종속항도 당연히 특허요건이 인정(대법원 1995.09.05 선고, 94후1657 판결 참조)된다고 할 것이다.…"

2. 판결요지

"나. 이건 제1발명과 인용발명들의 대비
(1) 이건 제1발명과 인용 제5발명의 대비(이건 등록발명의 명세서 및 도면에 기재된 작용효과뿐만 아니라 기술적 구성으로부터 기술상식에 의하여 자명하게 도출되는 작용효과까지 참작하여 살펴본다).
1) 동일한 점
목적에 있어서 인용발명 1의 감침방법을 수행할 수 있는 장치를 제공하고자 하는 점에서 동일하고, 기술적 구성에 있어서, 구성요건 C는 구성요건 3과 일치하고, 구성요건 D는 구성요건 4와 일치하며, 이러한 동일구성에 의하여 작용효과에 있어서는 의복단추의 생크부를 상기 회전운동의 중심점에 위치시킬 수 있게 하는 작용효과와, 플레이트(4)를 미는 동작에 의하여 구동 모터를 ON 시킬 수 있는 작용효과와 의복단추 생크부의 감침질이 완료될 수 있는 일정시간 동안만 구동 모터(50)가 작동되도록 제어할 수 있는 작용효과가 양 발명에서 동일하게 나타난다 할 것이다.
2) 차이점
구성요건 A, B와 구성요건 1, 2를 대비하여 보면, ⅰ) 기술적 사상에 있어서, 막대부재의 끝단 부분을 의복 단추의 생크부를 중심으로 하여 원 운동시키되, 감침용 실이 그 끝단 부분을 통과되도록 하면, 막대부재의 끝단 부분이 원 운동하더라도 감침용 실이 막대부재에는 감기지 않고 이송되면서 생크부에 감겨진다는 것이 구성요건 A, B의 기술적 사상인 반면에, 깔때기 형상 물체의 가장자리를 의복 단추의 생크부를 중심으로 하여 원 운동시키되, 중심 축 부분에 형성된 관통공을 통하여 감침용 실이 공급되도록 하면, 깔때기 형상의 물체가 중심축을 회전축으로 하여 회전운동 하더라도 감침용 실이 깔때기 형상의 물체에는 감기지 않고 이송되면서 생크부에 감겨진다는 것이 구성요건 1, 2의 기술적 사상이므로, 구성요건 A, B의 기술적 사상은 막대부재를 이용하여 의복 단추 생크부를 감침질할 수 있게 하는 점에서 구성요건 1, 2의 기술적 사상과는 다른 새로운 기술적 사상이라고 할 것이고, … (중략) …

　(2) 다음으로 이건 제1발명과 인용 제2, 제3, 제4 발명을 각각 대비하여 보면, 인용 제2, 제3, 제4 발명도 모두 와인딩 벨(3)과 중공축을 사용하고 있으므로 인용 제5발명과 같은 차이점이 나타난다는 것이 명백하다고 할 것이다.

　(3) 이와 같이 이건 제1발명은 인용발명들과 목적이 동일하다고 할 수 있으나, 기술적 사상과 기술적 구성에 있어서 인용고안들과는 차이가 있고, 그러한 차이로 인하여 작용효과에서도 인용발명들에 비하여 현저한 사항이 나타나므로 이건 제1발명은 위 인용발명들에 대하여 기술적 구성의 곤란성과 작용효과의 현저성이 있는 것이고, 따라서 신규성과 진보성이 있다 할 것이다.

　(4) 다만, 이건 등록발명의 장치와 인용 제2, 제3, 제4, 제5 발명의 장치로 각각 감침작업을 할 때, 실의 꼬임이 발생할 수도 있으나, 그와 같은 꼬임의 차이로 인하여 양 장치의 작용효과에 어떠한 영향을 미치는지에 관하여 아무런 입증이 없으므로 실에 꼬임이 발생하는지 여부는 이건 등록발명의 신규성과 진보성에 영향을 미치는 것은 아니라 할 것이다.

　다. 소결론

　이와 같이 이건 제1발명은 인용발명들에 의하여 용이하게 발명할 수 없는 것으로 신규성과 진보성이 있는 것이고, 이건 제2발명 내지 이건 제6발명은 이건 제1발명의 종속항으로서 이건 제1발명을 구체화하고 한정한 것이므로 이건 제1발명이 신규성과 진보성이 있는 이상 더 나아가 살펴볼 필요도 없이 신규성과 진보성이 있는 것인 바, 이와 결론을 같이 한 이건 심결은 정당하다. …"

V. 평 석

1. 신규성과 진보성의 분리판단

신규성(novelty)과 진보성(nonobviousness: inventive step)은 발명의 특허여부를 판단할 때 양대 산맥을 이루는 특허요건이다. 신규성과 진보성은 각각 별개의 특허요건을 구성하며, 따라서 그 판단방법도 서로 다르다.

신규성을 판단하는 방법은 동일성(identity)의 존재여부 나아가 실질적인 동일성(substantial identity)의 존재여부를 판단하는 것이다.[2] 문헌(간행물)에 의하여 신규성을 판단하는 경우에, 그 판단은 단일의 간행물에 한정된다. 2개 이상의 간행물에 기재된 내용을 동시에 조합하여 읽을 때 특허출원 발명을 예측할(anticipation) 수 있다 하더라도 그 특허출원은 두 간행물에 기재되었다는 이유로 신규성을 상실했다고 판단해서는 안 된다.[3]

그러나 진보성을 판단하는 방법은 발명의 동일성(identity)에 의존하는 것이 아니라 당업자에 의한 발명(창작) 용이성(obviousness)에 의하여 판단하는 것이다. 진보성을 판단하는 방법은 크게 두 가지로 설명되는데,[4] 하나는 발명의 구성요소가 모두 公知(公知, 公用, 또는 간행물에 기재)된 경우의 진보성 판단방법이고, 다른 하나는 발명의 구성요소가 一部 公知된 경우의 진보성 판단방법이다. 전자는 상승효과(synergy effect)가 있는지의 여부로써 진보성의 유무를 판단하고, 후자는 용이창작성(때로는 '구성의 곤란성'이라고도 함)의 여부로써 판단한다. 후자의 경우에 상승효과 이론을 적용하는 것은 아니다. 전자의 상승효과 이론이나 후자의 용이창작성 이론을 진보성 판단에 적용하는 것은 상당히 어려운 문제이고 또한 주관적 판단에 흐를

---

2 A. R. Miller *et al,, Intellectual Property*, West Publishing Co., 1983, p.49.

3 R. E. Schechter, *Unfair Trade Practices & Intellectual Property*, 1986, p.117.

4 최덕규, 「특허법」, 세창출판사, 1996, 183-184쪽.

우려가 있기 때문에, 어느 경우든지 제2차적 고려사항(secondary considerations)이 객관적인 증거로서 참작될 수 있다.[5]

위 설명과 같이, 발명의 신규성과 진보성은 그 판단방법이 다르며, 개념이 서로 다른 독립된 특허요건으로, 이들은 항상 별개로서 판단되어야 한다. 본 사건 판결에서는, 결론에는 영향을 미치지 않지만, 신규성과 진보성의 판단이 명확하게 구분되지 않은 채 행해지고 있다. 본 사건 판결에서, "…이건 제1발명은 위 인용발명들에 대하여 기술적 구성의 곤란성과 작용효과의 현저성이 있는 것이고, 따라서 신규성과 진보성이 있다 할 것이다"라고 판시한 것이나, "이건 제1발명은 인용발명들에 의하여 용이하게 발명할 수 없는 것으로 신규성과 진보성이 있는 것이고, …"라고 결론지은 것은 올바른 신규성의 판단방법이라 할 수 없다. 구성상의 곤란성, 작용효과, 용이발명 등의 개념은 진보성을 판단하기 위한 것이지, 신규성을 판단하기 위한 것이 아니다. 이러한 논리는 자칫 잘못하면 "진보성이 있기 때문에 신규성이 있다"라는 식의 논리로 잘못 전개될 수도 있다.[6]

2. 방법발명과 물건발명의 비교

본건특허의 청구항 1-6은 모두 장치 클레임(apparatus claim)으로 물건발명(product invention)에 해당하는 반면, 인용특허에서의 인용 제1발명은 방법 클레임(method claim)으로 방법발명(process invention)에 해당하며 인용 제2-5발명은 모두 물건발명에 해당한다.

일반적으로 물건 클레임과 방법 클레임을 비교하여 특허요건을 판단하지는 않는다. 절대적으로 그러한 것은 아니지만, 일반적으로 물건 클레임과 방법 클레임은 그 기재 내용을 달리하기 때문이다. 방법발명은 소정의 결과를 낳기 위하여 특정의 물질을 처리하는 방식으로서 그 특정의 물질을 다른 상태 또는 다른 물질로 변형시

---

5   A. R. Miller et al., op. cit., pp.70-72.

6   최덕규, 앞의 책, 194-195쪽.

키거나 변환시키는 행위 또는 일련의 행위를 의미한다.[7] 다시 말해서 방법발명이란 무엇인가를 행하는 방식이며, 여기서 특허대상이 될 수 있는 것은 그 방법에 의한 결과물이나 그 방법을 실행하기 위한 물건(장치)이 아니라 그 결과를 달성하기 위한 실제 공정(일련의 행위)이다.[8]

> "신규성이나 진보성은 선행기술을 판단의 기초로 삼고 있다는 점에서 서로 공통점을 가질 뿐이며, 그 법적 판단이나 판단방법은 명백히 구분되어 있는 것이다. 그럼에도 불구하고 우리나라의 심결례나 판례에서는 신규성을 논한 것인지 아니면 진보성을 논한 것인지 명확하지 못한 경우가 있다. 때로는 '진보성이 없기 때문에 신규성이 없다'라는 식의 논리가 전개되기도 한다.···
>
> 본건발명은 공지기술의 단순한 결합이고 이는 당해 분야에서 통상의 지식을 가진 사람이면 인용발명에 의하여 용이하게 발명할 수 있는 정도의 것이라는 데 있는 것이므로 일부의 실시예에 있어 목적화합물의 수율에 다소의 차이가 있는 경우가 있다 하여도 이것만 가지고 신규성 있는 발명이라고 할 수는 없을 것이다(대법원선고 1998.10.25, 85후44)."

본 사건 판례에서는 방법 클레임인 인용 제1발명과 본건특허의 청구항 1-6을 비교하여 판단하지는 않았다. 물론 인용발명 1에는 본건특허의 청구항 1-6에 기재된 물건발명의 구성요소가 기재되어 있지 아니하고 일련의 행위만으로 기재된 방법 클레임이다. 다만 인용된 판결요지의 (3)에서 '인용발명들'이라 표현하여 보다 명확한 표현이 요망된다고 하겠다. 나아가 본 사건의 경우 인용발명 1에 대하여 확정한 것도 불필요하다.

---

7   미국판례 Cochrane v. Deener, 94 U.S. 780(1877).

8   R. E. Schechter, *op. cit.*, p.111.

3. 발명의 목적이 진보성 판단에 미치는 영향

95특허법 이전에는, 특허명세서의 기재요건을 "… 그 발명이 속하는 기술분야에서 통상의 지식을 가진 자가 용이하게 실시할 수 있을 정도로 그 발명의 목적, 구성 및 작용 효과를 기재하여야 한다"라고 규정하였었다. 이러한 내용은 95특허법에서 "… 그 발명의 목적, 구성 및 효과를 기재하여야 한다"라고 개정되었다.

특허법의 이러한 규정의 영향 때문인지 몰라도, 우리는 특허요건(엄밀한 의미에서는 진보성에 한정됨)이나 특허침해여부를 판단함에 있어서 발명의 목적, 구성 및 효과에 의한 판단을 주로 적용하고 있다. 그러나 문제는 발명의 목적이 특허요건이나 특허침해여부의 판단에 어떠한 영향을 미치는 것인지를 명확히 하여야 한다는 점이다. 결론부터 말하면, 발명의 목적은 특허요건의 판단이나 특허침해여부를 판단함에 있어서 거의 영향을 미치지 않는다.

우리나라의 특허실무에서 '발명의 목적, 구성 및 효과'에 의한 판단방법을 특허침해판단에서 적용되고 있는 3단계 판단방법[동일한 일(작동)을 동일한 방법으로 행하여 동일한 결과(효과)를 달성하는 경우에 특허침해를 구성한다는 이론][9]과 혼동해서는 안 된다.

특허요건을 판단할 때 발명의 목적을 판단한 심판이나 소송 사건에서는 서로 상반되는 논리가 전개된다. 이 상반되는 논리란 "발명의 목적이 동일하지만, 발명의 구성(또는 효과)이 다르기 때문에 특허요건을 충족한다"라는 것과 "발명의 목적이 동일하고, 발명의 구성(또는 효과)이 동일하기 때문에 특허요건이 충족되지 않는다"라는 것이다. 본 사건에서는 전자의 논리가 적용되고 있다. 후자의 논리를 따르고 있는 판례나 심결례도 적지 않다.[10] 상기와 같은 상반되는 논리가 모두 적용된다는 것

---

9 A. R. Miller *et al.*, *op. cit.*, p.122.
   "The critical test in any infringement suit is whether the allegedly infringing device does 'the same work, in substantially the same way, and accomplish[es] the substantially same result,' as the patented product or process."

10 특허심판원 1999. 7. 2 심결 98원2968.

은 발명의 목적이 더 이상 진보성을 판단하는 데 영향을 미쳐서는 안 된다는 것을 반증한다.

4. 발명의 효과가 진보성 판단에 미치는 영향

발명의 효과는 발명의 목적과 마찬가지로 신규성의 판단요소라고 할 수 없다. 물론 발명의 목적은 앞에서 살핀 바와 같이 진보성의 판단요소라고 할 수도 없다. 그러나 발명의 효과는 진보성의 판단요소가 될 수 있다. 즉 발명의 구성요소가 모두 공지된 경우에는 발명의 효과, 즉 상승효과(synergy effect)의 유무를 판단하여 진보성의 여부를 판단한다. 발명의 구성요소가 일부 공지된 경우에는 발명의 효과에 의하여 진보성의 여부를 판단하지 않으며, 이 경우에는 발명의 구성상의 차이점으로부터 진보성의 여부를 판단한다.

본 사건 판결에서 "(실의) 꼬임의 차이로 인한 작용효과에 관하여 입증이 없기 때문에 꼬임의 발생여부는 신규성과 진보성에 영향을 미치지 않는다"는 결론은 명확하지 못하다. 이는 다르게 해석하면 "작용효과에 대하여 입증이 있다면 신규성과 진보성에 영향을 미칠 수 있다"고 할 수도 있다. 본 사건에서는, 일차적으로 발명의 구성상의 차이점을 명확하게 판단하고, 그 차이점이 진보성을 인정할 수 없는 정도에 이르렀을 때, 다시 발명의 효과에 의한 진보성의 여부를 판단했어야 했다.

VI. 결 어

발명의 신규성과 진보성은 그 판단방법이 다르며, 개념이 서로 다른 독립된 특허

"…본원발명은 … 본원발명의 목적과 인용례(2)의 목적은 유사한 것으로 판단되어 본원발명의 목적에 특이성이 없음이 인정되며, … (중략) … 본원발명의 구성은 인용례(2)의 구성과 유사하여 본원발명의 구성에 곤란성이 없음이 인정된다. …"

요건으로, 이들은 항상 별개로서 판단되어야 한다. 판결의 결론에 영향을 미치지 않는다 해서, 신규성과 진보성을 명확하게 구분하지 않은 채 판단해서는 안 된다. 본 사건 판결에서, "…이건 제1발명은 위 인용발명들에 대하여 기술적 구성의 곤란성과 작용효과의 현저성이 있는 것이고, 따라서 신규성과 진보성이 있다 할 것이다"라고 판시한 것이나, "이건 제1발명은 인용발명들에 의하여 용이하게 발명할 수 없는 것으로 신규성과 진보성이 있는 것이고, …"라고 결론지은 것은 올바른 신규성의 판단방법이라 할 수 없고, 특히 구성상의 곤란성, 작용효과, 용이발명 등의 개념은 진보성을 판단하기 위한 것이지, 신규성을 판단하기 위한 것이 아니다.

일반적으로 물건 클레임과 방법 클레임을 비교하여 특허요건을 판단하지는 않는다. 절대적으로 그런 것은 아니지만, 일반적으로 물건 클레임과 방법 클레임은 그 기재 내용을 달리하기 때문이다. 본 사건에서 인용 제1발명에 대한 확정도 그 필요성을 재고하여야 할 것이다.

발명의 목적은 특허요건의 판단이나 특허침해여부를 판단함에 있어서 거의 영향을 미치지 않는다. 우리나라의 특허실무에서 '발명의 목적, 구성 및 효과'에 의한 판단방법을 특허침해 판단에서 적용되고 있는 3단계 판단방법[동일한 일(작동)을 동일한 방법으로 행하여 동일한 결과(효과)를 달성하는 경우에 특허침해를 구성한다는 이론]과 혼동해서는 안 된다.

발명의 구성요소가 모두 공지된 경우에는 발명의 효과, 즉 상승효과(synergy effect)의 유무를 판단하여 진보성의 여부를 판단한다. 본 사건에서는, 일차적으로 발명의 구성상의 차이점을 명확하게 판단하고, 그 차이점이 진보성을 인정할 수 없는 정도에 이르렀을 때, 다시 발명의 효과에 의한 진보성의 여부를 판단했어야 했다.

7. 의장등록무효소송에서의 신규증거 및 기타 등록요건의 문제점[1]

— 특허법원 사건 2000허4282(2001.02.15. 선고) 판결을 중심으로 —

I. 서 언

특허법원 사건 2000허4282는 의장등록에 대한 무효여부를 다룬 사건으로, 의장등록의 무효심판청구를 기각한 특허심판원의 심결에 대하여 특허법원은 그 심결이유의 적법성에 관하여는 판단하지 아니하고, 원고(심판청구인)가 특허법원에 새롭게 제출한 증거에 의하여 무효여부를 판단하였다. 나아가 이 특허법원 판결은 의장등록의 무효여부를 판단함에 있어서 적지 않은 문제점을 내포하고 있다. 이 사건의 특허법원 판결에 대하여 살펴본다.

---

1 「창작과 권리」 제23호(2001년 여름호).

II. 사건의 개요

1. 의장등록 제165033호

의장등록 제165033호(이하 '본원의장')는 건물바닥에 매설된 콘센트 박스로부터 전화선이나 전원선을 건물바닥 위로 인출할 수 있는 콘센트 박스용 덮개에 관한 것으로, 그 상부 표면에 카펫을 부착하여 심미감을 나타낼 수 있도록 한 물품에 관한 것이다.

2. 무효심판 2000당415(이하 '원심결')

심판청구인은 본원의장을 무효시키기 위하여 여러 가지 증거를 제출하였으나, 심판에서는 '93-'94년판 일본 송하전공(松下電工)㈜ 카탈로그만을 증거로 인정하여, 그 카탈로그에 기재된 콘센트 박스덮개와 본원의장을 비교판단하였다. 판단결과, 특허심판원은 위 카탈로그에 기재된 의장과 본원의장은 그 지배적 특징과 전체적 외관이 시각적으로 상이하며 이로부터 감득되는 객관적 심미감이 크게 다르다고 하였다. 이에 대한 심결이유는 다음과 같다:

> "'93-'94년판 송하전공 카탈로그의 물품과 이 사건 등록의장과의 유사여부를 대비 관찰해 볼 때, 이 사건 등록의장은 덮개의 좌측부위에 2개의 유선형 모양을 한 직육면체형상의 돌출부를 형성하고 있고 덮개가 닫힌 상태로 전원선 및 전화선이 인출될 수 있도록 구성되어 있으며 2개의 돌출부 사이에 "-"자형 볼트가 부착되어 있고 그 우측으로 직사각형 모양의 카펫으로 된 덮개가 결합된 형상과 모양을 하고 있으나 인용 의장은 소형 전자계산기의 형상과 모양과 같이 구성되어 있는 등 양 의장의 지배적 특징과 그 전체적 외관이 시각적으로 상이하며 이로부터 감득되는 객관적 심미감에서도 크게 다르다."

3. 심결취소소송 2000허4282(이하 '대상판결')

원고는 상기 원심결에 불복하여 심결취소소송을 제기하였고, 심판단계에서 제출하였던 증거는 물론 심판단계에서 제출하지 않았던 새로운 증거들도 특허법원에 제출하였다. 원고가 특허법원에 새롭게 제출한 대표적인 것으로 인용의장 3과 인용의장 4가 있는데, 그중에서 인용의장 3은 서울 여의도 소재 현대증권빌딩에 시공되어 있는 일본 내쇼날사 제품의 사진이다(인용의장 4는 사실관계만 인정하고 본원의장과의 유사여부의 판단대상으로 심리되지 않았기 때문에 여기서는 언급하지 아니한다).

특허법원에서는 본원의장이 송하전공㈜ 카탈로그에 의하여 무효로 될 수 없다는 원심결의 정당성에 대하여는 심리하지 아니하고, 원고가 특허법원에 새롭게 제출한 증거인 인용의장 3을 심리하여, 본원의장과 인용의장 3은 서로 유사하다고 판단하였다. 그 결과 원심결을 취소하였다.

4. 요 약

본 사건의 의장등록, 원심결에서 인용되었던 송하전공㈜ 카탈로그 및 대상판결에서 인용되었던 인용의장 3은 다음과 같다:

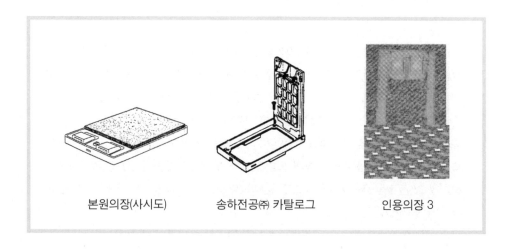

| 본원의장(사시도) | 송하전공㈜ 카탈로그 | 인용의장 3 |

결국, 본 사건의 원심결에서는 본원의장이 송하전공㈜ 카탈로그에 기재된 의장과 유사하지 않다고 판단되어 본원의장의 등록이 유지된 반면, 대상판결에서는 본원의장이 인용의장 3과 유사하다고 판단되어 본원의장의 등록이 무효로 되었다.

III. 대상판결의 요지

대상판결에서는 원심결에서 인용되었던 송하전공㈜ 카탈로그에 기재된 의장을 인용의장 2로서 판결문의 별지 도면에 첨부하였다. 그러나 원심결의 정당성에 대하여는 심리하지 않았다. 대상판결에서는 본원의장과 인용의장 3의 유사여부만을 심리하였고, 그 결과 그 두 의장은 유사하다고 판단하였다. 대상판결의 요지는 다음과 같다:

"갑6호증, 갑9호증의1,2, 갑10호증의2, 갑11호증의2, 갑14호증의1 내지 6의 각 기재 및 증인 이상팔의 증언에 변론의 전취지를 종합하면, 1990. 및 1993.경 각 반포된 일본국 마쓰시다전공 주식회사의 전설자재(電設資材) 카탈로그에 별지 기재의 인용의장 1, 2가 기재되어 있는 사실, 소외 이○○이 1993년경 피고가 대표로 있는 시온시스템에서 금형비의 일부를 보조받아 시중에 나와 있던 일본 내쇼날사 등의 시스템커버의 형상 및 모양을 모방하여 시스템커버를 개발하였는데 그 무렵 위 이○○이 참고로 한 제품의 모양이 별지 도면 3(이하 '인용의장 3'), 별지 도면 4(이하 '인용의장 4')와 같은 사실이 인정되므로 인용의장들은 이 사건 등록의장의 출원 전에 공지되거나 또는 반포된 간행물에 기재된 의장들이라고 할 것이고, 위 인용의장들에 의하면, 전체적으로 이 사건 등록의장과 같은 형상의 콘센트박스용 덮개에 있어서 전화선이나 전원선을 인출할 수 있는 인출구 2개가 덮개 상면 일측에 이 사건 등록의장과 거의 동일한 형상으로 튀어나와 있는 형상과 모양 및 덮개의 저면에 있어서 작은 정사각형의 요철 모양이 가로 세로로 다수 개 형성되어 있는 점은 인용의장들에 의하여 이 사건 등록의장의 출원 전에 공지되었다 할 것이다.

이에 터잡아, 이 사건 등록의장과 인용의장 3의 유사 여부에 관하여 보건대, 콘센트 박스용 덮개라는 물품을 감안할 때 전체적으로 직사각형 형상이라는 점은 특징이 되기 어려우므로 양 의장에 있어서 가장 두드러진 특징이 되는 부분은 전선 인출구의 형상과 모양이라 할 것일 뿐 아니라, 이 사건 등록의장이나 인용의장 3 모두 카펫을 상부에 붙이는 부분의 형상과 모양이 직사각형으로서 카펫을 부착하고 나면 상부의 여백이 남지 않을 정도의 형상과 모양을 하고 있는 점에서 동일하며, 위에서 본 바와 같이 전선 인출구의 형상과 모양은 이 사건 등록의장의 출원 전에 공지되었을 뿐 아니라 이 사건 등록의장이 인용의장 3에 비하여 약간 납작하게 된 정도의 차이로는 심미감이 다르다고 할 수 없는 것이고, 인용의장 3에 있어서는 덮개를 잠그는 볼트의 모양이 (-)자인지 (+)자인지 정확히 나타나 있지 않지만 이는 흔히 있는 모양의 극히 기능적인 요소에 불과하여 의장의 심미감에 영향을 미칠 바가 없다 할 것이며, 저면에 있어서는 인용의장 3의 모양이 이 사건 등록의장과 동일한 정도로 보이지는 않지만 위에서 본 바와 같이 작은 정사각형의 요철 모양이 가로 세로로 다수 개 형성되어 있는 주된 특징이 이 사건 등록의장의 출원 전에 공지된 것인데다가 이 부분은 콘센트 박스의 설치시에 외부로 보이지도 않는 부분에 해당하여 이 사건 등록의장의 요부라고 할 수도 없으므로 저면의 모양에 일부 차이가 있다고 하여 두 의장이 유사하지 않다고 할 수는 없다.

결국, 위에서 본 공지된 부분, 기능적 부분 등이 의장의 심미감에 미치는 영향을 감안하면 이 사건 등록의장과 인용의장들, 특히 인용의장 3은 전체적으로도 유사하므로 이 사건 등록의장은 그 출원 전에 국내 또는 국외에서 공지된 의장 내지는 국내 또는 국외에서 반포된 간행물에 기재된 의장과 유사하고, 이에 따라 이 사건 등록의장 그 자체가 출원 전에 공연히 실시되었는지 여부에 대하여는 나아가 판단할 것도 없이 의장법 제5조 제1항 제1, 2, 3호에 의하여 등록을 받을 수 없는 것이어서 그 등록이 무효라고 할 것이다."

IV. 대상판결의 문제점

대상판결에서는 다른 특허법원의 사건들[2]과 같이 심판단계에서 제출되지 않고 특허법원에 최초로 제출된 증거에 의하여 의장의 등록요건을 심리하고 있으며, 그 결과 원심결 이유의 적법성에 대하여는 판단하지 않은 문제점을 내포하고 있다. 또한 대상판결에서는 의장의 유사여부를 판단함에 있어서도 의장법의 법리가 올바로 적용되지 못하고 있다. 나아가 의장의 등록요건을 판단하기 위한 판단대상에 대한 개념도 명확하지 않게 사용되고 있다. 이러한 문제점들에 대하여 살펴본다.

1. 신규증거에 의한 심리의 문제점

(1) 심결취소소송의 성격

특허법 제186조 제1항에서는, 특허심판원의 심결에 불복하는 소(訴)는 특허법원의 전속관할로 규정하고 있으며, 동조 제6항에서는, 심판을 청구할 수 있는 사항에 관한 소는 심결에 대한 것이 아니면 이를 제기할 수 없다고 규정하고 있다. 결국 특허법원에서의 심결취소소송은 특허심판원에서의 심결이 적법하게 행해졌는지의 여부를 판단하는 것으로, 심결이 적법하지 못하게 행해졌다면 그 심결을 취소하도록 하고, 심결이 적법하게 행해졌다면 그 소송의 청구를 기각하도록 한다.

대상판결과 관련하여, 원심결에서 본원의장이 송하전공㈜ 카탈로그에 기재된 의장과 유사하지 않다고 판단한 이상, 항소심인 특허법원의 심결취소소송에서는 특허심판원의 판단이 정당했는지와 여부를 판단해야 한다. 그런데 특허심판원의 판단이 정당했는지의 여부에 대하여는 심리하지 아니하고, 원고가 새롭게 제출한 인용의장 3에 의하여 본원의장의 유사여부를 판단하였고, 그 결과 유사하다고 판단하여 특허심판원의 심결을 취소하였다.

특허심판원에서는 인용의장 3에 대하여 심리한 바도 없었는데, 심결이 잘못되었다고 해서 취소를 당하게 되었다. 인용의장 3은 특허법원소송에서 원고가 최초로 제출했던 증거이지, 특허심판원에 제출되었던 증거가 아니다. 그런데 어떻게 특허심판원의 심결이 잘못되었다고 그것을 취소한단 말인가. 특허법원소송에서의 이

---

2 특허법원 사건 99허7612 외 다수.

같은 심리는 심각한 문제를 내포하고 있음에도 불구하고 이제까지 아무런 논란 없이 당연하게 받아들여지고 있다. 심결취소소송이란 그 심결에 잘못이 있기 때문에 상급심에서 그 심결을 취소함으로써 그 잘못을 올바로 하겠다는 것이지, 심리하지도 않은 증거에 의하여 심결이 취소되어야 한다는 것은 아니다.

(2) 3심제 원칙에 위배

특허권에 관한 분쟁은 국민의 재산권에 관한 다툼으로, 특허법원의 심결취소소송과 관련된 경우에도 세 번의 판단을 받을 권리가 보장되어야 한다. 그런데 특허법원에서 새롭게 제출된 증거에 따라 소송을 진행한다면 특허권자는 특허법원 그리고 대법원에서 모두 두 번의 판단밖에 받지 못하게 된다. 대법원의 상고가 사실심이 아닌 법률심이라는 점을 감안하면 사실상 1회의 사실심만을 거치게 된다. 따라서 대상판결과 같이 특허심판원에서 제출되지 않아 심리하지 않은 증거를 특허법원에 제출하고, 특허법원에서 그 새로운 증거를 기초로 특허요건을 판단하는 것은 3심제 원칙에 위배된다.

어떤 특정의 증거를 기초로 하는 특정 발명의 특허요건에 대한 판단은 그 판단주체에 따라 달라질 수 있다. 그렇기 때문에, 특허심판원에서 제1심의 판단을 받을 수 있도록 하고, 그 결과에 대하여 불만이 있을 경우 특허법원에서 제2심의 판단을 받을 수 있도록 하며, 최종적으로 대법원에서 제3심의 판단을 받을 수 있도록 한다. 특허심판원에서 판단하지 않은 증거자료에 대하여 특허법원이 제1심 판단을 하고, 그 판단결과에 의하여 특허심판원의 심결을 취소시키는 것은 어떤 법률적 규정이나 이론에 의하여 뒷받침되고 있지 않으며, 오로지 특허법원의 잘못된 관행이라고 할 수밖에 없다.

(3) 특허심판원 존재의 필요성

대상판결과 같이, 원심결에서는 본원의장이 송하전공㈜ 카탈로그에 기재된 의장과 유사하지 않다고 판단하였는데, 심결취소소송에서는 원심결이 정당하게 행해졌는지의 여부에 대하여는 판단하지 아니하고 다만 새로운 증거(인용의장 3)에 의하여 본원의장의 창작성을 부인하여 원심결을 취소하는 것이 정당하다면, 특허심판원은 그 존재의 필요성이 의문시된다. 특허법원에 직접 무효소송이나 기타의 소송을 청구하는 것이 가능할 것이다. 인용의장 3은 특별한 증거이기 때문에 특허법원에 의하여 최초로 판단될 수 있고, 송하전공㈜ 카탈로그는 특별하지 못하기 때문에 특허심판원에 의하여 최초로 판단될 수 있다는 논리는 성립될 수 없기 때문이다.

따라서 심판단계에서 제출되지 않았던 증거자료를 특허법원의 소송단계에 제출한다 하여도 특허법원에서는 이를 배척하여야 하며, 새로운 증거자료에 의하여 특허요건을 판단해야 하는 경우에는 반드시 새로운 심판을 청구하여야 하고, 특허법원에서는 특허심판원의 심결이 적법하고 정당하게 행해졌는지의 여부만을 판단해야 한다.

(4) 특허법원 심리의 모순

현재 특허법원의 소송에서는 소위 자판(自判)을 하지 않는다. 예를 들어, 특허출원 거절결정과 관련된 심결취소소송에서 심사관이 심사당시 모두 거절결정했던 특허청구범위 중에서 일부의 특허청구범위가 특허성이 인정되는 경우 그 일부의 특허청구범위에 대하여 특허를 허여한다든지, 아니면 특허무효라고 판단되는 경우에 직접 특허무효라고 판결하지 아니하고 심결을 취소하는 매우 소극적인 판단을 하고 있다. 그럼에도 불구하고 특허법원은 대상판결에서 보는 바와 같이 특허심판원에서 심리하지 않은 새로운 증거를 인정하고 그 증거를 기초로 판단하여 적극적으로 원심결을 취소하고 있다. 특허법원에서의 자판은 출원인에게 매우 신속하고 분명한 판결을 제공하여 출원인의 권익을 증진시킬 수 있는 수단으로 특허제도의 이론적 배경과 법리에 위배되지 않음에도 불구하고, 자판을 하지 아니하고 심결취소소송의 형식을 따르고 있으면서, 특허심판원의 존재의 필요성을 위협하고, 3심제 원칙에 위배되며, 원심결의 정당성 여부를 판단하여 원심결의 취소여부를 결정하는 심결취소소송의 의의에도 반하는 심리방식을 따르고 있는 것은 어떠한 논리에서도 쉽게 납득하기 어렵다.

(5) 복심에 의한 반론

대상판결과 같이 특허법원의 심결취소소송에서 신규의 증거에 대하여 판단하는 것은 특허법원에서의 소송을 始審, 즉 제1심으로 보고, 특허심판원의 심판과의 관계를 복심으로 보는 이론에 의하여 정당화될 수 있다는 견해도 있다.[3] 물론 이 이론에 따르면, 특허법원 소송은 심판의 심결에서 판단된 사항에 한정할 필요가 없고 따라서 당사자는 심결에서 판단되지 아니한 처분에 대한 어떠한 위법사유도 주장 입증할 수 있고 법원도 어떠한 제한 없이 이를 심리 판단하여 판결의 기초로 삼을 수 있다고 하여 결국 거절이유 또는 무효사유의 전부를 소송물 내지는 심판의 대상으로 삼을 수 있다.

그러나 특허제도에 있어서 이러한 이론은 특허심판원의 존재의 필요성을 위협하며 3심제 원칙에 위배되고 심결취소소송의 의의나 성격에도 반하기 때문에 정당화될 수 없다.

(6) 일본에서의 학설과 판례

일본에서의 특허소송제도 초기에는 "원심(東京高裁)이 사실심인 이상 심판시에 주장되지 않았던 사실, 특허청이 심결의 기초로 하지 않았던 사실을 당사자가 취소소송에서 주장하는 것은 위법이 아니고 이러한 사실을 판결의 기초로 채용하는 것도 위법은 아니다"(日最判 1953.10.16. 최고재재판집 민사 제10호, 189쪽)라고 하여 심결의 취소를 일반 행정처분의 취소와 마찬가지로 해석하였다.[4]

또한 1968년 판결(日最判 1968.04.04. 민사판례집 제22권 제4호, 816쪽)은 "심결취소소송은 행정처분으로서의 심결이 위법하다고 하여 취소를 구하는 소송이다. 그런데 무효심판은 법이 登録無效事由로 열거한 특정의 法條違反의 유무에 관한 다툼을 판정하는 것이므로 그 취소소송에 있어서도 계쟁의 법조위반과는 별개의 무효사유를 주장하여 다룰 수 없는 제약이 존재한다. 그러나 그 무효사유에 관한 심결

---

3 이상경, 「지적재산권소송법」, 육법사(1998), 82쪽.
4 위의 책, 84쪽.

의 인정판단이 소송의 결과 판명된 바에 의해 유지될 수 없다고 인정될 때에는 그 심결은 위법하여 취소되어야 할 것이고 그것은 일반 행정처분의 취소소송에서 처분요건을 결한 것이 판명된 처분이 위법하다 하여 취소되는 것과 다를 바 없다. 특히 심판에 있어서 현출된 사항으로 심결에서 인정판단된 것에 관한 과오만이 취소소송에서 특정의 무효사유의 존부에 관한 쟁점에 관하여 공격방어의 방법으로서 심판에 제출되지 않았던 새로운 주장입증을 허용하지 않는 것이 아니고 심리범위를 심결이 결론의 기초로 한 특정사항의 판단 또는 그 판단과정의 위법 유무의 점에 한정함은 타당하지 아니하다"고 하여 同一法條의 범위 내라면 새로운 주장과 입증이 허용된다고 보았다.[5]

그러나 1976.03.10 최고재판소 전원합의부판결(최고재 민사판례집 30권 2호, 79쪽)로써 종래 판례를 변경하여 취소소송의 심리대상은 심판절차에서 심리 판단된 특정의 무효원인에 한한다고 판단하였다.[6]

위에서 살펴본 바와 같이, 대상판결과 같은 특허법원의 심리범위는 지금부터 40~50년 전의 일본 판례에서 그 유사한 경우를 찾아볼 수 있을 뿐이며, 일본에서도 이미 1976년 대법원의 전원합의부 판결에 의하여 심리범위를 명확히 하였다.

그 이후의 일본 판례를 보더라도 특허와 관련된 심결취소소송에서의 심리범위가 어떻게 되어야 한다는 점에 대하여는 異論의 여지가 없다.

無效審判節次에서 인용되지 아니하고, 명시적 또는 묵시적으로도 심결의 판단의 기초로 되지 아니한 기술사항은 그것이 주지의 것이라도 취소소송에서 주장할 수 없다(東京高判 1981.09.30).[7]

審決節次에서 현출되지 아니한 증거에 의해 용이창작성을 주장·입증하는 것은 허용되지 아니한다(東京高判 1984.07.26).[8]

---

5 위의 책, 84-85쪽.

6 위의 책, 85쪽.

7 위의 책, 86-87쪽.

8 위의 책, 87쪽.

(7) 소 결

특허법원에서의 심결취소소송은 특허심판원에서의 심결이 적법하게 행해졌는지의 여부를 판단하는 것으로, 특허심판원의 심결에서 인용되지 않았던 새로운 증거가 특허법원소송에 제출된 경우, 그 새로운 증거에 의하여 특허요건 등의 본질적인 문제를 판단하는 현행의 심리는 특허심판원의 존재의 필요성을 위협하고, 3심제 원칙에 위배되며, 원심결의 정당성 여부를 판단하여 원심결의 취소여부를 결정하는 심결취소소송의 의의에도 반하기 때문에 이러한 심리방식은 개선되어야 한다.[9]

2. 원심결 이유에 대한 판단유탈

원심결에서는 본원의장이 송하전공㈜ 카탈로그에 기재된 의장과 유사하지 않다고 판단하였다. 물론 원고는 본 사건의 취소심결소송에서도 본원의장이 송하전공㈜ 카탈로그에 의하여 무효로 되어야 한다는 주장을 하였다. 그럼에도 불구하고, 특허법원은 그 원심결 이유에 대한 적법성에 관하여는 판단하지 아니하였다. 앞에서 설명한 바와 같이, 특허법원의 취소심결소송은 특허심판원에서의 심결이 적법하게 행해졌는지의 여부를 판단하는 소송으로, 특허법원은 그 점을 반드시 심리해야 한다. 원심결에서는 제출되지 않았고 특허법원에 신규로 제출된 증거에 대하여

---

9 손경한 편, 「특허법원소송」, 기술과 법 연구소(1998), 114쪽.
"서울고등법원 권택수 판사는 ⅰ) 당사자계사건의 경우 ㉠ 그 무효사유가 무권리자에 대하여 특허된 경우 또는 특허가 조약에 위반되어 부여된 경우에 해당함을 이유로 하는 심결에 대한 취소소송에 있어서는 일반 민사사건과 다를 바 없으므로 특허법원에서의 심리범위를 제한할 이유가 없고, ㉡ 당해 발명이 신규성이나 진보성이 없음을 이유로 하는 무효심결에 대한 취소소송에 있어서는 특허법원과 특허심판원의 권능과 권한을 합리적으로 분배하고 기술전문가로 구성된 특허심판원의 심판을 받을 기회를 박탈하여서는 안 된다는 점에서 심판단계에서 주장·제출하지 아니한 새로운 주장이나 증거를 특허소송에서 주장·제출할 수 없으며, ⅱ) 결정계사건의 경우 ㉠ 원고가 새로운 주장이나 증거를 제출하더라도 피고인 특허청장이 충분히 대응할 수 있으므로 이를 허용하고, ㉡ 반대로 특허청장은 새로운 주장이나 증거를 할 수 없도록 하는 것이 합리적이라고 주장한다."

는 법적 근거는 물론 논리가 빈약한 데에도 불구하고 적극적으로 판단하면서, 취소심결소송의 기본이 되었던 원심결의 적법성에 대하여 판단하지 않는 것은 명백한 판단유탈에 해당한다.

3. 본원의장과 인용의장 3의 유사여부 판단의 문제점

대상판결에서는 본원의장과 인용의장 3이 서로 유사하다고 판단하면서, 그 의장물품을 ⅰ) 카펫 부분, ⅱ) 전선인출구 부분, ⅲ) 볼트모양 및 ⅳ) 저면부 모양의 4가지로 분해하여 유사여부를 판단하였다. 즉 의장물품을 상기 4가지 구성요소로 구분하고, 각각의 구성요소에 대하여 판단하였다. 다시 말해서, 카펫 부분(ⅰ)은 그 형상과 모양이 동일하고, 전선 인출구 부분(ⅱ)은 출원 전에 공지된 것이고, 볼트 모양(ⅲ)은 정확하지는 않지만 기능적 요소에 불과하고, 저면부 모양(ⅳ)은 서로 동일하게 보이지는 않지만 의장의 요부(要部)라 할 수 없고, 그 결과 두 의장은 유사하지 않다는 결론에 도달한다.

특허도 마찬가지이지만 의장의 등록요건을 판단하는 경우에는, 그 구성요소를 분해하고 분해된 각각의 구성요소에 대하여 등록요건을 판단하는 것이 아니다. 어떤 특허청구범위가 a, b, c 및 d의 구성요소로 이루어진 X라는 발명인 경우에, 각각의 구성요소인 a, b, c 및 d는 모두 공지될 수도 있다. 다만 a, b, c 및 d로 이루어진 X라는 발명에 대하여 등록요건을 판단하는 것이지, a, b, c, d 각각에 대하여 등록요건을 판단하는 것은 아니다. 마치 인체가 심장, 폐, 간장, 뼈 및 혈액으로 구성되었다고 할 때 각각의 구성요소가 별개로 존재한다면 그것은 인체와는 거리가 멀다. 특허도 마찬가지이다. 의장 또한 그러하다. 특히 의장은 그 등록요건을 판단하는 주체가 그 의장이 속하는 기술분야의 기술자도 아니고 그 의장을 창작한 창작자도 아니며 통상수준의 지성적인 사람(ordinary intelligent man)이다.[10]

---

10 미국 판결 In Re Laverne, 356 F. 2d 1003(1966).

의장의 심미감이란 보통수준의 지성적인 사람의 관점에서 판단할 때 전체적으로 유사한 심미감을 일으키는지의 여부로써 판단하는 것이지, 대상판결과 같이 의장의 구성요소를 각각 분해하고, 각각 분해된 구성요소를 개별적으로 판단하는 것이 아니다. 대상판결에서 본원의장과 인용의장 3은 있는 그대로 비교하여 전체적으로 유사한 심미감을 일으키는지의 여부를 판단했어야 했다.

의장의 유사여부는 물론 특허요건에 대한 판단은 그 결론에 관계없이 판단과정이나 판단방법이 무시될 수 없다. 판결의 결론에 관계없이 판단과정이나 판단방법의 잘못은 반드시 시정되어야 한다. 올바른 판단과정이나 올바른 판단방법 없이 올바른 결론에 도달하기란 어렵고 위험한 일이다.

4. 기타의 문제점

특허에서도 마찬가지이지만 의장의 등록요건을 판단하는 경우에는 소위 선행기술이라 통칭하는 판단대상을 명확히 확정해야 한다. 발명에서의 특허요건이나 의장에서의 등록요건을 판단하기 위한 판단대상은 우리 법제하에서는 ⅰ) 공지(公知: public knowledge), ⅱ) 공용(公用: public use) 및 ⅲ) 간행물(publication)로 명확히 구분된다.[11] 판단대상이 명확하게 확정되어야 특허요건을 정확히 판단할 수 있다. 다른 판례들도 대부분 그러하지만, 대상판결 또한 이 점에 있어서 명쾌하지 못하다. 대상판결과 같이, 우리는 "출원 전에 국내 또는 국외에서 공지된 의장 또는 국내 또는 국외에서 반포된 간행물"의 의미를 남용하고 있다.

특허요건을 판단하기 위한 판단대상은 ⅰ) 공지, ⅱ) 공용 및 ⅲ) 간행물로 구분되며, 공지(ⅰ)와 공용(ⅱ)에 의한 판단을 비문헌에 의한 판단(non-documentary sources of anticipation)이라 하고, 간행물(ⅲ)에 의한 판단을 문헌에 의한 판단 (documentary sources of anticipation)이라 한다.

11 　미국특허법에서는 '판매(sale)'의 개념이 더 추가되지만, 미국법에서의 '판매(sale)'의 개념은 우리 법제하에서 '공용(公用)'의 범위에 포함될 수 있다.

공지란 간행물에 의한 판단도 아니고 실물에 의한 판단이 아니기 때문에 "사람이 출원 전에 알고 있었느냐의 여부"에 의하여 판단된다. 따라서 공지란 다른 물적 증거가 있을 수 없고 오로지 증인에 의하여 입증된다. 그만큼 입증하기에도 어려움이 뒤따르고, 현실적으로 이에 해당하는 경우는 거의 발생하지 않는다. 그럼에도 불구하고 우리는 공지라는 용어를 남용하고 있다. 공용은 공지와는 다르다. 공용을 입증하기 위해서는 증인은 물론 다른 물적 증거가 수반될 수 있다. 간행물은 말 그대로 간행물이다. 간행물은 私的인 간행물을 제외하고는 통상 증거력을 인정받을 수 있는 명백한 증거물(prima facie evidence)이다. 어떤 간행물에 판단하고자 하는 내용이 기재되어 있다면 그 자체가 특허요건을 판단할 수 있는 판단대상이다. 그렇다면, 대상판결에서는 이들 용어를 어느 정도 불명확하게 사용하고 있는지를 쉽게 알 수 있을 것이다.

V. 결 론

특허법원에서의 심결취소소송은 특허심판원에서의 심결이 적법하게 행해졌는지의 여부를 판단하는 것이다. 대상판결과 같이, 특허심판원의 심결에서 인용되지 않았던 새로운 증거가 특허법원소송에 제출된 경우, 그 새로운 증거에 의하여 특허요건 등의 본질적인 문제를 판단하는 현행의 심리는 특허심판원의 존재의 필요성을 위협하고, 3심제 원칙에 위배되며, 원심결의 정당성 여부를 판단하여 원심결의 취소여부를 결정하는 심결취소소송의 의의에도 반하기 때문에 이러한 심리방식은 개선되어야 한다. 나아가, 취소심결소송의 기본이 되었던 원심결의 적법성에 대하여 판단하지 않는 것은 명백한 판단유탈에 해당한다.

특허도 마찬가지이지만 의장의 등록요건을 판단하는 경우에는, 그 구성요소를 분해하고 분해된 각각의 구성요소에 대하여 등록요건을 판단해서는 안 된다. 의장의 심미감이란 보통수준의 지성적인 사람의 관점에서 판단할 때 전체적으로 유사한 심미감을 일으키는지의 여부로써 판단하는 것이지, 대상판결과 같이 의장의 구성요소를 각각 분해하고, 각각 분해된 구성요소를 개별적으로 판단하는 것이 아니다. 대상판결에서 본원의장과 인용의장 3은 있는 그대로 비교하여 전체적으로 유사한 심미감을 일으키는지의 여부를 판단하였어야 했다.

특허요건이나 의장의 등록요건을 판단하는 경우에는 선행기술(prior art)에 해당하는 판단대상을 명확히 확정해야 한다. 우리 법제하에서는 ⅰ) 공지(公知: public knowledge), ⅱ) 공용(公用: public use) 및 ⅲ) 간행물(publication)로 명확히 구분되며, 이러한 구분은 명확하게 적용되어야 한다. 왜냐하면 이들 판단대상이 명확하게 확정되어야 특허요건을 정확히 판단할 수 있기 때문이다.

8. 권리범위확인심결 취소소송[1]
— 특허법원 판결 2000허4275(2001.02.15 선고)를 중심으로 —

I. 서 언

특허법원 사건 2000허4275는 의장등록 제165033호(이하 '본원의장')에 대한 권리범위확인여부를 다룬 사건으로, 권리범위확인심판 청구인이 실시하고 있는 ㈎호의장(비교대상의장)에 대하여 특허심판원은 ㈎호의장이 본원의장의 권리범위에 속한다고 판단하였다. 그러나 특허심판원의 이러한 판단에 대하여 특허법원은 ㈎호의장이 본원의장의 권리범위에 속하지 아니한다고 판단하여 특허심판원의 심결을 취소하였다. 본 사건의 특허법원 판결은 ㈎호의장이 본원의장의 권리범위에 속하는지의 여부를 판단함에 있어서 많은 미비점을 내포하고 있다. 특히 본원의장의 무효여부를 다룬 특허법원 사건 2000허4282(2001.02.15 선고)의 판결과는 서로 모순되는 판결이유를 설시하고 있다. 이 사건의 특허법원 판결에 대하여 살펴본다.

---

1 「창작과 권리」 제24호(2001년 가을호).

Ⅱ. 사건의 개요

1. 본원의장과 ㈎호의장

본원의장은 건물바닥에 매설된 콘센트박스로부터 전화선이나 전원선을 건물바닥 위로 인출할 수 있는 콘센트 박스용 덮개에 관한 것으로, 그 상부표면에 카펫을 부착하여 심미감을 나타낼 수 있도록 한 물품에 관한 것이다.

반면 심판청구인(원고)이 실시하는 ㈎호의장은 상부 케이스의 테두리가 본원의장의 테두리보다는 더 넓은 모양을 갖지만, 본원의장의 카펫 대신에 무늬가 형성된 합성수지판(아스타일)을 부착시킨 콘센트 박스용 덮개에 관한 것이다.

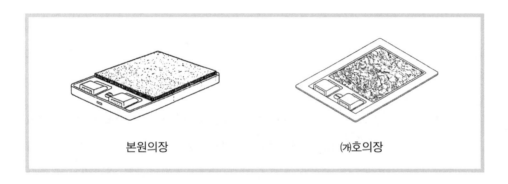

| 본원의장 | ㈎호의장 |

2. 권리범위확인심판 2000당81(이하 '원심결')

원심결에서는, 본원의장과 ㈎호의장이 직사각형 모양의 덮개가 결합된 형상을 지배적 요소로 하여 구성되어 있어서 그 전체적 외관으로부터 감득되는 심미감이 극히 유사하다고 판단하였다. 나아가 원심결에서는 ㈎호의장에는 합성수지판이 평면적으로 부착되어 있고, 본원의장에는 평면보다 다소 높게 카펫이 부착되어 있다는 점을 두 의장의 차이점이라고 지적하였으나, 이러한 차이점은 심미감에 영향을 줄 수 없는 단순한 변형에 불과하다고 판단하였다.

심판청구인은 본건 권리범위확인심판을 청구하면서 출원 전 공지된 증거(갑제3호증 및 갑제4호증)를 제출하였다. 그러나 원심결에서는 갑제3호증과 갑제4호증은 진정성립이 어렵고 본원의장과는 크게 상이하다고 판단하였다. 원심결에서의 이러한 판단은 갑제3호증과 갑제4호증이, 비록 그 진정성립을 인정한다 하더라도, 본원의장과는 크게 상이하다는 것으로 해석된다. 갑제3호증과 갑제4호증의 주요 도면을 살펴보면 원심결에서의 판단은 이견(異見)이 있을 수 없다(참고로 갑제3호증과 갑제4호증은 덮개가 모두 열린 상태만 도시되어 있어서 저면부만 알 수 있고 상면부는 알 수 없는 상태다).

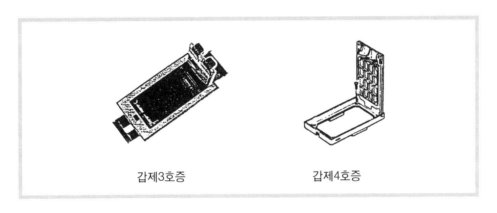

갑제3호증   갑제4호증

원심결의 심결이유는 다음과 같다:

"이러한 관점에서 이건의장과 (가)호의장의 유사여부를 살펴보면, 이건의장과 (가)호의장은 별지도면 1과 같은 형상과 모양을 하고 있는 것으로서 건물 바닥면에 적절한 길이로 매설된 콘센트 박스에 전화선이나 전원선을 끌어낼 수 있도록 하는 것 등에 사용되는 콘센트 박스용 덮개임을 알 수 있으며, 별지도면 1에서 살펴본 바와 같이 양 의장은 공히 덮개의 좌측부위에 2개의 유선형 모양을 한 직육면체 형상의 돌출부를 형성하고 있고 덮개가 닫힌 상태로 전원선 및 전화선이 인출될 수 있도록 구성(청구인은 갑 제3호증과 제4호증에 의거 공지된 형상임을 주장하고 있으나 진정성립이 어렵고 이건의장과는 크게 상이함)되어 있으며, 2개의 돌출부 사이에 "－"자형 볼트

가 부착되어 있고 그 우측으로 직사각형 모양의 덮개가 결합된 형상을 양 의장의 지배적 요소로 하여 구성되어 있는 등 양 의장의 전체적 외관과 이로부터 감득되는 심미감에서 차이를 발견할 수 없을 만큼 극히 유사한 의장이라 할 것이다.

다만, 양 의장의 좌측 1/3지점에서 우측 4/5지점까지 부착된 직사각형 모양의 덮개의 경우 ㈎호의장은 합성수지판을 그 소재로 하여 의미를 알 수 없는 불규칙한 모양의 무늬가 새겨져 있는 덮개가 사각의 외곽라인을 이중으로 평면적으로 부착되어 있으나 이건의장은 그 소재를 카펫으로 하여 평면보다 다소 높게 사각의 외곽라인을 형성하며 구성되어 있는 점에서 약간의 차이가 있다 할 수 있겠으나 이 부분은 양 의장의 지배적인 형상이라 할 수 없으며, 이로 인하여 보는 이로 하여금 새로운 심미감을 줄 만한 차이가 있다거나 그 외관에서 감득되는 심미감에 차이가 있다 할 수 없을 정도의 단순한 변형에 불과하다 할 것이다."

3. 심결취소소송 2000허4275(이하 '대상판결')

원고는 원심결에 불복하여 심결취소소송을 제기하였다. 특허법원은 ㈎호의장이 본원의장의 권리범위에 속하지 아니한다고 판단하여 원심결을 취소하였다.

III. 대상판결의 요지

대상판결에서는 ⓐ ㈎호의장이 본원의장과는 달리 상판 둘레에 굵은 테두리를 이루고, ⓑ 본원의장은 카펫으로 두툼하게 상측으로 튀어나오게 형성된 반면 ㈎호의장의 합성수지판은 상판과 같은 높이로 형성되어 있다는 두 가지 차이점을 지적하여 두 의장은 요부로 되는 부분의 심미감이 서로 상이하다고 판단하였다. 또한 대상판결에서는 원심결에서 진정성립이 어렵고 본원의장과 크게 다르다고 판단한 인용의장 1 및 2(이들은 각각 원심결에서 갑제3호증 및 갑제4호증에 해당함)가 본원의장의 출원 전에 공지된 것이라고 판단하였다. 대상판결의 판결이유는 다음과 같다:

"이 사건 등록의장과 ㈎호의장의 공통점과 차이점을 대비하면, 양 의장 모두 전체적으로 직사각형의 덮개인 점, 전선 인출구의 개수와 형상이 동일한 점, 덮개를 잠그는 볼트의 형상과 위치가 동일한 점, 저면의 형상이 매우 유사한 점이 공통되는 반면, ㈎호의장은 이 사건 등록의장과는 달리 평면에 있어서 상판 둘레에 굵은 테두리를 두고 있는 점, 전선 인출구를 제외한 덮개의 상판을 이 사건 등록의장은 카펫으로 두툼하게 상측으로 튀어나오게 형성하였으나 ㈎호의장은 이 사건 등록의장과 다른 무늬의 합성수지판을 상판과 같은 높이로 형성한 점에 있어서 차이가 있다.

그런데 갑2호증, 갑5호증의1, 2, 3, 갑6호증의1, 2의 각 기재에 의하면, 1990. 및 1993.경 각 반포된 일본국 마쓰시타전공 주식회사의 전설자재(電設資材) 카탈로그에 별지 기재의 인용의장 1, 2가 기재되어 있는 사실을 인정할 수 있고, 이에 의하면, 콘센트 박스용 덮개가 직사각형으로 되어 있고, 전화선이나 전원선을 인출할 수 있는 인출구 2개가 덮개 상면 일측에 이 사건 등록의장과 거의 동일한 형상으로 튀어나와 있는 점은 인용의장 1에 의하여 이 사건 등록의장의 출원 전에 공지되었다 할 것이고, 덮개의 저면에 있어서 작은 정사각형의 요철 모양이 가로 세로로 다수 개 형성되어 있는 점은 인용의장 2에 의하여 이 사건 등록의장의 출원 전에 공지되었다 할 것이다.

이와 같이 콘센트 박스용 덮개의 전체적 형상과 전선 인출구의 형상 및 모양은 이 사건 등록의장의 출원 전에 공지된 것이므로 이를 이유로 하여 양 의장이 유사하다 할 수는 없는 노릇이고, 덮개를 잠그는 볼트는 흔히 있는 모양의 극히 기능적인 요소에 불과하여 의장의 심미감에 영향을 미칠 바가 없으며, 저면에 있어서 작은 정사각형의 요철 모양이 가로 세로로 다수 개 형성되어 있는 점 또한 이 사건 등록의장의 출원 전에 공지된 것일 뿐만 아니라 콘센트박스의 설치 시에 외부로 보이지도 않는 부분에 해당하여 저면의 유사성으로 인하여 양 의장을 유사하다 할 수는 없다. 이러한 점을 감안하면 결국 양 의장의 유사 여부를 판단하는 기준이 되는 것은 전선 인출구를 제외한 덮개 상판의 형상과 모양에 있다 할 것인데, 이 사건 등록의장은 단순하게 전체를 카펫으로 덮되 전선 인출구 부분의 상판보다 카펫 두께만큼 올라온 형상을 하고 있는 반면, ㈎호의장은 가장자리에 굵은 테두리를 두고 합성수지판으로 상판의 다른 부분과 같은 높이로 덮개 상판을 형성함으로써 양 의장은 요부로 되는 부분의 심미감이 서로 상이하다 할 것이다.

> *따라서 공지된 부분과 기능적 부분 등이 의장의 심미감에 미치는 영향을 감안할 때 이 사건 등록의장과 ㈜호의장은 전체적으로 서로 유사하다 할 수는 없다고 봄이 상당하다."*

IV. 대상판결의 문제점

1. 본원의장과 ㈜호의장의 판단상의 미비점

(1) 심결취소이유의 미비

특허법원에서 특허심판원의 심결을 취소시키기 위해서는 그 이유가 분명해야 한다. 원심결에서는, ㈜호의장과 본원의장의 차이점을 ⅰ) ㈜호의장에는 카펫 대신에 합성수지판이 사각의 외곽라인을 이중으로 평면적으로 부착되어 있고, ⅱ) 본원의장에는 평면보다 다소 높게 카펫이 부착되어 있다고 파악하였다. 나아가 원심결에서는 이러한 차이점이 지배적인 형상이라 할 수 없다고 판단하였고, 그 결과 심미감에 영향을 줄 수 없다고 판단하였다.

그런데 대상판결에서는, ⓐ ㈜호의장이 본원의장과는 달리 상판 둘레에 굵은 테두리를 이루고, ⓑ 본원의장은 카펫으로 두툼하게 상측으로 튀어나오게 형성된 반면 ㈜호의장의 합성수지판은 상판과 같은 높이로 형성되어 있다는 두 가지 차이점을 지적하였다. 그리고 이 두 의장은 요부로 되는 부분의 심미감이 서로 상이하다고 판단하였다.

원심결에서 지적된 차이점 ⅰ)과 ⅱ)는 대상심결에서 지적된 차이점 ⓑ와 동일하다고 볼 수 있다. 대상심결에서는 차이점 ⓐ를 더 지적하고 있지만, 사실상 원심결의 차이점 ⅰ)에서의 "사각의 외곽라인을 이중으로"란 표현과 동일하다. 따라서 원심결에서의 차이점 ⅰ) 및 ⅱ)는 대상판결에서의 차이점 ⓐ 및 ⓑ와 사실상 동일하다.

그런데 이러한 차이점들을 원심결에서는 "지배적인 형상이라 할 수 없다"고 판단한 반면, 대상판결에서는 "요부로 되는 부분"이라고 판단하였다. 실질적인 차이점에 대하여는 동일하게 인식하면서, 그들이 의장의 요지에 해당하는지에 대하여는 특허법원과 특허심판원은 견해를 달리하고 있다. 특허심판원에서는 상기 차이점들이 의장의 요지에 해당하지 않는다고 판단하여 심미감에 차이가 없다고 판단한 반면, 특허법원에서는 상기 차이점들이 의장의 요지에 해당하기 때문에 심미감이 다르다고 판단하였다. 두 의장의 차이점에 대하여는 동일하게 인식하면서 그 차이점이 의장의 요지에 해당하는지에 대한 견해가 다르고, 그 결과 심미감이 서로 상반된다는 것은 분명히 누군가가 잘못 판단하고 있음이 명백하다.

이러한 상반된 결과는 결론부터 말하면 특허법원이 의장의 요지를 잘못 파악한 데서 기인한다. 본 사건의 논점은 (개)호의장의 합성수지판이 평면적으로 구성되고 본원의장의 카펫이 상측으로 두툼하게 튀어나오게 한 점에 있는 것이 아니다. 사실 이러한 내용은 본원의장의 요지와는 거리가 멀다. 그렇기 때문에 이러한 차이점들을 특허심판원에서는 "지배적인 형상이 아니라고" 하였다. 그런데 특허법원에서는 이러한 차이점들을 "요부로 되는 부분"이라 하였다.

그렇다면 본원의장의 요지는 무엇인가? 본원의장의 요지는 종래의 콘센트 박스덮개에 카펫을 부착시킨 것이다. 특정 건물바닥에 카펫이 시공된 경우, 그와 동일한 카펫을 콘센트 박스덮개에 부착함으로써 바닥의 미관을 미려하게 하기 위한 것이다. 또한 박스덮개의 테두리도 가급적 좁게 하여 콘센트 박스덮개가 바닥에 설치된 흔적을 가급적 없애고자 한 것이다. 노란 카펫이 시공되었다면 노란 카펫을 박스덮개에 부착하는 것이고, 빨간 카펫이 시공되었다면 빨간 카펫을 박스덮개에 부착하는 것이다. 건물 바닥에 노란 카펫이 시공되어 있는데 박스덮개에 빨간색 카펫을 부착할 바보는 없다. 4각 구조의 콘센트 박스덮개는 본원의장의 출원 훨씬 전에도 이미 공지되었던 물품이다. 따라서 본원의장의 요지는 건물바닥에 시공된 카펫과 동일한 카펫을 콘센트 박스에 부착한다는 점에 있는 것이지, 상판의 테두리가 굵다는 점이나 카펫이 위로 튀어나오고 합성수지판(아스타일)은 평면적으로 형성된다는 점은 본원의장의 요지가 아니다. 이러한 점에 있어서 특허법원의 판결이유는 잘못되었다.

(2) 본 사건에서의 논점

대상판결에서는 상기와 같이 의장의 요지를 잘못 판단하였고, 그 결과 원심결을 취소하게 되었다.

본 사건의 논점은 박스덮개에 '카펫'을 부착한 본원의장에 대하여 박스덮개에 '아스타일'을 부착한 (개)호의장이 본원의장의 권리를 침해했는지의 여부에 관한 것이다. 다시 말해서 박스덮개의 '테두리'의 폭은 넓고 좁음은 인정되더라도 이 부분은 의장의 요지라 볼 수 없기 때문에 무시하고, '카펫' 대신에 '아스타일'을 부착한 것이 과연 본원의장을 침해했느냐의 여부에 관한 것이다. 이것은 일종의 균등론(doctrine of equivalents)을 적용해야 할 사안이다. 이러한 관점에서 판단할 때, 특허심판원은 (개)호의장의 '아스타일'이 본원의장의 '카펫'을 치환한 "단순한 변형에 불과하다"고 판단하였다. 물론 (개)호의장의 '아스타일'이 본원의장의 '카펫'에 대하여 '단순한 변형'이 아니라고 판단할 수도 있다. 문제는 의장의 요지를 올바로 파악하고 논점에 대하여 명확히 판단해야 올바른 결론에 도달할 수 있다는 점이다. 대상판결과 같이 의장고안의 요지를 잘못 파악하고, 나아가 논점이 무엇인지 알 수 없는 상태에서 올바른 결론을 기대하기란 있을 수 없다.

종래에는 항상 철재로 이루어진 박스덮개가 건물바닥에 시공되었는데, 카펫이 시공된 바닥에는 카펫이 부착된 박스덮개를 사용하고, 아스타일로 시공된 바닥에는 아스타일이 부착된 박스덮개를 사용한다는 것은 누구나 쉽게 이해할 수 있다. 아스타일로 시공된 바닥에 카펫이 부착된 박스덮개를 사용하거나 카펫으로 시공된 바닥에 아스타일이 부착된 박스덮개를 사용할 바보는 없다. 이러한 관점에서 (개)호의장의 '아스타일'은 본원의장의 '카펫'에 대한 '단순한 변형'에 해당한다.

(3) 본원의장과 (개)호의장의 공통점

대상판결에서는 본원의장과 (개)호의장의 차이점은 물론 공통점에 대하여도 지적하였다. 특허법원은 ⅰ) 양 의장 모두 전체적으로 직사각형의 덮개인 점, ⅱ) 전선 인출구의 개수와 형상이 동일한 점, ⅲ) 덮개를 잠그는 볼트의 형상과 위치가 동일한 점, ⅳ) 저면의 형상이 매우 유사한 점 등의 4가지 공통점을 지적하였다.

이미 앞에서 설명한 바와 같이, 4각 구조의 콘센트 박스덮개가 이미 본원의장 출원 전부터 공지된 점을 감안하고, 본원의장의 요지가 딱딱하고 썰렁한 느낌을 주는 철재의 박스덮개에 그 주변바닥과 동일한 카펫을 부착하여 미려한 미관을 나타낸다는 것을 고려한다면, 대상판결에서 지적한 상기 4가지 공통점은 무엇을 의미하는지 알 수 있다. 위의 4가지 공통점은 본 사건을 해결하는 데 아무런 역할을 할 수 없는 것들이다. 다만 공통점을 부각시키고 그 반대로 차이점을 열거하여 서로 대비시켜 그 차이점(그 차이점은 의장의 요지도 아닌 것)을 합리화하기 위한 지원역할을 할 뿐이다.

(4) 인용의장 1 및 2의 인정에 관하여

인용의장 1 및 2(특허심판원에서는 각각 갑제3호증 및 갑제4호증으로 제출되고, 특허법원에서는 각각 갑제5호증 및 갑제6호증으로 제출됨)는 박스덮개가 모두 열린 상태로만 도시되어 있다. 그래서 본원의장의 요부라 할 수 있는 상부면에 대해서는 알 수 없고, 그 저면부만을 알 수 있도록 도시되어 있다. 그래서 원심결에서는 갑제3호증과 갑제4호증의 진정성립을 인정하더라도 본원의장과는 크게 상이하다고 판단하였다. 그런데 대상심결에서는 인용의장 1 및 2를 모두 성립인정 하였다. 인용의장 1 및 2가 성립인정 되었다고 해서 본 사건의 판단에 영향을 미치는 것은 아니다. 인용의장 1 및 2는 본 사건의 판단에 아무런 도움을 줄 수 없는 증거들이기 때문이다. 그러면 대상심결에서는 아무런 도움도 줄 수 없는 증거들을 왜 성립인정 하였을까. 이것 또한 본원의장의 요지가 아닌 차이점을 합리화하기 위한 지원역할을 하기 위한 것으로 해석된다.

2. 특허법원 판결 2000허4282와의 모순

특허법원 판결 2000허4282는 본원의장의 무효여부를 다룬 사건이다. 본 사건과의 이해를 돕기 위하여 다음과 같이 도면을 제시한다:

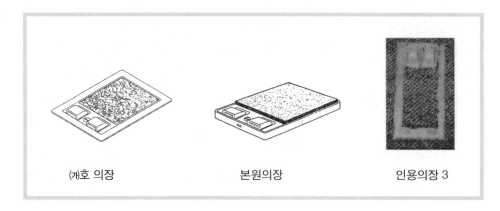

| (개)호 의장 | 본원의장 | 인용의장 3 |

　본 사건(2000허4275)에서는 (개)호의장이 본원의장의 권리범위에 속하지 않는다고 판단한 반면, 2000허4282 사건에서는 본원의장이 인용의장 3에 의하여 유사하다고 판단하여 본원의장을 무효시켰다. 두 판결은 서로 모순되는 결론을 가져온다. 최소한 어느 하나의 판결이 잘못되었음이 명백하다. 이런 상반되는 결론이 어디서부터 유래된 것인지 판결이유를 구체적으로 살펴보자.

　대상판결(2000허4275)에서는, (개)호의장이 상판둘레에 굵은 테두리를 이룬다는 점이 본원의장과의 차이점(차이점 ⓐ)으로 부각되었다. 그런데 2000허4282 사건에서는, "본원의장이나 인용의장 3 모두 카펫을 상부에 붙이는 부분의 형상과 모양이 직사각형으로서 카펫을 부착하고 나면 상부의 여백이 남지 않을 정도의 형상과 모양을 하고 있는 점에서 동일하며"라고 판단하였다. 다시 말해서 (개)호의장의 테두리는 굵게 나타난다고 판단하고, 인용의장 3의 테두리는 여백이 남지 않을 정도라고 판단하였다. 실제로 (개)호의장의 테두리와 인용의장의 테두리의 굵기는 육안으로 보아도 비슷하다. 비슷한 굵기의 테두리를 두고, 무효심판에서는 여백이 남지 않을 정도로 동일하고, 권리범위확인심판에서는 테두리가 굵다고 본 것이다. 肉眼으로 본다면 (개)호의장과 인용의장 3의 테두리는 비슷한 굵기를 갖고 있다.

V. 결 론

본원의장의 요지가 건물바닥에 시공된 카펫과 동일한 카펫을 콘센트 박스에 부착하는 것이라는 점을 감안할 때, ⅰ) ㈐호의장이 본원의장과는 달리 상판 둘레에 굵은 테두리를 이루고, ⅱ) 본원의장은 카펫으로 두툼하게 상측으로 튀어나오게 형성된 반면 ㈐호 의장의 합성수지판은 상판과 같은 높이로 형성되어 있다는 두 가지 차이점을 의장의 요부로 되는 부분으로 판단한 대상판결은 판단상의 잘못을 면하기 어려울 것이다.

본 사건의 논점은 박스덮개에 '카펫'을 부착한 본원의장에 대하여 박스덮개에 '아스타일'을 부착한 ㈐호의장이 본원의장의 권리를 침해하였는지의 여부에 관한 것으로 일종의 균등론(doctrine of equivalents)을 적용해야 할 사안이다. 그런데 대상판결에서는 의장고안의 요지를 잘못 파악함으로써 역시 판단상의 미비점이 드러나고 있다.

특히 본 사건(2000허4275)에서는 ㈐호의장이 본원의장의 권리범위에 속하지 않는다고 판단한 반면, 2000허4282 사건에서는 본원의장이 인용의장 3에 의하여 유사하다고 판단하여 서로 모순되는 결론에 도달하고 있는데, 이는 비슷한 굵기의 테두리를 두고, 2000허4275 사건에서는 ㈐호의장의 테두리가 굵게 나타난다고 판단한 반면, 2000허4282 사건에서는 인용의장 3의 테두리가 여백이 남지 않을 정도라고 상반되게 판단하였기 때문이다.

9. 특허법원소송에서의 신규증거에 대한 심리범위[1]
— 대법원 사건 2000후1290(2002.06.25. 선고) 판결을 중심으로 —

I. 서 언

특허와 관련된 1990년대의 대법원 판결 90후250 및 최근의 2000후747 판결에 이어 대법원사건 2000후1290 판결은 우리 특허제도 역사에 기록될 만한 또 하나의 잘못된 판결이라 하지 않을 수 없다.

대법원 판결 90후250 때문에 우리는 아직도 인간의 치료방법에 대하여 특허받을 수 없고, 인간을 제외한 동물의 치료방법에 대하여만 특허받을 수 있다. 더욱이 우리를 서글프게 하는 것은 인간의 치료방법이 특허받을 수 없는 이유를 특허대상(特許對象: patentable subject matter)의 문제가 아니라 산업상 이용가능성의 결여, 즉 특허요건의 문제로 보고 있다는 점이다. 동물의 치료방법은 산업상 이용가능성이 인정되지만 인간의 치료방법은 산업상 이용가능성이 인정될 수 없다는 것이다.

---

1 「창작과 권리」 제28호(2002년 가을호).

대법원사건 2000후747 판결은 특허심사절차에 관한 것으로, 심사관이 서로 다른 청구항에 대하여 서로 다른 거절이유로 거절결정한 경우, 그 불복심판이나 소송에서 심사관의 거절이유의 일부가 정당하지 못함을 발견하였다 하더라도 나머지 거절이유가 옳다면 그 심판이나 소송의 청구는 기각되어야 한다는 내용이다.[2] 그야말로 무시무시한 판결이고 무지무지한 판결이다.

여기서 소개할 대법원사건 2002후1290 판결은 특허심판원의 심판단계에서는 제출되지 않은 새로운 증거(이하 '신규증거')를 특허법원의 소송단계에서 제출하고, 그 신규증거를 인용하여 판단할 때 특허심판원의 심결이 잘못되었다고 판단하여 원심결을 취소한 특허법원의 판결이 정당하다고 판단한 대법원 판결에 관한 것이다. 과연 그럴까. 우선 사건의 전말을 살펴보고 신규증거가 왜 배척되어야 하는지를 살펴보자.

II. 사건의 개요

1. 특허 제173,390호

대한민국 특허 제173,390호는 종래의 플로아 매설용 콘센트 박스의 결점을 보완한 일종의 개량발명(이하 '이건특허' 또는 '이건특허발명')이라 할 수 있다. 이건특허는 1996.01.11. 출원하여 1998.10.29. 특허되었다.

2. 무효심판 99당907

무효심판 청구인은 이건특허가 1995년 4월에 일본 송하전공에서 발행한 전설자재 카탈로그에 기재된 발명(이하 '인용발명 1')과 1986년 미국 워커사에서 발행한 카

---

2   최덕규, "역사에 길이 빛날 특허 판결," 「특허와 상표」 제529호(2001.08.20), 대한변리사회.

탈로그에 기재된 발명(이하 '인용발명 2')에 의하여 신규성 및 진보성이 없다는 이유로 특허법 제29조 제1항 및 제2항에 위배되어 등록되었기 때문에 무효되어야 한다고 심판을 청구하였으나, 특허심판원은 이건특허발명이 상기 인용발명 1 또는 2에 의하여 신규성이나 진보성을 상실하지 않는다고 판단하여 무효심판의 청구를 기각하였다. 해당 심결문은 다음과 같다:

"가. 인정사실

청구인이 이건 특허발명의 무효증거로 제출한 인용발명 1은 1995년 4월에 일본국 송하전공이 발행한 카탈로그이고, 인용발명 2는 1986년에 미국 워커사가 발행한 카탈로그로서 이들은 모두 이건 특허발명의 출원 전에 외국에서 반포된 간행물로 인정된다.

나. 대 비

이건 특허발명 1에서 바닥 부재(11)는 인용발명 1 및 2에서 박스와 유사하고, 이건 특허발명 1에서 어셈블리 중간 제1부재(24)에서 좌우측 콘센트(21, 22)와 중간 바닥 부재(23)를 조립한 점은 인용발명 1에서 콘센트가 포함된 것으로 보이는 기구블록과 유사하고, 이건 특허발명 1에서 어셈블리 중간 제2부재(25)와 그 위에 조립되는 어셈블리 상부 부재(26)는 인용발명 1에서 알루미늄 플레이트와 인용발명 2에서 카펫 링과 유사하며, 이건 특허발명 1에서 내부 어셈블리(2)의 상부에 커버(3)가 조립되도록 한 점은 인용발명 1에서 알루미늄 플레이트에 플로어 플레이트가 조립되는 점과 인용발명 2에서 카펫 링에 커버 플레이트가 조립되는 점과 유사하다 하겠으나, 이건 특허발명 1에서 바닥 중간 부재(12)와 바닥 상부 부재(13)에 관한 구성과 내부 어셈블리(2)가 볼트에 의하여 바닥부(1)에 결합되는 점에 대한 구성을 인용발명 1, 2에서는 찾아볼 수 없는 것이다.

다. 판 단

상기 인용발명 1 및 2에서 이건 특허발명 1의 구성을 찾아볼 수 없는 점들에 대하여 살펴보면, 이건 특허발명 1에서 바닥 중간 부재(12)와 바닥 상부 부재(13)는 내부 어셈블리(2)가 높이 조절용 볼트(27, 28, 29, 30)에 의하여 상승할 때 내부 바닥부(1)와 내부 어셈블리(2) 사이의 빈 공간이 생기는 것을 방지하기 위한 수단으로서 인용발명 1 및 2에서는 이러한 점에 대한 설명이나 구성을 찾아볼 수 없는 것이고, 인용발명

1에서 높이 조정용 어댑터와 높이 조정용 나사가 나타나 있고, 인용발명 2에서 박스의 상부에 어저스팅 나사가 나타나 있기는 하지만 이들의 구성이 인용발명 1에서 기구블록과 알루미늄 플레이트와 어떠한 관계에 의하여 조립되는 것인지, 인용발명 2에서는 어저스팅 나사가 카펫 링과 어떻게 조립되는 것인지 나타나 있지 아니하여 이건 특허발명 1에서 좌우측 콘센트(21, 22)와 중간 바닥 부재(23)를 내부 어셈블리(2)에 형성하여 커버(3)가 상하로 이동하면 콘센트의 위치가 중간 바닥 부재(23)의 상하 이동에 따라 커버(3)와 함께 이동하도록 한 점과는 대비할 수도 없는 것이어서, 이건 특허발명 1은 인용 발명들보다 진보성이 있는 것이라 하겠다."

3. 심결취소소송 99허7612

원고는 무효심판의 심결에 불복하여 특허법원에 심결취소소송을 청구하였고, 그 소송에서 원고는 인용발명 1 및 2에 기초하여 무효여부를 판단한 무효심판의 심결의 정당성에 대하여는 다투지 아니하고, 새로운 증거(갑제5호증의3: 인용발명 3)를 제출하면서 이건특허발명이 진보성을 상실하고 있다고 주장하였다. 원고의 이러한 주장에 대하여 재판부는 이건특허발명이 인용발명 3에 의하여 진보성을 상실하는 것으로 판단하여 이건특허를 무효로 하기에 이르렀다. 즉 특허법원은 이건특허발명이 인용발명 3에 의하여 진보성을 상실한다는 이유로 특허심판원의 심결을 파기하였다. 해당 판결문을 인용하면 다음과 같다:

"*인용발명 3은 이 사건 특허발명의 출원 전에 공지되었거나 공연히 실시된 발명이라 할 것인바, 이에 대하여 피고는 이 사건 특허발명의 출원일 전에는 인용발명 3의 박스만이 시공되었을 뿐 내부 어셈블리와 카바는 납품되지 않았고, 인용발명 3의 도면과 샘플도 극히 제한된 거래 관계인들에게만 제시되었을 뿐이므로 일반 공중에게 인용발명 3이 공지되었다고 볼 수 없다고 주장하나, 위 하도급계약의 전후에 걸쳐 인용발명 3의 도면과 샘플이 소외 태흥건설 주식회사의 실무자들에게 제공되었고, 도면과 샘플은 비밀로 유지되지 아니하여 공사 실무자들이나 관계인들이 자유롭게 열람할 수 있는 상태에 있었던 것이며, 이와 같이 계약상 또는 신의칙상 비밀유지 의무*

가 없는 자들이 그 내용을 알 수 있는 상태에 있었던 이상 비록 소수의 사람만이 그 내용을 알았다 하더라도 공지되었다고 봄에 지장이 없다 할 것이어서 위 주장은 이유 없다.

이 사건 특허발명의 각 구성요소들과 인용발명 3을 대비하여 보면, 구성요소 1의 바닥부는 바닥부재, 바닥중간부재, 바닥상부부재로 이루어지지만 인용발명 3은 하나의 일체형 박스(1)로 이루어진 차이가 있고, 구성요소 2의 좌우측 콘센트(21, 22)는 인용발명 3의 패널블럭(7)과 중간바닥부재(23)는 인용발명 3의 박스 베이스(3)와, 어셈블리 중간 제1부재(24)는 인용발명 3의 베이스 브라켓(4)과, 어셈블리 중간 제2부재(25)는 인용발명 3의 베이스 프레임(2)과, 어셈블리 상부부재(26)는 인용발명 3의 익스텐더(15)와 각 동일하며, 구성요소 3의 카바(3)는 인용발명 3의 플레이트(12)와 동일하고, 구성요소 4는 인용발명 3에서 4개의 볼트에 의하여 베이스 브라켓이 박스에 결합되는 구성과 동일하며, 구성요소 5는 인용발명 3에서 볼트(4-1)가 베이스 프레임(2)과 베이스 브라켓(4) 사이에 위치하고 있고, 볼트(4-1)를 조정할 수 있는 구멍이 베이스 프레임(2)에 형성되어 볼트를 풀거나 조임으로써 베이스 프레임이 상하로 이동되는 구성과 동일하고, 구성요소 6은 인용발명 3에서 각 볼트들(3-1, 7-1, 7-2)로 패널블록의 각 부품을 연결하는 구성과 동일하며, 구성요소 7은 인용발명 3에서 박스와 패널블록 사이에 공간이 형성되어 그 공간 속으로 전선이 통과되도록 하는 구성과 동일하다. … (중략) …

피고는 인용발명 3의 박스 베이스는 양쪽 측부가 하부 쪽으로 꺾여져 있고, 이 사건 특허발명의 구성요소 2의 중간바닥부재(23)는 양쪽 측부가 상부 쪽으로 꺾여져 있으므로 그 구조가 상이하다고 주장하나, 중간바닥부재(23)는 전선의 노출이나 보호를 위해 내부 어셈블리(2)를 구성하는 하나의 구성요소로서 청구하고 있을 뿐 중간바닥부재의 형상에 대하여 한정하고 있지 아니하므로 위 주장은 이유 없다.

또한 피고는 인용발명 3에서는 박스 브라켓에 의하여 부품이 상하로 이동하는 데 대하여, 이 사건 특허발명에는 박스 브라켓이 없다고 주장하나, 인용발명 3을 살펴보면, 콘센트와 박스 베이스 등이 결합된 패널블록이 베이스 프레임에 고정되어 있고, 상기 베이스 프레임은 베이스 브라켓에 볼트로 고정되어 있으며, 상기 베이스 브라켓은 높이 조정볼트에 의해 박스에 결합되어 높이 조정볼트로 조정하면 박스에 대해 상대적으로 베이스 브라켓이 상하로 이동하는 데 비하여, 이 사건 특허발명의 커버(3) 및 내부 어셈블리(2)는 어셈블리 중간 제1부재(24)에 고정되어 있고, 상기 어셈블리 중간 제1부재는 바닥부(1)에 4개의 볼트에 의해 결합되어 상기 4개의 볼트의 조정에 의해 어셈블리 중간 제1부재가 상기 바닥부(1)에 대해 상대적으로 이동한다. … (중략) …

나아가 피고는 인용발명 3은 이 사건 특허발명과는 달리 패널블록 아래와 박스 사이에 전선이 통과할 수 있는 공간부가 형성되지 않는다고 주장하나, 이 사건 특허발명의 구성요소 7을 살펴보면 단지 바닥부재(11)와 중간바닥부재(23) 사이에 공간이 형성된다고 기재하고 있어 중간바닥부재(23)의 아랫부분의 공간과 옆부분의 공간 중 어느 부분을 의미하는지 명확하지 않아 패널블록의 옆으로 공간이 형성될 수 있는 인용발명 3과 상이하다고 볼 수 없고, 설사 중간바닥부재의 아랫부분에 공간이 형성되는 구성이라고 하더라도 인용발명 3의 볼트(4-1)의 조정으로 아랫부분에 공간이 형성될 수 있어 위 주장은 이유 없다.

따라서, 이 사건 특허발명의 청구범위 제1항 내지 제4항은 인용발명 3과 비교할 때 구성의 곤란성이나 효과의 현저성이 인정되지 아니하여 인용발명 3으로부터 당업자가 용이하게 발명할 수 있다고 봄이 상당하여 이 사건 특허발명은 특허법 제29조 제2항의 규정에 위배하여 잘못 특허된 것이어서 그 특허등록이 무효로 되어야 할 것이다."

4. 대법원 상고사건 2000후1290

대법원 상고에서는, 특허심판원의 심판단계에서 제출되지 않아서 심리조차 된 적이 없는 새로운 신규증거(인용발명 3)를 특허법원의 소송단계에서 제출하고, 그 신규증거를 기초로 심리한 특허법원의 판결이 적법한 것이었는지가 상고이유 제1점으로 대두되었다. 이 제1점의 상고이유에 대하여 대법원은 특허법원이 신규증거를 채택하여 심리 판단한 것은 정당하다고 판단하였다. 상고이유 제1점에 관한 대법원 판결이유는 다음과 같다:

"심판은 특허심판원에서의 행정절차이며 심결은 행정처분에 해당하고, 그에 대한 불복의 소송인 심결취소소송은 항고소송에 해당하여 그 소송물은 심결의 실체적 절차적 위법성 여부라 할 것이므로 당사자는 심결에서 판단되지 않은 처분의 위법사유도 심결취소소송단계에서 주장 입증할 수 있고 심결취소소송의 법원은 특별한 사정이 없는 한 제한 없이 이를 심리 판단하여 판결의 기초로 삼을 수 있는 것이며 이와 같이 본다고 하여 심급의 이익을 해한다거나 당사자에게 예측하지 못한 불의의 손해를 입히는 것이 아니다.

따라서 원심이 심판절차에 제출되지 않았던 공지기술에 관한 자료를 증거로 채택하여 심리 판단한 것은 정당하고, 거기에 상고이유 제1점에서 주장하는 바와 같은 심급에 관한 이익이나 심결취소소송의 심리범위에 대한 법리오해의 위법이 없다."

III. 본 사건의 논점

본 대법원 사건은 특허무효에 관한 심결취소소송으로, 특허법원이 무효심판에서 제출되었던 증거자료(인용발명 1 및 2)에 의하여 무효심결이 적법하게 행해졌는지의 여부에 대하여는 심리하지 아니하고 심결취소소송에서 특허법원에 새롭게 제출된 신규증거(인용발명 3)만을 기초로 이건특허발명의 특허요건을 판단하여 원심결을 취소한 것이 적법한 것인지의 여부가 중요한 논점이다. 이 논점 외에도 본 대법원 사건은 증거의 채택과정, 공지(公知)에 대한 법률적 해석, 발명의 진보성 판단방법 등에 관하여도 많은 문제점을 제시하고 있다. 그러나 여기서는 신규증거의 심리범위에 관한 논점만을 살펴보고, 나머지 논점들에 대하여는 논의하지 않는다.

IV. 특허법원소송에서 신규증거가 배척되어야 하는 이유

1. 심결취소소송의 성격

특허법 제186조 제1항에서는, 특허심판원의 심결에 불복하는 소(訴)는 특허법원의 전속관할로 규정하고 있으며, 동조 제6항에서는, 심판을 청구할 수 있는 사항에 관한 소는 심결에 대한 것이 아니면 이를 제기할 수 없다고 규정한다. 결국, 특허법원에서의 심결취소소송은 특허심판원에서의 심결이 적법하게 행해졌는지의 여부를 판단하는 것으로, 심결이 적법하지 못하게 행해졌다면 그 심결을 취소하도록 하고 있는 것이며, 심결이 적법하게 행해졌다면 그 소송 청구를 기각하도록 하고 있는 것이다.

본 사건과 관련하여, 원심결에서 인용발명 1 및 2에 의하여 이건특허발명의 신규성이나 진보성을 상실하지 않았다고 판단한 이상, 항소심인 심결취소소송에서는 특허심판원의 판단이 정당했는지의 여부를 판단하여야 한다. 그런데 특허심판원의 판단이 정당했는지의 여부에 대하여는 심리하지 아니하고, 원고가 새롭게 제출한 인용발명 3에 대하여 이건특허발명의 진보성 여부를 판단하였고, 그 결과 진보성이 상실되었다고 판단하여 특허심판원의 심결을 취소하였다.

특허심판원에서는 인용발명 3에 대하여 심리한 바도 없었는데, 심결이 잘못되었다고 해서 취소를 당하게 된 것이다. 인용발명 3은 특허법원소송에서 원고가 최초로 제출했던 증거이지, 특허심판원에 제출되었던 증거가 아니다. 그런데 어떻게 특허심판원의 심결이 잘못되었다고 그것을 취소한단 말인가. 심결취소소송이란 그 심결에 잘못이 있기 때문에 상급심에서 그 심결을 취소함으로써 그 잘못을 올바로 하겠다는 것이지, 심리하지도 않은 증거에 의하여 심결이 취소되어야 한다는 것은 아니다.[3]

2. 3심제의 원칙에 위배

특허권에 관한 분쟁은 국민의 재산권에 관한 다툼으로, 특허법원의 심결취소소송과 관련된 경우에도 세 번의 판단을 받을 권리가 보장되어야 한다. 그런데 특허

---

3 최덕규, "특허법원소송에서의 신규증거에 대한 심리범위와 발명의 진보성 판단에 관하여," 「창작과 권리」 제20호, 세창출판사, 52-53쪽.

법원에서 새롭게 제출된 증거에 따라 소송을 진행한다면 특허권자는 특허법원 그리고 대법원에서 모두 두 번의 판단밖에 받지 못하게 된다. 대법원의 상고가 사실심이 아닌 법률심이라는 점을 감안하면 사실상 1회의 사실심만을 거치게 된다. 따라서 본 사건 대법원판결과 같이 특허심판원에서 제출되지 않아 심리하지 않은 증거를 특허법원에 제출하고, 특허법원에서 그 새로운 증거를 기초로 특허요건을 판단하는 것은 3심제의 원칙에 위배된다.

어떤 특정의 증거를 기초로 특정 발명의 특허요건에 대한 판단은 그 판단 주체에 따라 달라질 수 있다. 그렇기 때문에, 특허심판원에서 제1심의 판단을 받을 수 있어야 하고, 그 판단 자체에 대하여 불만이 있을 경우 특허법원에서 제2심의 판단을 받을 수 있어야 하며, 최종적으로 대법원에서 제3심의 판단을 받을 수 있어야 한다.[4]

3. 특허심판원 존재의 필요성

본 사건 대법원판결과 같이, 원심결에서는 이건특허발명이 인용발명 1 및 2에 의하여 이건특허발명의 신규성이나 진보성을 상실하지 않았다고 판단하고, 그 심결 취소소송에서는 원심결이 정당하게 행해졌는지의 여부에 대하여는 판단하지 아니하고 다만 새로운 증거(인용발명 3)에 의하여 이건특허발명의 진보성을 부인하여 원심결을 취소하는 것이 정당하다면, 특허심판원은 그 존재의 필요성이 의문시된다. 특허법원에 직접 무효 소송이나 기타의 소송을 청구하는 것이 가능할 것이다. 인용발명 3은 특별한 증거이기 때문에 특허법원에 의하여 최초로 판단될 수 있고, 인용발명 1 및 2는 특별하지 못하기 때문에 특허심판원에 의하여 최초로 판단될 수 있다는 논리는 성립될 수 없다. 따라서 심판단계에서 제출되지 않았던 증거자료를 특허법원의 소송단계에 제출한다 하여도 특허법원에서는 이를 배척하여야 하며, 새로운 증거자료에 의하여 특허요건을 판단하여야 하는 경우에는 반드시 새로운 심

---

4 위의 논문, 53쪽.

판을 청구하여야 할 것이고, 특허법원에서는 특허심판원의 심결이 적법하고 정당하게 행해졌는지의 여부만을 판단하여야 한다.[5]

4. 거절결정심판의 예

심사관의 거절결정을 확정한 특허심판원의 심결에 불복하여 청구된 심결취소소송에서, 특허법원은 신규증거의 제출을 허용하지 않고 있다. 특허법원 사건 2000후2484 판결[6]에서, 특허법원은 출원고안의 진보성을 부정하기 위하여 피고(특허청장)가 소송단계에서 새롭게 제출한 신규증거(을제3호 및 제4호증)의 제출을 허용하지 않으면서, 그 이유를 "거절결정불복심판의 심결에 대한 소송절차에서 특허청장(피고)이 새로운 거절이유를 들어 거절결정 및 심결이 정당하다고 주장할 수 있다면 출원인은 그 새로운 거절이유에 대하여 의견서나 보정서를 제출할 수 있는 기회를 박탈당하기 때문"이라고 설시하였다. 특허출원심사의 성격이나 의의를 고려할 때, 소송단계에서 신규증거를 허용하지 않는다는 것에 대한 특허법원의 상기 이유는 아주 적절하다고 할 수 있다. 그러나 특허법원에서 행해지는 심결취소소송의 성격이나 의의를 고려한다면, 상기 이유는 반드시 충분하다고 할 수 없다. 특허법원의 심결취소소송은 국민의 재산권의 일종인 특허권을 생성시키는 과정에서 행정청(특허청

---

5 위의 논문, 53-54쪽.

6 특허법원 사건 2000후2484(2001.01.12 선고): "그러므로 이 사건 출원고안이 위 을3, 4에 의하여 진보성이 부정되는 것은 별론으로 하고, 인용고안 1, 2에 위 을3, 4를 보충하더라도 이 사건 출원고안이 인용고안 1, 2에 의하여 진보성이 부정된다고 할 수는 없다. 설사, 피고의 위 주장을, 을3, 4에 기재된 기술이 주지관용의 기술에 불과하여 이 사건 출원고안은 이러한 기술로부터 통상의 지식을 가진 자가 극히 용이하게 고안할 수 있어 진보성이 없는 고안이라는 취지의 주장으로 보더라도, 이는 심사 및 심판의 단계에서 제기되지 아니하였던 새로운 거절이유라고 할 것인데, 이 사건과 같은 거절결정 불복심판의 심결에 대한 취소소송의 절차에서 특허청장이 거절이유통지에 기재되어 있지 아니한 새로운 거절이유를 들어 거절결정 및 심결이 정당하다고 주장할 수 있다면 출원인은 새로운 거절이유에 대하여 의견서나 보정서를 제출할 수 있는 기회를 박탈당하는 결과가 되므로, 이 사건에서는 이러한 새로운 거절이유의 주장 및 이에 대한 증거의 제출이 허용되지 아니한다고 할 것이다."

및 특허심판원)의 판단이 적법했는지의 여부를 판단하는 것이지, 독자적으로 특허권을 생성시키거나 소멸시킬 수 있는지를 판단하는 것은 아니기 때문이다.

거절결정불복심판에 대한 심결취소소송에서도, 당사자에 따라 신규증거의 허용 여부를 달리하여야 한다는 주장이 있는데, 이 주장에 따르면, 원고(출원인)가 새로운 주장이나 증거를 제출하더라도 피고(특허청장)는 충분히 대응할 수 있으므로 신규증거의 제출 및 그에 따른 주장을 허용할 수 있지만, 피고(특허청장)는 새로운 주장이나 증거를 제출할 수 없도록 하는 것이 합리적이라고 설명한다.[7] 그러나 이 주장은 특허제도를 올바로 이해하지 못한 데에서 비롯되는 잘못된 주장이라 할 수 있다. 심사관의 거절결정에 대하여 다투는 출원인(원고)은 새로운 증거를 제출할 필요가 전혀 없다. 예를 들어 심사관이 'A'를 인용하여 거절결정을 한 경우, 출원인은 새로운 증거 'B'를 제출할 필요가 전혀 없다. 다만 'A'를 인용하여 심사한 심사관의 거절 이유가 부당하다는 것을 입증하기 위하여 새로운 증거를 제출할 수는 있지만, 새로운 거절이유를 거론하기 위하여 새로운 증거 'B'를 제출한다는 것은 특허제도에서는 있을 수 없는 일이다. 따라서 원고가 신규증거의 제출 및 그에 따른 주장을 허용할 수 있다는 주장은 한낱 공론(空論)에 불과한 것이다. 위의 예에서, 'A'를 인용하여 심사한 심사관의 거절이유가 부당하다는 것을 입증할 목적으로 '새로운 증거'를 제출하는 경우에, 이 '새로운 증거'란 사실상 새로운 증거가 아니라 '보조자료' 또는 '소명자료'에 불과한 것이다. 특허권의 실체적인 특허요건을 판단하기 위한 인용자료로서의 증거(실체증거)와 상기 보조자료(또는 소명자료)를 혼동해서는 안 된다[이 점에 대해서는 하기 '7. 신규증거의 허용범위'에서 살펴본다].

이상과 같이, 거절결정불복심판에 대한 심결취소소송에서 신규증거가 허용되지 않는다는 것은 더 이상 이론(異論)의 여지가 없다.

---

7   손경한 편, 「특허법원소송」, (사단법인)기술과 법 연구소(1988), 114쪽: "서울고등법원 권택수 판사는 … (중략) … ii) 결정계사건의 경우 ㉠ 원고가 새로운 주장이나 증거를 제출하더라도 피고인 특허청장이 충분히 대응할 수 있으므로 이를 허용하고, ㉡ 반대로 특허청장은 새로운 주장이나 증거를 할 수 없도록 하는 것이 합리적이라고 주장한다."

그렇다면 본 사건과 같이 무효심판에 대한 심결취소소송에서는 어떠한가. 한마디로 무효심판에 대한 심결취소소송에서도 거절결정불복심판에 대한 심결취소소송과 같이 신규증거 및 그에 따른 신규주장이 허용되어서는 안 된다. 심결취소소송에서는 무효심판과 거절결정심판을 구분하여야 할 어떠한 이유도 존재하지 않는다. 거절결정불복심판과 마찬가지로 무효심판에 대한 심결취소소송도 특허심판원의 판단이 적법하게 행해졌는지의 여부를 판단하는 것이지, 특허심판원이 판단하지도 않은 새로운 증거에 의하여 특허권의 무효여부를 판단하고, 그 결과에 따라 심결의 취소여부를 결정하는 것은 아니다.

5. 복심에 의한 반론

대상판결과 같이 특허법원의 심결취소소송에서 신규증거에 대하여 판단하는 것은 특허법원에서의 소송을 始審, 즉 제1심으로 보고, 특허심판원의 심판과의 관계를 복심으로 보는 이론에 의하여 정당화될 수 있다는 견해도 있다.[8] 물론 이 이론에 따르면, 특허법원의 소송은 심판의 심결에서 판단된 사항에 한정할 필요가 없고 따라서 당사자는 심결에서 판단되지 아니한 처분에 대한 어떠한 위법사유도 주장 입증할 수 있고 법원도 어떠한 제한 없이 이를 심리판단하여 판결의 기초로 삼을 수 있다고 하여 결국 거절이유 또는 무효사유의 전부를 소송물 내지는 심판의 대상으로 삼을 수 있다. 이 이론에 따르면, 당사자는 심결에서 판단되지 아니한 처분에 대한 어떠한 위법사유도 주장·입증할 수 있는데, 이는 그 자체가 모순이라 할 수 있다. 심결에서 판단조차 한 적이 없는데, 무엇이 위법사유라는 말인가. 심결에서 판단한 사항이 적법했는지의 여부를 소송에서 판단할 수 있는 것이지, 심결에서 판단하지 않은 사항을 소송에서 신규증거에 의하여 판단할 수 있는 것은 아니다. 또한 이 이론에 따르면, 거절이유 또는 무효사유의 전부가 소송물 내지는 심판의 대상으

---

8   이상경, 「지적재산권소송법」, 육법사(1998), 82쪽.

로 삼을 수 있다고 하는데, 이는 그렇지 않다는 것이 이미 앞에서 설명한 특허법원 사건 2000후2484에서 이미 확인되었다. 새로운 증거에 의하여 새로운 거절이유가 대두되는 때에는 새로운 증거가 허용되지 않음이 명백해진 것이다. 무효심판이라 하더라도 다를 바 없다. 즉 소송에서 새로운 증거에 의하여 새로운 무효사유가 대두되는 때에도 그 새로운 증거는 허용되지 않아야 한다.

특허심판원의 심판과의 관계에서 볼 때, 특허법원의 소송이 복심에 해당하기 때문에 소송에서의 신규증거가 제한 없이 심리될 수 있다는 이론은 후술하는 일본의 예에서 보듯이 이미 사라져 버린 과거의 잘못된 관행에 불과하다.

6. 일본에서의 학설과 판례

일본에서는 특허소송제도 초기에 "원심(東京高裁)이 사실심인 이상 심판 시에 주장되지 않았던 사실, 특허청이 심결의 기초로 하지 않았던 사실을 당사자가 취소소송에서 주장하는 것은 위법이 아니고 이러한 사실을 판결의 기초로 채용하는 것도 위법은 아니다"(日最判 1953. 10. 16. 최고재재판집 민사 10호, 189쪽)라고 하여 심결의 취소를 일반 행정처분의 취소와 마찬가지로 해석하였다.[9] 또한 1968년 판결(日最判 1968. 4. 4. 민사판례집 22권 4호, 816쪽)은 "심결취소소송은 행정처분으로서의 심결이 위법하다고 하여 취소를 구하는 소송이다. 그런데 무효심판은 법이 登錄無效事由로 열거한 특정의 法條違反의 유무에 관한 다툼을 판정하는 것이므로 그 취소소송에 있어서도 계쟁의 법조위반과는 별개의 무효사유를 주장하여 다툴 수 없는 제약이 존재한다. 그러나 그 무효사유에 관한 심결의 인정판단이 소송의 결과 판명된 바에 의해 유지될 수 없다고 인정될 때에는 그 심결은 위법하여 취소되어야 할 것이고 그것은 일반 행정처분의 취소소송에서 처분요건을 결한 것이 판명된 처분이 위법하다 하여 취소되는 것과 다를 바 없다. 특히 심판에 있어서 현출된 사항으로 심

---

9 위의 책, 84쪽.

결에서 인정판단된 것에 관한 과오만이 취소소송에서 특정의 무효사유의 존부에 관한 쟁점에 관하여 공격방어의 방법으로서 심판에 제출되지 않았던 새로운 주장 입증을 허용하지 않는 것이 아니고 審理範圍를 심결이 결론의 기초로 한 특정사항의 판단 또는 그 판단과정의 위법 유무의 점에 한정함은 타당하지 아니하다"고 하여 同一法條의 範圍 내라면 새로운 주장과 입증이 허용된다고 보았다.[10]

그 후 일본에서는 특허소송에서 신규증거에 의한 심리가 적절하지 못하는 것을 뒤늦게 인식하고, 1970년대에 급기야 종전의 입장을 변경하는 새로운 판례가 나오게 되었다.

1976.03.10 최고재판소 전원합의부 판결(최고재 민사판례집 30권 2호, 79쪽)로써 종래 판례를 변경하여 취소소송의 심리대상은 심판절차에서 심리 판단된 특정의 무효원인에 한한다고 판단하였다.[11]

그 후 일본의 고등재판소에서는 심결취소소송에서의 심리범위를 명확히 하는 판례들이 뒤를 이었고, 오늘날 심결취소소송에서 현출되지 않은 증거에 의한 주장이 허용되지 않는 것은 지극히 당연한 것이고 이는 아주 명약관화한 것이 되었다. 無效審判節次에서 인용되지 아니하고, 명시적 또는 묵시적으로도 심결의 판단의 기초로 되지 아니한 기술사항은 그것이 주지의 것이라도 취소소송에서 주장할 수 없다(東京高判 1981.09.30).[12] 審決節次에서 현출되지 아니한 증거에 의해 용이창작성을 주장·입증하는 것은 허용되지 아니한다(東京高判 1984.07.26).[13]

그럼에도 불구하고, 본 사건과 같이, 우리 대법원은 심결에서 판단되지 않은 처분의 위법사유도 소송단계에서 주장·입증할 수 있다고 판단한다. 본 사건의 대법원 판결(2000후1290)은 위의 1950년대 및 1960년대 일본의 최고재판소의 판결과 너무 유사하다. 우리 대법원은 40~50년 전의 일본의 잘못된 판단을 지금에 와서도

---

10 위의 책, 84-85쪽.
11 위의 책, 85쪽.
12 위의 책, 86-87쪽.
13 위의 책, 87쪽.

그대로 답습하고 있는 실정이다. 일본에서 이미 잘못되었다고 인식하여 1976년 최고재판소의 전원합의부 판결에 의하여 번복된 이론을 21세기에 와서도 그대로 답습하고 있는 우리 대법원의 입장은 특허제도에 대한 무지의 소산으로밖에 볼 수 없고, 그러한 제도하에서 국민의 권익을 올바로 보호할 만한 특허절차를 기대하기란 요원한 일일 것이다.

7. 신규증거의 허용범위

심판단계에서 제출되지 않았던 증거자료를 특허법원의 소송단계에 제출한 경우 특허법원에서는 그 새로운 증거를 배척하여야 하지만, 그렇다고 모든 새로운 증거가 반드시 배척되어야 하는 것은 아니다. 특허법원의 소송단계에 배척되어야 하는 새로운 증거란 특허요건 등과 같은 본질적인 문제를 판단하면서 특허심판원에서 판단하지 않았던 새로운 증거를 의미하는 것이지, 특허요건 등과 같은 본질적인 문제를 판단하기 위하여 특허심판원에서 제출되었던 증거를 보충하거나 그러한 증거의 채택을 위하여 보조적으로 제출되는 증거에 대하여는 재판부의 판단에 따라 그 배척여부가 결정되어야 할 것이다.

이 점에 관하여 일본 판례도 상당한 유연성을 보이고 있다. 실용신안등록무효심결에 대한 취소소송에서 심판절차에서 심리판단된 간행물 기재의 고안의 의의를 명백히 하기 위하여 심판절차에서 제출되지 아니한 자료에 기하여 당해 출원에 대한 당업자의 기술상식을 인정한 것은 허용한다(日最判 1980.01.24).[14] 심판절차에서 현출되지 아니한 증거를 새로운 증거로 제출하는 것은 원칙적으로 허용되지 않지만 당업 기술자에게 당연한 주지관용사항에 관하여 취소소송 단계에서 보충적으로 새로운 자료를 제출하여 입증하는 것은 허용된다(東京高判 1986.03.12).[15]

특허에서는 거절이유나 무효사유를 불문하고 여러 가지 증거가 제출될 수 있고,

---

14 위의 책, 86쪽.
15 위의 책, 87쪽.

그에 따른 주장들이 각각 행해질 수 있다. 추측하건대, 본 사건의 대법원 판결과 같이, 심판단계에서 제출되지 않은 신규증거를 소송단계에서 허용하고 그에 따른 주장을 받아들일 수 있는 것은 특허제도의 특성을 충분히 이해하지 못하고, 그에 따른 증거들을 올바로 분별하지 못한 데에서 비롯된 것이라 하지 않을 수 없다.

특허제도에서는 해당 발명의 거절이유나 무효사유를 판단하기 위한 실체적인 증거(이하 '실체증거'라 함)가 있는 반면, 그 실체증거를 보충하거나 그 실체증거에 의한 판단을 보조하기 위한 증거(이하 '보충증거'라 함)가 있다. 예를 들어, 심판단계에서 발명의 거절이유나 무효사유를 판단하기 위하여 '증거 A'가 인용되었다면, 소송에서는 '증거 A'에 의한 판단의 적법성 여부를 판단하여야 하는 것이지, 느닷없이 '증거 B'에 의한 거절여부나 무효여부를 판단해서는 안 된다. 그러나 '증거 A'에 대한 주장을 보충하거나 또는 상대방이 그 주장을 부인하고자 하는 경우에 그 목적으로 새로운 '증거 a'를 제출하였다면, 그 '증거 a'에 대한 허용여부는 재판부에 의하여 판단될 수 있는 것이다. 이 경우 '증거 A'나 '증거 B'는 실체증거에 해당하는 것이고, '증거 a'는 보충증거에 해당한다. 보다 구체적인 예로, 어떤 특허발명이 증거 A에 의하여 진보성이 없기 때문에 무효로 되어야 한다는 심판에서 무효심판청구가 기각되어, 심결취소소송이 청구되었다고 가정하자. 이 경우 원고(심판청구인)는 심결을 파기시키도록 하여야 하기 때문에 증거 A에 의하여 특허발명이 진보성이 없다라는 주장과 함께 새로운 보충증거들을 제출할 수 있는 것이다. 또한 피고(특허권자)도 심결을 유지하도록 증거 A에 대하여 진보성이 있다라는 주장과 함께 원심결을 지지할 만한 새로운 보충증거들을 제출할 수 있다. 그러나 원고(심판청구인)가 느닷없이 새로운 실체적 '증거 B'를 제출하면서 무효주장을 할 수 없다. 아무리 특허법원 소송이 복심에 해당된다 하더라도, 또한 무제한적으로 심리할 수 있다 하더라도, 특허법원은 신규의 실체적 증거에 대하여 심리할 권한도 없고 심리해서도 안 된다. 특허소송에서 이러한 증거상의 차이점을 인식하지 못하고, 모든 증거가 특허법원에 의하여 심리될 수 있다는 해석이나 주장은 결코 수용될 수 없다.

V. 본 사건 대법원 판결의 문제점

이제 본 사건 판결의 문제점을 살펴보자. 본 사건 상고이유의 제1점과 관련한 판결이유를 다시 인용한다:

> "심판은 특허심판원에서의 행정절차이며 심결은 행정처분에 해당하고, 그에 대한 불복의 소송인 심결취소소송은 항고소송에 해당하여 그 소송물은 심결의 실체적 절차적 위법성 여부라 할 것이므로 당사자는 심결에서 판단되지 않은 처분의 위법사유도 심결취소소송단계에서 주장 입증할 수 있고 심결취소소송의 법원은 특별한 사정이 없는 한 제한 없이 이를 심리 판단하여 판결의 기초로 삼을 수 있는 것이며 이와 같이 본다고 하여 심급의 이익을 해한다거나 당사자에게 예측하지 못한 불의의 손해를 입히는 것이 아니다.
>
> 따라서 원심이 심판절차에 제출되지 않았던 공지기술에 관한 자료를 증거로 채택하여 심리 판단한 것은 정당하고, 거기에 상고이유 제1점에서 주장하는 바와 같은 심급에 관한 이익이나 심결취소소송의 심리범위에 대한 법리오해의 위법이 없다."

첫째, 당사자는 심결에서 판단되지 않은 처분의 위법사유도 소송단계에서 주장·입증할 수 있는 이유로서, "심판은 특허심판원에서의 행정절차이며 심결은 행정처분에 해당하고, 심결취소소송은 항고소송에 해당하여 그 소송물은 심결의 실체적 절차적 위법성 여부"라 하였다. 한마디로 이 이유는 충분하지 않다. 심결은 행정처분이고 심결취소소송은 항고소송이기 때문에 신규증거가 허용되어야 한다는 것은 설득력이 없다. 또한 "소송물은 심결의 실체적 절차적 위법성 여부"이기 때문에 신규증거를 허용한다고 하였는데, 이는 서로 모순되는 결과를 가져온다. 소송에서 신규증거에 의한 판단은 심결의 실체적 위법성 여부를 판단하는 것이 아니라, 신규증거에 의한 새로운 판단을 하는 것이기 때문이다. 따라서 신규증거를 허용할 수 있다는 본 사건의 판결이유는 충분한 설득력을 갖지 못한다.

둘째, 나아가 특허법원은 "특별한 사정이 없는 한 제한 없이 이(신규증거)를 심리 판단하여 판결의 기초로 삼을 수 있다"고 하였는데, 이 판결이유에서는 약간의 여지를 남겨 두고 있는 것처럼 보인다. 즉 제한 없이 신규증거를 허용할 수 있는데, '특별한 사정'이 있다면, 신규증거를 허용하지 않을 수도 있다는 의미로 해석된다. 과연 '특별한 사정'이란 무엇일까. 아무도 모른다. 대법원만이 알 수 있을 것이다. 판결문이란 이렇게 모호해서는 안 된다. 그 '특별한 사정'에 대하여 구체적으로 열거되어야 한다. 그래야 당사자가 납득할 수 있다. 당사자가 납득하고 모든 사람들이 납득할 때 패한 자는 반성하며 참회하고, 나아가 판결의 권위를 존중하게 되며, 법률제도는 국민의 권익을 보호하는 방향으로 발전하게 된다. 그러하지 못할 때, 패한 자는 불만을 갖게 되고 그 불만은 증오로 발전하며, 국민의 권익은 올바로 보호될 수 없다. 위에서 설명한 실체증거와 보충증거를 올바로 이해한다면, "제한 없이 신규증거를 판단할 수 있다"는 내용은 "원칙적으로 신규증거는 허용되지 않는다"는 내용으로 바뀌어야 하고, "특별한 사정이 있다면, 신규증거를 허용하지 않을 수도 있다"는 내용은 "실체증거가 아닌 보충증거는 허용될 수도 있다"는 내용으로 바뀌어야 할 것이다.

셋째, 판결에서는, 신규증거의 허용이 심급의 이익을 해한다거나 당사자에게 예측하지 못한 불의의 손해를 입히는 것이 아니라고 하였다. 거절결정이나 무효에 있어서, 심판을 반드시 거치고, 그 다음 소송을 거치도록 법제화하고 있는 이유는 국민의 재산권인 특허권을 형성하는 과정에서 어느 한 번만의 잘못된 판단을 예방하고 나아가 국민의 권익을 보호하겠다는 것이다. 그런데 심판에서는 '증거 A'를 가지고 판단하고, 소송에서는 '증거 B'를 가지고 판단한다면, 결국 국민은 1회의 사실심만을 판단받을 기회가 주어질 뿐이다. 더구나 '증거 A'에 대한 원심의 판단이 적법했는지에 대하여는 어느 누구도 알 수 없다. 이는 바로 한 당사자에게 예측치 못한 불의의 손해를 입힐 수 있는 것이다. 물론 특허법원의 판단이 전지전능한 판단이라면 얘기는 달라진다.

대법원 판결에 의하면, 특허심판원의 존재는 철저히 무시된다. 국민은 심급의 이익을 누릴 수 없다. 신규증거를 제한 없이 허용한다면, 국민은 심급의 이익을 누릴 수 없고, 당사자는 예측치 못한 손해를 입을 수밖에 없다.

넷째, 마지막으로 대법원은 "원심이 심판절차에 제출되지 않았던 공지기술에 관한 자료를 증거로 채택하여 심리 판단한 것은 정당하다"고 하였다. 이 판결문을 무심코 읽다 보면 아주 그럴 듯하게 받아들여진다. "공지기술에 관한 자료"를 증거로 채택하여 심리한 것이 무슨 잘못이 있겠느냐는 뜻으로 해석될 수 있다. "누구에게나 알려진 기술자료"를 채택했는데 무슨 잘못이 있겠느냐로 해석될 수 있다. 특허심판이나 소송에서는 "누구에게나 알려진 기술자료(공지기술에 관한 자료)"가 그렇게 하찮은 의미를 가지고 있는 것이 아니다. 특허심판이나 소송에서 인용되는 자료는 "누구에게나 알려진 기술자료(공지기술에 관한 자료)"이지 결코 '비밀자료'가 아니다.

본 사건에서의 논점은 심판절차에서 제출되지 않았던 증거를 소송절차에서 채택하여 심리한다는 것이 부당하다는 것인데, 대법원 판결은 이 논점에 대한 검토 없이 그 채택이 정당하다는 결론만을 내리고 있다.

VI. 결 론

특허법원에서의 심결취소소송은 특허심판원에서의 심결이 적법하게 행해졌는지의 여부를 판단하는 것으로, 본 사건 대법원판결과 같이 특허심판원에서 제출되지 않아 심리하지 않은 증거를 특허법원에 제출하고, 특허법원에서 그 새로운 증거를 기초로 특허요건을 판단하는 것은 3심제의 원칙에 위배되고, 특허법원 사건 2000후 2484 판결에서와 같이 거절결정불복심판에 대한 심결취소소송에서 신규증거가 허용되지 않는다는 것은 더 이상 이론(異論)의 여지가 없다 할 것이고, 무효심판에 대한 심결취소소송에서도 거절결정불복심판에 대한 심결취소소송과 같이 신규증거 및 그에 따른 신규주장이 허용되어서는 안 되며, 또한 본 사건 대법원판결은 일본에서 이미 잘못되었다고 인식하여 1976년 최고재판소의 전원합의부 판결에 의하여 번복된 이론을 그대로 답습하고 있다.

특허제도에서는 해당 발명의 거절이유나 무효사유를 판단하기 위한 실체증거와 그 실체증거를 보충하거나 그 실체증거에 의한 판단을 보조하기 위한 보충증거로 구분할 수 있는데, 특허법원의 소송단계에 배척되어야 하는 새로운 증거란 특허요건 등과 같은 본질적인 문제를 판단하면서 특허심판원에서 판단하지 않았던 새로운 실체증거에 제한되어야 하며, 특허요건 등과 같은 본질적인 문제를 판단하기 위하여 특허심판원에서 제출되었던 증거를 보충하거나 그러한 증거의 채택을 위하여 보조적으로 제출되는 보충증거에 대하여는 재판부의 판단에 따라 배척여부가 결정되어야 할 것이다.

10. 발명의 진보성 판단에 관한 특허법원 및 대법원 판례의 문제점[1]

― 특허법원 사건 99허6442 및 대법원 사건 2000후1566을 중심으로 ―

I. 서 언

발명의 진보성에 대한 판단은 특허제도에 있어서 가장 중요한 문제 중의 하나다. 특허를 받기 위한 심사과정이나 특허 후에 무효를 다투는 쟁송과정에 있어서 진보성의 판단은 다른 어떤 문제보다도 중요하다.

진보성이란 추상적인 대상을 판단하는 것도 아니고 판단하는 자들의 주관에 의하여 판단되는 것도 아니다. 진보성의 판단 대상이란 아주 구체적인 것이며, 객관적이고 논리적이어야 하고 그래서 누구나 납득할 수 있어야 한다.

그러나 우리의 현실은 그렇지 못하다. 우선 진보성의 판단방법을 정확히 이해하

---

1 「창작과 권리」 제29호(2002년 겨울호).

지 못하고 있다. 진보성의 판단방법을 정확히 이해하지 못하고 있으니까, 진보성의 유무를 올바로 판단할 리가 없다. 기술내용이 복잡하다고 해서 그 내용을 대충 얼버무리거나 간단한 내용을 간단하게 파악하지 못하고 복잡하게 빙빙 둘러서 판단하는 것도 지양되어야 한다. 여기서 다루고자 하는 특허법원의 판결 및 그에 불복하여 청구된 대법원 상고에 대한 판결 또한 그러하다. 이들 사건에 대하여 그 문제점을 살펴보자.

II. 사건의 개요

1. 출원 및 거절결정

1990년 특허출원 제20345호는 "급전선에 용량적으로 결합된 방사소자를 사용한 직교 편파 쌍대역 인쇄배선회로 안테나"에 관한 발명(이하 '본원발명')으로, 이를 심사한 심사관은 청구항 1이 인용발명으로부터 그 분야의 통상의 지식을 가진 자에 의하여 용이하게 발명될 수 있는 발명으로 인정되는바 특허법 제29조 제2항 본문 규정에 위배된다는 이유로 제1차 거절이유를 통지하였고, 이에 대하여 출원인은 의견서 및 보정서(청구범위를 보정함)를 제출하였으나, 이를 재심사한 심사관은 제1차 거절이유를 번복할 만한 사항을 발견할 수 없다는 이유로 거절결정하였고, 이에 대하여 불복심판을 청구하였다.

2. 거절결정불복심판(98원2968)

본 사건의 거절결정불복심판의 심결(98원2968)에서 심판관은 본원발명의 목적과 인용례(2)('인용발명 2')의 목적을 유사한 것으로 판단하여 본원발명의 목적에 특이성이 없고, 1GHz 및 4dB에 대해서 상세한 설명이 뒷받침하고 있지 않은 구성인 것으로 판단되므로 상기 구성은 본원발명의 구성에 없어서는 아니 되는 필수적 구성이 아닌 것으로 판단하여 본원발명의 구성은 인용발명 2의 구성과 유사하여 본원발명의 구성에 곤란성이 없다 하고, 고성능 쌍대역 평판어레이를 제공하는 효과는 인용발명 2의 구성에 의해 자연히 안출할 수 있는 효과라고 판단되므로 본원발명의 효과에 현저성이 없음이 인정된다고 하는 심결이유를 들어 심판청구를 기각하였다.

3. 특허심결취소소송 99허6442('원심판결')

본 사건의 특허심결취소소송의 심결(99허6442)에서는 본원발명이 인용발명 1, 2 및 주지관용기술에 의하여 당업자가 용이하게 창작할 수 있는 것으로 발명의 진보성이 결여되었다는 결론을 내리면서, 사건 원고의 청구를 기각하였다. 원심판결의 요지는 다음과 같다:

> "이 사건 출원발명의 특허청구범위 제1항은 명세서에 첨부된 도면 제1도인 별지 1에 나타나는 바와 같이 i) 접지평면, 상기 접지평면상에 배치된 제1 전력분할기 어레이, 상기 제1 전력분할기 어레이상에 배치된 제1 방사소자 어레이, 상기 제1 방사소자 어레이상에 배치된 제2 전력분할기 어레이 및 상기 제2 전력분할기 어레이상에 배치된 제2 방사소자 어레이로 구성된 이중편파 인쇄회로 안테나(이하 '구성요소①')에 있어서, ii) 상기 제1 방사소자 어레이는 제1 동작 주파수 밴드에서 동작하도록 구성되고 제1의 크기를 갖는 방사소자 어레이를 포함하고, 상기 제2 방사소자 어레이는 상기 제1의 크기보다 더 큰 제2의 크기를 갖고 상기 제1 주파수 밴드보다 최소한 1GHz 낮은 제2 주파수 밴드에서 동작하도록 구성한 방사소자 어레이를 포함하며(이하 '구성요소②'), iii) 상기 제2 방사소자 어레이는 상기 제1 주파수 밴드에 걸쳐서 상기 제1 방사소자 어레이의 이득보다 최소한 4dB이 작은 이득을 갖고, 상기 제1 방사소자 어레이는 상기 제2 주파수 밴드에 걸쳐서 상기 제2 방사소자 어레이의 이득보다 최소한 4dB이 작은 이득을 갖도록 개선한 것(이하 '구성요소③')을 특징으로 하는 이중편파 인쇄배선회로 안테나를 그 기술적 구성으로 하고 있는 사실을 각 인정할 수 있고 반증이 없다. … (중략) …
> (3) 이 사건 출원발명의 특허청구범위 제1항이 인용발명들에 비하여 진보성이 있는가에 대한 판단. … (중략) …

이 사건 출원발명의 특허청구범위 제1항의 기술적 구성 중 구성요소 ①의 접지평면, 제1 전력분할기 어레이, 제1 방사소자 어레이, 제2 전력분할기 어레이 및 제2 방사소자 어레이는 인용발명 1의 도전층(21), 제1도 전체(23), 도전성 제1 패치 어레이(22), 제2도 전체(26) 및 도전성 제2 패치 어레이(25)와 각 동일하고, 그 구성요소 ①의 이중편파 인쇄회로 안테나는 인용발명 1의 교차편파 안테나 또는 인용발명 2의 이중편파 안테나와 동일하다. 원고는 이 사건 출원발명이 용량성 결합을 하고 있는 반면 인용발명 1은 직접 결합을 하고 있는 차이가 있다고 주장하나, 이 사건 출원발명의 특허청구범위에는 방사소자 어레이가 전력분할기 어레이상에 배치된다고만 기재되어 있어 용량성 결합에 관한 것을 특정하여 청구하고 있다고 보기 어렵고(갑제11호증인 원고의 미국특허 제4,929,959호에는 용량성 결합을 하고 있다는 문구가 특허청구범위에 따로 기재되어 있다), 설사 '어레이상에 배치된다'는 기재를 용량성 결합에 관한 것으로 해석한다 하더라도 위에서도 판시한 바와 같이 용량성 결합의 구성 자체는 이 사건 인용발명 1의 구성을 조합하여 보면 구성요소 ①은 구성에 곤란성이 없다 할 것이다.

또한 구성요소 ②에서 2개의 방사소자 어레이의 크기를 달리하여 제1 주파수 밴드에 제2 주파수 밴드를 구분시키는 구성은 인용발명 1에 명시적으로 기재하고 있지 않으나, 서로 상이한 주파수를 방사시키기 위하여는 방사소자의 크기가 달라야 한다는 것은 이 사건 출원발명의 명세서 제5면과 제6면에도 기재되어 있듯이 주파수와 방사소자와의 관계에 관한 당연한 기술원리일 뿐만 아니라(즉, 그러한 기술은 이 사건 출원발명에 의하여 새로이 창작된 기술사상이 아니라 주지관용의 기술에 해당한다), 을제3호증(I. J. Bahl & P. Bhartia, Microstrip Antennas, Artech House Inc., 1980; 이는 관련기술에 관한 교과서류 서적으로서 새로운 인용증거라고 하기보다는 주지관용기술에 관한 것으로 인정된다)의 제74면과 제75면의 그림 2.22(이중주파수 마이크로스트립 패치 안테나)와 그림 2.24(이중주파수동작을 위한 피기백 마이크로스트립 패치 안테나)에 나타난 바와 같이, 마이크로스트립 안테나의 이중주파수 동작을 얻기 위한 방법으로 패치(방사소자)의 크기를 달리함으로써 이중의 주파수를 얻을 수 있고, 제71면 내지 제75면에 $\lambda/2$ 및 $\lambda/4$ 크기의 방사소자를 사용하여 각각 다른 주파수 동작을 가지는 두 개의 독립적인 신호의 방사가 이루어지고, 두 개의 방사소자에 급전이 분리하여 이루어진다고 기재되어 있는 점 및 인용발명 1에서도 두 개의 어레이 구성에 있어서 제1의 어레이가 제1 주파수를 방사하도록 제1 주파수에 최적으로 설계되고, 제2의 어레이가 제2 주파수를 방사하도록 제2 주파수에 최적으로 설계된다고 기재되어 있는 점을 감안하면, 방사소자의 크기를 달리하여 2개의 주파수 밴드에서 동작하도록 하는 구성은 당업자가 필요에 따라 선택하여 사용할 수 있는 주지관용기술로 인정되고, 서로 상이한 주파수를 제공하는 인용발명 1의 기술과 실질적인 차이가 없다 할 것이다.

한편 구성요소 ②에서 제1 주파수 밴드와 제2 주파수 밴드가 최소 1GHz 차이가 나는 구성과 구성요소 ③의 제1 주파수 밴드와 제2 주파수 밴드에서 제1 방사소자 어레이와 제2 방사소자 어레이의 각 이득이 최소한 4dB 차이가 나는 구성은 인용발명 1 내지 2에 명시적으로 기재되어 있지 않은 차이점이 있는바, 이 사건 출원발명의 발명의 상세한 설명에는 위와 같은 수치한정에 대하여 그 목적과 구성 및 효과에 관한 기재가 전혀 없기 때문에 위 수치한정은 당업자가 임의로 선택하여 실시할 수 있는 단순한 한정에 불과하거나 반복 실험에 의하여 용이하게 채택할 수 있는 한정에 불과할 뿐 기술적 의미를 부여할 수 없는 노릇이라 할 것이다. 이에 대하여 원고는 명세서에 첨부된 도면 제3도에 의하면 제1, 2 방사소자 어레이의 이득이 4dB의 차이가 나는 점이 나타나 있다고 주장하나, 명세서 본문에 전혀 기재가 되지 않은 내용을 도면에 나타난 일부 사항만으로 발명의 요지를 이루는 기술적 구성으로서 인정하기는 어렵다 할 것이고, 또한 위에서 판시한 바와 같이 인용발명 1에서도 제1의 어레이가 제1 주파수를 방사하도록 제1 주파수에 최적으로 설계되고, 제2의 어레이가 제2 주파수를 방사하도록 최적으로 설계된다고 기재되어 있는 점 및 을제3호증에 나타난 주지관용기술 등에 의하더라도 이중주파수 안테나의 동작에 관한 기본 기술원리는 주지관용의 것으로서 이 사건 출원발명에서 제1 주파수 밴드와 제2 주파수 밴드가 1GHz 차이가 나는 구성과 이득이 최소한 4dB 차이가 나는 구성은 당업자에 의한 설계적 선택사항에 불과한 것으로 봄이 상당하여 결국 위 구성은 인용발명 1의 구성과 실질적으로 상이하다고 보기 어렵다 할 것이다.

이상을 종합하면, 이 사건 출원발명의 특허청구범위 제1항의 발명은 인용발명 1, 2 및 주지관용기술에 의하여 당업자가 용이하게 창작할 수 있다 할 것이어서 이 사건 출원발명은 특허법 제29조 제2항에 의하여 특허받을 수 없다 할 것이다. 이 사건 심결은 인용발명 2만으로 이 사건 출원발명의 진보성을 부정하였으나 인용발명 1도 거절결정의 이유로 제시되어 있으므로 이 사건 심결은 결과적으로 정당하다."

4. 대법원 상고 2000후1566(이하 '대법원판결')

본 사건의 대법원판결에서는 그 상고판결이유에서 원심판결의 내용을 약 2쪽 정도로 요약하고는 다음과 같이 결론지었다:

"기록에 비추어 살펴보면, 원심의 이와 같은 판단은 정당하고, 거기에 상고 이유가 지적하는 바와 같은 이 사건 출원발명에 대한 진보성 판단에 대한 법리오해의 위법이 없으며, 나아가 이 사건 출원발명과 동일 또는 유사한 발명이 외국에서 특허되었다고 하더라도 우리나라에서 특허를 받을 수 있는지 여부를 판단함에 있어서는 법제와 실정을 달리하는 다른 나라의 심사예에 구애될 것이 아니므로 상고이유의 주장은 모두 이유 없다."

Ⅲ. 본 사건의 진보성에 대한 논증

1. 인용발명 1 및 2

인용발명 1은 비전도성의 제1 기판, 상기 제1 기판의 한쪽 면에 형성된 접지면, 상기 제1 기판의 다른 쪽 면에 형성된 다수 개의 제1 패치, 상기 제1 패치의 상부면에 형성된 제2 기판 및 상기 제2 기판의 상부면에 형성되고 상기 제1 패치의 사이사이의 공간에 형성된 제2 패치로 구성되며, 서로 직교하는 방향의 급전선이 상기 제1 및 제2 패치에 직접 연결되어 있는 것을 특징으로 한다.

인용발명 2는 슬롯의 내부에 패치 소자를 형성한 방사 소자를 다수 개 배열한 방사 소자 회로, 상기 방사 소자 회로에 서로 직교하는 방향으로부터 급전을 행하는 2종류의 급전 회로 및 상기 방사 소자의 크기와 거의 같은 크기의 슬롯이 형성된 접지회로로 구성되며, 상기 회로들이 유전체를 사이에 두고 적층하여 형성된 것을 특징으로 한다.

2. 본원발명

본원발명은 서로 용량성 결합을 한 인쇄배선회로 안테나에 관한 것으로, 2개 층의 급전선과 2개 층의 방사소자 어레이를 하나의 안테나에 설치할 수 있도록 함으로써 두 개의 어레이 사이에 간섭 없이 직교편파 신호의 발생이 가능하도록 한 것이다.

본원발명은 접지평면, 제1 전력분할기 어레이, 제1 방사소자 어레이, 제2 전력분할기 어레이 및 제2 방사소자 어레이의 5개의 층으로 구성되며, 제2 방사소자 어레이의 크기가 제1 방사소자 어레이의 크기보다 크고, 제2 방사소자 어레이의 동작 주파수인 제2 주파수는 제1 방사소자 어레이의 동작 주파수인 제1 주파수보다 최소한 1GHz가 낮으며, 제1 주파수에서 제2 방사소자 어레이는 제1 방사소자 어레이보다 이득이 최소한 4dB이 적고 제2 주파수에서 제1 방사소자 어레이는 제2 방사소자 어레이보다 이득이 최소한 4dB이 작은 것을 그 특징으로 하고 있다. 본원발명의 청구항 1은 아래와 같다:

청구항 1. 접지평면, 상기 접지평면상에 배치된 제1 전력분할기 어레이, 상기 제1 전력분할기 어레이상에 배치된 제1 방사소자 어레이, 상기 제1 방사소자 어레이상에 배치된 제2 전력분할기 어레이 및 상기 제2 전력분할기 어레이상에 배치된 제2 방사소자 어레이로 구성된 이중편파 인쇄회로 안테나에 있어서,

상기 제1 방사소자 어레이는 제1 동작 주파수 밴드에서 동작하도록 구성되고 제1의 크기를 갖는 방사소자 어레이를 포함하고;

상기 제2 방사소자 어레이는 상기 제1의 크기보다 더 큰 제2의 크기를 갖고 상기 제1 주파수 밴드보다 최소한 1GHz 낮은 제2 주파수 밴드에서 동작하도록 구성한 방사소자 어레이를 포함하고;

상기 제2 방사소자 어레이는 상기 제1 주파수 밴드에 걸쳐서 상기 제1 방사소자 어레이의 이득보다 최소한 4dB이 작은 이득을 갖고;

상기 제1 방사소자 어레이는 상기 제2 주파수 밴드에 걸쳐서 상기 제2 방사소자 어레이의 이득보다 최소한 4dB이 작은 이득을 갖도록 개선한 것을 특징으로 한 이

중편파 인쇄배선회로 안테나.

3. 본원발명과 인용발명의 차이점

(1) 방사소자의 크기 및 형태

본원발명에서는 제1 방사소자 어레이와 제2 방사소자 어레이의 두 개 층의 어레이가 형성되며, 제1 및 제2 방사소자 어레이는 각각 그 크기와 형태가 다르다. 어레이의 동작 주파수는 방사소자의 크기 및 전력분배 회로망에 의하여 지정되는바, 서로 다른 주파수 대역에서 동작할 수 있도록 제2 방사소자의 크기가 제1 방사소자보다 크게 되어 있다. 또한 제1 방사소자는 두 개의 평행한 막대형으로 형성되고 제2 방사소자는 정방형으로 형성되어, 제1 방사소자와 제2 방사소자 간에 서로 간섭이 발생하지 않도록 되어 있다. 그러나 인용발명 1 및 2에는 어디에도 서로 크기와 형태가 다른 방사소자 어레이에 대해서는 개시하고 있지 않다.

인용발명 1은 두 개의 방사소자 어레이에 단일의 전력분할기 어레이가 형성된 것으로, 제1 패치와 제2 패치의 크기 및 형태가 동일하다. 또한 인용발명 2는 단일의 방사소자 어레이만이 형성되고, 상기 어레이에 서로 직교하는 방향으로 급전을 행하는 두 개의 급전회로가 형성되어 있을 뿐, 본원발명과는 차이가 있다.

(2) 안테나의 이득 및 주파수 특성

본원발명의 안테나는 두 개의 서로 다른 주파수 대역에서 동작할 수 있으며, 작동 주파수 밴드가 최소한 1GHz의 차이가 나고, 각 주파수 대역에서 제1 방사소자 어레이의 이득과 제2 방사소자 어레이의 이득이 최소한 4dB 차이가 난다. 즉, 제1 방사소자 어레이의 동작 주파수인 제1 주파수는 제2 방사소자 어레이의 동작 주파수인 제2 주파수보다 최소한 1GHz가 높으며, 상기 제1 주파수에서 제2 방사소자 어레이의 이득은 제1 방사소자 어레이의 이득보다 최소한 4dB이 적고, 상기 제2 주파수에서 제1 방사소자 어레이의 이득은 제2 방사소자 어레이의 이득보다 최소한 4dB이 작은 것을 특징으로 한다.

어레이의 동작주파수는 방사소자의 크기 및 전력분배 회로망에 의하여 지정된다. 슬롯의 공진 주파수의 주요한 제어요소는 그 소자의 외부치수이며, 상기 치수는 동작 주파수에 반비례한다. 따라서 고주파 소자의 어레이는 저주파 소자의 어레이보다 더 작은 슬롯을 갖게 된다.

전력분할기는 전력이 분할되는 T 접속부 및 임피던스 변성부를 포함하고 있으며, 제2 전력분할기 어레이의 임피던스 변성부가 제1 전력분할기 어레이의 임피던스 변성부보다 길고 상기 변성부의 길이는 대체적으로 $\lambda/4$ 정도로 형성된다. 변성기의 길이도 또한 동작주파수에 반비례한다.

그러나 인용발명 1 및 2에는 어디에도 안테나의 이득이나 주파수 특성에 대한 내용은 개시되어 있지 않다.

(3) 패치소자와 급전선의 결합방법

본원발명은 5개의 층 사이사이에 공기와 같은 유전체층을 적층하여 형성된 것으로써 방사소자 어레이와 급전선이 용량적으로 결합되어 있다. 그러나 인용발명 1은 패치 소자와 급전선이 용량성 결합이 아닌 직접 결합되어 있는바, 본원발명과는 차이가 있다.

(4) 접지회로의 구성

본원발명은 접지평면과 제1 방사소자 어레이는 제1 전력분할기 어레이에 대해서 접지면을 형성하며, 제1 방사소자 어레이와 제2 방사소자 어레이는 제2 전력분할기 어레이에 대하여 접지면을 형성한다.

그러나 인용발명 1은 최하층의 접지면이 제1 패치 및 제2 패치에 공통한 접지면을 형성하거나, 중간에 제1 패치가 형성된 면의 제1 패치의 사이사이에 별도로 접지면을 형성한다. 또한 인용발명 2는 급전회로의 사이에 방사소자의 크기와 거의 같은 크기의 슬롯이 형성된 접지 회로를 구성한다. 상기 접지회로에는 아래쪽 급전회로와 방사소자 회로 간의 전기적인 결합을 위해 방사소자의 크기와 거의 같은 크기의 슬롯이 형성되어 있으며, 상, 하부 급전회로 간의 전기적인 결합을 방지하기 위하여 상기 슬롯의 크기는 방사소자의 크기 이내로 제한된다. 따라서 본원발명과 인용발명 1 및 2는 접지회로의 구성에 있어서도 차이가 있다.

(5) 본원발명의 진보성 입증을 위한 기타 자료

본 출원인은 본원발명에 대해서 1993.09.24일자로 미국에 특허출원을 하여 1996.07.09일자 제5,534,877호로 특허를 획득하였다.

4. 원심판결에서의 진보성 판단의 요지

원심판결에서는 본원발명의 청구항 1의 구성을 구성요소 ①, 구성요소 ② 및 구성요소 ③으로 구분하고, 구성요소 ①은 인용발명 1 및 2에 의하여 기술적 목적이나 효과의 특이성을 인정할 수 없고 구성에 곤란성이 없으며, 구성요소 ②(방사소자의 크기에 관한 내용)는 당연한 기술원리이고 인용발명 1과 실질적인 차이가 없으며, 구성요소 ②(두 주파수 밴드의 1GHz의 차이)의 구성과 구성요소 ③(이득의 4dB 차이)은 당업자가 임의로 선택하여 실시할 수 있는 단순한 한정 또는 반복실험에 의하여 용이하게 채택할 수 있는 한정에 불과하다고 판시하였다.

5. 원심판결에서의 진보성 판단의 문제점

본원발명의 진보성을 판단함에 있어서 원심판결에서는 다음과 같은 점들을 잘못 판단함으로써 중대한 심리미진 내지는 법리오해가 있었음이 명백하다. 원심판결에서 잘못 판단하고 있는 사항들에 대하여 다음과 같이 살펴본다.

(1) 원심판결에서는 청구항 1을 구성요소 ①, ② 및 ③으로 구분하고, 이들 구성요소 각각에 대하여 진보성의 유무를 판단하고 있는바, 이러한 판단방법은 진보성의 판단방법을 올바로 적용하지 못한 것이다.

발명의 진보성은 소위 3단계 판단방법이라 일컬어지는 첫째, 선행기술의 분야와 내용을 파악하고, 둘째, 출원발명과 선행기술의 차이점을 파악한 다음, 셋째, 출원 시의 당업자의 기술수준의 관점에서 진보성의 유무를 판단하는 것이다. 원심판결 에서처럼, 본원발명을 구성요소 ①, ② 및 ③으로 구분하고, 이들 각각의 구성요소 들이 인용발명들과 비교하여 기술적 특징이 없다는 이유로 본원발명의 진보성을 판단하는 방법은 이제까지의 어느 나라 특허법 이론이나 실무에서도 찾아볼 수 없 는 판단방법이다.

발명은 일반적으로 복수 개의 구성요소가 하나의 발명을 이루게 되는데, 비록 각 각의 구성요소가 이미 선행기술에 공지되어 있다 하더라도 그 전체의 구성요소가 공지되지 않았다면, 얼마든지 발명의 진보성을 인정받을 수 있다. 따라서 발명의 진보성은 종합적이고 전체적인 구성을 기초로 판단하여야 하는데, 원심판결에서는 본원발명을 구성요소 ①, ② 및 ③으로 구분하고, 다시 구성요소 ①은 특이성을 인 정할 수 없고, 구성요소 ②는 당연한 기술원리이고, 구성요소 ③은 용이하게 채택할 수 있다는 식으로 판단하여, 본원발명의 진보성을 부인한 것은 명백한 잘못이다.

비록 각각의 구성요소가 공지되었다 하더라도 그 전체의 구성과 효과를 파악하 여 진보성의 3단계 판단방법에 따라 진보성을 판단하여야 함에도 불구하고, 원심 판결에서는 본원발명을 구성요소 ①, ② 및 ③으로 구분하고, 전체발명에 대한 진 보성이 아닌 각각의 구성요소에 대한 진보성을 판단함으로써 중대한 잘못을 범하 고 있다.

(2) 원심판결에서 구분하여 판단한 청구항 1의 구성요소 ①은 본원발명의 구성 요소가 아니라 젭슨 클레임에서의 선행기술에 해당하며, 따라서 구성요소 ①은 진 보성의 판단대상이 아니다.

본원발명의 청구항 1은 일종의 개량발명으로 젭슨 클레임 형태로 기재된 것이다. 젭슨 클레임에서 도입부(introductory phrase)는 특허청구범위를 명확히 한정하기 위 하여 기재되는 것이지, 특허청구범위를 한정하는 부분도 아니며 발명의 구성요소 를 이루는 부분도 아니다. 청구항 1에서 하기 부분은 바로 도입부에 해당한다:

"접지평면, 상기 접지평면상에 배치된 제1전력분할기 어레이, 상기 제1전력분할기 어레이상에 배치된 제1방사소자 어레이, 상기 제1방사소자 어레이상에 배치된 제2전력분할기 어레이 및 상기 제2전력분할기 어레이상에 배치된 제2방사소자 어레이로 구성된 이중편파 인쇄회로 안테나에 있어서,"

그런데 원심판결에서는 이 도입부가 마치 본원발명의 구성요소인 것처럼 구성요소 ①로 규정하고, 그 구성요소 ①이 인용발명 1 및 2에 의하여 기술적 목적이나 효과의 특이성을 인정할 수 없다고 판단하였다. 젭슨 청구항의 도입부에 해당하는 부분을 발명요소로 구분하고, 그 부분에 대하여 진보성의 여부를 판단하고 있는 원심판결은 거론하기조차 부끄러운 잘못된 판결이다. 원심판결에서 이처럼 잘못 판단하고 있는 것은 첫째, 젭슨 클레임의 구성을 기본적으로 이해하지 못한 데에서 비롯된 것이고, 둘째, 본원발명의 내용을 올바로 파악하지 못한 데에서 비롯된 것이다.

(3) 원심판결에서는 본원발명의 청구항 1을 구성요소 ①, ② 및 ③으로 구분하고, 그 각각에 대하여 진보성을 판단하였는데, 이 같은 구분은 본원발명의 내용을 올바로 이해하지 못한 데에서 비롯된다.

청구항 1에서 보듯이, 본원발명은 이미 종전에 존재하던 ⅰ) 접지평면, ⅱ) 제1 전력분할기 어레이, ⅲ) 제1 방사소자 어레이, ⅳ) 제2 전력분할기 어레이 및 ⅴ) 제2 방사소자 어레이로 이루어진 안테나를 개량한 것으로, 그 기술적 특징은 ㉠ 제2 방사소자 어레이는 제1 방사소자 어레이보다 더 크고, ㉡ 두 주파수 대역에서 최소 1GHz의 차이가 존재하고, ㉢ 제2 방사소자 어레이는 제1 주파수에서 제1 방사소자 어레이의 이득보다 최소한 4dB 작은 이득을 갖고, 그리고 ㉣ 제2 방사소자 어레이는 제2 주파수에서 제2 방사소자 어레이의 이득보다 최소한 4dB 작은 이득을 갖는 것이다.

위와 같은 본원발명의 4가지 특징과 선행기술을 올바로 파악하지 못하고, 원심판결에서는 선행기술을 구성요소 ①로, 나머지 특징들을 구성요소 ②와 ③으로 구분함으로써, 판결전반에 걸쳐 중대한 잘못이 있다.

(4) 구성요소 ②(방사소자의 크기의 차이점)에 관한 판단에 대하여:

원심판결에서는, 구성요소 ②에서 2개의 방사소자 어레이의 크기를 달리하여 제1 주파수 밴드와 제2 주파수 밴드를 구분시키는 구성은 인용발명 1에 명시적으로 기재하고 있지 않으나, 서로 상이한 주파수를 방사시키기 위하여는 방사소자의 크기가 달라야 한다는 것은 이 사건 출원발명의 명세서 제5면과 제6면에도 기재되어 있듯이 주파수와 방사소자와의 관계에 관한 당연한 기술원리라고 판단함으로써, 구성요소 ②가 인용발명 1에 명시적으로 기재하고 있지 않다는 것을 명백히 하면서도, 방사소자의 크기에 대하여는 이건 출원발명의 명세서 제5면과 제6면에 기재되어 있듯이 주파수와 방사소자와의 관계에 관한 당연한 기술원리라고 판단하였다. 명세서 제5면과 제6면은 본원발명에 관한 것이지 선행기술에 관한 것이 아니다. 원심판결의 논리에 따르면, 본원발명은 본원발명의 명세서에 의하여 당연한 기술원리라는 것인데, 이는 도저히 용납되지 않는 것이다.

나아가 원심판결에서는, 을제3호증의 그림 2.22와 그림 2.24에 나타난 바와 같이, 마이크로스트립 안테나의 이중 주파수 동작을 얻기 위한 방법으로 패치(방사소자)의 크기를 달리함으로써 이중의 주파수를 얻을 수 있다고 판단하였는데, 그림 2.22와 그림 2.24에는 이중주파수 마이크로스트립 패치 안테나는 도시되어 있을지언정 "패치의 크기를 달리함으로써 이중의 주파수를 얻을 수 있다"는 내용은 어디에도 설명되어 있지 않다. 이처럼 기재되어 있지도 않은 내용을 기재되어 있는 것처럼 판시하고, 그 결과 구성요소 ②도 주지관용기술로 인정한 것은 진보성 판단을 그르친 것이다.

(5) 구성요소 ②(두 주파수 밴드의 1GHz 차이)에 관한 판단에 대하여:

두 주파수 밴드의 1GHz의 차이가 난다는 점(구성요소 ②의 일부분에 해당됨)은 구성요소 ③과 함께 판단하면서, 발명의 상세한 설명에 기재되어 있지 않다고 판단하였다. 그러나 이는 사실과 다르다. 본원발명의 명세서에는, 다음과 같이 기재되어 있다:

"16소자 쌍대역 선형 어레이의 성능 측정치가 제2도 내지 제8도에 도시되어 있다. 한 종류의 편파에 대한 대역은 11.7-12.2 GHz이며 다른 종류의 수직성분의 편파에 대한 대역은 14.0-14.5 GHz이다. 제2도는 편파의 두 성분에 대한 입력반사 감쇠량을 보여준다. (각각의 예에서 입력정합은 도시된 바와 같이 광대역에 걸쳐서 매우 우수하다.) 제3도는 각 편파에 상응하는 방사이득을 나타낸다."

위에서 보는 바와 같이, 본원발명 명세서에는, "한 종류의 수직 성분의 편파에 대한 대역은 11.7~12.2 GHz이며 다른 종류의 수직성분의 편파에 대한 대역은 14.0~14.5 GHz이다"라 분명히 기재되어 있고, 이러한 대역은 도면 제3도에도 명시되어 있다. 또한 명세서에는, "제3도는 각 편파에 상응하는 방사이득을 나타낸다"고 설명되어 있어서 당업자라면 누구든지 "4dB 차이의 이득"을 이해할 수 있다.

명세서에 기재된 내용에 따르면 두 주파수의 밴드의 차이는 1.8Hz(14.0 – 12.2)이다. 그런데 특허청구범위에서는 발명의 적절한 보호를 위하여 "최소한 1GHz의 차이"라고 기재한 것이다. 당업자라면 이 정도는 충분히 이해할 수 있는 것이지, '14.0 – 12.2=1.8'이라고 기재해야 그 뜻을 이해할 수 있다고 하는 것은 진보성 판단에 있어서의 "당업자의 수준을 올바로 파악(Resolving the level of ordinary skill in the pertinent art)"했다고 할 수 없다.

(6) 구성요소 ③(이득의 4dB 차이)에 관한 판단에 대하여:

위에서 보는 바와 같이, 본원발명 명세서에는, "한 종류의 수직 성분의 편파에 대한 대역은 11.7~12.2 GHz이며 다른 종류의 수직성분의 편파에 대한 대역은 14.0~14.5 GHz이다"라고 분명히 기재되어 있고, 이러한 대역은 도면 제3도에도 명시되어 있다. 또한 명세서에는, "제3도는 각 편파에 상응하는 방사이득을 나타낸다"고 설명되어 있어서, 제3도를 보면 당업자는 누구든지 "4dB 차이의 이득"을 곧바로 이해할 수 있다.

특허출원명세서에 있어서, 도면은 명세서의 일부를 구성하는 것으로 본원발명에서의 "4dB 차이의 이득"은 도면에 의하여 명확히 이해될 수 있음에도 불구하고, 원심판결에서는 발명의 상세한 설명에 기재되지 않아서 발명의 기술적 구성으로 인정하기 어렵다고 판단하였으며, 더욱이 발명의 상세한 설명에 기재되지 않았기 때문에 임의로 선택하여 실시할 수 있는 단순한 한정에 불과하다는 판단은 서로 논리가 맞지 않는 부분이다.

IV. 대법원 판결의 문제점

본 사건의 대법원판결에서는 그 상고판결이유에서 원심판결의 내용을 약 두 페이지 정도로 요약하고는, 원심의 판단이 정당하고 진보성 판단에 대한 법리오해가 없다고 결론지었다. 약 두 페이지에 걸쳐 설시한 내용들은 원심에 대한 판단이 아니라 원심을 요약한 것에 불과하다. 본 사건과 관련하여 대법원은 한 일이 아무것도 없다. 결론만을 내렸을 뿐이다. 판결에서는 결론도 중요하지만 결론 못지않게 이유도 중요하다. 이유가 분명해야 한다. 그리고 타당해야 한다. 그래야 수긍하게 되는 것이다.

나아가 대법원은 이 사건 출원발명과 동일 또는 유사한 발명이 외국에서 특허되었다고 하더라도 우리나라에서 특허받을 수 있는지의 여부를 판단함에 있어서는 법제와 실정을 달리하는 다른 나라의 심사예에 구애될 것이 아니라고 하여 상고이유의 주장이 모두 이유 없는 것으로 판단하였다. 다른 나라의 심사예에 구애될 것이 아니라고 한 점은 맞다. 파리조약에서 천명하고 있는 각국특허 독립의 원칙을 거론하지 않는다 하더라도 다른 나라의 심사예에 구애받아서도 안 되고 구애받을 필요도 없다. 그러나 진보성을 판단함에 있어서 우리의 법제와 실정은 외국의 법제와 실정과 결코 다르지 않다. 제 외국이 규정하여 운용하는 진보성은 우리와 동일하고 그 판단방법 또한 동일하다. 전세계적으로 동일하다. 문제는 진보성의 유무를 어떻게 판단하느냐 하는 것이다. 진보성을 판단함에 있어서 그 이유나 결론은 국가마다 달라질 수 있지만, 법제와 실정이 서로 다르기 때문에 구애받을 수 없다는 것은 논리에 맞지 않는 얘기이고, 궁색한 이유에 불과하다.

V. 결 론

본원발명은 이미 종전에 존재하던 ⅰ) 접지평면, ⅱ) 제1 전력분할기 어레이, ⅲ) 제1 방사소자 어레이, ⅳ) 제2 전력분할기 어레이 및 ⅴ) 제2 방사소자 어레이로 이루어진 안테나를 개량한 것으로, 그 기술적 특징은 ㉠ 제2 방사소자 어레이는 제1 방사소자 어레이보다 더 크고, ㉡ 두 주파수 대역에서 최소 1GHz의 차이가 존재하고, ㉢ 제2 방사소자 어레이는 제1 주파수에서 제1 방사소자 어레이의 이득보다 최소한 4dB 작은 이득을 갖고, 그리고 ㉣ 제2 방사소자 어레이는 제2 주파수에서 제2 방사소자 어레이의 이득보다 최소한 4dB 작은 이득을 갖는 것으로, 이러한 기술적 특징을 중심으로 진보성을 판단하여야 함에도 불구하고, 원심판결에서는 본원발명을 구성요소 ①, ② 및 ③으로 구분하고, 전체발명에 대한 진보성이 아닌 각각의 구성요소에 대한 진보성을 판단함으로써 잘못을 범하고 있으며, 더욱이 구성요소 ①은 본원발명의 구성요소가 아니라 젭슨 클레임에서의 선행기술에 해당하는 부분인데에도 구성요소 ①이 인용발명 1 및 2에 비하여 특이성을 인정할 수 없다고 판단한 것은 잘못된 판결이며, 본원발명은 본원발명의 명세서에 의하여 당연한 기술원리라는 잘못된 논리가 적용되고 있으며, 명세서 기재와 관련하여 "당업자의 수준을 올바로 파악(resolving the level of ordinary skill in the pertinent art)"했다고 할 수 없는 정도의 잘못이 있음이 명백하다.

11. 특허권리범위확인심판 — 알루미늄 감광드럼 사건
— 특허심판원 사건 2013당11(2013.03.25. 심결) 심결에 대하여[1] —

I. 머리말

특허심판원이 2013.03.25.자 심결한 2013당11[2]의 권리범위확인심판은 심판청구인이 제조하여 판매하였던 '전자사진 감광드럼'("확인대상물품")이 피청구인의 특허 제258609호의 청구항 25 및 26에 속하지 않는다는 심결을 구하는 소극적 권리범위확인심판("원심")에 관한 것이다.

심판에서 청구인은 권리범위확인을 청구하는 확인대상물품을 실물 사진과 함께 도면 그리고 상세한 물품설명을 포함한 '확인대상물품 설명서'를 특허심판원에 제출하였다.

그런데 원심에서는 확인대상물품이 이 사건 특허발명과 대비될 수 있을 정도로

---

1 「창작과 권리」 제71호(2013년 여름호).
2 심판장 이해평, 주심 인치복, 심판관 박준영.

구체적으로 특정되어 있지 않았기 때문에 부적법한 청구라는 이유로 심판청구 자체를 각하하였다.

심판청구인은 그가 직접 제조하여 판매하였던 '전자사진 감광드럼'이 권리범위확인을 받고자 하는 '확인대상물품'이라고 특정하였는데, 심판부는 그 확인대상물품이 구체적으로 특정되어 있지 않았다는 이유로 권리범위확인에 대한 실체적 판단을 하지도 못한 채 심판청구 자체를 각하한 것이다. 이 심결의 문제점에 관하여 살펴본다.

II. 사건의 사실관계 요약

1. 피청구인의 특허 제258609호

피청구인의 특허 제258609호("이건특허")는 "처리 카트리지, 전자사진 화상형성장치, 구동력 전달부재 및 전자사진 감광드럼"에 관한 것으로, 한마디로 프린터에 관한 발명인데, 그중에서도 토너 카트리지에 사용되는 알루미늄 파이프로 제조되는 감광드럼의 체결구조에 관한 것이다.

프린터를 사용해 본 사람이라면 누구나 알 수 있듯이, 일정 기간이 지나면 토너 카트리지를 교체해야 한다. 토너가 모두 소모되었거나 감광드럼에 손상이 가서 인쇄품질이 좋기 않기 때문이다.

토너 카트리지에는 감광드럼이 조립되어 있다. 토너 카트리지는 일반 소비자가 조립하기 어렵기 때문에 전문업체가 주로 토너 카트리지를 조립하여 교체해 준다. 감광드럼은 토너 카트리지에 조립되어 최종적으로 프린터 본체에 결합된다. 이건특허는 감광드럼이 프린터 본체에 결합되는 체결구조에 관한 것이다.

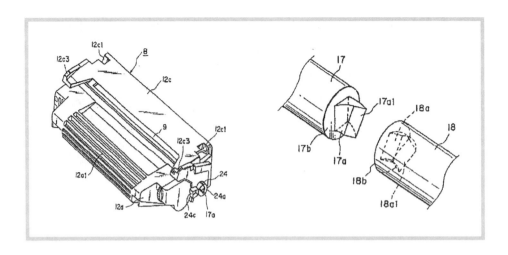

위 도면에서 보듯이, 이건특허는 프린터 본체에 비틀린 구멍이 형성되고, 감광드럼에 비틀린 돌출부가 형성되어 이들이 마치 암수 부재처럼 결합하도록 이루어진 일종의 체결구조에 관한 것이다. 이건특허 청구항 25 및 26은 다음과 같다:

청구항 25: 기록재 상에 화상을 형성시키기 위한 전자사진 화상형성 장치용의 전자사진 감광드럼에 있어서, 상기 장치는, 모터, 이 모터로부터 구동력을 받는 구동회전 가능부재 및 상기 구동회전 가능부재의 중앙부에 형성되며 복수개의 코너부가 있는 비원형 횡단면을 가진 비틀린 구멍을 구비하고, 상기 전자사진 감광드럼은, 그 주위면 상에 감광층을 가지는 실린더형 부재와, 상기 주 조립체로부터 구동력을 받도록, 상기 실린더형 부재의 일단부에 마련되고 상기 비틀린 구멍과 결합될 수 있으며 복수개의 코너부가 있는 비원형 횡단면을 가지는 비틀린 돌출부를 구비하여, 상기 감광드럼이 주 조립체에 장착될 때에, 상기 비틀린 돌출부가 비틀린 구멍에 결합되어 상기 전자사진 감광드럼을 회전시키는 구동력을 받는 것을 특징으로 하는 전자사진 감광드럼.

청구항 26: 기록재 상에 화상을 형성시키기 위한 전자사진 화상형성 장치의 주 조립체에 착탈 가능하게 장착될 수 있는 처리카트리지용의 전자사진 감광드럼에 있어서, 상기 주 조립체는 모터, 이 모터로부터 구동력을 받는 주 조립체 기어 및 상기 주 조립체 기어의 중앙부에 형성되며 실질적으로 삼각형의 횡단면을 가지는 비

틀린 구멍을 구비하고, 상기 전자사진 감광드럼은, 그 주위면 상에 감광층을 가지는 실린더형 부재와, 상기 실린더형 부재의 일단부에 장착된 구동력 전달부재를 구비하고, 이 구동력 전달부재는, 상기 처리 카트리지가 주 조립체에 장착될 때에 구동력을 주 조립체로부터 현상롤러로 전달하는 드럼기어와, 상기 드럼기어의 중앙에 마련된 축과, 상기 처리 카트리지가 주 조립체에 장착될 때 상기 비틀린 구멍과 결합하여 주 조립체로부터 구동력을 받도록 상기 축의 일단부에 실질적으로 삼각형 프리즘의 형상으로 마련된 비틀린 돌출부를 구비하여서, 상기 전달부재가 구동력을 상기 비틀린 구멍과 비틀린 돌출부 사이의 결합을 통하여 주 조립체로부터 받아서, 이 구동력을 상기 축을 통하여 감광드럼으로 그리고 상기 드럼 기어를 통하여 현상롤러로 전달하는 것을 특징으로 하는 전자사진 감광드럼.

청구항 25 및 26은 위와 같이 장황하게 기재되어 있지만, 그 요지를 살펴보면, 청구항 25는 프린터 본체에 형성된 <u>비틀린 구멍</u>과 감광드럼에 형성된 <u>비틀린 돌출부</u>가 <u>다각형</u>인 것이 특징인 발명이고, 청구항 26은 그 <u>비틀린 구멍</u>과 <u>비틀린 돌출부</u>가 삼각형에 한정한 발명이다.

2. 청구인의 확인대상물품

청구인이 제조한 확인대상물품은 카트리지도 아니고 카트리지가 조립되는 프린터 본체도 아니며, 단지 감광드럼뿐이다. 그 사진을 보면 다음과 같다:

3. 특허심판원 심결

위와 같은 사실관계하에서 특허심판원은 확인대상물품이 구체적으로 특정되어 있지 않았다는 이유로 권리범위확인에 대한 실체적 판단을 하지도 않은 채 심판청구를 각하하였다. 심결의 주요부분을 인용하면 다음과 같다:

"*(가) 확인대상발명이 이 사건 제25항 발명과 대비될 수 있을 정도로 구체적으로 특정되어 있는지 여부*

(중략) … 확인대상발명은 전자사진 감광드럼으로서, 감광드럼이 알루미늄 드럼 (10)과 드럼기어 부재(2)로 일체로 형성되어 있고, 드럼기어 부재(2)의 비틀어진 돌출부(22)가 프린터 본체에 형성되어 있는 비틀어진 구멍 속으로 삽입되어 동력을 전달받는 것임을 알 수 있을 뿐, 확인대상발명에는 프린터 본체의 세부 구성에 대해서 전혀 기재되어 있지 않으므로 확인대상발명의 감광드럼과 프린터 본체의 세부 구성간의 연결구동관계에 대해서는 구체적으로 알 수 없다. 따라서, 확인대상발명은 이 사건 제25항 발명과 대비될 수 있을 정도로 구체적으로 특정되어 있다고 볼 수 없다.

(나) 확인대상발명이 이 사건 제26항 발명과 대비될 수 있을 정도로 구체적으로 특정되어 있는지 여부

(중략) … 확인대상발명은 전자사진 감광드럼으로서 감광드럼이 알루미늄 드럼 (10)과 드럼기어 부재(2)로 일체로 형성되어 있고, 드럼기어 부재(2)의 비틀어진 돌출부(22)가 프린터 본체에 형성되어 있는 비틀어진 구멍 속으로 삽입되어 동력을 전달받는 것임을 알 수 있을 뿐, 확인대상발명에는 프린터 본체의 세부 구성이나 현상롤러에 대해서 전혀 기재되어 있지 않으므로 확인대상발명의 감광드럼과 프린터 본체의 세부 구성 및 현상롤러와의 연결구동관계에 대해서는 구체적으로 알 수 없다. 따라서, 확인대상발명은 이 사건 제26항 발명과 대비될 수 있을 정도로 구체적으로 특정되어 있다고 볼 수 없다.

(3) 청구인 주장에 대한 구체적인 판단

우선, 청구인은 감광드럼만을 제조하는 회사로서, 청구인이 실시하지도 않는 화상형성장치의 본체 구성을 확인대상발명에 포함하도록 강요하는 것은 부당하다고 주장하고 있다. 그러나, 이 사건 제25항 및 제26항 발명은 전자사진 감광드럼이 화상형성

장치의 세부 구성 또는 현상롤러와의 연결구동관계에 의해 구체적으로 한정되어 있으므로 확인대상발명도 이에 대비하여 감광드럼이 화상형성장치의 세부 구성 또는 현상롤러와 어떠한 연결구동관계가 있는지 구체적으로 특정되어 기재되어야 하는 것은 당연하므로 청구인이 감광드럼만을 제조한다는 사실만으로 확인대상발명에는 감광드럼과 화상현상장치의 세부구성 또는 현상롤러와의 연결구동관계가 구체적으로 기재될 필요가 없다는 청구인의 주장은 받아들이기 어렵다.

또한, 청구인은 감광드럼과 카트리지가 화상형성장치의 본체에 사용되는 부품으로서, 화상형성장치가 이미 특허권자로부터 정당하게 판매된 이상 청구인의 감광드럼도 이 사건 제25항 및 제26항 발명의 권리범위를 침해한 것이라고 볼 수 없다고 주장하고 있다. 그러나, 갑제5호증에 의하면 '특허권의 소진이론'이란 특허받은 물품이 특허권자 또는 실시권자에 의하여 제약 없이 판매되면 그 특허물품의 구매자는 그 특허물품의 사용 및 재판매에 대해 자유롭게 처리할 수 있다는 이론이고, 화상형성장치는 이 사건 제25항 및 제26항 발명의 감광드럼과 전혀 다른 물품으로서 특허권자에 의해 판매된 것이라고 볼 수도 없으므로 이 사건 심판에서 '특허권의 소진이론'이 적용될 여지는 전혀 없다고 할 것이며, 확인대상발명의 실시와 관련된 특정한 물건과의 관계에서 특허권이 소진되었다 하더라도 그와 같은 사정은 특허권 침해소송에서 항변으로 주장할 수 있을 뿐, 확인대상발명이 특허권의 권리범위에 속한다는 확인을 구하는 것과는 아무런 관련이 없다(대법원 2010.12.09. 선고 1010후289[3] 판결 등 참조)고 할 것이므로 '특허권 소진'과 관련된 청구인의 주장은 받아들이기 어렵다.(중략)

나. 소결

그렇다면, 이 사건 심판청구는 확인대상발명이 이 사건 제25항 및 제26항 발명과 대비될 수 있을 만큼 특정되어 있지 않은 부적법한 청구라고 할 것이므로, 특허법 제142조의 규정에 의해 각하를 면할 수 없다."

---

3 원심결에서 인용한 대법원판결은 그러한 사건번호가 존재하지 않음이 확인되었다.

Ⅲ. 평 석

1. 확인대상물품의 명확한 특정

　심판청구인은 확인대상물품 설명서에 첨부된 제1도의 사진에 나타난 감광드럼만을 제조하는 회사이다. 심판청구인은 화상형성장치(프린터)의 본체를 제조하지 않으며, 감광드럼이 장착되는 카트리지도 제조하지 않는다. 그럼에도 불구하고, 심결에서는, 감광드럼이 프린터 본체(또는 카트리지)에 사용된다는 이유만으로, 확인대상발명이 특정되지 않았다고 판단하고 있다. 다시 말해서, 감광드럼이 프린터 본체에 사용되기 때문에 프린터 본체를 확인대상물품에 포함시키는 것이 당연하다고 판단하였다. 제조하지도 않은 프린터 본체를 확인대상물품에 포함시켜야 한다는 심결의 논리는 마치 도둑질을 하지 않은 사람한테 도둑질을 했다고 자백하라고 강요하는 것과 같다. 본 사건의 확인대상물품은, 확인대상물품 설명서에 첨부된 바와 같이, 삼척동자도 알 수 있는 감광드럼뿐으로, 이보다 더 명확한 특정은 있을 수 없다. 그럼에도 불구하고, 심결에서, 감광드럼이 프린터 본체에 사용되기 때문에 프린터 본체를 확인대상물품의 일부로서 포함시키는 것이 당연하다고 판단한 것은 아래 설명하는 특허법의 법리를 이해하지 못하였기 때문이다.

2. '사용환경'을 이해하지 못한 심결의 논리

　화상형성장치는 본체 내에 카트리지가 장착되고, 카트리지에는 감광드럼이 장착된다. 이 중에서 본체는 반영구적으로 사용하는 제품이고, 감광드럼이 장착된 카트리지는 일정기간 사용 후에 교체해 주어야 하는 일종의 소모품이다. 심판청구인이 제조하는 감광드럼은 카트리지에 장착되고, 카트리지는 본체에 장착되어 사용된다. 이처럼 감광드럼이 본체에 사용되는 환경이라고 해서, 제조하지도 않은 본체 등이 확인대상물품의 일부가 되어야 한다는 것은 '사용환경(부품과 완성품 간의 사용관계)'의 의미를 이해하지 못한 잘못된 판단이다. 어떤 부품이 특허품인 완성품에 사용된다고 해서 그 특허권을 침해했다고 하는 것은 있을 수 없기 때문이다.

3. 특허권 소진론을 이해하지 못한 심결의 논리

카트리지(감광드럼 장착)가 장착된 화상형성장치가 특허권자로부터 정당하게 판매된 이상, 그 화상형성장치에는 특허권이 소진된다[Exhaustion Doctrine].[4] 특허권이 소진되기 때문에 그 소유자는 구매한 화상형성장치를 자유롭게 처분할 수 있다. 다시 말해서, 소유자는 그 장치를 자유롭게 사용, 양도, 재판매, 수리 등을 할 수 있는 것이다.[5]

심판청구인이 제조한 감광드럼이 최종적으로 사용되는 화상형성장치에 일종의 소모품으로 교체되어 사용된다 하더라도, 화상형성장치는 이미 특허권이 소진되었기 때문에, 심판청구인의 감광드럼은 이건특허의 청구항 25 및 26의 범위에 속하지 않는 것은 지극히 당연하다.

결론적으로, 심판청구인은 화상형성장치 본체나 카트리지를 제조하는 업체도 아니고, 감광드럼만을 제조하는 회사로서 이미 제출된 확인대상물품은 명확히 특정된 것이며, 심결의 판단은 '사용환경(부품과 완성품 간의 사용관계)'과 '특허권 소진론'을 이해하지 못한 데에서 비롯된 잘못된 판단이다.

4. 기타 심판절차상의 문제점

본 사건에서 심판부는 청구인과 피청구인에게 심문서를 발송하였다. 그 심문서의 심문내용을 살펴보자.

---

4 J. Thomas McCarthy, *Desk Encyclopedia of Intellectual Property*, 2nd ed., BNA BOOKS (1995), p.156.
5 최덕규, 「특허법」, 4정판, 세창출판사(2001), 605-606쪽.

> *"위 심판사건에 관한 다음 사항에 대하여 2013.02.28.까지 답변하여 주시기 바랍니다.*
>
> *심문사항:*
>
> *1. 확인대상발명이 이 사건 특허발명에만 사용되는 물건인지 즉 확인대상발명이 이 사건 특허발명 이외의 타용도로는 사용되지 않는 것임을 구체적으로 입증할 것(피청구인 측, 특허권자 측의 입증사항)*
>
> *2. 확인대상발명이 이 사건 특허발명 이외에도 사용되는 물건인지 즉 이 사건 특허발명 이외의 타용도로도 사용되는 것인지 구체적으로 밝힐 것 그리고 확인대상발명이 이 사건 특허발명 이외의 타용도로도 사용될 경우 타용도가 언제 발생된 것이고 확인대상발명은 타용도가 발생한 시점을 기준으로 그 이전에 생산된 것인지 아니면 타용도가 발생한 시점을 기준으로 그 이후에 생산된 것인지 구체적으로 밝힐 것(청구인 측의 입증사항)"*

본 사건의 감광드럼은 프린터에만 사용되는 것이다. 다른 용도로 사용될 수 있는 물품이 아니다. 이러한 심문사항은 권리범위확인심판과는 아무런 관계가 없다. 이는 한마디로 심판부가 본건 권리범위확인의 판단을 위하여 무엇을 어떻게 판단해야 하는 것조차도 알지 못하고 있음을 반증하는 것이다.

이어서 심판부는 확인대상발명이 특정되지 않았기 때문에 그 흠결사항을 보정하라는 보정요구서를 발송하였다.

> *"1. 위 심판사건에 관하여 다음 흠결사항을 상기 제출기일까지 보정하시기 바랍니다.*
>
> *흠결사항 — 확인대상발명이 특정되지 않았음*
>
> *(1) 이 사건 제25항 발명은 모터, 구동회전가능부재, 비틀린 구멍 등으로 이루어진 전자사진 화상장치와의 연결구동관계에 의해 감광드럼을 보다 구체적으로 한정하고 있으나, 확인대상발명에는 감광드럼의 구성만이 기재되어 있을 뿐, 전자사진화상장치의 외부구성들과의 구동연결관계가 구체적으로 특정되어 있지 않으므로 확인대상발명은 이 사건 제25항 발명과 대비할 수 있을 정도로 기재되어 있지 않는 것으로 인*

정됩니다.

> *(2) 이 사건 제26항 발명은 모터, 주 조립체 기어, 비틀린 구멍, 현상롤러 등으로 이루어진 전자사진화상장치와의 연결구동관계에 의해 감광드럼을 보다 구체적으로 한정하고 있으나, 확인대상발명에는 감광드럼 그 자체의 구성만이 기재되어 있을 뿐 전자사진화상장치의 외부구성 등과의 구동연결관계가 구체적으로 특정되어 있지 않으므로 확인대상발명은 이 사건 제26항 발명과 대비할 수 있을 정도로 기재되어 있지 않는 것으로 인정됩니다."*

심판부의 이러한 보정요구서는 확인대상물품이 특정되지 않았다는 것을 미리 고지하는 정도의 의미 외에는 아무것도 없다. 심판부의 이러한 요구는 본 사건에서의 부품과 완성품 간의 관계와 특허권 소진이론을 이해하지 못한 채, 특허권자의 입장에 서서 특허권자만을 위한 요구에 불과하다.

5. 소 결

특허침해여부를 판단하는 권리범위확인심판에서 확인대상물품은 제조된 그대로의 물품이면 충분하다. 특허침해를 성립시키기 위하여 제조하지도 않은 부분을 확인대상물품에 포함시키라는 것은 특허발명의 실시형태에 있어서 부품과 완성품 간의 관계를 파악하지 못하고, 특허발명의 실시형태와 특정물품의 제조행위를 혼동하거나 아니면 특허권자의 일방적 입장을 대변하는 것에 불과하다.

본건 심판청구인의 권리범위확인여부를 청구하는 확인대상물품이 감광드럼뿐인데도 불구하고, 원심에서 프린터 본체의 세부 구성에 대해서도 기재하라고 요구하는 것은 심판청구인이 실시하지 않은 부분까지 포함시키라는 것이다. 이처럼 실시하지도 않은 부분까지 포함시키라는 것은 심판청구인이 제시한 확인대상물품이 이 건특허의 권리범위에 속한다는 것을 인정하는 것이고, 이는 결국 특허권자의 입장을 대변하는 것이다.

심판이나 소송은 항상 완벽할(perfect) 수는 없지만, 쌍방에게 공정해야(fair) 한다는 것은 절체절명의 요건이다. 확인대상물품이 명확함에도 불구하고 특허침해를 성립시키기 위하여 실시하지 않은 부분까지 포함시키라는 것은 공정성을 망각한 잘못된 판단이다.

특허침해를 판단하는 이론은 매우 다양하다. 전요소이론(All Element Rule: A.E.R.) 이나 균등론을 비롯하여 특허권 소진이론, 간접침해이론, 포대금반언 원칙 등등이 그것이다. 그리고 특허물품이나 침해 태양은 물품에 따라 역시 매우 다양하다. 특허침해를 올바로 판단하기 위해서는 각각의 물품이 갖는 특성을 고려하고, 그 물품이 어떻게 사용되는 것인지 등등에 대해서도 충분히 파악할 줄 알아야 한다.

본 사건은 기본적으로 부품과 완성품 간의 관계를 이해하지 못하고, 나아가 특허권 소진이론을 이해하지 못함으로써 제조하지도 않은 부분을 확인대상물품에 포함시키라는 엉뚱한 논리를 전개하고, 그럼으로써 확인대상발명이 이건특허의 청구항 25 및 26의 권리범위에 포함되는지에 관한 실체적 판단은 하지도 못한 채 심판청구를 각하한 어처구니없는 사건이다.

IV. 결 어

심판청구인이 제조한 물품에 대하여 타인의 특허발명의 권리범위에 속하는지의 판단을 청구한 심판에서 실체적 판단을 받을 기회도 없이 심판청구 자체를 각하하는 것은 있을 수 없는 일이다.

본 사건에서 확인대상물품은 아주 명확하다. 그렇게 명확함에도 불구하고 특정의 특허발명의 보호범위에 속하는지의 여부를 판단할 기회도 없이 각하한다는 것은 특허법의 법리에 대한 무지로부터 비롯된 권리범위확인심판의 중대한 잘못이다.

본 사건 심결에서는 특허발명의 실시형태와 특정물품의 제조행위를 혼동하고 있다. 심판청구인이 제조한 것은 감광드럼뿐이다. 심판청구인이 한 행위는 감광드럼 제조가 전부이다. 감광드럼은 카트리지 제조업자가 구매하여 카트리지 내에 조립된다. 프린터 구매자는 카트리지를 구매하여 교체한다. 감광드럼이 장착된 카트리지는 프린터 본체에 결합되어 사용된다. 감광드럼이 장착된 카트리지는 프린터 본체에 결합되어 사용되는 것은 특허발명의 실시형태이다.

이건특허의 청구항 25 및 26이 감광드럼에 관한 것이라면 문제는 아주 간단하다. 청구항 25 및 26과 확인대상물품인 감광드럼을 확인하는 것으로 충분하다. 그러나 이건특허의 청구항 25 및 26은 감광드럼에 관한 것이 아니라, 감광드럼이 장착된 카트리지가 본체에 결합된 프린터에 관한 것이다. 이러한 상황에서는 특허권의 소진이론을 이해하고, 다음에 부품과 완성품 간의 관계를 이해하여야 한다. 그렇게 함으로써 확인대상물품이 어떤 이유에서 이건특허의 권리범위에 속하는지 아니면 어떤 이유에서 속하지 않는지에 대하여 판단했어야 했다. 사실관계로부터 시작하여 법리적용까지 구체적으로 논의했어야 함에도 불구하고, 명확하게 특정된 확인대상물품이 명확하게 특정되지 않았다는 이유로 심판청구를 각하한 것은 심판부의 중대한 잘못이다.

12. 특허무효심판의 부당성[1] — 캐논 사건
— 특허심판원 사건 2012당2456(2012.12.17. 심결) 심결 및 특허법원 사건
2013허82(2013.05.09. 선고) 판결에 대하여 —

I. 머리말

캐논 사건은 일본의 캐논사가 국내에서 취득한 특허 제258,609호(이하 '캐논특허'라 함)에 대하여 국내의 4개 업체[2](이하 '국내업체'라 함)를 상대로 특허침해금지를 구하고 나아가 150억 원이 넘는 손해배상을 청구한 사건이다.

캐논특허는 프린터나 복사기 등에 사용되는 감광드럼에 관한 것으로, 감광드럼을 본체에 장착시킬 때 서로 맞물리는 체결구조에 관한 것이다. 캐논특허는 아래 왼쪽 그림과 같이 프린터 내부에 장착되는 감광드럼에 관한 것으로, 오른쪽의 감광드럼(17)이 본체(18)에 체결될 수 있도록 "비틀린 돌출부"와 "비틀린 구멍"으로 이루

---

1 「창작과 권리」제72호(2013년 가을호).
2 ㈜켐스, ㈜네오포토콘, ㈜알파켐, ㈜백산오피씨.

어지는 구조를 갖는다.

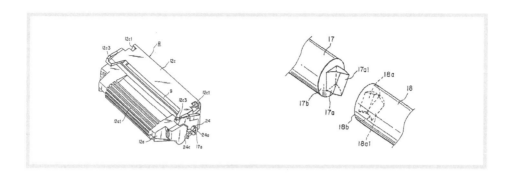

　국내업체는 프린터에 사용되는 소모품인 하기 사진의 감광드럼을 생산하는 업체들
이었다. 하기 사진의 감광드럼은 위 캐논특허의 오른쪽 그림에서 17번에 해당한다.

　캐논은 감광드럼을 제조하여 판매하던 국내업체에 대하여 2001년경부터 특허침
해를 주장하였다. 한마디로 국내업체로 하여금 감광드럼을 생산하지 마라는 것이
었다. 국내업체가 생산하는 감광드럼의 체결구조가 캐논특허와 동일하다는 이유에
서였다.

　그러자 국내업체는 캐논특허를 무효시키고자 무효심판을 제기하였다. 국내업체
에 의하여 모두 4건의 무효심판[3]이 제기되었다. 이 중에서 2010당2074는 현재 대법
원에서 상고계류중이며, 나머지 3건은 모두 대법원까지 올라가서 국내업체가 패소

하였다. 위의 3건의 무효심판에서 국내업체가 주장한 것은 캐논특허가 미국특허 제
4,454,922호(이하 '선행특허'라 함)에 의하여 진보성이 없다는 것이었다.

그런데 선행특허는 감광드럼이나 프린터에 관한 것이 아니라 "드릴로드(drill rod)
및 천공장치(drilling apparatus)"에 관한 것으로, 핵심적인 도면은 다음과 같다.

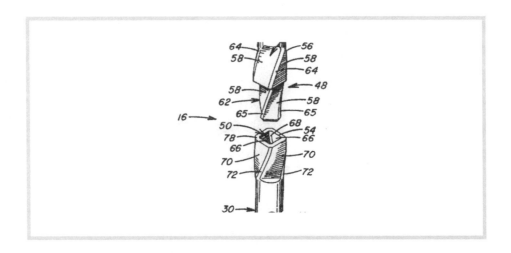

캐논특허가 프린터의 감광드럼에 관한 발명인데, 이와 기술분야가 전혀 다른 선
행특허를 인용하여 진보성이 없다고 주장한 위의 3건의 무효심판은 거론하기조차
부끄러운 사건이다. 왜냐하면, 비교하고자 하는 발명의 기술분야가 서로 다른 경우
에는 진보성을 주장하는 것이 아니라 신규성을 주장해야 하기 때문이다. 이 점을 이
해하기 위해서는 우선 신규성과 진보성의 판단대상의 차이점을 이해하여야 한다.

신규성의 판단대상은 해당 발명의 기술분야에 한정하지 않고 다른 기술분야까지
포함한 즉 모든 기술분야가 신규성의 판단대상이다. 하지만 진보성은 모든 기술분
야가 아니라 그 해당 기술분야에 한정하여 진보성을 판단하게 된다. 이처럼 신규성
의 판단대상은 기술분야가 서로 다를 수 있기 때문에, 신규성은 발명을 구성하는 부
분의 동일성 여부만으로 판단하며, 발명의 목적, 구성, 작용효과를 판단할 수 있는

3　심판번호 2001당1607, 2001당2327, 2002당2885, 2010당2074.

것이 아니다. 반면 진보성은 동일한 기술분야에서 발명의 목적, 구성, 작용효과를 판단하여 진보된 것인지의 여부를 판단한다.[4] 예를 들어, '이 감광드럼이 저 감광드 럼보다 우수하다(진보적이다)'라고 말할 수는 있어도, '이 감광드럼이 저 천공장치보 다 우수하다'고 말할 수는 없다. 다른 예로, '이 운동화가 저 컴퓨터보다 우수하다(진 보적이다)'라고 할 수는 없는 노릇이다. 또 다른 예로, A는 영어시험에서 70점을 받 고, B는 수학시험에서 50점을 받았다면, 어느 누구도 'A가 B보다 우수하다'고 할 수 없다. 그렇지만 같은 영어시험에서 A는 70점을 받고, B는 50점을 받았다면, 'A는 B 보다 영어가 우수하다'고 할 수 있다. 그렇다면 발명분야가 다른 선행특허를 가지고 캐논특허의 진보성을 주장했던 위 3건의 무효심판이 왜 거론하기조차 부끄러운 사 건이라 하는지 그 이유를 알게 될 것이다.

이러한 사실을 뒤늦게 알게 된 필자는 캐논특허에 대하여 무효심판을 청구하였 다. 물론 청구이유는 진보성이 아니라 신규성이 없다는 것이었다. 이 심판이 바로 2012.12.17자로 심결된 특허심판원 2012당2456 사건이다.

II. 특허심판원 2012당2456 심결[5] 및 그 문제점

특허심판원은 필자가 대리한 무효심판에 대하여 다음과 같은 이유를 들어 심판 청구를 기각하는 심결을 내렸다.

> *"이 사건 심판청구는 일사부재리에 해당한다고 볼 수 없고, 이 사건 특허발명이 비 교대상발명 1에 의해 신규성이 부정된다고 볼 수도 없다."*

---

4   J. Thomas McCarthy, *Desk Encyclopedia of Intellectual Property*, 2nd ed., BNA BOOKS, 1995, 296-297쪽.
5   심판장 이해평, 주심 인치복, 심판관 박준영.

캐논 측은 선행특허가 이미 종전의 3건의 무효심판에서 이미 심리되었던 증거이기 때문에 일사부재리 원칙에 위배되어 심판청구가 부적법하다고 반박하였다. 그러나 캐논 측의 이에 대한 주장은 받아들여지지 않았다. 종전의 3건의 무효심판에서는 진보성을 심리한 반면, 본건은 신규성에 관한 심리라는 이유에서 일사부재리 원칙에 위배되지 않는다고 판단한 것이다. 그러나 신규성 상실여부에 대해서는 캐논특허가 선행특허에 의하여 신규성이 부정되지 않는다고 판단하였다. 그 이유는 이렇다:

> *"캐논특허는 선행특허와 대비하여 그 목적과 구성 및 작용효과가 서로 다르므로 선행특허에 의해 신규성이 부정되지 아니한다."*

앞에서도 언급하였지만, 발명의 목적, 구성, 작용효과는 동일한 기술분야인 경우에만 판단할 수가 있고 판단할 가치가 있는 것이다. 기술분야가 서로 다른 경우에는, 발명의 목적, 구성, 작용효과를 판단할 수도 없고 그 판단 자체가 무의미하다. 그 이유는, 예를 들어, A, B가 모두 감광드럼인 경우에, 'A가 B보다 우수하다(진보적이다)'라고 말할 수 있는 것이지, A는 감광드럼이고, B는 천공장치인 경우에, '감광드럼(A)이 천공장치(B)보다 우수하다(진보적이다)'라고 할 수는 없기 때문이다. 그렇기 때문에, 진보성을 판단하는 경우에만 발명의 목적, 구성, 작용효과를 논하는 것이지, 신규성을 판단하는 경우에는 발명의 목적, 구성, 작용효과를 논하는 것이 아니다.[6]

감광드럼과 천공장치는 그 목적이 같을 수 없다. 구성도 같을 수 없고, 작용효과도 같을 수 없다. 감광드럼과 천공장치는 그 목적과 구성과 작용효과가 다를 수밖에 없다. 그런데 특허심판원의 이들의 목적과 구성과 작용효과가 다르기 때문에 감광드럼은 천공장치에 비하여 신규성이 있다고 판단하였다.

---

6 최덕규, 「특허법」 4정판, 세창출판사, 2001, 158-161쪽.

감광드럼과 천공장치의 신규성은 그렇게 판단하는 것이 아니다. 감광드럼에 관한 캐논특허는 감광드럼이 프린터 본체에 체결될 수 있도록 감광드럼에는 "비틀린 돌출부"가 형성되고, 본체에는 "비틀린 구멍"이 형성된 것이다. 그리고 선행특허도 캐논특허와 마찬가지로 "비틀린 돌출부"와 "비틀린 구멍"이 형성되어 있다. 그래서 캐논특허와 선행특허는 동일하다는 것이고, 동일하기 때문에 신규성이 없는 것이다.

캐논특허의 "비틀린 돌출부" 및 "비틀린 구멍"이 선행특허의 "비틀린 돌출부" 및 "비틀린 구멍"과 동일하다는 것은 삼척동자도 알 수 있다. 그림(도면)만 보면 알 수 있기 때문이다. 신규성은 이처럼 동일여부만을 판단하기 때문에 누구나 판단할 수 있다. 다시 말해서 전문가가 아니라도 판단할 수 있다는 뜻이다. 그러나 진보성은 그렇지 않다. 진보성은 그 발명이 속하는 기술분야에서 최소한 통상의 지식을 가진 자가 판단하여야 한다. 특허법에서는 이 점을 분명히 명시하고 있다.7 우리나라 특허법뿐만이 아니라 전 세계 모든 특허법이 그렇게 규정하고 있다.

그러나 신규성은 다르다. 신규성은 그 발명이 속하는 기술분야에서 최소한 통상의 지식을 가진 자가 판단하여야 한다는 규정이 없다. 우리나라 특허법뿐만이 아니라 전 세계 어느 나라 특허법도 그렇게 규정하고 있지 않다. 이는 신규성이 동일한지의 여부를 판단하는 것만으로 충분하기 때문이다. 진보성처럼 발명의 목적, 구성, 작용효과를 판단하여 용이하게 개발할 수 있는 것인지에 대한 판단을 하지 않는 것이다. 그런데 특허심판원은 본 사건 신규성을 판단함에 있어서 '*발명의 목적과 구성 및 작용효과가 서로 다르므로 선행특허에 신규성이 부정되지 아니한다*'고 판단하였다. 특허법에 정통해야 할 심판관들이 특허법에서 가장 중요하고 가장 기초적인 신규성과 진보성 판단조차 올바로 하지 못하고 있다.

결론적으로, 특허심판원 2012당2456 심결은 발명의 신규성 및 진보성에 대한 기초적인 법리마저 이해하지 못하고 신규성을 판단함에 있어서 진보성 판단 시 적용하는 발명의 목적, 구성, 작용효과를 잘못 적용하게 되었고, 그 결과 전혀 엉뚱한 결

---

7 특허법 제29조 제2항.

론에 도달하게 된 것이다. 특허심판원에서 발명의 신규성 및 진보성 판단방법을 이해하지 못한다는 것은 말로 표현할 수 없는 우리 특허청의 참담한 현실을 그대로 반영한다.

III. 특허법원 2013허82 판결[8] 및 그 문제점

1. 사건의 개요

필자는 특허심판원에서의 신규성 판단이 신규성 법리에 어긋나기 때문에, 신규성 판단을 올바로 할 수 있도록 특허심판원 심결을 취소하여 줄 것을 청구하였다. 그러나 특허법원은 캐논특허가 선행특허와 동일하지 않다고 판단하여 결국 캐논특허의 신규성을 인정하였다. 특허법원이 캐논특허의 신규성을 인정한 이유는 '*캐논특허와 선행특허는 형상 및 결합 태양은 동일하지만, 용도와 기능이 전혀 다르다*'는 것으로, 원심판결을 인용하면 다음과 같다.

> *"이 사건 제25항 발명은 비교대상발명과 모터를 이용한 구동력의 전달구조, 그 전달에 관여하는 부품의 형상 및 결합 태양이 동일하기는 하나, 그 청구하는 물건이 비교대상발명의 드릴 로드와 용도와 기능이 전혀 다른 '감광층을 가지는 실린더형 부재를 구비한 전자 화상 형성 장치용 전자사진 감광드럼'이므로, 양 발명은 동일하다고 볼 수 없다."*

위 판결에서도 발명의 신규성을 판단함에 있어서 신규성의 법리가 아닌 진보성의 법리를 적용하고 있다. 이는 명백히 특허요건에 관한 특허법의 법리를 잘못 적용한 것이다.

---

8 재판장 배광국, 판사 곽부규, 최종선.

2. 원고의 주장

특허심판원 심결에서는, "*이건특허가 비교대상발명과 대비하여 그 목적과 구성 및 작용효과가 서로 다르므로 신규성이 부정되지 아니한다*"고 판단하였다. 그러나 특허요건으로서의 발명의 신규성을 판단하는 경우에는 발명의 목적, 구성, 작용효과를 비교하여 판단하는 것이 아니다. 발명의 목적, 구성, 작용효과를 비교하여 판단하는 것은 신규성의 법리가 아니라 진보성의 법리이기 때문이다.

캐논특허는 "감광드럼"에 관한 발명이고, 선행특허는 "천공장치(drilling apparatus)"에 관한 것이다. 그래서 "이 사건의 **감광드럼**이 **천공장치**보다 우수하다"라고 할 수 없다. 이들은 기술분야가 서로 다르기 때문에 발명의 목적, 구성, 작용효과를 비교할 수 없기 때문이다. 발명의 목적, 구성, 작용효과는 기술분야가 동일한 경우에 진보성을 판단할 때 적용되는 것이지, 기술분야가 서로 다른 경우의 신규성을 판단할 때에는 적용할 수 없다. 그래서 기술분야가 서로 다른 경우의 신규성 판단에는 발명의 목적, 구성, 작용효과를 판단하여 비교하는 것이 아니라, 해당 발명의 구성 즉 구조가 동일한지의 여부만으로 판단한다.

캐논특허의 핵심은 암수 한 쌍의 "**비틀린 돌출부**"와 "**비틀린 구멍**"으로 이루어진 체결구조이다. 그리고 선행특허에도 캐논특허와 똑같은 암수 한 쌍의 "**비틀린 돌출부**"와 "**비틀린 구멍**"으로 이루어진 체결구조가 개시되어 있다. 다시 말해서, 해당 발명의 구성을 볼 때, 캐논특허와 선행특허는 완전히 동일한 것이다. 물품 전체가 동일한 것이 아니라 특허된 부분이 동일하다는 것이다.

그런데 특허심판원 심결에서는, 해당 발명의 구성의 동일성으로부터 신규성을 판단하지 않고, 진보성 판단에 적용되는 발명의 목적, 구성, 작용효과를 비교하여 신규성을 판단하는 잘못을 범하였다. 캐논특허의 "감광드럼"과 선행특허의 "천공장치"는 기술분야가 전혀 다른 물품이기 때문에 그 목적이나, 구성, 작용효과는 다를 수밖에 없다. 이들은, 영어와 수학을 서로 비교할 수 없는 것처럼, 서로 비교할 수 없다. 특허심판원 심결에서는 이처럼 신규성을 판단함에 있어서 신규성의 법리를 적용하지 않고 진보성의 법리를 적용하였기 때문에 신규성이 부정되지 않는다는 잘못된 결론에 이른 것이다.

3. 평 석

필자는 특허심판원의 심결이 신규성을 판단함에 있어서 신규성의 법리를 적용하지 않고 진보성의 법리를 적용하였기 때문에 신규성이 부정되지 않는다는 잘못된 결론에 이르렀고, 신규성 판단에 발명의 목적, 구성, 작용효과를 비교할 수도 없고 비교해서도 안 된다는 이유를 주장하였으나, 특허법원은 '*이건특허와 비교대상발명은 형상 및 결합 태양은 동일하지만, 용도와 기능이 전혀 다르다*'고 판단하여 역시 이건특허의 신규성을 인정하기에 이르렀다.

원심판결에서는 캐논특허와 선행특허의 "*형상 및 결합 태양이 동일하다*"고 하여 캐논특허와 선행특허의 구조(또는 구성)가 동일하다는 것을 인정하였다. 그럼에도 불구하고, 원심판결에서는 캐논특허("감광드럼")와 선행특허("천공장치")는 "*용도와 기능이 전혀 다르기 때문에 양 발명은 동일하지 않다*"고 판단하였다.

앞에서 살펴보았듯이, 발명의 목적, 구성, 작용효과를 비교하는 것은 신규성의 판단법리가 아니고, 진보성의 판단법리이다. 원심판결에서 판단한 "용도"는 "발명의 목적"에 해당하고, "기능"은 "작용효과"에 해당한다. 본 사건의 신규성을 판단함에 있어서, 발명의 목적, 구성, 작용효과를 비교할 수 없듯이, 발명의 용도나 기능도 비교할 수 없는 것이다. 캐논특허("감광드럼")와 선행특허("천공장치")는 서로 다른 물품이기 때문에 그 용도나 기능이 다르다는 것은 삼척동자도 알 수 있다. 원심판결에서 "*용도와 기능이 전혀 다르다*"고 판단한 것은 원심심결에서 "*발명의 목적과 구성 및 작용효과가 서로 다르다*"고 판단한 것과 동일한 것이다. 캐논특허와 선행특허의 구조(또는 구성)가 동일하다는 것을 인정한 이상, 이건특허는 신규성을 상실한 것이다.

특허심판원에 이어 특허법원에서도 발명의 신규성 및 진보성 판단방법을 이해하지 못하고, 신규성 판단에 진보성 판단법리를 적용한다는 것은 참으로 암울한 우리 특허제도의 현주소라 하지 않을 수 없다.

IV. 결 어

발명의 신규성과 진보성은 특허법의 핵심 중의 핵심이다. 신규성은 어떤 선행기술에도 동일한 것이 존재하지 않아야 한다는 개념에서 비롯된 특허요건이고, 진보성은 종전 것에 비하여 우수하여야(진보적이어야) 한다는 개념에서 비롯된 또 다른 특허요건이다. 우수하다는 것[진보성]을 판단하기 위해서는 발명의 목적, 구성, 작용효과(용도나 기능 등도 포함)를 분석해서 판단해야 하지만, 신규성을 판단하기 위해서는 이러한 것들을 판단할 필요가 없다. 그 이유는 진보성은 동일기술분야에 한정하여 판단하지만, 신규성은 기술분야가 서로 다른 별개의 물품과도 판단해야 하기 때문이다. 이러한 법리는 발명의 신규성과 진보성 판단에 있어서 아주 기본적이면서 대단히 중요한 법리이다.

그런데 본 사건의 특허심판원 심결이나 특허법원 판결에서 보듯이, 우리는 아직도 신규성을 판단함에 있어서 진보성의 법리를 적용하는 엄청난 잘못을 범하고 있다. 본 사건 특허법원 판결에 대한 상고심이 현재 대법원에 계류되어 있어서, 신규성과 진보성 판단에 대한 하급심의 잘못된 법리 적용을 대법원에서 교정할 수 있을지 아직 알 수 없지만, 그 결과에 불문하고, 본 사건의 특허심판원 심결과 특허법원 판결은 신규성과 진보성 판단도 올바로 하지 못한 가장 부끄러운 사건으로 우리 특허심판 역사에 기록될 것이다.

13. 특허권리범위확인심판의 부당성[1] — 캐논 사건
— 특허심판원 사건 2013당11(2013.03.25. 심결) 심결 및 특허법원 사건
2013허3340(2013.08.08. 선고) 판결에 대하여 —

I. 머리말

캐논 사건은 일본의 캐논사가 국내에서 취득한 특허 제258,609호(이하 '캐논특허')
에 대하여 국내의 4개 업체[2](이하 '국내업체')를 상대로 특허침해금지를 구하고 나아
가 150억 원이 넘는 손해배상을 청구한 사건이다.

캐논특허는 프린터나 복사기 등에 사용되는 감광드럼에 관한 것으로, 감광드럼
을 본체에 장착시킬 때 서로 맞물리는 체결구조에 관한 것이다. 캐논특허는 아래
왼쪽 그림과 같은 프린터 내부에 장착되는 감광드럼에 관한 것으로, 오른쪽의 감광
드럼(17)이 본체(18)에 체결될 수 있도록 "비틀린 돌출부"와 "비틀린 구멍"으로 이루

---

1 「창작과 권리」 제73호(2013년 겨울호).
2 ㈜켐스, ㈜네오포토콘, ㈜알파켐, ㈜백산오피씨.

어지는 구조를 갖는다.

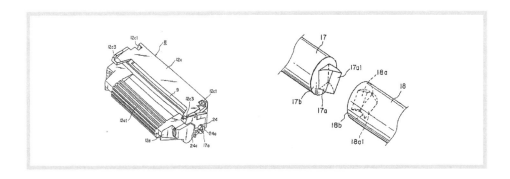

국내업체는 프린터에 사용되는 소모품인 하기 사진의 감광드럼을 생산하는 업체
들이었다.

캐논은 감광드럼을 제조하여 판매하던 국내업체에 대하여 2001년경부터 특허침
해를 주장하였다. 한마디로 국내업체로 하여금 감광드럼을 생산하지 마라는 것이
었다. 국내업체가 생산하는 감광드럼의 체결구조가 캐논특허와 동일하다는 이유에
서였다.

II. 사건의 개요

1. 특허심판원에서의 권리범위확인심판

국내업체인 ㈜켐스는 그가 생산하여 판매하였던 '전자사진 감광드럼'이 일본 캐논사의 한국특허 제258609호의 제25, 26항('이 사건 제25, 26항' 또는 '캐논특허 제25, 26항')의 권리범위에 속하지 않는다는 권리범위확인심판(소극적)을 특허심판원에 청구하였다. 즉 켐스가 생산하였던 '전자사진 감광드럼'(이하 '감광드럼')을 권리범위확인심판의 '확인대상발명'으로 하여 심판을 청구하였다.

그러나 특허심판원은 켐스가 제출한 확인대상발명이 이 사건 제25, 26항 발명과 대비될 수 있을 만큼 특정되어 있지 않은 부적법한 청구라는 이유로 본건 심판을 각하하였다. 심결문은 다음과 같다:

> *"이 사건 심판청구는 확인대상발명이 이 사건 제25항 및 제26항 발명과 대비될 수 있을 만큼 특정되어 있지 않은 부적법한 청구라고 할 것이므로, 특허법 제14조의 규정에 의해 각하를 면할 수 없다."*[3]

한편 켐스가 특허심판원에 제출한 '확인대상발명'은 앞의 사진과 같이 감광드럼이다. 켐스가 생산하여 판매하였던 제품은 바로 이 '감광드럼'뿐이다.

2. 특허법원에서의 심결취소소송

켐스는 특허심판원에서 켐스의 확인대상발명이 캐논특허 제25, 26항에 속하는지

---

3 특허심판원 2013.03.25. 심결 2013당11 특허권리범위확인심판, 심판장 이해평 주심 인치복 심판관 박준영.

에 대한 실체적 판단도 하지 않고 확인대상발명이 미비하다는 이유로 심판청구 자체를 각하하였던 심결이 적법하지 않다고 판단하여 특허법원에 심결취소소송을 청구하였다.

그러나 특허법원은, 특허심판원과 마찬가지로, 원고(켐스)가 제출한 '확인대상발명'이 권리범위에 속하는지 여부를 판단할 수 있을 만큼 구체적으로 특정하였다 할 수 없다는 취지로 소송청구를 기각하였다.

특허법원은 "감광드럼의 비틀린 돌출부가 프린터의 어떠한 모양의 비틀린 구멍에 결합되어 동력을 전달받는지를 특정해야만 확인대상발명을 구체적으로 특정하였다 할 수 있다"는 취지로 판결하였다.

> "원고가 이 사건 제25, 26항 발명과 대비하기 위하여 자신이 실시하는 감광드럼을 확인대상발명으로서 특정함에 있어서도 감광드럼의 비틀린 돌출부가 프린터의 어떠한 모양의 비틀린 구멍에 결합되어 동력을 전달받는지를 특정해야만 이 사건 제25, 26항 발명의 권리범위에 속하는지 여부를 판단할 수 있을 만큼 구체적으로 특정하였다 할 수 있고, 이와 같이 확인대상발명 자체를 특정하는 책임은 권리범위확인심판 청구인인 원고에게 있는 것이다(한편, 감광드럼은 사용될 프린터를 예정하여 제작되는 것이 통상적이므로 원고가 위와 같이 확인대상발명인 감광드럼을 특정함에 있어 특별한 어려움이 있다고 볼 수도 없다"[4]

그러나 위와 같은 특허법원의 판결은 특허심판원 심결과 마찬가지로 특허법에서의 권리범위확인심판에 관한 기본적인 법리마저 이해하지 못한 잘못된 판결로서, 그 이유를 살펴본다.

---

4 특허법원 2013.08.08. 선고 2013허3340 권리범위확인(특), 재판장 배광국 판사 곽부규 판사 최종선.

Ⅲ. 본 사건의 논점

특허법원 소송에서 원고가 제기하였던 본 사건의 논점은 ① 확인대상발명이 구체적으로 특정되어 있는지의 여부, ② 확인대상발명이 피고특허 제25, 26항의 권리범위에 속하는지의 여부 및 ③ 확인대상발명이 특허권이 소진된 제품에 사용되기 때문에 피고특허 제25, 26항의 권리범위에 속하지 않는지의 여부 3가지로서, 이는 판결문에도 설시되어 있다.

> *"① 확인대상발명이 이 사건 제25, 26항 발명과 대비할 수 있을 만큼 구체적으로 특정되었는지 여부, ② 확인대상발명이 이 사건 제25, 26항 발명의 구성요소를 모두 구비하고 있지 않아 이 사건 제25, 26항 발명의 권리범위에 속하지 않는지 여부, ③ 확인대상발명이 이 사건 제25, 26항 발명의 실시품인 감광드럼이 장착된 화상형성장치에 소모품으로 사용된다고 하더라도 이미 판매되어 특허권이 소진된 제품에 사용되는 것일 뿐이어서 이 사건 제25, 26항 발명의 권리범위에 속하지 않는지 여부이다."*

원심에서는 확인대상발명이 구체적으로 특정되어 있지 않았다는 이유로 소송청구를 기각하였기 때문에, 위의 논점 ② 및 논점 ③에 대해서는 심리를 하지 않았고, 확인대상발명이 구체적으로 특정되지 않았다고 함으로써 논점 ①에 대해서만 심리하였다. 따라서 본 사건의 논점은 '확인대상발명'이 캐논특허의 제25, 26항과 대비할 수 없을 만큼 특정되지 않았는지의 여부이다.

Ⅳ. 원심판결의 부당성

원고가 심판에서 제출하였던 '확인대상발명'은 바로 원고가 생산하여 판매하였던 '감광드럼' 그 자체로서, 확인대상발명은 캐논특허와 대비할 수 있을 정도로 명확하게 특정된 것이다. 그럼에도 불구하고, 특허심판원이나 특허법원에서 확인대상발명이 특정되지 않았다고 판단한 것은 피고의 주장을 그대로 인용했기 때문이다. 따라서 피고 주장을 살펴볼 필요가 있다.

1. 피고 주장

피고(캐논)는, 심판이나 소송에서 원고의 확인대상발명에는 '감광드럼'뿐만 아니라, '<u>화상형성장치의 본체</u>'(이하 '<u>프린터 본체</u>')까지 포함해야 한다고 주장하였다. 그런데 원고는 '감광드럼'만을 생산하는 업체로서, '프린터 본체'는 생산하지 않는 회사다. 참고로, 본 사건의 이해를 돕기 위하여, '감광드럼'과 '프린터 본체'와의 관계를 설명할 필요가 있다. '감광드럼'은 '프린터 본체'에 사용되는 일종의 소모성 부품으로, 주기적으로 교체해 주어야 하는 부품이다. '감광드럼'은 원고와 같은 부품업체에 의하여 제조되어, 카트리지 업체에 납품되고, 카트리지 업체는 감광드럼이 장착된 카트리지를 조립하여, 교체를 필요로 하는 소비자의 프린터 본체에 카트리지를 교체해 주게 된다. 피고는 '프린터 본체'를 제조하는 회사로서, 이 사건 특허도 감광드럼을 포함한 프린터 본체에 관한 발명이다. 반면 원고는 단지 소모성 부품인 '감광드럼'만을 제조하는 회사다.

이러한 상황에서, 피고는 원고의 확인대상발명에 '감광드럼'은 물론 '프린터 본체'까지 포함시켜야 한다고 주장하였다. 피고가 이렇게 주장한 이유는, 피고특허의 제25, 26항이 '감광드럼'과 '프린터 본체'를 발명구성요소로 하기 때문에, '프린터 본체'가 없는 '감광드럼'만은 제25, 26항의 권리범위에 속하지 않기 때문이다. 다시 말해서, 원고의 '감광드럼'만으로는 피고특허의 제25, 26항을 침해하지 않기 때문에, 피고는 원고가 제조하지도 않은 '프린터 본체'를 확인대상발명에 포함시켜야 한다고 주장하였고, 특허심판원과 특허법원은 이러한 주장을 받아들였다.

그러나 이러한 주장은 특허법의 권리범위확인심판에 대한 기초적인 법리마저 이해하지 못한 잘못된 주장으로, 피고 주장을 인용한 원심판결 또한 명백히 잘못되었다. 그 이유를 살펴본다.

2. 확인대상발명의 명확한 특정

원고는 '감광드럼'만을 제조하는 회사로서, 그 '감광드럼'이 권리범위확인심판에서의 확인대상발명이 되어야 한다는 것은 지극히 당연하다.

원고는 '감광드럼'만을 제조하는 회사로서, '프린터 본체'는 제조하지 않기 때문에, 권리범위확인을 받기 위하여 원고가 제조한 '감광드럼'을 확인대상발명으로 특정하면 충분한 것이지, 제조하지도 않는 '프린터 본체'를 확인대상발명에 포함시켜야 할 하등의 이유가 없다. 이는 마치 도둑질을 하지 않는 사람한테 도둑질을 했다고 자백을 강요하는 것과 같다.

권리범위확인심판에서의 확인대상발명이란 권리범위에 속하는지를 확인받기 위한 특정의 물품에 한정되는 것이지, 그 물품과 결합하여 사용된다고 해서 그 다른 물품까지 포함시킬 이유가 없다. 따라서 원심판결에서 '프린터 본체'까지 특정해야만 확인대상발명이 구체적으로 특정되었다 할 수 있다는 판결이유는 명백히 특허법의 법리에 위반된다.

3. 원심판결의 심리미진

원심판결에서는, "<u>원고는 오히려 피고가 확인대상발명이 사용되는 프린터의 구체적 구성을 주장, 입증해야 한다고 주장한다</u>"(판결문 6쪽 8-9행)라고 설시하고, "<u>확인대상발명 자체를 특정하는 책임은 권리범위확인심판 청구인인 원고에게 있는 것이다</u>"(판결문 7쪽 9-10행)라고 설시하였으며, "<u>광드럼은 사용될 프린터를 예정하여 제작되는 것이 통상적이므로 원고가 위와 같이 확인대상발명인 감광드럼을 특정함에 있어 특별한 어려움이 있다고 볼 수도 없다</u>"(판결문 7쪽 10-12행)라고 설시함으로써 마치 원고가 잘못된 주장을 하거나 원고로서의 책임과 의무를 다하지 못한 것처럼 판시하고 있다. 그러나 이 같은 원심판결은 본 사건을 올바로 심리하지 못한 심리미진으로부터 비롯된 것이다.

(1) "피고가 프린터의 구성을 주장·입증해야 한다"는 주장에 대하여:

원심판결에서는, "(원고는) 오히려 피고가 확인대상발명이 사용되는 프린터의 구체적 구성을 주장·입증해야 한다고 주장한다"(판결문 6쪽, 8-9행)라고 설시하였으나, 원고는 이러한 주장을 한 적이 없다. 이 부분과 관련된 원고의 주장을 인용하면 다음과 같다:

> "피고는 원고가 실시하지도 않은 '주 조립체 측 구성'(이는 '프린터 본체'를 의미함) 등을 기재하도록 강요할 것이 아니라, 특허청구범위 해석론에 따라 원고가 실시하고 있는 확인대상발명이 어떻게 특허청구범위에 속하는지를 입증할 책임이 있는 것입니다. 원고는 이러한 입증책임을 다 하지 못하고, 다만 원고가 실시하지도 않는 '주 조립체 측 구성' 등을 포함시켜 특허침해를 인정받으려는 것과 같은 주장을 하고 있는 것입니다.[5]

위에서 보는 바와 같이, 원고는 피고가 제출한 확인대상발명이 특허청구범위 해석이론에 따라 어떻게 피고특허의 권리범위에 속하는지를 입증할 책임이 있다고 주장한 것이지, 확인대상발명이 사용되는 프린터의 구체적 구성을 피고가 입증해야 한다고 주장한 것이 아니다.

본 사건의 논점은 원고가 제조하는 '감광드럼'이 피고가 제조한 '프린터 본체'에 사용된다고 해서 원고가 제조하지도 않은 '프린터 본체'를 권리범위확인을 위한 '확인대상발명'에 포함시키는 것이 정당한지의 여부를 판단하는 것이지, '프린터 본체'의 구성을 누가 입증해야 할 것인지의 문제가 아니다. 이처럼 원심판결에서 판결이유를 잘못 설시하고 있는 것은 본 사건을 올바로 심리하지 못한 심리미진으로부터 비롯된 것이다.

(2) "확인대상발명 자체를 특정하는 책임은 원고에게 있다"는 설시에 대하여:

원심판결에서는, "확인대상발명 자체를 특정하는 책임은 원고에게 있다"(판결문 7

---

5 원고의 2013.06.19.자 준비서면, 5쪽 두 번째 문단.

쪽 9-10행)라고 설시하여, 마치 원고가 책임을 다하지 못한 것으로 판결이유를 설시하였다.

　권리범위확인심판에서 확인대상발명을 특정하는 책임이 원고에게 있다는 것은 삼척동자도 다 아는 사실이다. 본 사건의 논점은 원고나 피고의 입증책임문제가 아니라, 원고가 제조하지도 않은 '프린터 본체'를 확인대상발명에 포함시켜야 하는지의 문제이다.

　본 사건의 논점은 이처럼 명확한 것인데도, 원심판결에서는, 이러한 논점에 대하여 전혀 논의하지 않고, '확인대상발명을 특정하는 책임이 원고에게 있다'는 설시를 함으로써, 마치 원고가 책임을 다하지 못한 것으로 판단하였다. 원심판결에서의 이러한 판결이유는 본 사건의 논점을 회피하거나 심리를 게을리한 심리미진에 해당한다.

　(3) "원고가 확인대상발명을 특정함에 있어 특별한 어려움이 없다"는 설시에
　　　대하여:

　원심판결에서는, "감광드럼은 사용될 프린터를 예정하여 제작되는 것이 통상적이므로 원고가 위와 같이('프린터 본체'를 포함하여) 확인대상발명인 감광드럼을 특정함에 있어 특별한 어려움이 있다고 볼 수도 없다"(판결문 7쪽 10-12행)라고 설시하여, 특별한 어려움이 없음에도 불구하고, 마치 원고가 '프린터 본체'를 확인대상발명에 포함시키지 않은 것처럼 판시하였다.

　그러나 원고가 '프린터 본체'를 확인대상발명에 포함시키지 않는 것은 특별한 어려움이 있어서가 아니라, 원고가 '프린터 본체'를 제조하지 않았기 때문이다. 원고가 제조하지도 않은 '프린터 본체'를 확인대상발명에 포함시켜야 할 하등의 이유가 없다.

　확인대상발명에 '프린터 본체'를 포함시켜야 한다고 피고가 주장하였던 이유는 피고특허가 '감광드럼과 프린터 본체' 모두를 발명의 필수구성요소로 기재하였기 때문에, 만일 '프린터 본체'가 확인대상발명에 포함되지 않으면, 원고의 '감광드럼'은 피고특허를 침해하지 않기 때문이다. 따라서 피고는 '프린터 본체'가 포함되지

않는 '감광드럼'을 마치 확인대상발명이 특정되지 않은 것처럼 주장하여 각하심결을 요구하였던 것이다.

본 사건의 확인대상발명은 원고가 생산하였던 '감광드럼'을 아무런 가감 없이 사실 그대로 특정한 것으로, 이보다 더 명확한 특정은 있을 수 없고, 피고의 주장처럼 제조하지도 않는 '프린터 본체'를 포함시키라는 주장은 하지도 않은 도둑질을 인정하라고 강요하는 것과 다를 바 없다.

원고가 '프린터 본체'를 확인대상발명에 포함시키지 않은 이유는 이처럼 분명한 것임에도 불구하고, 원심판결에서는 마치 특별한 어려움이라도 있어서 원고가 '프린터 본체'를 확인대상발명에 포함시키지 않은 것처럼 판시하였다. 이는 명백한 심리미진 내지는 사건의 왜곡에 해당한다.

4. 본 사건의 올바른 심리를 위한 실체적 판단

본 사건은 특허침해와 관련된 특허권 권리범위확인심판 사건으로, 원고가 제조하여 판매하였던 '감광드럼'이 피고특허 제25, 26항에 속하는지의 여부를 판단하기 위한 심판사건이다.

그래서 원고는 원고가 제조하였던 '감광드럼'을 확인대상발명으로 특정하여 심판을 청구하였다. 그런데 어이없게도 '감광드럼'이 사용되는 '프린터 본체'를 포함시키지 않았다는 이유로 각하심결이 내려졌다. 그 결과 본 사건은 권리범위확인 여부에 대한 실체적 판단 없이 절차상의 형식적 요건미비로 사건이 종결될 위험에 처해 있다. 대법원은 이 점을 인식해야 한다.

특허침해를 판단하기 위해서는 (1) 권리범위확인심판에 의한 특허침해의 실체적 판단과 (2) 특허침해 행위론에 따른 행위적 판단을 병행하여야 하는데, 만일 본 사건과 같이 형식적 요건미비로 권리범위확인심판의 청구가 각하된다면 특허침해의 실체적 판단을 할 수 없게 된다. 거듭 주장하건데, 본 사건의 확인대상발명은 명확히 특정된 것으로, 원고가 제조하지도 않은 '프린터 본체'를 포함시킬 하등의 이유가 없다. 특허심판원이나 특허법원은 원고의 '감광드럼'이 피고특허의 제25, 26항에 속하는지의 여부에 대한 실체적 판단을 했어야 했다. 하지만 어이없게도 사건을 각하함으로써 실체적 판단을 받을 기회조차 상실했다.

실체적 판단이 행해지고, 그 과정에서 원고의 감광드럼이 피고특허를 침해한 것이라면 어떤 이론과 법리에 따라 원고의 감광드럼이 피고특허를 침해하는지를 피고가 입증해야 했다. 예를 들어, 피고는 '감광드럼과 프린터본체'에 대한 특허권자로서 원고의 '감광드럼'이 피고의 '프린터 본체'에 사용된다면, 어떤 특허침해이론을 적용하여 원고의 '감광드럼'이 어떻게 피고특허를 침해하는지에 대하여 입증하여야 한다. 피고의 이러한 입증 없이, '프린터 본체'가 포함되지 않았다는 이유로, 심판청구를 각하시킬 수는 없기 때문이다.

결론적으로, 본 사건은 원고의 '감광드럼' 및 피고의 이건특허 제25, 26항이라는 객관적 사실하에서 침해여부 즉 권리범위확인여부를 판단하여야 하는 것이지, '감광드럼'이 '프린터 본체'에 사용된다고 해서 원고가 제조하지도 않은 '프린터 본체'를 확인대상발명에 포함시켜야 비로소 권리범위를 확인하는 것은 아니다.

본 사건에서는 반드시 권리범위확인에 대한 실체적 판단이 행해져야 했는데, 이를 회피하고 각하심결을 합리화시켜 '확인대상발명의 입증책임' '확인대상발명의 특정의 어려움' 등과 같은 엉뚱한 판결이유를 설시하고 있다.

원고는 원고가 제조하였던 '감광드럼'을 가감 없이 있는 그대로 확인대상발명으로 제출하였는데에도 불구하고, 원심판결과 같이, "원고의 확인대상발명이 피고특허와 대비할 수 있을 만큼 특정되지 않았다"(판결문 8쪽 6-7행)라고 한다면, 원고의 '감광드럼'은 결론적으로 피고특허를 침해하지 않은 것이다.

5. 특허권침해금지 소송과 본 사건에 대한 피고 주장의 모순

피고는 원고를 상대로 서울중앙지방법원 특허권침해금지 사건[6]과 같은 관련소송

6　서울중앙지방법원 2012가합68847.

을 진행하여 150억 원이 넘는 손해배상을 청구하였고, 이 사건은 현재 서울고등법원에 계류 중이다.

특허침해를 성립시키기 위해서는 (1) 권리범위확인심판에 의한 특허침해의 실체적 판단과 (2) 특허침해 행위론에 따른 행위적 판단을 병행하여야 한다. 물론 실체적 판단은 특허법에 기초한 권리범위확인심판을 통하여 하게 되고, 행위적 판단은 일반법원의 침해소송에서 하게 된다.

피고가 원고의 '감광드럼'에 대하여 특허침해를 인정받기 위해서는 실체적 판단을 통하여 권리범위확인도 인정받아야 하고, 행위적 판단을 통하여 침해행위도 인정받아야 한다. 그런데 피고는 원고를 상대로 특허침해소송을 진행하면서, 권리범위확인에 대한 실체적 판단에 대해서는 권리범위에 속한다는 것을 입증하지 못하고 있다. 피고는 실체적 판단에 대해서는 입증하지 못한 채 단지 '확인대상발명'에 대한 자격시비만을 하고 있다. 이런 관점에서 피고의 주장은 모순이다. 피고는 150억 원이 넘는 손해배상을 청구하면서 원고의 감광드럼이 캐논특허를 어떻게 침해하는지에 대해서는 입증하지 못하고 있다.

이 점에 관한 원고의 주장을 올바로 심리하지 못한 원심판결은 "침해소송판결이 본 사건 심결취소소송에 대하여 법률적 효력을 가질 수 없다"라고 설시하여, 동문서답 같은 판결이유를 설시하고 있다.

만일 특허법원의 원심판결이 확정된다면, 본 사건은 권리범위확인에 대하여 실체적 판단을 하지도 않고 원고를 비롯한 국내 중소업체가 피고인 일본 캐논사에 150억 원이 넘는 배상금을 지불하게 되는 잘못된 결과를 가져오게 될 것이다.

V. 결 어

심판청구인이 제조한 물품에 대하여 타인의 특허발명의 권리범위에 속하는지의 판단을 청구한 권리범위심판에서 실체적 판단을 받을 기회도 없이 심판청구 자체를 각하하는 것은 있을 수 없는 일이다. 본 사건에서 확인대상물품은 아주 명확하다. 그렇게 명확함에도 불구하고 특정의 특허발명의 보호범위에 속하는지의 여부를 판단할 기회도 없이 각하하는 것은 특허법의 법리에 대한 무지로부터 비롯된 중대한 잘못이다.

본 사건에서는 특허발명의 실시형태와 특정물품의 제조행위를 혼동하고 있다. 심판청구인이 제조한 것은 감광드럼뿐이다. 심판청구인이 한 행위는 감광드럼 제조가 전부다. 감광드럼은 카트리지 제조업자가 구매하여 카트리지 내에 조립된다. 프린터 구매자는 카트리지를 구매하여 교체한다. 감광드럼이 장착된 카트리지는 프린터 본체에 결합되어 사용된다. 감광드럼이 장착된 카트리지는 프린터 본체에 결합되어 사용되는 것은 특허발명의 실시형태이다.

이건특허의 청구항 25 및 26이 감광드럼에 관한 것이라면 문제는 아주 간단하다. 청구항 25 및 26과 확인대상물품인 감광드럼을 확인하는 것으로 충분하다. 그러나 이건특허의 청구항 25 및 26은 감광드럼에 관한 것이 아니라, 감광드럼이 장착된 카트리지가 본체에 결합된 프린터에 관한 것이다. 이러한 상황에서는 특허권의 소진이론을 이해하고, 다음에 부품과 완성품 간의 관계를 이해하여야 한다. 그렇게 함으로써 확인대상물품이 어떤 이유에서 이건특허의 권리범위에 속하는지 아니면 어떤 이유에서 속하지 않는지에 대하여 판단했어야 했다. 사실관계로부터 시작하여 법리적용까지 구체적으로 논의했어야 함에도 불구하고, 명확하게 특정된 확인대상물품이 명확하게 특정되지 않았다는 이유로 심판청구를 각하하고, 그에 불복한 소송청구를 기각한 것은 특허권자가 침해품이라고 주장하는 물품에 대하여 침해여부에 관한 실체적 판단의 기회조차 부여받지 못하게 한 아주 잘못된 판결이다.[7]

특허법원의 원심판결에 대한 상고심이 현재 대법원에 계류중이다. 만일 특허법원의 원심판결이 대법원에서 확정된다면, 본 사건은 권리범위확인에 대하여 실체적 판단을 하지도 않고 국내 중소업체가 일본 캐논사에 150억 원이 넘는 배상금을 지불하게 되는 잘못된 결과를 가져오게 될 것이다.

---

7 최덕규, "판례평석─특허심판원 2013.03.25. 심결 2013당11 특허권리범위확인심판에 대하여", 「창작과 권리」, 제71호(2013년 여름호).

14. 특허무효심판 ─ 코팅사 사건[1]

─ 특허심판원 사건 2014당2172 심결 및 특허법원 2016허1949(2016.09.30.

선고) 판결에 대하여 ─

I. 머리말

특허법원은 2016년 9월 특허심판원 2014당2172 특허무효심판 심결의 취소소송 청구를 기각하는 판결을 내렸다. 이 사건은 특허권자(㈜알켄즈)가 2012년 10월 특허 출원하여 2014년 8월에 특허등록된 특허 제1430546호로서(이하, '본건특허'), "퍼징 (fuzzing) 현상이 개선된 코팅사"에 관한 무효심판 사건이다. 이 사건은 선행기술에 의하여 진보성이 없다는 이유로 무효심판이 제기된 것으로, 선행기술에 의한 진보성의 판단이 문제의 핵심이다. 하지만 이 사건 특허법원 판결은 진보성 판단에 있어서 많은 문제점을 드러내고 있다. 그 문제점에 대하여 살펴본다.

---

1 「창작과 권리」 제85호(2016년 겨울호).

II. 심판과 소송의 경위

1. 특허 내용 및 심판 경위

본건특허는 '코팅사'에 관한 것으로, 블라인더(커튼) 또는 바닥재를 제조하기 위한, 직경이 약 0.5mm 정도로 가는 철사와 같은 비교적 굵은 실에 관한 것이다. 이 코팅사는 폴리에스테르 원사를 PVC 수지로 코팅한 것으로, 중심부에는 폴리에스테르 원사가 있고, 그 주위를 PVC 수지로 코팅한 2중 구조로 이루어진다. 그런데 종전의 코팅사는 퍼징(fuzzing) 현상이라는 문제가 발생하였다. 퍼징 현상이란 블라인더나 바닥재를 절단하였을 때 그 절단 부위에서 내부에 있던 원사의 실 가닥이 외부로 삐져나오는 현상이다. 실 가닥이 외부로 삐져나오면, 외관이 좋지 않게 되는 일종의 불량을 초래한다. 이런 문제를 개선하기 위하여 개발된 것이 본건특허다.

퍼징 문제를 개선하기 위하여, 본건특허에서는 폴리에스테르 원사를 (1) <u>130~210℃의 융점</u>과 (2) <u>5~20%의 수축률을 갖는 원사</u>를 사용하였다. (종래에 사용되던 폴리에스테르 원사는 융점이 250~260℃이고, 수축률이 3~5%이었다) 이처럼 종래의 원사에 비하여 <u>저융점, 고수축률을 갖는 폴리에스터 원사를 사용했더니 퍼징 현상이 발생하지 않는다는 사실</u>을 발견한 것이다. 본건특허는 산업 현장에서 실제로 발생하는 특정의 문제점을 인식하여 그것을 해결하고자 개발된 매우 유용한 기술이다.

이러한 특징을 갖는 본건특허에 대하여 무효심판이 제기되었다.[2] 무효사유는 본건특허가 선행기술인 일본공개특허 제2012-102414호(이하, "D1") 및 일본공개특허 제2003-201627호(이하, "D2")에 의하여 진보성이 없다는 것이다.

D1은 기타(guitar) 줄이나 테니스라켓 줄을 제조하기 위한 모노필라멘트에 관한 것으로, 이 모노필라멘트의 폴리에스테르 원사를 수지로 코팅한 것이다. (참고로, 원

---

2 심판번호 2014당2172(심판장 서을수, 주심 신주철, 심판관 이숙주).

사는 하나 이상의 가닥으로 이루어지는데, 한 가닥으로 이루어진 원사를 모노필라멘트 원사라 하고, 두 가닥 이상으로 이루어진 원사를 멀티필라멘트 원사라 한다. 원사는 대부분이 최소한 수십개의 필라멘트로 이루어지는 멀티필라멘트 원사이며, 모노필라멘트는 기타줄이나 라켓줄과 같이 굵은 줄을 만들 때만 생산된다. 모노필라멘트는 일반적인 섬유로 사용되는 원사가 아니다. 모노필라멘트가 멀티필라멘트보다 단순한 기술이라는 것은 아주 자명한 일이다).

D2는 '열접착성 장섬유'에 관한 것으로, 각각의 필라멘트가 중심부 및 그 중심부를 감싸는 외부로 이루어진다. 그리고 중심부는 일반 폴리에스테르 원사이고, 외부는 저융점 폴리에스테르이다. D2와 같은 원사를 '복합사'라 한다[D2의 복합사는 본건특허의 코팅사와는 전혀 다른 것으로, 예를 들면, 안경닦이 천이나 인조가죽(세무점퍼) 등을 제조하는 데 사용된다. 복합사 자체로는 절대로 블라인드나 바닥재를 만들 수 있는 것이 아니다].

본건특허가 D1 및 D2에 의하여 진보성이 없다는 무효심판이 제기되자, 특허심판원에서는 본건특허가 D2에 의하여 진보성이 없다는 결론을 내렸다. 심판에서는, D1에 대해서는 거론조차 하지 않았다.

2. 소송 경위

특허권자는 D2에 대해서 진보성을 판단한 심결이 잘못되었다고 판단하여 특허법원에 소송을 제기하였다. 그러자 무효심판을 제기하였던 피고는 소송에서 D1을 다시 거론하였다. 즉 심결에서는 D2에 의해서만 진보성이 없다고 판단하였으나, 피고는 본건특허가 D1 및 D2에 의해서 진보성이 없다는 주장을 한 것이다. 이에 대하여 특허법원은 D1을 중심으로 본건특허의 진보성을 판단하고, D2에 대하여 부수적으로 판단하였다. 그 결과 본건특허가 D1 및 D2에 의하여 진보성이 없다는 결론을 내렸다. 이 부분에 대한 판결을 아래에 인용한다. (아래 인용한 판결 중에서 결론에 영향을 미치는 잘못된 부분에 대해서는 필자가 밑줄을 긋고, 고딕으로 처리하였다. 그리고 순서를 표시하기 위하여 (a), (b), (c) … 등으로 부기하였다)

"3. 이 사건 특허발명의 진보성 부정 여부[3]

가. 청구항 1의 진보성

1) 선행발명 1과의 구성 대비 및 평가

구성 요소	청구항 1(갑3호증)	선행발명 1(D1)(을1호증)
1	코어원사 및 이의 외피에코팅된 코팅소재로 이루어진 코팅사로서,	연신된 폴리에스테르모노필라멘트의 표면에, 융점 110~180℃의 열가소성 수지로 이루어지는 두께 0.5~40㎛의 코팅층을 형성한다(식별번호 [0011] 참조).
평가	【동 일】 이 부분에 관하여 원고는, 청구항 1은 멀티필라멘트 코어원사에 관한 것인데 반하여, 선행발명 1(D1)은 모노필라멘트의 코팅사에 관한 것이어서, 서로다르다는 취지로 주장하나, **이 사건 특허발명의 명세서 어디에도 청구항 1의 코어원사가 멀티필라멘트라고 볼 만한 기재는 존재하지 않고, 이 사건 특허발명이 원고의 주장과 같이 코어원사의 구조를 한정하고 있지도 않다**(a).	
2	코어원사가 130 내지 210℃의 융점을 갖는 폴리에스테르 수지로 이루어지고,	- 폴리에스테르 모노필라멘트의 제조방법은, 연신된 폴리에스테르 모노필라멘트의 표면에 평균입자 지름 5 ㎛ 이하, 융점 110~180℃ 열가소성수지를 5~40 wt% 함유하는 수계현탁액을 도포한 후, 정해진 길이 또는 이완 조건에서 150~200℃의 온도로 열처리 하는 것으로서, 열가소성 수지로 이루어지는 코팅층을 형성하는 것을 특징으로 한다 (식별번호 [0013]). - 수계현탁액 중의 열가소성 수지의 융점은 연신 폴리에스테르 모노필라멘트를 구성하는 열가소성 수지의 융점 보다 5℃ 이상 낮은 것이 바람직하다(식별번호 [0028]).
평가	【차이점 1】 양 구성 요소는 코어원사의 재질이 모두 폴리에스테르라는 점에서는 동	

---

3 특허법원 2016허1949(재판장 이정석, 판사 이호산, 판사 김기수).

	일하나, 구성요소 2가 폴리에스테르의 융점을 130~210℃로 한정하고 있는 데 비하여, 선행발명 1의 대응 구성은 코팅층을 형성하는 열가소성 수지의 융점을 110~180℃로 하고, 그 융점이 모노필라멘트의 융점보다 5℃ 이상 낮다고만 하였을 뿐, 구성요소 2와 같이 모노필라멘트의 융점을 직접 제시하지 않고 있다.	
3	165℃에서 5 내지 20%의 수축률을 가지며,	- **대응 구성이 없음**
평가	【차이점 2】	

구성요소	청구항 1(갑3호증)	선행발명 1(을1호증)
4	코팅소재가 열가소성 수지를 포함하는 것을 특징으로 하는 코팅사.	- 본 발명의 폴리에스테르 모노필라멘트에 있어서는, … (코팅층의) 열가소성 수지가 공중합 폴리에스테르로 이루어지는 경우에 한층 더 뛰어난 효과를 취득할 수 있다(식별번호 [0012]).
평가	【동 일】	

2) 차이점들에 대한 검토

가) 차이점 1 부분

① 아래 이 사건 특허발명의 명세서(갑3호증) 기재에 따르면, 청구항 1의 구성요소 2가 코팅사의 코어 원사를 융점 130~210℃인 폴리에스테르로 한 이유는 코팅사로 직조된 직물에서 코팅 소재가 코어 원사보다 더 많은 수축을 해서 원사가 코팅소재 밖으로 돌출되는 이른바 퍼징현상(fuzzing effect)을 방지하기 위한 것임을 알 수 있다.

[판결문에서는, 본건특허 명세서의 [0002], [0004], [0015], [0016]을 그대로 인용하였으나, 여기서는 생략함.]

그런데 위 명세서 기재에 의하면, 퍼징현상은 종래 코팅사의 코어 원사로 융점이 250~260℃인 폴리에틸렌 텔레프탈레이트(PET)가, 코팅 소재로 폴리염화비닐(PVC), 폴리에틸렌(PE), 폴리프로필렌(PP), 열가소성 폴리우레탄(TPU) 등이 사용되

면서, 코팅사로 직물을 제조할 경우 코어 원사가 코팅 소재에 비하여 고융점 및 저수축 상태이기 때문에 텐터 및 건조 공정을 거치면서 코어 원사와 코팅 소재 사이의 열적 융착이 없고 물리적 표면 접착이 저조한 결과 직조된 직물(원단)의 절단 후 코어 원사와 코팅 소재 간에 수축률의 차이가 발생한 데에 기인한 것이다.

그러므로 *이 사건 특허발명이 코팅사에서 퍼징현상을 방지하는 효과를 발휘하기 위해서는 코팅 소재의 융점 및 수축률이 코어 원사의 그것들과 같거나 비슷하다는 점이 전제되어야 한다(b)*. 그러나 *청구항 1은 구성요소 4에서 코팅 소재에 관하여 '열가소성 수지'라고만 한정하고 있을 뿐, 그 융점이나 수축률에 대하여 아무런 언급을 하지 않고 있으므로(c), 청구항 1 중 구성요소 2의 기술적 의의는 코팅사에서 코어 원사의 구성을 단순히 일정한 융점 범위 내로 한정하는 정도에 불과하다고 보아야 한다(d)*.

② 한편, 선행발명 1의 대응 구성에는 모노필라멘트 코팅사의 코팅층을 이루는 열가소성 수지의 융점이 110~180℃이고 이는 모노필라멘트의 융점보다 5℃ 이상 낮은 것이라고 되어 있다. *그러므로 결국 선행발명 1에서 통상의 기술자가 인식할 수 있는 모노필라멘트의 융점 범위는 115℃ 이상인 것이 되고, 선행발명 1의 명세서(을1호증)에 그러한 인식을 방해하는 기재도 찾아볼 수 없다. 따라서 선행발명 1에는 적어도 구성요소 2가 한정하고 있는 코어 원사의 융점 범위인 130~210℃를 포함하는 모노필라멘트(코어 원사)의 융점 범위가 제시되어 있다고 볼 수 있다(e)*.

나아가 선행발명 2의 명세서(갑4호증) 중 식별번호 [0013]에는 "초성분은 마찰이나 굴곡에 의한 심성분과의 박리하기 어려운 상용성이 있는 공중합 폴리에스테르가 바람직하다"고 기재되어 있다. 따라서 *선행발명 2는 퍼징현상의 근본적 원인인 코어 원사와 코팅 소재의 융착 부족을 코어 원사와 코팅 소재의 상용성을 높여 그 융점들을 비슷하게 함으로써 극복하고자 하는 기술사상을 제시하고 있다고 볼 수 있으므로(f)*, 통상의 기술자라면 이로부터 종래 코팅사 중 높은 융점을 가지고 있었던 코어 성분을 구성요소 2와 같이 상대적으로 낮은 융점을 가진 코어 성분(코어 원사)으로 변경하고자 시도해 볼 가능성도 충분하다.

③ 그렇다면 *통상의 기술자는 선행발명 1 그 자체나 선행발명 1에다가 선행발명 2를 결합하는 방법에 의하여 쉽게 차이점 1을 극복하여 구성요소 2를 쉽게 도출할 수 있다고 보아야 한다(g)*.

나) 차이점 2에 대하여

① 먼저 구성요소 3이 한정하고 있는 코어 원사의 수축률에 관하여 이 사건 특허발명의 명세서(갑3호증)에는 그 식별번호 [0016], [0039]에서 "코어 원사는 수축률이 165℃에서 5 내지 20%일 수 있고, 예를 들어 6 내지 15%일 수 있다." 또는 "본 발명의 코팅사는 코어 원사와 코팅 소재 간의 융점과 수축률 차이가 종래보다 작은 것이 특징이다."라고만 기재되어 있을 뿐, **코팅사에 있어 코어 원사의 수축률이 가지는 독자적인 기술적 의의에 대하여는 전혀 설명하지 않고 있다(h)**. 또한 이 사건 특허발명의 '수축률 측정'에 관한 시험예 2에서도 실시예 1에서 제조한 융점 207℃의 코어 원사를 165℃ 오븐에 30분간 넣은 뒤, 초기 길이에 대한 최종 길이의 비율을 산출하여 그 결과 값을 제시하고 있을 뿐, 정작 그러한 **수축률이 코어 원사의 융점과 별도로 직물의 퍼징현상에 어떠한 영향을 미치는지에 대해서는 아무런 언급이 없다(i)**. 더욱이 앞서 살핀 바와 같이 이 사건 특허발명은 기본적으로 코어 원사와 코팅 소재 간의 열적 융착으로 인해 물리적 표면 접착이 증대된 결과 코어 원사와 코팅 소재 간의 수축률 차이를 줄여서 퍼징 현상을 방지하는 것이다.

② 위와 같은 사정들을 종합하여 보면, 구성요소 3에서 한정하고 있는 코어원사의 수축률은 단지 구성요소 2의 융점을 가진 코어 원사가 갖는 수축률 범위를 기재한 것으로서 그러한 코어 원사의 물성을 중복하여 특정한 것에 불과하다고 보아야 한다. 따라서 앞서 살핀 바와 같이 **선행발명 1에 이미 구성요소 2의 코어 원사의 융점 범위인 130~210℃와 대부분 중첩되는 모노필라멘트의 융점 범위가 제시되어 있는 이상, 선행발명 1의 모노필라멘트에도 구성요소 3의 수축률 범위가 내재되어 있다고 보아야 한다(j)**.

한편, 선행발명 2도 그 명세서의 식별번호 [0022]에서 150℃에서 심초 복합섬유의 건열 수축률을 20% 이하로 함으로써 메쉬 시트 등 제품의 치수 변화를 줄일 수 있다고 설명하고 있다. **이는 비록 복합섬유 전체의 수축률에 관한 것이어서, 코어 원사의 수축률에 관한 구성요소 3과 다소 차이가 있는 것이지만, 통상의 기술자라면 선행발명 2로부터 종래 코팅사의 문제점인 코어 원사와 코팅 소재의 수축률의 차이에 따른 퍼징현상의 발생을 방지하는 수단으로써 코어 원사의 수축률을 적절하게 조정하는 기술구성을 별다른 어려움 없이 착안해 낼 수 있을 것이다(k)**.

③ 그렇다면 통상의 기술자는 선행발명 1 또는 선행발명 1, 2의 조합에 의하여 쉽게 차이점 2를 극복하고 구성요소 3을 도출해 낼 수 있다고 보아야 한다.

3) 기술분야 관련 원고의 주장에 관한 판단(l)

가) 이에 대하여 원고는, 이 사건 특허발명은 주로 블라인드나 바닥재 등으로 사용되는 멀티필라멘트 코어 원사의 코팅사에 관한 것인 데 반하여, 선행발명 1은 기타 줄이나 테니스 라켓 줄로 사용되는 모노필라멘트에 관한 것으로서 이 사건 특허발명과 제조장치의 노즐 구조가 상이하고, 선행발명 2는 메쉬 시트나 성형봉을 형성하는 데 사용되는 복합사에 관한 것으로서 거대한 방사설비를 갖춘 대기업에서 제조하는 등 이 사건 특허발명과 선행발명들은 섬유의 제조 과정과 제조설비 및 사용처 등이 달라서 동일한 기술분야에 속하는 발명들이라고 볼 수 없으므로, 통상의 기술자라도 선행발명들로부터 쉽게 청구항 1을 발명할 수는 없을 것이라는 취지로 다툰다.

나) 그러나 아래 이 사건 특허발명과 선행발명들의 각 명세서 기재에 비추어보면, **청구항 1과 선행발명들은 모두 이른바 '산업용 섬유'에 관한 것으로서(m)**, 의류 등에 사용되는 일반 섬유와는 달리, 산업상의 제품, 공정, 업무에서 사용되며 미적 또는 장식적 특성보다는 기술적·기능적인 목적으로 사용되는 등(네이버 **"지식경제용어사전" 참조**) 그 추구하는 기술적 과제에 공통점을 가지고 있다. **더욱이 구체적인 섬유의 형태 측면에서도 선행발명 1은 이 사건 특허발명과 같은 코팅사를, 선행발명 2는 심성분과 피성분으로 구분되어 있는 심초 복합섬유를 발명의 대상으로 한 것이라는 점에서 이 사건 특허발명의 코팅사와 대단히 유사하다(n)**.

[판결문에서는, 본건특허 명세서의 [0002], D1의 [0001] 및 [0003], D2의 [0001] 및 [0017]을 그대로 인용하였으나, 여기서는 생략함.]

따라서 섬유 분야에 종사하는 통상의 기술자라면 선행발명들에 나타나 있는 산업용 섬유 관련 기술을 이 사건 특허발명과 같은 코팅사에 적용하는 데에 어떠한 어려움이 있다고 할 수 없으므로, 이와 다른 전제에 선 원고의 위 주장은 받아들일 수 없다.

4) 대비 결과의 정리: 청구항 1의 진보성 부정

이상에서 살핀 바를 종합하면, 이 사건 특허발명 중 **청구항 1은 선행발명 1, 2와 그 기술분야가 같거나 매우 밀접하고, 나아가 통상의 기술자가 이와 같은 선행발명 1 또는 선행발명 1, 2의 결합에 의하여 쉽게 청구항 1을 발명해 낼 수 있을 것으로 보이므로 선행발명들에 의하여 그 진보성이 부정된다(o)**."

Ⅲ. 판결의 문제점

1. 판결문의 난해성

특허에 관한 판결문은 거의 대부분 난해하다. 위에서 인용한 판결문 역시 그러하다. 그 이유는 기술 내용이 전문화되고 복잡하기 때문이라고도 할 수 있지만, 기본적으로 발명에 대한 이해가 부족하기 때문이다. 본 사건에서 본건특허나 선행기술인 D1 및 D2는 그리 어려운 내용이 아니다. 그 내용들은 아래와 같이 쉽게 이해될 수 있다.

본건특허는 블라인더(커튼) 또는 바닥재를 제조하기 위한 직경이 약 0.5mm 정도로 가는 철사와 같은 비교적 굵은 실에 관한 것이다. 멀티필라멘트로 방사(압출)한 폴리에스테르 원사를 PVC 수지로 코팅하였기 때문에, 간단히 '코팅사'라고 한다. 이러한 코팅사는 본건특허 출원 전에도 이미 제조되어 시판되어 왔었다. 그런데 종전의 코팅사는 퍼징(fuzzing) 현상이라는 문제가 발생하였다. 퍼징 현상이란 블라인더나 바닥재를 절단하였을 때 그 절단 부위에서 원사의 실 가닥이 외부로 삐져나오는 현상이다. 실 가닥이 외부로 삐져나오면, 외관이 좋지 않게 되는 일종의 불량을 초래한다. 이런 문제를 개선하기 위하여 개발된 것이 본건특허이다.

퍼징 문제를 개선하기 위하여, 본건특허에서는 폴리에스테르 원사로서 (1) <u>130~210℃의 융점</u>과 (2) <u>5~20%의 수축률을 갖는 원사</u>를 사용하였다. 종래에 사용되던 원사는 <u>융점이 250~260℃</u>이고, <u>수축률이 3~5%</u>이었다. 다시 말해서, 본건특허는 퍼징 현상을 해결하기 위하여 종래에 사용되던 <u>고융점, 저수축률 원사</u> 대신에 <u>저융점, 고수축률을 갖는 원사를 사용한 것</u>이다. 바닥재를 제조하는 코팅사는 이미 종전에도 제조되어 왔고, 코팅재료인 PVC 수지도 종전과 같으며, 단지 사용되는 원사가 <u>고융점, 저수축률 원사</u>에서 <u>저융점, 고수축률 원사</u>로 대체된 것이다.

이에 반해, 선행기술인 D1은 폴리에스테르 모노필라멘트를 수지로 코팅한 것으로, 그 용도는 기타 줄이나 테니스라켓 줄을 제조하기 위한 것이다. 또한 D2는 '열접착성 장섬유'로서, 중심부에 일반 폴리에스테르 원사가 위치하고, 그 주위를 저융점 폴리에스테르가 감싸는 형태로 이루진다. 이를 쉽게 설명하면, 여러 가닥의 필라멘트가 동시에 압출되면서, 각각의 필라멘트가 중심부에 고융점 폴리에스테르, 그리고 그 외부에 저융점 폴리에스테르가 감싸는 구조를 이룬다. D2와 같은 원사를 '복합사' 또는 '복합섬유'라 하는데, 이는 안경닦이 천이나 인조가죽(세무점퍼) 등을 제조하는 데 사용된다. 복합사 자체로는 절대로 블라인드나 바닥재를 만들 수 있는 것이 아니다. 복합사 제조기술은 매우 복잡한 기술이지만, 본건특허의 코팅사는 제조된 원사에 PVC 수지를 입히는(코팅하는) 복합사에 비하여 비교적 간단한 기술이다.

이상에서 보면, 본건특허는 바닥재를 제조하기 위한 코팅사이고, D1은 기타줄을 제조하는 모노필라멘트 코팅사이며, D2는 인조가죽 등을 제조하는 복합사라는 것을 쉽게 알 수 있다.

본 사건의 논점은 바닥재로 사용되는 코팅사의 제조에 있어서 종래의 <u>고융점, 저수축률 원사</u>를 <u>저융점, 고수축률 원사</u>로 대체하여 퍼징 문제를 해결한 기술이 과연 기타줄을 제조하는 D1이나 인조가죽을 만드는 D2에 의하여 용이하게 개발할 수 있느냐의 문제이다.

이처럼 이해하기 쉬운 내용임에도 불구하고, 기술의 핵심을 올바로 이해하지 못하고, 논점의 핵심을 이해하지 못하니까 그토록 난해한 판결문이 작성되는 것이다.

2. 진보성 판단의 문제점

신규성과 함께 가장 중요한 특허요건의 하나인 진보성은 어떤 발명이 선행기술보다 우수한지의 여부를 판단하는 것이다. A라는 선행의 코팅사가 있었는데, B라는 새로운 코팅사가 개발되었다고 하자. 이 경우 코팅사 분야의 보통의 기술자들이 B를 쉽게 개발할 수 있다고 판단되면 진보성은 인정되지 않는다. 진보성 판단은 이처럼 '<u>보통의 기술자들이 B를 쉽게 개발할 수 있는지의 여부</u>'에 달려 있기 때문에 주관적인 판단이 될 소지가 있다. 이러한 주관적 요소를 배제하고 진보성의 여부를 정확히 판단하기 위하여 '발명의 목적, 구성, 작용효과'를 판단한다. 즉, B를 개발한 목적이 무엇이며, 어떤 구성이 A와의 차이점이며, 그 결과 B는 A와 비교하여 어떤 효과가 있는지를 파악하여 진보성의 여부를 결정하는 것이다. 이를 특허에서는 '진보성의 3단계 판단방법'이라 한다.

그리고 진보성은 기술분야가 동일한 경우에 한하여 판단한다. "A 코팅사가 B 코팅사보다 우수하다(진보성이 있다)"라고 말하는 것은 이들이 동일한 기술분야이기 때문에 가능한 것이다. "이 운동화가 저 컴퓨터보다 우수하다(진보성이 있다)"라고 말하는 바보는 없다. 진보성은 이러한 개념에서 출발한다. 다시 말해서, 기술분야가 서로 다르면 진보성을 따질 수 없는 것이다.

그런데 본건특허는 바닥재를 제조하기 위한 코팅사이고, D1은 기타줄을 제조하는 모노필라멘트 코팅사이고, D2는 인조가죽 등을 제조하는 복합사이다. 이들 셋은 모두 기술분야가 다르다. 여기서는 "본건의 바닥재 코팅사가 D1의 모노필라멘트 코팅사보다 우수하다(진보성이 있다)"거나 "본건의 바닥재 코팅사가 D2의 복합사보다 우수하다(진보성이 있다)"는 말이 성립할 수 없다. 이들 셋은 서로 분야가 다르기 때문이다. D1과 D2는 이처럼 애초부터 본건특허의 진보성 판단대상이 되지 못하는 것이었다.

양보해서, 이번에는 D1과 D2가 본건특허의 진보성 판단대상이라고 인정하고 진보성의 여부를 판단해 보자. 이 경우에는 진보성의 판단방법에 따라 발명의 목적, 구성, 작용효과를 살펴야 한다.

우선 발명의 목적을 살펴보면, 본건특허는 퍼징문제를 해결하겠다는 분명한 목적이 있다. D1의 모노필라멘트 코팅사에는 퍼징문제라는 개념이 없다. 모노필라멘트에서는 실 가닥이 삐져나오는 경우가 없기 때문이다. D1은 <u>고강력성과 굴곡 피로성을 개선</u>하기 위한 것이다. D2의 복합사에도 퍼징문제라는 개념이 없다. D2는 <u>열처리 시의 치수 변화, 가공성 향상, 열처리 시의 강도 저하 방지</u>를 목적으로 개발된 것이다. 이처럼 D1과 D2는 각각 서로 다른 목적을 가지고 개발된 것이다.

다음 발명의 구성을 살펴보면, 본건특허는 멀티필라멘트를 수지가 감싸는 구조인 반면, D1은 모노필라멘트를 수지가 감싸는 구조이고, D2는 각각의 필라멘트를 저융점의 폴리에스테르가 감싸는 구조이다. 이들의 구조도 서로 다르다. 물론 본건특허는 멀티필라멘트를 수지가 감싸는 구조가 중요한 것이 아니고, 중심부에 위치하는 원사가 <u>130~210℃의 융점과 5~20%의 수축률율</u>을 갖는다는 것이 중요한 것이다.

〈본건특허 단면〉　　　〈D1의 단면〉　　　〈D2의 단면〉

　끝으로, 발명의 효과를 살펴보면, 본건특허는 <u>퍼징문제</u>를 해결하였고, D1은 <u>고강력성과 굴곡 피로성</u>을 개선하였고, D2는 <u>열처리 시의 치수 변화, 가공성 향상, 열처리 시의 강도 저하 방지</u> 효과를 가져왔다. 이처럼 효과도 서로 다르다.

　D1과 D2가 본건특허의 진보성 판단대상이라고 인정하고 진보성의 여부를 판단하더라도, 발명의 목적, 구성, 작용효과가 서로 다름을 알 수 있다. 이는 D1이나 D2가 본건특허의 진보성을 판단하는 대상이 아니라는 것을 말해 준다.

3. D1 및 D2 인용의 문제점

　본건특허가 D1 및 D2에 의하여 진보성이 없다는 무효심판이 제기되자, 특허심판원에서는 본건특허가 D2만을 검토하여 진보성이 없다는 결론을 내렸다. 심판에서는, D1에 대해서는 거론조차 하지 않았다. 무효심판의 증거로 제출된 증거가 거론조차 되지 않았다는 것은 일단 증거로서의 가치가 없다고 판단했을 가능성이 높다. 아니면 D2만으로도 충분한 무효사유가 성립하기 때문에 거론하지 않았을 수도 있다. 그렇다고 특허심판원에서 D1을 검토하지 않았다든지 그래서 D1이 무엇에 관한 발명인지도 모른 채 심리를 했을 가능성은 없다. 만일 D1을 검토하지 않고, D2만을 검토하여 D2에 의한 결론을 내렸다면, 설사 그 이유가 타당하더라도, 그것은 직무유기에 해당한다. 심판에서는 최소한 D1도 검토하였지만, 진보성 증거로서의 가치가 없고, D2에 의한 판단이 확실하기 때문에 D2에 대해서만 진보성을 판단했다고 가정하더라도 전혀 무리될 것이 없다. 그런데 소송에서는 D1을 진보성 판단의 주 근거로 삼고 D2를 보조적으로 판단하였다.

진보성을 판단하기 위한 자료는 하나인 경우도 있지만, 통상 2개 이상인 경우도 허다하다. 2개 이상인 경우에는 반드시 판단하고자 하는 발명과 가장 유사한 선행자료(the closest prior art: '최근접 자료')가 있게 마련이다. 그런데 본 사건의 심판에서는 D2가 최근접 자료였는데, 소송에서는 그것이 D1으로 바뀌었다. 이는 매우 심각한 문제다. 특허법원의 판단이 옳다면, 특허심판원은 최근접 자료도 제대로 판단하지 못할 만큼, 허술한 심리를 했다고 할 수 있기 때문이다. 특허심판원의 판단이 옳았다면, 특허법원 역시 최근접 자료가 무엇인지도 모르고 판단한 것이다. 누가 옳았는지 살펴보자.

D1은 기타줄 등을 제조하는 모노필라멘트 코팅사로서, 비록 그 외부에 수지가 코팅되어 있어서 본건특허와 유사한 구조를 갖는 것으로 볼 수도 있지만, 기본적으로 모노필라멘트라는 점이 본건특허와 다르며, 또한 퍼징문제와는 전혀 관계가 없고, 더구나 기타줄은 바닥재나 블라인더와는 거리가 멀다. 한편 D2는 본건특허의 코팅사와는 전혀 별개이고 퍼징이라는 개념도 없지만 멀티필라멘트로 이루어진다는 점이 본건특허와 어느 정도 연관성이 있다고 볼 수도 있다. 따라서 이런 상황이라면 D2가 본건특허의 진보성 판단을 위한 최근접 자료가 되어야 한다. 한마디로 D1은 판단할 만한 가치조차 없다. D1을 최근접 자료로 삼은 특허법원의 판단이 얼마나 허술했는지를 알 수 있는 대목이다.

D1을 최근접 자료로 삼아, 본건특허와 비교한 것이 위 판결의 표에 나와 있다. 표에서는 본건특허를 구성 1부터 구성 4까지로 분해하고, 구성 1과 4는 서로 동일하고, 구성 2는 서로 다르며, 구성 3은 D1에 없다고 판단하였다. 이러한 분석은 발명을 이해하지 못하고 기계적으로(또는 물리적으로 또는 외형적으로) 분석한 것이다.

이러한 분석은 진보성을 판단함에 매우 위험한 일이다. 진보성을 제대로 판단한다면 이런 분석을 해서는 안 된다. 이는 자칫 나무를 보고 숲을 보지 못하는 결과를 가져오기 때문이다. 바닥재용 코팅사는 본건특허 전에도 이미 존재하였다고 하였다. 그렇다면 구성 1과 4는 이미 공지되었던 것이다. 이를 굳이 동일하다느니 다르다느니 판단할 필요가 없다. 본건특허의 핵심은 바닥재로 사용되는 코팅사의 제조에 있어서 종래의 <u>고융점, 저수축률 원사</u>를 <u>저융점, 고수축률 원사</u>로 대체한 것이다. 이것이 진보성의 유무를 판단해야 할 기술의 핵심이지, 구성 1 내지 4가 기술의 핵심이 아니다.

4. 판결문 작성 순서의 문제점

위 판결문을 보면, 진보성을 판단함에 있어서, (1) D1과 본건특허의 구성을 대비하여 평가하고, (2) 그들의 차이점들을 검토하여 진보성이 없다는 결론을 내리고, 마지막으로 (3) 원고 주장에 관한 판단을 하고 있다. 이러한 순서는 비단 이 판결문에만 있는 것은 아니다. 특허법원의 모든 판결문이 이러한 형식을 취하고 있고, 그 영향으로 특허심판원의 심결문도 또한 그러한 형식을 따르고 있다.

그러나 이러한 형식의 판결문은 심히 잘못된 것이다. 이미 선행기술과의 차이점을 검토하여 결론을 내린 다음에, 무엇 때문에 원고 주장을 검토하겠다는 것인가. 이미 결론을 내린 다음에 원고 주장을 검토하는 것은 진정한 검토가 아니라 이미 앞에서 내린 결론에 끼워 맞추려는 요식행위에 불과하다.

판결문은 그렇게 작성되어서는 안 된다. 원고의 주장 각각이 어떠한 논리 하에서 인정되고 배척되어야 하는지를 미리 논해야 한다. 그리고 나서 앞에서 논한 바에 따라 그에 합당한 결론을 내려야 한다. 그래서 판결문은 대체로 다음과 같은 형식을 따르게 된다. 개략적으로, (1) 사실관계의 요약(Summary of Facts), (2) 논점 및 적용법규(Issues and Applied Provisions), (3) 검토의견(Discussion), (4) 결론(Conclusion) 순으로 작성된다.

사실관계에 대한 잘못된 판단과 잘못된 분석 그리고 그에 기초하여 잘못된 결론을 내리고, 원고 주장을 그 잘못된 결론에 끼워 맞추려 하니까 논리도 없는 난해한 판결문이 만들어지는 것이다. 위 판결문의 문제점을 아래에 구체적으로 살펴본다.

5. 판결문 (a) 내지 (o)의 문제점

(1) (a)의 문제점

"이 사건 특허발명의 명세서 어디에도 청구항 1의 코어원사가 멀티필라멘트라고 볼 만한 기재는 존재하지 않고, 이 사건 특허발명이 원고의 주장과 같이 코어원사의 구조를 한정하고 있지도 않다(a)"

본 사건의 논점은 진보성이다. 그런데 느닷없이 기재가 잘못되었다는 기재미비에 대하여 설명한다. 코아원사(중심부)가 멀티필라멘트라는 기재가 없다는 것이다. 이 코팅사는 이미 종전에도 제조되어 왔다고 명세서는 설명한다. 따라서 코팅사가 모노가 아닌 멀티로 이루어져 있다는 것은 당업자라면 누구나 아는 일이다. 당업자가 다 아는 사실은 굳이 명세서에 기재하지 않아도 된다. 여기서는 멀티필라멘트인 고융점, 저수축률 코아원사가 저융점, 고수축률 코아원사로 대체되었다는 것이 중요한 것이다.

(2) (b)의 문제점

"이 사건 특허발명이 코팅사에서 퍼징현상을 방지하는 효과를 발휘하기 위해서는 코팅 소재의 융점 및 수축률이 코어 원사의 그것들과 같거나 비슷하다는 점이 전제되어야 한다(b)"

코팅 소재(PVC)는 종전과 달라진 것이 없다. 퍼징문제를 해결하기 위하여 종전의 고융점, 저수축률 원사 대신에 저융점, 고수축률 원사를 사용했다는 것이 본 발명의 핵심이다. 왜 코팅 소재의 융점 및 수축률이 코어 원사의 그것들과 같거나 비슷하다는 점이 전제되어야 한다는 것인지 알 수 없다. 그리고, 코팅 소재(PVC)가 종전과 달라진 것이 없고, 코아원사로 <u>저융점, 고수축률 원사</u>를 사용했다면, 그 자체가 이미 코팅 소재와 코어원사의 융점 및 수축률의 관계를 내포하고 있는 것이다.

(3) (c)의 문제점

"청구항 1은 구성요소 4에서 코팅 소재에 관하여 '열가소성 수지'라고만 한정하고 있을 뿐, 그 융점이나 수축률에 대하여 아무런 언급을 하지 않고 있으므로(c)"

코팅 소재(PVC)는 종전과 달라진 것이 없다. 퍼징문제를 해결하기 위하여 종전의 <u>고융점, 저수축률 원사</u> 대신에 <u>저융점, 고수축률 원사</u>를 사용했다는 것이 본 발명의 핵심이다. 이미 공지된 소재의 융점이나 수축률을 언급할 필요가 없는 것이다. 이를 거론하는 것은 특허청구범위의 작성에 관한 이해가 없기 때문이다.

(4) (d)의 문제점

"청구항 1 중 구성요소 2의 기술적 의의는 코팅사에서 코어 원사의 구성을 단순히 일정한 융점 범위 내로 한정하는 정도에 불과하다고 보아야 한다(d)"

본원발명의 핵심은 퍼징문제를 해결하기 위하여 종전의 고융점, 저수축률 원사 대신에 저융점, 고수축률 원사를 사용했고, <u>그 융점은 130~210℃이고, 수축률은 5~20%라는 점</u>이다. 어떤 기술적 문제를 해결하기 위해서는 수많은 요인을 검토해야 한다. 배터리가 폭발하는 이유를 찾기 위해서는 수많은 요인을 검토해야 한다. 퍼징문제만 하더라도, 그것을 해결하기 위하여 수많은 요인에 대한 연구가 있어야 한다. 원사의 굵기('데니어'라고 함), 필라멘트 수, 분자량, 비중, 밀도, 융점, 강도, 수축률, 공정조건, 후처리 조건 등등 수도 없이 많다. 그중에서 저융점과 고수축률을 발견한 것이다. 그리고 그 범위가 <u>130~210℃, 5~20%</u>로 결정된 것이다. 그래서 퍼징문제를 개선할 수 있었던 것이다. 이를 두고 단순히 한정한 정도에 불과하다? 남이 하면 쉽고 내가 하면 어렵고, 남이 하면 불륜이고 내가 하면 사랑 그런 거 아닐까? 종래에 어느 누구도 해결한 바가 없었던 퍼징문제를 해결했다는 사실만으로도 진보성 입증은 충분하다.

(5) (e)의 문제점

"그러므로 결국 선행발명 1에서 통상의 기술자가 인식할 수 있는 모노필라멘트의 융점 범위는 115℃ 이상인 것이 되고, 선행발명 1의 명세서(을1호증)에 그러한 인식을 방해하는 기재도 찾아볼 수 없다. 따라서 선행발명 1에는 적어도 구성요소 2가 한정하고 있는 코어 원사의 융점 범위인 130~210℃를 포함하는 모노필라멘트 (코어 원사)의 융점 범위가 제시되어 있다고 볼 수 있다(e)"

D1에 융점범위가 그대로 설명되어 있어도 그것은 본건특허의 진보성과 아무런 관계가 없다. 왜냐하면, D1은 기타줄에 관한 것이고, 본건특허는 바닥재용 코팅사이기 때문이다. 그리고 D1에는 퍼징문제도 발생하지 않는다. D1에는 그런 개념조차 없다. 그런데, D1에 그러한 인식을 방해하는 기재도 찾아볼 수 없어서, 코어원사의 융점 범위가 제시되어 있다고 볼 수 있다? 참으로 기막힌 논리가 아닐 수 없다.

(6) (f)의 문제점

"선행발명 2는 퍼징현상의 근본적 원인인 코어 원사와 코팅 소재의 융착 부족을 코어 원사와 코팅 소재의 상용성을 높여 그 융점들을 비슷하게 함으로써 극복하고자 하는 기술사상을 제시하고 있다고 볼 수 있으므로(f)"

이쯤 되면 기술을 소재로 소설을 쓰고 있는 수준이다. D2는 퍼징현상과 아무런 관련이 없다. D2는 멀티필라멘트로 이루어지는데 각각의 필라멘트가 중심부에 일반 폴리에스테르, 그 주위에 저융점 폴리에스테로 복합방사하여 제조된다. 본건특허는 멀티필라멘트 전체가 PVC 수지로 코팅된다. D2는 본건특허와 같이 바닥재로 사용될 수 있는 것이 아니기 때문에 절단면이 생성되지도 않고 따라서 퍼징현상도 일어나지 않는다. D2가 어떻게 퍼징현상을 해결하기 위한 저융점과 고수축률을 제시한단 말인가?

(7) (g)의 문제점

"통상의 기술자는 선행발명 1 그 자체나 선행발명 1에다가 선행발명 2를 결합하는 방법에 의하여 쉽게 차이점 1을 극복하여 구성요소 2를 쉽게 도출할 수 있다고 보아야 한다(g)"

D1 자체 또는 D1에 D2를 결합하면 퍼징현상을 해결하는 저융점의 원사를 쉽게 도출할 수 있다고 하였다. 제품이 다르고 해결하고자 하는 목적이 다르며 효과가 다른데 쉽게 도출할 수 있다? 진보성을 판단함에 있어서는 '콜럼버스의 계란'처럼 사후적(事後的)으로 판단해서는 안 된다. 발명을 보고 나서, 그것이 쉬운 것이라고 하지 마라는 것이다. 그래서 발명의 목적, 구성, 효과를 살펴보고, 그들이 서로 다르다면, 진보성을 부인하지 마라는 것이다. 퍼징현상을 개선한 본건특허가 퍼징현상과 무관한 D1의 기타줄이나 D2의 복합사에 의해서 쉽게 도출할 수 있다면, 계란을 낳는 닭이 그와 비슷한 오리알이나 메추리알도 쉽게 낳을 수 있다고 하는 것은 어떨까.

(8) (h)의 문제점

"코팅사에 있어 코어 원사의 수축률이 가지는 독자적인 기술적 의의에 대하여는 전혀 설명하지 않고 있다(h)"

본원발명의 핵심은 융점이 130~210℃이고, 수축률이 5~20%인 원사를 사용했더니 퍼징문제를 해결할 수 있었다는 것이다. 그 자체만으로 충분한 것이다. 수축률이 가지는 독자적인 기술적 의의? 누가 그 기술적 의의를 잘 설명할 수 있을까? 대학교수 아니면 공학박사? 서울을 가보지도 않은 사람이 서울에 대해 더 잘 설명할 수 있다는 말이 실감나는 대목이다.

(9) (i)의 문제점

"수축률이 코어 원사의 융점과 별도로 직물의 퍼징현상에 어떠한 영향을 미치는지에 대해서는 아무런 언급이 없다(i)"

(i)에 대한 문제점은 더 이상의 설명이 필요 없을 것이다.

(10) (j)의 문제점

***"선행발명 1에 이미 구성요소 2의 코어 원사의 융점 범위인 130~210℃와 대부분
중첩되는 모노필라멘트의 융점 범위가 제시되어 있는 이상, 선행발명 1의 모노필
라멘트에도 구성요소 3의 수축률 범위가 내재되어 있다고 보아야 한다(j)"***

위 내용을 보면, 융점만 보면 수축률을 알 수 있고, 수축률을 보면 융점도 알 수
있다. 진보성을 판단하는 자의 수준은 '그 기술분야에서 통상의 지식을 가진 자('당
업자')'의 수준일 것을 가정한다. 하지만 이 판결은 당업자의 수준을 넘어 혜안을 가
진 선지자 내지는 선각자의 수준에 이르고 있다.

(11) (k)의 문제점

***"이는 비록 복합섬유 전체의 수축률에 관한 것이어서, 코어 원사의 수축률에 관
한 구성요소 3과 다소 차이가 있는 것이지만, 통상의 기술자라면 선행발명 2로부터
종래 코팅사의 문제점인 코어 원사와 코팅 소재의 수축률의 차이에 따른 퍼징현상
의 발생을 방지하는 수단으로써 코어 원사의 수축률을 적절하게 조정하는 기술구
성을 별다른 어려움 없이 착안해 낼 수 있을 것이다(k)"***

D2의 복합섬유(복합사)와 본건특허의 코팅사에 대하여 원고는 그 차이점을 다음
과 같이 주장하였다.

*"이건특허 발명은 **코팅사**에 관한 것인 반면, 선행발명 2(D2)는 **복합사**에 관한 것
입니다. 이건특허의 코팅사는 이미 제조된 폴리에스테르 원사에 PVC와 같은 수지
를 코팅하여 제조하는 반면, 선행발명 2의 복합사는 심성분[心成分: Core]과 초성분
[칼집성분: Sheath]을 동시에 방사[spinning]하여 제조한 것입니다. 방사공정
[spinning process]이란 중합공정(polymerization process)에 의하여 제조된 폴리머*

칩(polymer chip)을 용융시켜 압출기와 노즐을 통하여 실의 형태로 뽑아내는 공정입니다. 이때 한 가닥의 실을 필라멘트(filament)라 하고, 여러 가닥의 필라멘트가 모여서 하나의 실로 생산되는 것을 멀티필라멘트(multi filament)라 합니다. 코팅사는 이러한 방사공정에 의해서 제조되는 것이 아니라, 방사공정에 의하여 제조된 실을 다시 간단한 코팅기를 사용하여 수지를 코팅하는 공정에 의하여 제조됩니다. 방사장치는 건물 높이로 약 5층 내지 6층에 해당하는 거대한 규모의 장치로서 현재 우리나라에서 복합사를 제조하는 업체는 삼양사, 코오롱, 효성, 휴비스 정도입니다. 이들은 모두 대기업으로 이름만 들어도 누구나 알 수 있는 회사입니다. 이러한 방사설비는 대기업에서 설치할 수 있는 것입니다. 그러나 코팅기는 사람 키 높이도 되지 않는 정도의 간단한 장치로서 원고회사(알켄즈)를 비롯하여 헌터코리아, 동원산자와 같은 중소기업들입니다. 복합사를 제조하는 업체가 업스트림(up-stream) 업체라면, 코팅사를 제조하는 업체는 다운스트림(down-stream)이라 할 수 있습니다. 이처럼 이건특허 발명의 **코팅사**와 선행발명 2의 **복합사**는 중복되는 기술분야가 없는 전혀 별개의 기술분야라 할 수 있는 것입니다."(원고의 준비서면 중에서)

D2의 복합사에는 퍼징 현상이라는 개념도 없는데, 본건특허의 코팅사의 문제점인 퍼징을 해결하기 위하여 수축률을 적절하게 조정하는 것이 어렵지 않다라는 것은 해괴망칙한 논리가 아닐 수 없다.

(12) (m)의 문제점
"청구항 1과 선행발명들은 모두 이른바 '산업용 섬유'에 관한 것으로서(m), 의류 등에 사용되는 일반 섬유와는 달리, 산업상의 제품, 공정, 업무에서 사용되며 미적 또는 장식적 특성보다는 기술적·기능적인 목적으로 사용되는 등**(네이버 "지식경제용어사전" 참조)"**

재판부는 본건특허의 코팅사와 D1의 기타줄 그리고 D2의 복합사를 모두 산업용 섬유라고 판단하였다. 그리고 친절하게도 네이버 "지식경제용어사전"을 참조하라고 제시하였다. 미안하지만 D1의 기타줄은 기타줄일 뿐이다. 기타줄을 산업용 섬유라 하지는 않는다. 그리고 D2의 복합사는 인조가죽이나 세무점퍼를 만드는 실이라고 하였다. 그러면 D2는 산업용이 아니라 의류용이다. 재판부는 본건특허와 D1 및 D2의 공통점을 찾는 데 무척 노력한 흔적이 엿보인다. 원고가 발명의 목적, 구성, 효과를 설명하면서 그토록 차이점을 주장했는데도, 그러한 주장을 반박하려고 무척 노력한 것 같다. 이들이 모두 산업용 섬유라는 공통점이 있다면, 그것은 피고가 주장해야 할 일이다. 네이버 "지식경제용어사전"도 피고가 제출해야 할 증거이다. 그런데 재판부는 피고가 할 일을 대신하고 있다. 재판의 기본 원칙은, 신이 하듯 완벽할(perfect) 수는 없지만, 원고와 피고 쌍방에게 공정해야(fair) 한다는 것이다. 재판의 기본 원칙마저 무시해가면서, 판단해야 할 발명의 목적, 구성, 효과는 판단하지 않고 그를 뒤엎어 보고자 공통점을 찾고자 노력하였는데 헛다리를 짚고 만 것이다.

(13) (n)의 문제점

"더욱이 구체적인 섬유의 형태 측면에서도 선행발명 1은 이 사건 특허발명과 같은 코팅사를, 선행발명 2는 심성분과 피성분으로 구분되어 있는 심초 복합섬유를 발명의 대상으로 한 것이라는 점에서 이 사건 특허발명의 코팅사와 대단히 유사하다(n)"

본건특허와 D1 및 D2의 구조는 다음과 같다.

〈본건특허 단면〉　　〈D1의 단면〉　　〈D2의 단면〉

이들 셋이 모두 바닥재를 제조하는 코팅사로 사용된다 하더라도, 이들 구조는 유사하다고 할 수 없다. 이들 셋이 모두 기타줄로 사용된다 하더라도, 이들 구조는 유사하다고 할 수 없다. 하물며 본건특허는 바닥재를 만들고, D1은 기타줄을 만들고, D2는 인조가죽을 만든다. D1으로 바닥재나 인조가죽을 만들 수 없고, D2로 바닥재나 기타줄을 만들 수 없다. 그렇다면 이들 구조는 완전히 다른 것이다. 이들이 대단히 유사하다고 하는 것은 코미디 중의 코미디다.

(14) (o)의 문제점

"청구항 1은 선행발명 1, 2와 그 기술분야가 같거나 매우 밀접하고, 나아가 통상의 기술자가 이와 같은 선행발명 1 또는 선행발명 1, 2의 결합에 의하여 쉽게 청구항 1을 발명해 낼 수 있을 것으로 보이므로 선행발명들에 의하여 그 진보성이 부정된다(o)"

재판부가 내린 결론이다. 막은 내려졌다. 흑(黑)을 백(白)이라 해도 그렇게 믿어야 한다. 하지만 이 결론은 '무지(無知)' 아니면 '거짓'이다. 기술을 모르고 특허를 모르는 '무지', 아니면 기술을 속이고 진리를 속이고 양심마저 속인 '거짓'이란 말이다.

IV. 결 어

발명의 진보성의 판단은 그 판단 대상부터 정확히 판단해야 한다. 진보성의 대상은 동일한 기술분야이어야 한다. 그래야 '이것이 저것보다 우수하다(진보적이다) 아니면 우수하지 않다(진보성이 없다)'를 판단할 수 있다. 이것은 신규성의 판단과 다른 점이다. 신규성은 서로 동일한지의 여부를 판단한다. 따라서 신규성은 동일한 기술분야에 한정하지 않는다. 신규성은 모든 기술분야를 망라한다. 바닥재를 만드는 코팅사가 기타줄을 만드는 모노필라멘트와 동일한 구조를 갖는다면 그것은 신규성이 없는 것이다. 하지만 기술분야가 다른 기타줄이나 복합사를 가지고 바닥재를 만드는 코팅사의 진보성을 논할 수는 없다.

우리의 특허심판이나 소송은 이런 기초적인 난관에 부딪혀 있다. 기술에 대한 이해가 부족하고 특허에 대한 이해가 부족하기 때문이다. 난해한 기술에 관한 문장들은 단어만 나열해 놓는다고 문장이 되는 것이 아니다. 더욱이 법의 생명인 논리를 갖춘다는 것은 기술을 속이지 않고 진리를 속이지 않고 양심을 속이지 않을 때에만 가능한 일이다.

15. 디자인무효심판 ─ 직물(도비직물) 디자인의 진보성
─ 특허심판원 사건 2015당1124 및 특허법원 사건 2016허6890 판결에 대하여[1] ─

I. 머리말

특허법원은 2016년 12월 특허심판원 2015당1124 디자인무효심판 심결의 취소소송 청구를 기각하는 판결을 내렸다. 이 사건은 '직물지'에 대하여 등록받은 디자인 등록(제711474호: 이하, '이 사건 디자인')이 디자인의 시각성과 용이창작성의 요건을 위반하여 등록되었다는 이유로 무효심판을 청구한 것으로, 특허심판원은 무효심판 청구를 기각하였고, 이에 항소한 심결취소소송에서도 특허법원은 그 청구를 기각하였다. 하지만 이 사건은 직물지 디자인의 시각성과 용이창작성의 판단에 있어서 중대한 잘못을 범하고 있다. 이 사건에 대한 문제점을 살펴본다.

---

1 「창작과 권리」 제86호(2017년 봄호).

II. 심사, 심판 및 소송의 경위

1. 심사 및 등록 경위

이 사건 디자인은 직물지에 관한 것으로(구체적으로, 도비직기에 의해 제직된 도비직물에 관한 것으로, 도비직물에 대한 상세한 내용은 아래에서 설명함), 그 주요 도면은 다음과 같다:

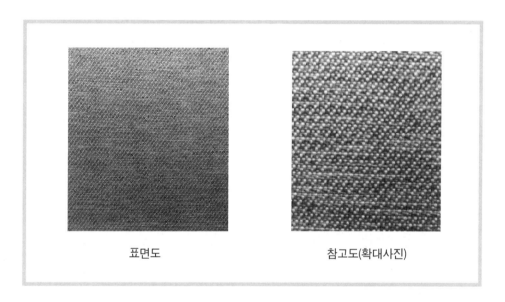

표면도   참고도(확대사진)

'직물지'는 디자인 실무상 실체적 심사 없이 등록되는 무심사 등록 대상이지만, 심사관은 심사 시 이 사건 디자인이 용이창작성이 없다는 거절이유(의견제출통지서)를 통지하였고, 이에 대하여 출원인은 위 〈표면도〉가 아닌 〈참고도(확대사진)〉를 제시하면서 창작성이 있다는 취지의 의견을 제출하였다. 그 결과 심사관은 이 사건 디자인에 대해 등록을 인정하였다.

2. 심판 경위

이렇게 등록된 이 사건 디자인에 대해, 아래와 같은 두 가지 무효사유로 무효심판이 제기되었다:

> *(1) 이 사건 디자인은 디자인보호법 제2조에서 규정하는 디자인의 '시각성' 정의에 위배되기 때문에 결국 디자인보호법 제5조 제1항의 요건에 위배되어 그 등록이 무효로 되어야 한다(이하, '무효사유 1').*
>
> *(2) 이 사건 디자인은 '도비직기'에 의하여 제직된 '도비직물'로서, 〈디자인심사기준〉(제6장 2.1) (2))에 '용이창작의 유형' 즉 '주지의 형상'으로 분류하여 등록받을 수 없는 것으로 규정하기 때문에, 디자인보호법 제5조 제2항에 위배되어 그 등록이 무효로 되어야 한다(이하, '무효사유 2').*

위 무효사유를 부연 설명하면, (1) 디자인보호법 제2조에서는, '디자인'을 "물품의 형상, 모양, 색채 또는 이들을 결합한 것으로 **시각을 통하여** 미감을 일으키게 하는 것"이라 정의하고, 이에 근거하여, 특허청의 〈디자인심사기준〉에서는 '**시각을 통하여**'의 의미를 "육안으로 식별할 수 있는 것을 원칙"으로 하고, "확대경 등에 의해 확대하여야 물품의 형상이 파악되는 것은 디자인 등록 대상이 되지 않는 것"으로 명시하고 있는데, 〈확대사진〉인 〈참고도〉를 가지고 등록여부를 판단한 것은 디자인의 시각성 요건에 위배된 것이며('무효사유 1'), (2) 〈디자인심사기준〉에서는 '도비직물'을 등록받을 수 없는 '용이창작의 유형'으로 분류하여 규정하고 있음에도 불구하고, 도비직물인 이 사건 디자인이 등록된 것은 용이창작성의 요건을 잘못 판단한 것이라는('무효사유 2') 주장이다. 이러한 무효사유에 대하여, 특허심판원은 다음과 같이 심결하였다:[2]

---

2   심판 2015당1124(심판장 문삼섭, 주심 김시형, 심판관 권오석).

"가. 이 사건 등록디자인이 디자인의 '시각성'을 구비하고 있는지 여부

(중략) 청구인은 이 사건 등록디자인을 '표면도'와 '이면도'가 아니라 '참고도'인 '확대사진'으로 판단하는 것은 디자인의 '시각성'을 갖추지 못한 것이라고 주장하나, 이 사건 등록디자인에 대한 당 심판부의 실물 확인 결과 및 건 외 심판사건에서의 유사 여부 판단의 경위 등을 종합하여 볼 때, 이 사건 등록디자인은 육안으로도 그 지배적인 특징인 '큰 모양과 작은 모양의 구슬 패턴'을 관찰할 수 있음을 알 수 있고, 참고도인 '확대사진'은 이러한 시각적 관찰내용을 보다 명확히 확인하는 보조적인 수단으로 사용되었다 할 것이므로, 이 사건 등록디자인이 디자인의 '시각성' 요건을 갖추지 못하였다는 청구인의 주장은 받아들일 수 없다.

나. 이 사건 등록디자인이 '도비패턴'이므로 용이창작에 해당하는지 여부

(중략) 설사, 이 사건 등록디자인이 '도비직기'에 의해 창작되는 '도비패턴'의 하나라 하더라도, 위에서 언급한 바와 같이, 도비직기에 의해 직제되는 직물은 그 모양이 천차만별이며 도비직기의 종광(직기 부품의 일종) 수뿐만 아니라 직물조직의 '설계 내용 또는 방법'에 따라 수천 또는 수만 가지의 패턴을 창출할 수 있다는 점을 고려한다면, 특정 디자인이 도비패턴에 해당한다는 이유만으로 디자인등록을 받을 수 없다고 할 수는 없다 할 것이다. 특허청의 '디자인심사기준'에 따르면 '도비패턴'을 '주지의 형상·모양·색채 또는 이들의 결합에 기초한 용이창작'의 하나로 예시하고 있으나, 이러한 예시는 '도비패턴' 가운데 이미 널리 알려져 있는 패턴이거나 그 설계 내용 및 방법이 단순하여 누구나 쉽게 창작할 수 있는 패턴인 경우로 한정해야 할 것이고, 그 디자인이 속하는 분야(직물업계)에서 통상의 지식을 가진 자가 쉽게 생각할 수 없는 설계 내용 및 방법을 이용하여 창작된 '도비패턴'까지는 모두 용이 창작에 해당한다고 할 수는 없다 할 것이므로, 이 사건 등록디자인이 '도비패턴'이라는 이유만으로 용이창작에 해당하여 그 등록이 무효로 되어야 한다는 청구인의 주장은 받아들일 수 없다."

3. 소송 경위

원고(심판청구인)는 무효사유 1, 2에 대하여 같은 취지로 특허법원에 심결취소소송을 제기하였다. 특허법원은 이 두 논점에 대하여 다음과 같이 판단하였다:[3]

> "이 사건 등록디자인의 [표면도]와 [이면도]에 의하면, 육안에 의한 관찰만으로도 이 사건 등록디자인을 *구슬 모양의 점들이 사선으로 배열되어 있고, 그 사이로 그보다 작은 구슬 모양의 점들이 지그재그로 배열된 패턴이 반복됨에 따라* 발휘되는 독특한 심미감을 인식하기에 충분하다. 따라서 이 사건 등록디자인이 디자인의 성립요건인 '시각성'을 갖춘 것이라고 보아야 한다. *(중략)*
>
> 도비직기에 의하여 생성된 도비패턴이라고 하더라도, 디자이너의 창작성 여하에 따라 위사와 경사 위치에 대한 다양한 변형 및 조합을 이용하여 서로 다른 심미감을 지닌 다양한 무늬가 만들어질 수 있는 이상, *도비패턴이라고 해서 곧바로 통상의 디자이너가 쉽게 창작할 수 있는 디자인이라고 단정할 수는 없다.*"

이 사건의 논점인 **디자인의 시각성**과 **도비직물의 등록여부**에 대한 특허심판원 및 특허법원의 판단은 디자인보호법의 기본적인 법리를 오해하고 있다. 그 이유를 살펴본다.

Ⅲ. 심결 및 판결의 부당성

1. 심결의 부당성

(1) 무효사유 1에 대한 잘못된 판단
가. 심사관의 잘못된 판단

심사관은 이 사건 디자인이 용이창작성이 없다는 거절이유(의견제출통지서)를 통지하였는데, 출원인은 그 거절이유에 대해 〈표면도〉가 아닌 〈참고도(확대사진)〉를 제시하면서 창작성이 있다는 취지의 의견을 진술하였다.

3　특허법원 2016허6890(재판장 이정석, 판사 이호산, 판사 김기수).

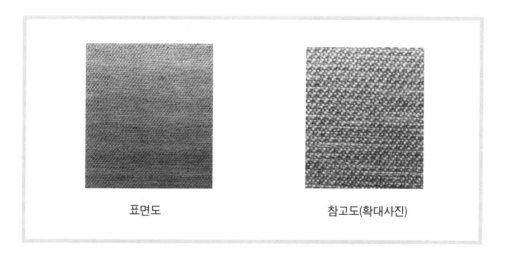

표면도   참고도(확대사진)

〈표면도〉와 〈참고도(확대사진)〉는 확연히 다르기 때문에, 〈참고도(확대사진)〉를 가지고 판단하면, 창작성이 있는 것으로 볼 수 있다. 그런데 디자인의 등록여부는 〈확대사진〉을 가지고 판단해서는 안 된다. 왜냐하면, 직물지를 거래하면서 확대경이나 현미경을 이용하여 심미감을 판단하지 않기 때문이다. 〈디자인심사기준〉에서 규정하는 바와 같이, "물품의 거래에서 확대경 등에 의해 확대하여야 물품의 형상이 파악되는 것은 〈확대사진〉에 의한 판단도 인정되지만", 이 사건 디자인과 같은 직물지는 거래 시에 확대경이나 현미경을 이용하여 심미감을 판단하지는 않는다.

또한 이 사건 디자인과 아주 유사한 선행자료인 미국 디자인특허 US D459,093이 이 사건 디자인 출원 전에 공개된 바가 있다. 이 두 디자인을 비교하면, 다음과 같다:

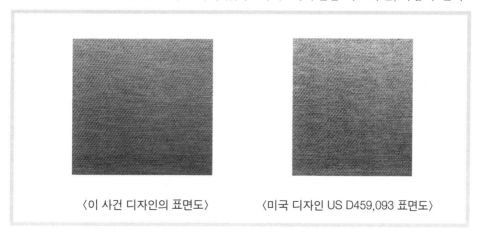

〈이 사건 디자인의 표면도〉   〈미국 디자인 US D459,093 표면도〉

정상적인 시력을 가진 자라면, 위 두 직물 디자인이 서로 유사하지 않다고 할 사람은 없을 것이다. 그런데 미국 디자인과 이 사건 디자인의 〈확대사진〉을 비교하면, 이들은 서로 다른 디자인으로 판단될 수 있다.

| 미국 디자인 | 이 사건 디자인의 확대사진 |

나. 출원상의 문제점

디자인보호법 제2조에서는, '디자인'을 "물품의 형상, 모양, 색채 또는 이들을 결합한 것으로 **시각을 통하여** 미감을 일으키게 하는 것"이라 정의하고, 이 규정에 근거하여, 〈디자인심사기준〉에서는 '**시각을 통하여**'의 의미를 "**육안으로** 식별할 수 있는 것을 원칙으로 한다"라고 해석하고, 이 원칙에 위배되는 '확대경 등에 의해 확대하여야 물품의 형상이 파악되는 것'은 디자인 등록 대상이 되지 않는 것으로 명시한다. 다만, "물품의 거래에서 확대경 등에 의해 물품의 형상 등을 확대하여 관찰하는 것이 통상적인 경우에 시각성이 있는 것으로 본다"라고 규정한다. 그런데 이 사건 디자인은 직물지에 관한 것으로, 직물지의 심미감을 판단하기 위해서 확대경이나 현미경으로 직물지를 관찰하는 경우는 없다. 다시 말해서, 직물지는 다른 디자인 물품과 같이 육안으로 식별하여 심미감을 판단한다. 따라서 이 사건 디자인의 등록 여부를 판단함에 있어서는 〈표면도〉를 가지고 판단하는 것이지, 〈확대사진(참고도)〉을 가지고 판단해서는 안 된다. 디자인의 심미감은 확대경이나 현미경으로 판단하는 것이 아니기 때문에, 출원인(피고)은 〈확대사진〉을 디자인 등록출원서에 제출할 필요도 없다. 그런데, 이 사건 출원인(피고)은 〈확대사진(참고도)〉을 출원서에 함께 제출하였다. 다시 말해서, 이 사건 디자인에서는 출원인이 〈확대사진(참고도)〉을 출원서에 제출한 것부터 잘못된 것이고, 잘못 제출된 〈확대사진(참고도)〉을 가지고 심미감을 판단한 것 또한 잘못된 것이다.

다. 심결의 잘못

심결에서는, "*이 사건 등록디자인은 육안으로도 그 지배적인 특징인 '큰 모양과 작은 모양의 구슬 패턴'을 관찰할 수 있음을 알 수 있다*"고 판단하였다. 위 〈표면도〉와 〈참고도(확대사진)〉에서 보듯이, '*큰 모양과 작은 모양의 구슬 패턴*'은 〈참고도(확대사진)〉에서나 보이는 것이지, 〈표면도〉에서는 육안으로 볼 수 있는 것이 아니다. 〈확대사진〉을 보고서 '*큰 모양과 작은 모양의 구슬 패턴*'이 보인다고 할 수는 있어도, 〈표면도〉를 보고서 '*큰 모양과 작은 모양의 구슬 패턴*'이 보인다고 할 수는 없다. 〈표면도〉를 보고서 '*큰 모양과 작은 모양의 구슬 패턴*'이 보인다고 말하는 사람은 정상적인 눈을 가졌다고 할 수 없다. 이 사건 심결은 이런 상식을 초월한다.

나아가 심결에서는, "*참고도인 '확대사진'은 이러한 시각적 관찰내용을 보다 명확히 확인하는 보조적인 수단으로 사용되었다*"고 하였다. 그러나 심결에서는 〈확대사진〉을 보조적인 수단으로 사용한 것이 아니라, 중심적인 수단으로 사용하였다. 왜냐하면 '*큰 모양과 작은 모양의 구슬 패턴*'은 〈확대사진〉에서만 나타나기 때문이다.

(2) 무효사유 2에 대한 잘못된 판단
가. 도비직물에 대한 이해

도비직물에 대한 디자인을 〈디자인심사기준〉에서 왜 '용이창작의 유형'으로 분류하여 등록받을 수 없는 것으로 규정하는지를 이해하기 위해서는 우선 도비직물을 이해하여야 한다.

직물은 경사와 위사가 교차하여 제직되는데, 가장 기본적인 조직은 경사와 위사가 1:1로 교차하여 제직되는 '평직' 직물이다. 그런데 평직은 직물 조직이 단조롭기 때문에 그 조직에 변화를 주기 위하여, 즉 1:1의 조직 외에 다른 조직도 가능하도록 할 필요가 있었고, 그러한 목적으로 개발된 기계가 도비직기다. 그 도비직기에 의해 제직된 직물이 도비직물이다. 도비직기는 1840년대 초에 최초로 개발되어 1890년대부터 널리 사용되기 시작하였고, 컴퓨터가 도입된 1990년대부터는 컴퓨터에 의해 작동되는 도비직기가 전 세계적으로 사용되고 있다.

도비직기는 종광(shaft: 부품의 일종)의 숫자에 따라 다양한 종류의 직물조직(패턴)이 만들어질 수 있는데, 예를 들어, 8개의 종광을 갖는 도비직기에서는 254 종류의 패턴(조직)이 가능하다. 이 도비직기를 갖춘 제직업자라면 누구든지 254 종류의 다양한 도비직물을 제직할 수 있다.

나. 도비직물과 자카드 직물

한편, 자카드 직기(Jacquard Loom)로 제직된 자카드 직물은 디자인 등록 대상이 될 수 있다. 자카드 직기는 특정의 무늬를 직물지에 표현하기 위하여 개발된 제직기로서, 한 예로, 다음과 같은 자카드 직물이 있다.

(자카드 직물: 예 1)　　　　　　(자카드 직물: 예 2)

자카드 직물을 생산하기 위해서는, 직물지에 표현할 도안을 사람(고안자)이 창작해야 한다. 따라서 자카드 직물은 디자인 등록대상이 될 수 있다. 그러나 <u>도비직물</u><u>은 그것을 생산하도록 설계된 도비직기에 의해 생산되기 때문에 디자인 등록대상</u><u>이 될 수 없다. 이러한 이유 때문에, 도비직물(도비패턴)은 디자인 등록을 받을 수 없</u><u>는 것으로 〈디자인심사기준〉에서 규정한다. 그리고 도비직물(도비패턴)은 이제까지</u><u>디자인으로 등록된 예가 없다.</u>

다. 도비직물의 등록을 인정할 때 발생하는 폐단

도비직물에 대하여 디자인 등록을 인정하면, 도비직물 산업분야에 엄청난 폐단이 발생하게 된다. 예를 들어, 도비직기로 제직할 수 있는 직물패턴이 254 종인 경우, 어느 누가 254 개의 디자인 등록을 받으면, 어느 누구도 도비직기를 가동하여 도비직물을 생산할 수 없는 사태가 발생할 수 있다. 이렇게 되면, 더 이상 도비직기를 개발할 필요성도 없어지고, 디자인 등록을 받은 자만이 도비직물을 생산할 수 있을 뿐, 도비직기 제직업자 어느 누구도 도비직물을 생산할 수 없게 되는 모순된 결과를 가져온다.

라. 심결의 잘못

심결에서는, 〈디자인심사기준〉에서 용이창작의 예로 규정하는 〈도비패턴〉에 대하여 "<u>도비패턴 가운데 이미 널리 알려져 있는 패턴이거나 그 설계 내용 및 방법이</u><u>단순하여 누구나 쉽게 창작할 수 있는 패턴인 경우로 한정해야 할 것</u>"이라고 해석하였다. 이런 해석이 옳다면 〈도비패턴〉은 애당초 〈디자인심사기준〉에서 용이창작의 예로 규정하지 말았어야 했다. 아니면 〈<u>'도비패턴' 가운데 이미 널리 알려져</u><u>있는 패턴이거나 누구나 쉽게 창작할 수 있는 패턴</u>〉이라고 한정했어야 했다. 하지만, 〈디자인심사기준〉에서 이렇게 한정하지 않은 이유는, 도비직기가 경사와 위사의 조직을 누구나 다양하게 변화하여 다양한 조직을 갖는 도비직물을 제직할 수 있도록 개발된 직기이기 때문이다. 따라서, 〈도비패턴〉을 심결과 같이 해석하는 것은 〈디자인심사기준〉의 규정을 무시한 자의적(恣意的)인 해석으로, 매우 위험하고 잘못된 해석이다.

심결에서는 또한, "*이 사건 등록디자인이 '도비패턴'이라는 이유만으로 용이창작에 해당하여 그 등록이 무효로 되어야 한다는 주장은 받아들일 수 없다*"고 하였다. 도비패턴은 도비직기가 제직한 것이기 때문에 등록받을 수 없는 것이다. 또 다른 무효사유가 필요한 것이 아니다. 그런데 '도비패턴'이라는 이유만으로 등록이 무효로 되어야 한다는 주장이 왜 잘못되었단 말인가? 이 심결은 논리가 결여된 궤변에 불과하다.

2. 판결의 부당성

(1) 무효사유 1에 대한 잘못된 판단

특허법원의 판결은 특허심판원의 심결과 대동소이하다. 상급심으로서의 법률적 검토는 물론 사실관계의 파악마저 미흡하기 짝이 없다.

심결에서는, "*육안으로도 '큰 모양과 작은 모양의 구슬 패턴'을 관찰할 수 있다*"고 하였는데, 판결에서는 이 표현을 "*구슬 모양의 점들이 사선으로 배열되어 있고, 그 사이로 그보다 작은 구슬 모양의 점들이 지그재그로 배열된 패턴*"이라 하였다. 표현만 약간 달라진 것으로 실질적인 내용은 서로 동일하다. 그러나 이러한 패턴은 〈참고도(확대사진)〉에서나 보이는 것이지, 〈표면도〉에서는 육안으로 볼 수 있는 것이 아니다. 〈표면도〉를 보고서 '*큰 모양과 작은 모양의 구슬 패턴*'이 보인다고 말하는 것은 억지에 불과하다.

결과적으로, 〈표면도〉를 가지고 심미감을 판단했다면, '큰 모양과 작은 모양의 구슬 패턴'이라 하지도 않았을 것이고, 선행자료인 미국 디자인특허 US D459,093과 유사하여 등록되지도 않았을 것이다. 그럼에도 불구하고, 판결에서는 〈표면도〉에 '큰 모양과 작은 모양의 구슬 패턴'이 나타난다고 억지를 부리고 있다. 디자인 시각성에 대한 법리문제를 떠나 사실관계마저도 제대로 파악하지 못한 판결이라고 할 수밖에 없다.

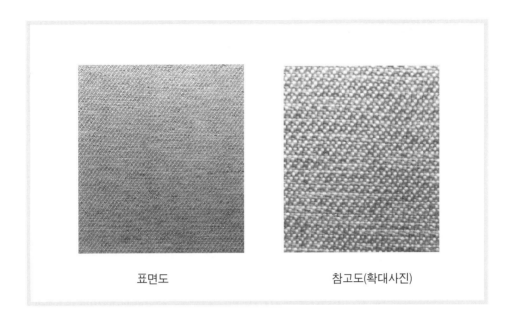

표면도 　　　　　　　　　 참고도(확대사진)

(2) 무효사유 2에 대한 잘못된 판단

도비직물에 대한 특허법원의 판결은 특허심판원의 심결과 크게 다르지 않다. 판결의 해당 부분을 다시 인용한다:

"도비직기에 의하여 생성된 도비패턴이라고 하더라도, 디자이너의 창작성 여하에 따라 <u>위사와 경사 위치에 대한 다양한 변형 및 조합을 이용하여 서로 다른 심미감을 지닌 다양한 무늬가 만들어질 수 있는 이상,</u> 도비패턴이라고 해서 곧바로 통상의 디자이너가 쉽게 창작할 수 있는 디자인이라고 단정할 수는 없다."

도비직기와 도비직물에 대해서는 소송과정에서 위에서 설명한 그 이상으로 상세하게 설명하였다. 도비직기는 경사와 위사의 조직을 누구나 변화하면서 제직할 수 있도록 개발된 직기라고 설명하였다. 8개의 종광을 갖는 도비직기에서는 254 종류의 도비패턴이 제직될 수 있다. 이 도비직기를 설치한 제직업자는 누구나 254 종류의 도비직물을 제직할 수 있는 것이다. 12개의 종광을 갖는 도비직기에서는 4,094 종류의 도비패턴이 제직될 수 있다. 이처럼 다양한 종류의 도비패턴을 제직할 수 있는 것은 도비직기의 몫이다. 그 다양한 패턴 중의 하나에 대하여 디자인 등록을 허여하는 것은 결국 그 도비직기를 사용할 수 없도록 하는 결과를 초래한다. "*위사와 경사 위치에 따라 다양한 무늬가 만들어질 수 있는 이상, 도비패턴이라고 해서 곧바로 통상의 디자이너가 쉽게 창작할 수 있는 디자인이라고 단정할 수는 없다*"라고 판시한 특허법원의 판결이 도비직기를 이해하지 못한 허구의 논리라는 것을 쉽게 알 수 있을 것이다.

IV. 결 어

직물지의 아름다움(심미감)을 판단하고자 하는 경우에는 육안으로 판단한다. 직물지의 아름다움을 현미경이나 확대경으로 판단하는 사람은 없다. 그렇다면 직물지의 디자인을 출원함에 있어서는 〈표면도〉나 〈이면도〉를 첨부하면 충분하다. 확대경으로 촬영한 〈확대사진〉을 첨부할 필요가 없다. 현미경이나 확대경으로 촬영한 확대사진은 육안으로 보는 실물과는 다를 수밖에 없기 때문이다.

그럼에도 불구하고, 이 사건 디자인은 출원서에 〈확대사진〉을 첨부하였다. 그리고 심사과정을 비롯하여 무효심판 소송을 거치면서, 〈확대사진〉을 가지고 심미감을 판단하였다. 〈확대사진〉이 아니라 〈표면도〉로써 심미감을 판단했다면 선행자료인 미국 디자인(US D459,093)과 유사하기 때문에, 이 사건 디자인은 등록받을 수 없는 것이고, 등록받았다 하더라도 무효로 되어야 했던 것이다. 그런데 모두 〈확대사진〉을 가지고 심미감을 판단하였고, 그 결과 심미감은 인정되었다. 〈확대사진〉을 가지고 판단했음에도, 그들은 한결같이 〈확대사진〉이 아니라 〈표면도〉를 가지고 판단했다고 억지를 부린다. 그 판단이 억지라고 주장하는 이유는 바로 '*큰 모양과 작은 모양의 구슬 패턴*'이 〈참고도(확대사진)〉에서나 보이는 것이지, 〈표면도〉에서는 나타나지 않기 때문이다. 〈표면도〉를 보고서 '*큰 모양과 작은 모양의 구슬 패턴*'이 보인다고 말할 사람은 아무도 없다.

도비직기는 1:1로 교차하여 제직되는 '평직' 직물의 단조로운 조직에 변화를 주기 위하여 개발된 직기다. 8개의 종광을 갖는 도비직기에서는 254 종류의 도비패턴이 제직될 수 있고, 12개의 종광을 갖는 도비직기에서는 4,094 종류의 도비패턴이 제직될 수 있다. 도비직기 자체가 이처럼 다양한 종류의 도비패턴을 제직할 수 있도록 개발된 것이다. 그래서 도비직물에 대한 디자인 등록을 받을 수 없는 것으로 〈디자인심사기준〉에서 규정한다. 도비직물에 대하여 디자인 등록을 인정하면, 다른 도비직기 제직업자들은 어느 누구도 그 도비직물을 생산할 수 없게 되는 모순된 문제가 발생한다. 도비직기는 애당초 그 기계가 생산할 수 있는 모든 패턴을 생산할 수 있도록 설계된 것인데, 그중의 한 패턴을 어느 누가 디자인 등록을 받는다면 다른 제직업자들은 그 패턴을 생산할 수 없는 문제가 발생하는 것이다. 이런 상황임에도 불구하고, "<u>도비패턴이라고 하더라도, 디자이너의 창작성 여하에 따라 위사와 경사 위치에 대한 다양한 변형 및 조합을 이용하여 서로 다른 심미감을 지닌 다양한 무늬가 만들어질 수 있는 이상, 도비패턴이라고 해서 곧바로 통상의 디자이너가 쉽게 창작할 수 있는 디자인이라고 단정할 수는 없다</u>"라고 판시한 것은 도비직기를 이해하려는 노력조차 하지 않은 것이고, 도비패턴은 등록받을 수 없다는 〈디자인심사기준〉의 규정마저 "<u>도비패턴 가운데 이미 널리 알려져 있는 패턴이거나 그 설계 내용 및 방법이 단순하여 누구나 쉽게 창작할 수 있는 패턴인 경우로 한정해야 할 것이라고</u>" 잘못 해석한 것이다.

16. 특허무효심판 — 용법발명(방법발명)의 진보성 — "페닐 카르바메이트" 사건[1]

— 특허심판원 2013당723, 특허법원 2014허577 및 대법원 2014후2702

판결에 대하여 —

I. 머리말

1991.04.21.자 공고된 특허 제121596호의 "페닐 카르바메이트의 경피투여용 약학적 조성물"(이하, '대상발명')에 대하여 무효심판이 제기되었다. 논점이 된 무효사유는 선행기술에 의한 진보성이었다. 청구항은 모두 2개로서 다음과 같다:

청구항 1. 유리염기 또는 산부가염 형태의 하기 일반식(I)의 (S)-N-메틸-3[(1-디메틸아미노)에틸]-N-메틸-페닐카르바이트 및 전신 경피투여에 적합한 약학적 담체 또

---

1 「창작과 권리」 제92호(2018년 가을호).

는 희석제를 포함하는 전신 경피투여용 약학조성물:

(I)

청구항 2. 제1항에 있어서, 상기 일반식 (I)의 화합물이 타르타르산 염 형태인 약학 조성물.

특허심판원은 대상발명이 진보성이 있다고 판단하였다. 그러나 특허법원은 진보성이 없다고 판단하였다. 하지만 대법원은 특허법원 판결을 뒤집었다. 대상발명의 진보성을 인정한 것이다.

이 사건의 대법원 판결은 한국특허법학회가 주최한 세미나에서[2] 소개되었는데, 그 대법원 판결은 용법발명에서 진보성 판단기준을 최초로 제시하였다고 하였다. 나아가 그 대법원 판결은 용량발명 등 의약용도발명 전반에 걸쳐 적용될 수 있는 진보성 판단기준으로 볼 수 있다고도 하였다.[3]

하지만 이 사건의 대법원 판결은 물론 원신판결인 특허법원의 판결 그리고 그 원심인 특허심판원의 심결은 진보성 판단에 심각한 문제점을 드러내고 있다. 우선 대법원 판결을 살펴본다.

---

2 2018년 2월 24일.
3 한국특허법학회 세미나 자료집 "2017 TOP 10 특허판례 세미나", 19쪽.

II. 대법원 판결[4]

1. 판결문

사 건 2014후2702 등록무효(특)

원고, 피상고인 에스케이케미칼 주식회사

피고, 상고인 노파르티스 아게

원심판결 특허법원 2014.11.07. 선고 2014허577 판결

판결선고 2017.08.29.

주 문

원심판결을 파기하고, 사건을 특허법원에 환송한다.

이 유

상고이유(상고이유서 제출기간이 경과한 후에 제출된 상고이유보충서들의 기재는 상고이유를 보충하는 범위 내에서)를 판단한다.

1. 의약개발 과정에서는 약효증대 및 효율적인 투여방법 등의 기술적 과제를 해결하기 위하여 적절한 투여용법과 투여용량을 찾아내려는 노력이 통상적으로 행하여지고 있으므로 특정한 투여용법과 투여용량에 관한 용도발명의 진보성이 부정되지 않기 위해서는 출원 당시의 기술수준이나 공지기술 등에 비추어 그 발명이 속하는 기술분야에서 통상의 지식을 가진 사람(이하 '통상의 기술자'라 한다)이 예측할 수 없는 현저하거나 이질적인 효과가 인정되어야 한다.

2. 위 법리와 원심에서 적법하게 채택한 증거들에 비추어 살펴본다.

가. 명칭을 '페닐 카르바메이트의 경피투여용 약학적 조성물'로 하는 이 사건 특허발명(특허등록번호 제121596호)의 청구범위 제1항(이하 '이 사건 제1항 발명'이라 한다)은 항콜린에스터라제 활성을 갖는 페닐 카르바메이트 중 화학식(I)의 구조식을 갖

---

4 재판장 대법관 이기택, 주심 대법관 박보영, 대법관 김창석, 대법관 김재형.

는 RA7에서 분리한 (S) 형태의 광학이성질체인 (S)-N-에틸-3-[(1-디메틸아미노)에틸]-N-메틸-페닐-카르바메이트(일반명: 리바스티그민)를 활성성분으로 한 전신 경피투여용 약학조성물에 관한 것으로, 경피투여라는 투여용법을 제공하는 의약용도발명이다. 명세서의 기재 등에 비추어 볼 때 이 사건 제1항 발명의 화합물은 경피투여를 했을 때 뛰어난 피부 침투성을 갖는 것으로 밝혀졌고, 이러한 경피흡수성을 이용한 전신 피투여 용법은 뇌 부위에 아세틸콜린에스터라제의 억제 효과가 오랜 시간 일정하게 지속되게 하고, 간편하게 투약할 수 있다는 점에서 알츠하이머병이나 파킨슨병 등에 적합함을 알 수 있다.

나. 이 사건 제1항 발명과 원심 판시 비교대상발명 1-1 및 1-2의 RA7은 화학식(I)의 구조식을 갖는 화합물이라는 점에서 공통되나, 다만, 이 사건 제1항 발명의 화합물은 RA7에서 분리한 (S) 형태의 광학이성질체인 '리바스티그민' 및 전신 경피투여에 적합한 약학적 담체 또는 희석제를 포함하는 약학조성물임에 반하여, 비교대상발명 1-1 및 1-2의 RA7 화합물은 서로 거울상 관계에 있는 (R) 형태와 (S) 형태의 광학이성질체가 같은 양으로 섞여 있는 라세미체(racemic mixture)이다.

다. 비교대상발명 1-1에는 RA 화합물들의 투여경로와 관련하여 경구 또는 비경구 투여가 가능하다는 내용과 함께 약제의 생체 내에서의 큰 효능은 경구투여를 할 때 두드러진다고 기재되어 있을 뿐 이들 화합물들의 경피흡수와 관련된 효과는 기재되어 있지 않다. 비교대상발명 1-1에는 '종래의 항콜린에스터라제인 피소스티그민을 경구투여하면 흡수가 변칙적이고 예측할 수 없기 때문에 비경구적으로 투여하는 것이 바람직하다'는 내용과 함께 '매 20~30분마다 반복적으로 투여된다'고 기재되어 있고, '쥐에서의 카르바메이트의 급성독성'에 대한 실험결과를 정리한 [표 3]에도 경구투여와 피하투여만 조사한 것으로 보아, 비교대상발명 1-1의 '비경구투여'에 경피투여가 포함된다고 보기 어렵다. 또한 비교대상발명 1-1 및 1-2에 기재된 RA7의 일부 성질, 즉 높은 지질용해도, 낮은 융점, 짧은 반감기, 좁은 치료역을 비롯하여 작은 분자량과 적은 용량 등은 경피흡수성이 뛰어난 화합물에서 나타나는 성질일 수는 있어도 반대로 이러한 성질들을 갖는 화합물이라는 이유로 곧바로 경피흡수성이 우수하다고 단정할 수는 없으므로 RA7에 위와 같은 성질들이 있다고 하여 곧바로 통상의 기술자가 RA7 또는 그의 광학이성질체의 경피흡수성을 쉽게 예측하기는 어렵다.

라. 한편, 원심 판시 비교대상발명 4-1 내지 4-3은 알츠하이머병, 파킨슨병 등의 치료제인 피소스티그민 등을 경피흡수제로 제공하기 위한 별도의 수단을 제시하기

위한 것일 뿐, 그러한 화합물들 자체의 경피흡수성에 관한 내용을 개시하고 있는 발명이라고 볼 수 없을 뿐만 아니라 비교대상발명 1-1, 1-2의 RA 화합물들의 경피흡수성을 개시하고 있지도 아니하다.

　마. 그렇다면 통상의 기술자가 비교대상발명들로부터 이 사건 제1항 발명 약학조성물의 경피투여 용도를 쉽게 도출할 수는 없다고 할 것이다. 또한 1979년경부터는 패치 형태의 경피흡수제가 사용되어 왔고, 1986년에 아세틸콜린에스터라제 억제 활성을 가진 피소스티그민을 활성성분으로 하는 전신 경피흡수제가 공지된 바 있다는 사정만으로 이 사건 제1항 발명 약학조성물의 경피흡수성 또한 쉽게 예측된다고 볼 수는 없을 뿐만 아니라, 이 사건 특허발명의 우선일 당시 경피투여용 의약품에 대한 출원 내역이나 기술수준 등에 비추어 보더라도, 통상의 기술자가 이 사건 제1항 발명 약학조성물의 적절한 투여용법과 투여용량을 찾아내려는 통상적인 노력의 과정에서 경피투여 용도를 쉽게 찾아낼 수 있을 것이라고 볼 만한 사정도 보이지 아니한다. 따라서 이 사건 제1항 발명의 경피투여 용도는 출원 당시의 기술수준이나 공지기술 등에 비추어 통상의 기술자가 예측할 수 없는 이질적인 효과라고 보아야 하므로 이 사건 제1항 발명의 진보성이 부정된다고 할 수 없다.

　그럼에도 원심은 이와 달리 통상의 기술자가 주지관용기술에 기초하여 비교대상발명 1-1, 1-2로부터 RA7과 리바스티그민의 우수한 경피흡수 효과를 어렵지 않게 인식할 수 있다는 전제에서 비교대상발명 1-1, 1-2 또는 비교대상발명 1-1, 1-2와 비교대상발명 4-1 내지 4-3의 결합에 의해 이 사건 제1항 발명의 진보성이 부정된다고 판단하였으니, 이러한 원심판결에는 발명의 진보성 판단에 관한 법리를 오해하여 필요한 심리를 다하지 아니함으로써 판결에 영향을 미친 잘못이 있다.

　3. 그러므로 원심판결을 파기하고, 사건을 다시 심리·판단하게 하기 위하여 원심법원에 환송하기로 하여, 관여 대법관의 일치된 의견으로 주문과 같이 판결한다.

2. 판결의 문제점

(1) 투여용법과 투여용량에 관한 용도발명의 혼동

판결에서는 "*특정한 투여용법과 투여용량에 관한 용도발명의 진보성이 부정되지 않기 위해서는 출원 당시의 기술수준이나 공지기술 등에 비추어 통상의 기술자가*

예측할 수 없는 현저한 효과가 인정되어야 한다'고 설시하였다.

하지만, 의약학 조성물 발명에서 투여용법과 투여용량은 전혀 다른 개념이고, 더 더구나 이들은 용도발명과 관계가 있는 것이 아니다. 투여용법이란 이 사건 특허에 서와 같이 경피투여, 경구투여, 피하투여 등을 의미하고, 투여용량은 어떤 성분이나 물질의 함량을 의미한다. 용도발명은 특정의 화합물이나 조성이나 사용되는 용처 에 대한 발명을 의미한다. 예를 들어, X라는 공지의 화합물이 해열제로 사용되고 있 는데, 새로이 진통제로서의 용도가 있다는 것을 발견한 경우, 그것을 용도발명이라 한다. 따라서 투여용법과 투여용량은 용도발명과는 아무런 관계가 없다. 그럼에도 불구하고, 판결에서 "*특정한 투여용법과 투여용량에 관한 용도발명의 진보성이 부 정되지 않기 위해서는…*"이란 설시는 투여용법, 투여용량, 용도발명을 전혀 이해하 지 못한 그 자체가 성립할 수 없는 문장이다. 그저 단어들을 나열한 것에 불과하다.

(2) 경피투여로 인한 진보성 인정

판결에서는, "*이 사건 제1항 발명의 경피투여 용도는 출원 당시의 기술수준이나 공지기술 등에 비추어 통상의 기술자가 예측할 수 없는 이질적인 효과라고 보아야 하므로 이 사건 제1항 발명의 진보성이 부정된다고 할 수 없다*'고 판시하였다.

이 판시 또한 문장 자체가 성립하지 않는다. 이 판시에서는, 경피투여를 용도라 고 하면서 나아가 이질적인 효과라고 하였다. 용도와 효과는 전혀 다른 것이다. 예 를 들어 해열제로 사용되던 X라는 공지의 화합물이 진통제로도 사용될 수 있다는 것을 발견한 경우, 용도는 진통제이지만, 효과는 진통제로서 얼마만큼의 효과가 있 느냐 하는 것이다. 또한 발명은 발명의 구성을 보호하는 것이지 효과를 보호하는 것이 아니다. 다시 말해서, 발명은 진통효과를 보호하는 것이 아니라, 그러한 효과 를 나타내기 위해서 그 발명이 어떻게 구성되어 있는가를 보호하는 것이다. 의약학 조성물과 같은 발명인 경우에는 특정의 성분(들)이 발명의 구성이 되는 것이고, 치 료방법과 같은 발명인 경우에는 특정의 행위(들)가 발명의 구성이 되는 것이다.

어쨌든 이 사건 대상발명에서는 경피투여가 진보성이 인정된다고 하였다. 그런 데 '경피투여'라는 것은 일종의 투여방법이요 투여행위이다. 이러한 투여방법 내지는 투여행위에 진보성이 있다고 판단한 것이다.

그런데 대상발명인 청구항 1은 약학 조성물에 대한 발명이다. 즉, 청구항 1은 물 (product) 발명이다. 물 발명은 발명의 특징인 구성요소가 구체적인 구성성분이나 특정의 구조이어야 한다. 다시 말해서 행위(action)는 물(product) 발명의 구성요소가 될 수 없다. 행위는 물(product) 발명의 기술적 특징이 될 수 없다. 행위는 방법발명의 구성요소다.

판결에서, '경피투여'에 대하여 진보성을 인정한 것은 물 발명의 구성요소가 아닌 그래서 기술적 특징이 될 수 없는 '행위'에 대해서 진보성을 인정한 것이다. 구성요소도 아니고 기술적 특징이 아닌 것에 대하여 진보성이 있다고 판단한 것이다. 참으로 기막힌 판단이 아닐 수 없다.

(3) 대상발명이 경피투여에 특징이 있다면

대상발명이 경피투여에 특징이 있다면, 청구항 1은 물 발명이 아니라 방법발명으로 작성되었어야 했다. 물론 이 경우 방법발명으로 작성한다면 치료방법으로밖에 할 수 없기 때문에, 결국 특허를 받을 수 없었을 것이다. 인간의 질병을 치료하는 방법은 현재 우리나라에서 산업상 이용가능성이 없다는 이유로 특허를 받을 수 없기 때문이다.

대상발명이 경피투여에 특징이 있다면, 방법발명으로 작성되었어야 했다는 주장은 대상발명의 대응 미국특허[5]를 살펴보면 명확해진다.

Claim 1. The (S)-[N-ethyl-3-[(1-dimethylamino)ethyl]-N-methyl-phenylcarba-mate] enantiomer of formula I substantially free of its (R) isomer in free base or acid addition form:

---

5   미국특허 제5,602,176호.

(−)   O-CO-N⟨CH₂-CH₃ / CH₃⟩ ... CH-N⟨CH₃ / CH₃⟩ ... CH₃

대응 미국특허의 청구항 1은 구조식 (I)의 거울상체 화합물에 관한 것이다. 물론 신규한 화합물로 인정되어 특허된 것이다. 대응 미국특허의 청구항 3 및 8을 더 보자.

Claim 3. A pharmaceutical composition which comprises a compound of claim 1 in free base or pharmaceutically acceptable acid addition salt form, in association with a pharmaceutical carrier or diluent.

Claim 8. A systemic transdermal pharmaceutical composition according to claim 3 comprising a therapeuticallly effective amount of (S)-N-ethyl-3-[(1-dimethylamino)ethyl]-N-methyl-phenylcarbamate in free base or pharmaceutically acceptable acid addition salt form, and a pharmaceutically acceptable carrier therefor suitable for systemic transdermal administration.

대응 미국특허의 청구항 3은 구조식(I)의 거울상체 화합물과 담체로 구성된 약학 조성물에 관한 발명이다. 그리고 청구항 8은 청구항 3을 경피투여로 한정한 경피투여용 약학 조성물에 관한 발명이다. 청구항 8에서 청구항 3을 경피투여로 한정하였지만, 청구항 8의 특허성의 대상은 **경피투여**에 있는 것이 아니고, **유리염기 또는 산부가염 형태의 하기 일반식(I)의 화합물**에 있는 것이다. 만일 공지의 **유리염기 또는 산부가염 형태의 하기 일반식(I)의 화합물**이 전에 경구투여나 피하투여용으로 이미 공지되었다면, 경피투여용의 **유리염기 또는 산부가염 형태의 하기 일반식(I)의 화**

<u>합물</u>은 신규성이 없기 때문에 특허받을 수 없다.

(4) 대상발명의 본질

대상발명은 원특허인 특허 제133686호의 분할특허다. 원특허의 청구항을 살펴 보면 대상발명을 명확히 알 수 있다.

청구항 1. 대응되는 라세메이트로부터 에난티오머를 분리하고, 생성된 식(I)의 화합물을 유리염기 또는 산부가염의 형태로 회수하는 단계를 포함하는, 유리염기 또는 산부가염 형태의 식(I)의 (S)-N-에틸-3-[(1-디메틸아미노)에틸]-N-메틸-페닐-카 르바메이트의 제조 방법:

청구항 2. 제1항에 정의된, 유리염기 또는 산부가염 형태의 식(I)의 화합물.
청구항 3. 제2항에 있어서, (S)-N-에틸-3-[(1-디메틸아미노)에틸]-N-메틸-페닐-카 르바메이트의 타르타르산 염인 화합물.

위의 원특허의 청구항을 살펴보면, 청구항 1은 <u>유리염기 또는 산부가염 형태의 식(I)의 거울상체 화합물의 제조 방법</u>이고, 청구항 2는 <u>청구항 1에 의해 제조된 화 합물</u>이고, 청구항 3은 특정의 화합물, 즉 <u>타르타르산염 화합물</u>이다. 위 청구항 1은 제조방법 발명으로 그 제조방법에 특허성이 있는지는 의문이 남지만, 청구항 2 및 3을 보면 화합물 자체가 청구된 발명임을 알 수 있다.

그렇다면, 대상발명 청구항 1은 경피투여라는 행위에 기술적 특징이 있는 것이 아니라, 화합물 자체의 구조에 기술적 특징이 있음을 알 수 있다. 다시 말해서, 대상발명 청구항 1은 유리염기 또는 산부가염 형태의 일반식(I)의 거울상체 화합물이 기술적 특징이다. 이러한 화합물을 경피투여했을 때 경구투여나 피하투여보다 더 효과가 있다는 것은 종속적인 기술에 불과하다. 청구항 1의 거울상체 화합물이 경구투여나 피하투여로 이미 알려져 있는데, 경피투여가 더 좋은 효과가 있다는 것을 추후 발견하였다면, 방법발명은 될 수 있을지언정 물건발명은 될 수 없다. 그런데 대상판결에서는 경피투여라는 행위 자체를 대상발명인 물건발명에 대한 기술적 특징으로 보고, 그에 대해서 진보성을 판단하였고, 그 결과 진보성이 인정된다고 판단하였다.

(5) 소 결

대법원 대상판결은 용법발명에서 진보성 판단기준을 최초로 제시한 것이 아니다. 나아가 대상판결은 용량발명 등 의약용도발명 전반에 걸쳐 적용될 수 있는 진보성 판단기준을 제시한 것도 아니다. 대상판결은 물건(약학 조성물) 발명의 구성요소로 볼 수 없는 경피투여라는 행위 자체를 물건발명에 대한 기술적 특징으로 보고, 그에 대해 진보성을 판단하는 도저히 있을 수 없는 과오를 범하였다.

III. 특허법원 판결[6]

1. 판결문

이 사건 특허법원 판결문은 사본을 특허법원에 복사 신청하였으나, 당사자가 공

---

6 특허법원 2014.11.07. 선고 2014허577 판결.

개를 원치 않는다는 이유로 사본을 구할 수 없었다. 여기서는 한국특허법학회 세미나 자료집을 인용한다. 특허법원은 원심결인 특허심판원 심결을 취소하였다. 한국특허법학회 세미나 자료집에 나타난 특허법원 판결문은 아래와 같다.

> (1) 활성성분인 '리바스티그민'에 관하여
> (가) RA₇의 선택 및 리바스티그민 분리의 용이성
> 이 사건 특허발명의 활성성분인 리바스티그민의 구성은 통상의 기술자가 주지관용기술에 기초하여 비교대상발명 1로부터 RA_7의 선택 및 리바스티그민 분리를 용이하게 도출할 수 있다.
> (나) 효과의 현저성 유무
> 1) 선택적 억제 효과
> 비교대상발명 1의 RA_7도 약리활성이 우수하고 뇌의 각 부위에서 아세틸콜린을 선택적으로 억제하는 효과가 나타난다. 이 사건 특허발명의 명세서에는 리바스티그민과 RA_7이 양적으로 현저한 차이가 있음을 확인할 수 있는 정량적 기재도 없으므로, 이러한 효과에 현저한 차이가 있다고도 볼 수 없다.
> 2) 경피 효과
> 가) 통상의 기술자는 다음과 같은 사정에 비추어 보면, 주지관용기술에 기초하여 비교발명대상 1로부터 RA_7과 리바스티그민의 경피 효과를 어렵지 않게 인식할 수 있다.
> (ㄱ) 전신효과를 나타내는 경피 투여 기술은 1950년대부터 연고나 크림 형태의 의약조성물에서 사용되었고, 1979년에 스코폴라민에 패치 형태의 경피흡수제가 최초로 시도된 이후로 니트로클리세닌(1981), 클로디닌(1981), 에스트라디올(1986)에도 패치 형태의 경피흡수제가 사용되었으며, 1986년에 아세틸롤린 에스테라제 억제 활성을 가진 피소스티그민을 활성성분으로 하는 전신 경피흡수제가 공지, 공연실시된 바 있다.
> (ㄴ) 경피제형으로 적합한 약물은 우수한 지용성, 작은 분자량(1000 이하), 적합한 융점 등의 물리화학적 특성과 적은 용량을 갖고 있으며, 경피 제형의 필요성은 특허 반감기가 짧아 일일 수 회 투여해야 하거나 치료역이 좁아 부작용이 자주 발생하는 경우에 높다는 것이 이 사건 특허발명의 우선일 이전에 통상의 기술자에게 잘 알려져 있었다. 그리고 치매와 같은 정신과질환치료제로 사용되는 AChE 억제제와 같이 환자 스스로 약을 복용하기 어려운 사정이 존재하는 경우에는 경피 투여가 우선적으로

고려된다고 할 것이다.

(ㄷ) 비교대상발명 1-1의 RA_7은, 뇌혈관 장벽을 통과할 수 있는 정도의 높은 지질 용해성을 갖고 있고, 경피 흡수에 적합한 분자량과 용량을 가지고 있으며, 상온에서 액상 상태가 유지될 정도로 경피 흡수에 적합한 낮은 융점을 가지고 있고, 반감기가 3시간보다 짧고, 치료역이 좁다. 피부투과도는 약물의 물리화학적 특성에 따라 결정 되는 것인바, 리바스티그민과 RA_7은 광학적 성질만 차이가 있을 뿐 물리화학적 특성 이 달라지는 것이 아니므로 경피 효과에서 차이가 난다고 볼 수 없다.

나) 리바스티그민의 경피 효과는 비교대상발명 1과는 다른 이질적인 효과라고 볼 수 없다. 그리고 이 사건 특허발명의 명세서에는 리바스티그민과 RA_7이 양적으로 현 저한 차이가 있음을 확인할 수 있는 정량적 기재도 없으므로, 경피 효과에 현저한 차 이가 있다고도 볼 수 없다.

3) 도파민 효과

이 사건 특허발명의 명세서에는 특허권자가 주장하는 도파민 효과가 나타난다고 볼 만한 기재가 없고, 가사 도파민 효과가 나타난다고 보더라도 비교대상발명 1과는 다른 이질적인 효과라고 볼 수 없다. 그리고 이 사건 특허발명의 명세서에는 리바스 티그민과 RA_7이 양적으로 현저한 차이가 있다고도 볼 수 없다.

(2) 경피투여용 의약조성물

앞서 살펴본 경피 효과에 관한 사정에 다음과 같은 사정에 비추어 보면, 경피투여 용 의약조성물의 구성은 통상의 기술자가 경피흡수제에 관한 주지관용기술에 기초하 여 비교대상발명 1로부터 용이하게 도출할 수 있다거나 또는 비교대상발명 1에 비교 대상발명 4를 결합하여 용이하게 도출할 수 있다 할 것이고, 그 효과 역시 통상의 기 술자가 위 비교대상발명들로부터 예측할 수 있는 정도에 불과하다.

(ㄱ) 비교대상발명 4-1(1986.08.20. 공개된 공개특허공보), 2(1986.09.10. 공개된 영국특허출원), 3(1986. 발간된 본문)에 따르면, 이 사건 특허발명의 우선일 전에 중 추에 작용하는 아세틸콜린에스테라제 억제 활성을 가진 피소스티그민 등은 반감기가 짧고 치료역이 좁은 문제가 있으므로, 이러한 문제를 해결하기 위하여 위 활성성분을 피부를 통하여 흡수시키도록 하는 전신흡수제조성물의 구성이 공지되었다.

(ㄴ) 특정 약물을 경피투여용 의약조성물로 형성함에 있어 그 약물의 물리화학적 성질이 경피제형에 적합하도록 약학적 담체 또는 희석제를 포함하는 것은 이 사건 기 술분야에서 통상의 기술자에게 자명한 사항이다.

2. 평석

특허법원은 다음과 같이 대상발명의 진보성을 판단하였다:

> (1) 활성성분인 '리바스티그민'(구조식 (I)의 거울상체 화합물)을 용이하게 분리해 낼 수 있다.
>
> (2) 비교대상발명 1의 RA₇도 약리활성이 우수하고 뇌의 각 부위에서 아세틸콜린을 선택적으로 억제하는 효과가 나타난다. 이 사건 특허발명의 명세서에는 리바스티그민과 RA7이 양적으로 현저한 차이가 있음을 확인할 수 있는 정량적 기재도 없으므로, 이러한 효과에 현저한 차이가 있다고도 볼 수 없다.
>
> (3) 경피 효과: 통상의 기술자는 다음과 같은 사정에 비추어 보면, 주지관용기술에 기초하여 비교대상발명 1로부터 RA₇과 리바스티그민의 경피 효과를 어렵지 않게 인식할 수 있다.
>
> (ㄱ) 전신효과를 나타내는 경피 투여 기술은 1950년대부터 사용되었고, 1979년에 스코폴라민에 패치 형태의 경피흡수제가 최초로 시도된 이후로 니트로클리세닌(1981), 클로디닌(1981), 에스트라디올(1986)에도 패치 형태의 경피흡수제가 사용되었으며, 1986년에 아세틸콜린 에스테라제 억제 활성을 가진 피소스티그민을 활성성분으로 하는 전신 경피흡수제가 공지, 공연실시된 바 있다.
>
> (ㄴ) 치매와 같은 정신과질환치료제로 사용되는 AChE 억제제와 같이 환자 스스로 약을 복용하기 어려운 사정이 존재하는 경우에는 경피 투여가 우선적으로 고려된다고 할 것이다.
>
> (ㄷ) 피부투과도는 약물의 물리화학적 특성에 따라 결정되는 것인바, 리바스티그민과 RA₇은 광학적 성질만 차이가 있을 뿐 물리화학적 특성이 달라지는 것이 아니므로 경피 효과에서 차이가 난다고 볼 수 없다.
>
> (4) 리바스티그민의 경피 효과는 비교대상발명 1과는 다른 이질적인 효과라고 볼 수 없다. 그리고 이 사건 특허발명의 명세서에는 리바스티그민과 RA₇이 양적으로 현저한 차이가 있음을 확인할 수 있는 정량적 기재도 없으므로, 경피 효과에 현저한 차이가 있다고도 볼 수 없다.
>
> (5) 경피투여용 의약조성물: 경피투여용 의약조성물의 구성은 통상의 기술자가 경피흡수제에 관한 주지관용기술에 기초하여 비교대상발명 1로부터 용이하게 도출할

수 있다.

(ㄱ) 아세틸콜린에스테라제 억제 활성을 가진 피소스티그민 등은 반감기가 짧고 치료역이 좁은 문제가 있으므로, 이러한 문제를 해결하기 위하여 위 활성성분을 피부를 통하여 흡수시키도록 하는 전신흡수제조성물의 구성이 공지되었다.

(ㄴ) 약물의 물리화학적 성질이 경피제형에 적합하도록 약학적 담체 또는 희석제를 포함하는 것은 이 사건 기술분야에서 통상의 기술자에게 자명한 사항이다.

위 특허법원의 판단에 대하여 차례로 살펴본다:

(1) 활성성분인 '리바스티그민'(구조식 (I)의 거울상체 화합물)을 용이하게 분리해 낼 수 있다:

앞에서 살펴보았듯이, 구조식 (I)의 거울상체 화합물은 이미 원특허에서 특허받았다. 원특허 청구항 1에서 유리염기 또는 산부가염 형태의 식(I)의 거울상체 화합물의 제조 방법에 대해 특허받았고, 청구항 2에서 청구항 1에 의해 제조된 화합물에 대해 특허받았다. 그런데 특허법원은 구조식 (I)의 거울상체 화합물이 용이하게 분리해 낼 수 있다고 하여 특허성을 부정하였다. 원특허에 배치되는 판결이다.

(2) 비교대상발명 1의 RA7도 약리활성이 우수하고 뇌의 각 부위에서 아세틸콜린을 선택적으로 억제하는 효과가 나타난다. 이 사건 특허발명의 명세서에는 리바스티그민과 RA7이 양적으로 현저한 차이가 있음을 확인할 수 있는 정량적 기재도 없으므로, 이러한 효과에 현저한 차이가 있다고도 볼 수 없다:

구조식 (I)의 거울상체 화합물이 신규하다면 아세틸콜린을 억제하는 효과도 마땅히 인정되어야 한다. 그러나 구조식 (I)의 거울상체 화합물의 특허성을 인정하지 않는 한, 위와 같은 판단은 쉽게 나올 수도 있을 것이다.

(3) 경피 효과: 통상의 기술자는 다음과 같은 사정에 비추어 보면, 주지관용기술에 기초하여 비교대상발명 1로부터 RA7과 리바스티그민의 경피 효과를 어렵지 않게 인식할 수 있다.

(ㄱ) 전신효과를 나타내는 경피 투여 기술은 1950년대부터 사용되었고, 1979년에 스코폴라민에 패치 형태의 경피흡수제가 최초로 시도된 이후로 니트로클리세닌(1981), 클로디닌(1981), 에스트라디올(1986)에도 패치 형태의 경피흡수제가 사용되었으며, 1986년에 아세틸콜린 에스테라제 억제 활성을 가진 피소스티그민을 활성성분으로 하는 전신 경피흡수제가 공지, 공연실시된 바 있다.

(ㄴ) 치매와 같은 정신과질환치료제로 사용되는 AChE 억제제와 같이 환자 스스로 약을 복용하기 어려운 사정이 존재하는 경우에는 경피 투여가 우선적으로 고려된다고 할 것이다.

(ㄷ) 피부투과도는 약물의 물리화학적 특성에 따라 결정되는 것인바, 리바스티그민과 RA_7은 광학적 성질만 차이가 있을 뿐 물리화학적 특성이 달라지는 것이 아니므로 경피 효과에서 차이가 난다고 볼 수 없다:

대상발명의 본질은 신규한 화합물인 구조식 (I)의 거울상체 화합물을 경피투여했을 때 우수한 효과가 있음을 발견한 것이다. 그런데 특허법원은 경피투여 자체의 신규성과 진보성에 대하여 논하고 있다. 그래서 특허법원은 경피투여에 대한 역사에 대하여 설명하고 있다. 이는 대상발명의 본질에 대한 이해가 없는 것이다. 경피투여라는 투여방법이 수십 년 전에 알려진 것과 대상발명과는 아무런 관계가 없다. 대상발명은 구조식 (I)의 거울상체인 신규한 화합물이고, 그 화합물을 경피투여했을 때 우수한 효과가 있음을 발견한 것이다. 라세미체는 광학적 성질이 다른 것이고, 광학적 성질이 다르면 물리화학적 특성도 달라진다. 그렇다면 판결에서, "광학적 성질만 차이가 있을 뿐 물리화학적 특성이 달라지는 것이 아니므로"라는 것은 성립될 수 없는 잘못된 논리다.

(4) 리바스티그민의 경피 효과는 비교대상발명 1과는 다른 이질적인 효과라고 볼 수 없다. 그리고 이 사건 특허발명의 명세서에는 리바스티그민과 RA_7이 양적으로 현저한 차이가 있음을 확인할 수 있는 정량적 기재도 없으므로, 경피 효과에 현저한 차이가 있다고도 볼 수 없다:

역시 대상발명이 구조식 (I)의 거울상체인 신규한 화합물이라는 것을 신규하지 않다고 판단하고, 나아가 그 화합물을 경피투여했을 때 우수한 효과가 있다는 것을 인정하지 않기 때문에 이런 판결이유가 나온 것이다.

(5) 경피투여용 의약조성물: 경피투여용 의약조성물의 구성은 통상의 기술자가 경피흡수제에 관한 주지관용기술에 기초하여 비교대상발명 1로부터 용이하게 도출할 수 있다.

(ㄱ) 아세틸콜린에스테라제 억제 활성을 가진 피소스티그민 등은 반감기가 짧고 치료역이 좁은 문제가 있으므로, 이러한 문제를 해결하기 위하여 위 활성성분을 피부를 통하여 흡수시키도록 하는 전신흡수제조성물의 구성이 공지되었다.

(ㄴ) 약물의 물리화학적 성질이 경피제형에 적합하도록 약학적 담체 또는 희석제를 포함하는 것은 이 사건 기술분야에서 통상의 기술자에게 자명한 사항이다:

대상발명의 구조식 (I)의 거울상체인 신규한 화합물의 신규성을 인정하지 않고, 나아가 그 화합물을 경피투여했을 때 우수한 효과도 인정하지 않기 때문에, 그것을 이용한 제형된 의약 조성물의 신규성도 부정한다. 대상발명이 구조식 (I)의 거울상체인 신규한 화합물이라는 것을 파악하지 못하고, 대상발명이 마치 경피투여에 특징이 있는 것으로 판단하여 경피투여에 대한 신규성을 판단하다 보니, 어느 것도 특허받을 수 없게 되어 버렸다.

IV. 특허심판원 심결[7]

1. 심결문

가. 이 사건 제1항 발명의 진보성 여부
(1) 이 사건 제1항 발명의 활성성분에 대한 판단
이 사건 제1항 발명의 활성성분은 (S)-거울상 이성질체 형태의 화합물인데, 비교대

---

7   2013당723, 심판장 홍정표, 주심 조명선, 심판관 신경아.

상발명 1의 일반식 (I) 화합물 중 R1은 메틸, R2는 에틸, R3는 수소, R4와 R5는 메틸인 RA7 화합물이 이 사건 제1항 발명의 활성성분의 라세미체로 개시되어 있다(갑 제4호증의2, 7면 표 1). 따라서, 이 사건 제1항 발명의 활성성분은 비교대상발명 1에 RA7으로 개시된 화합물의 거울상 이성질체라는 점에만 차이가 있다.

그런데, 비교대상발명 1의 일반식 (I) 화합물은 비교적 구조가 간단한 페닐카르바메이트 골격을 갖는 것으로, 카바모일기가 결합된 탄소의 메타 위치에 있는 탄소에 결합되어 있으면서 디알킬아미노기와 알킬기로 치환된 탄소가 이 화합물의 단 하나의 부제탄소임이 쉽게 파악된다. 따라서, 이 화합물이 비교대상발명 1의 실시예 1, 2와 같은 합성과정에 따라 제조되는 동안에 (R), (S) 두 형태의 광학이성질체가 함께 혼합된 상태로 얻어진다는 사실은 화학분야의 상식에 해당된다고 하겠고, 그를 분리하는 일반적인 기술도 이 사건 특허발명의 우선권 주장일 당시에 공지되어 있다고 하겠다(이 사건 제1항 발명의 활성성분이 특별히 그 분할이 어렵다고 볼 근거가 없다).

또한, 이 사건 특허발명의 우선권 주장일 당시에 이 사건 제1항 특허발명의 활성성분과 같은 특정 화합물이 수용체나 효소 등의 거대분자(macromolecule)인 작용점(target)에 결합할 때에 그 거대분자 내에서 약물(주로 소분자)의 공간배열이 그 결합효율을 좌우하게 되고 그에 따라 거울상 이성질체 중 하나의 형태(예를 들어 R form)가 나머지 형태(예를 들어 S form)보다 공간적으로 더 우호적인 결합이 이뤄져서 그의 라세미체나 다른 형태의 이성질체보다 단위 용량에서 우수한 길항작용을 나타낼 수 있다는 것은 이 사건 특허발명의 우선권 주장일 당시에 이 기술분야에 이미 알려진 사실이다.

특히, 이 사건 제1항 발명의 활성성분의 라세미체인 RA7은 비교대상발명 1에 그 효과가 우수하여 '특히 바람직한 화합물'로서 기재되어 있는 화합물의 하나로서 통상의 기술자가 후속 연구를 위해 이를 선택할 이유가 충분하다고 하겠다.

사정이 이러하다면, 통상의 기술자가 비교대상발명 1의 내용 및 출원 시의 기술상식에 기초하여 (R), (S) 단 두 가지 형태의 거울상 이성질체만이 존재하는 비교대상발명 1의 화합물 중의 하나인 RA7으로부터 이 사건 제1항 발명의 활성성분의 존재를 충분히 인식할 수 있다고 하겠는바, 이 사건 제1항 발명의 활성성분은 비교대상발명 1에 개시된 것이라 하겠다.

한편, 이 사건 제1항 발명의 활성성분이 공지된 물질이라고 하더라도 비교대상발명에 개시된 바 없는 새로운 용도를 갖는 경우에는 용도발명으로서 그의 신규성 및 진보성이 인정될 수 있으므로, 이하에서는 이 사건 제1항 발명의 활성성분을 경피흡수제 용도로 사용하는 것에 기술적 곤란성과 효과의 현저성이 인정되는지를 살핀다.

(2) 이 사건 제1항 발명의 경피투여 용도에 대한 판단

(가) 이 사건 특허발명에 경피투여와 관련된 기재 내용

이 사건 특허발명은 식(I') 화합물이 화합물 A와 라세미체인 C를 포함한다고 하면서 식(I')의 화합물은 경피투여했을 때 기대치 못한 뛰어난 피부침투성을 갖는다는 것이 밝혀졌다고 기재하고 있고(피청구인은 이 내용에서 화학식 I'는 화합물 A만을 의미하는 것으로 보아야 한다고 주장하고 있다), 이 사건 제1항 발명의 활성성분을 가지고 공지된 확산 실험 방법을 이용하여 피부침투성을 조사한 결과를 기재하고 있다(갑제2-2호증 8면 표2).

또한, 경피, 경구, 피하투여의 세 가지 상이한 경로로 이 활성성분을 투여한 후에 래트의 서로 다른 뇌 부위에 대한 효소 억제활성을 조사한 실험 결과를 구체적 효과로 보이고 있다. 그 결과, 이 사건 제1항 발명의 활성성분을 경피투여하면 AchE 활성에 대한 장기간의 일정한 억제활성이 유지되고, 투여량-의존성이며, 안정성 면에서 특히 유리한 점이 있다고 하며(갑제2-2호증 7면 하단 15~13행), 경구 또는 경피투여 후 약효는 빨리 나타나는 데 반하여(각기 15분 및 30분), 상기 투여 후에 뇌 부위의 선택적 AchE 억제효과는 발생하지 않으면서 AchE 억제는 서서히 일어나고(최대 2시간), 경피투여 24시간 뒤 AchE 활성은 중심 및 말단 부위에서 억제되며, 같은 시간에 경구투여된 경우는 효소에 거의 영향을 미치지 않고, 피하 내 투여 후에는 단지 심장의 효소만이 현저하게 억제된다고 기재하고 있다(갑제2-2호증 7면 하단 15~1행, 5면 표 2).

알츠하이머 치료제로서 그의 높은 항AchE 활성이 요구되는 부위인 피질과 해마부위의 효능을 보다 구체적으로 살펴보면, 투여 후 30분 경과 시점에서는 경피투여의 효과는 경구 및 피하투여보다는 현저히 떨어지지만 6시간 후에는 경구 및 피하투여보다 오히려 억제활성이 높고, 24시간이 경과된 시점에서는 경구 및 피하투여에 따른 효과는 거의 없는 데 비하여 경피투여의 경우에는 비록 그 효과가 감소되기는 하였지만 어느 정도 활성이 유지되고 있음을 알 수 있다. 즉, 이 사건 제1항 발명의 활성성분은 경구 또는 피하투여한 경우에 비하여, 경피투여하는 경우 그 활성이 장기간에 걸쳐 유지되어 나타나는 효과가 있음이 인정된다.

(나) 비교대상발명 1로부터 경피투여 경로를 용이하게 도출할 수 있는지 여부

1) 비교대상발명 1에는 그에 기재된 RA류 화합물들의 투여경로로서, '경구투여를 위한 정제, 캡슐 또는 엘릭서, 또는 비경구 투여를 위한 멸균용액 또는 현탁액과 같은 조성물로 제조하여 사용할 수 있다(갑제4호증의 2, 5면 17~19행)', '상기 화합물은 종래의 경로, 비경구 바람직하게는 경구방식으로 투여될 수 있다(갑제4호증의 2, 9면 하단 5행)'라고 기재하고 있고, 구체적인 시험예에 있어서는 쥐에게 피하투여 또는 경구투여한 후 뇌의 AchE 억제활성을 본 내용을 기재하고 있다(갑제4호증의 2, 7면).

또한 그 효과 기재에 있어서도 '생체 내에서의 비교적 큰 효능은 상기 약제들이 경구투여될 때 특히 두드러진다(갑제4호증의 2, 8면 하단 7~6행)', '이들 화합물들의 보다 높은 경구 생체내 이용률은 임상적 용도에 상당한 이점일 수 있다(갑제4호증의 2, 9면 32~33행)', 'RA4, RA6, RA7 및 RA8은 피소스티그민보다 경구투여 후의 생체 내 이용률이 양호하다(갑제4호증의 2, 9면 43~44행)'라고 기재하고 있다.

따라서, 비교대상발명 1은 RA7을 비롯한 RA 화합물들의 투여경로로서 경구 또는 피하투여, 특히, 경구투여 시의 우수성을 기재하고 있을 뿐이고, 경피투여의 가능성을 암시할 만한 내용은 기재하고 있지 않다.

2) 다만, 비교대상발명 1-1에 RA류 화합물들(RA7 포함)이 생체 내에서의 큰 활성을 나타내고 경구투여될 때 특히 두드러진다고 하며, 그러한 효과가 나타나는 요인의 하나로서 이들 화합물들이 보다 많은 양의 약제를 중추신경계의 효소에 접근시킬 수 있는 보다 높은 지질 용해도를 갖고 있기 때문이라고 기재되어 있고(갑제4호증의 2, 8면 하단 10~3행), 비교대상발명 1-2 또한 같은 내용을 기재하면서 RA 화합물들의 물성의 하나로 소수성(hydrophobicity)을 살피고 있다(갑제18호증 545면 마지막 문단, 546면 세 번째 문단). 그런데, 통상 경피투여에 적합한 약물들은 피부 투과를 위해서 지질 용해성이 높은 소수성 성질을 갖는 것이 요구되는바, 통상의 기술자가 비교대상발명 1의 이와 같은 내용으로부터 이 사건 제1항 발명의 활성성분이 경피투여에 우수함을 인식하여 이 사건 제1항 발명에 용이하게 이를 수 있는지 살핀다.

3) 살피건대, 비교대상발명 1은 그의 높은 지질 용해도를 RA7을 포함한 RA 화합물들이 경구투여에서 우수한 효과를 나타낸 근거의 하나로 삼고 있고, 이러한 성질로 인해서 위장관에서 흡수가 잘 이루어진 것이라고 설명하고 있으며, 앞서 살핀 바와 같이 명세서 전반에 걸쳐 경피흡수라는 투여경로를 인식하거나 암시할 만한 내용은 없는바, 비록 비교대상발명 1에 '높은 지질 용해도'라는 내용이 기재되어 있기는 하지만 그러한 사정만으로 경피흡수제에 대한 가능성을 암시한다거나 그러한 투여경로를

염두에 둔 기재라고 보기는 어렵다. 특히, 비교대상발명 1에서 보인 위장관 흡수 내지 궁극적으로는 뇌혈관장벽의 통과에 필요한 정도의 지질 용해도와 피부 각질층을 투과하여 경피흡수제로 사용하는 데에 필요한 지질 용해도는 각 세포 구조상 차이로 인해서 큰 차이가 있으므로 위의 기재가 피부 각질층의 통과를 예측할 정도의 지질 용해도를 의미하는 것인지 단정하기 어렵다. 특히 이 약물이 경피흡수된 후에 뇌의 목적하는 부위에서 앞에서 보인 바와 같은 효과를 나타낼 것인지는 그 기술분야의 통상의 기술자가 단순한 반복 실험으로 확인할 수 있는 정도라고 보기 어려운 점들을 보태어 보면, 비교대상발명 1의 위 기재만으로 RA7의 활성형 거울상 이성질체가 얼마만큼 현저한 경피흡수성을 가질 것인지 예측하는 것은 곤란한 것이라 하겠다.

(다) 비교대상발명 1과 비교대상발명 2 또는 3을 조합하여 이 사건 제1항 발명에 용이하게 이를 수 있는 것인지 여부

1) 먼저, 통상의 기술자가 비교대상발명 1과 비교대상발명 2를 조합하여 이 사건 제1항 발명에 이를 수 있는 것인지 살핀다.

비교대상발명 1은 RA7을 비롯한 RA 화합물들의 투여경로로서 경구 또는 피하투여, 특히, 경구투여 시의 우수성을 기재하고 있을 뿐이고, 경피투여의 가능성을 암시할 만한 내용은 기재하고 있지 않은 점은 앞서 본 바와 같다. 그런데, 어떤 약물이 특정 투여경로, 특히 경피흡수제와 같이 피부 각질층의 투과라는 특수한 생물학적 환경에서 효과를 나타낼 것인지 여부는 일차적으로 그 화합물이 갖고 있는 물리화학적 성질에 따라 좌우되는 것으로서, 그 투여경로가 교과서에 예시된 것이라든지, 그 투여경로에 대한 구체적인 약물동력학적 측면이 연구되었다는 사실만으로 그 가능성을 용이하게 예측할 수 없다.

청구인은, 비교대상발명 1에 RA7이 비경구적으로 투여될 수 있다는 내용이 있으므로 이를 비교대상발명 2의 경피투여 용법과 조합하여 용이하게 이 사건 제1항 발명에 이를 수 있다고 주장한다. 하지만, 이러한 주장은 통상의 기술자가 비교대상발명 2에 기재된 공지의 투여경로를 단순히 시도해볼 수 있다는 이유만으로 진보성을 부정하는 것으로서, 특정 활성성분과 특정 투여경로와의 적합성 여부, 효과 예측에 이르기까지의 기술적 곤란성 여부에 대한 정교한 고려가 없는 것이고, 새로운 투여경로를 개발하지 않는 이상 공지의 투여경로를 구성요소로 하는 용도발명은 모두 진보성이 부정되어야 한다는 취지여서 받아들이기 어렵다.

2) 다음으로, 통상의 기술자가 비교대상발명 1과 비교대상발명 3을 조합하여 이

사건 제1항 발명에 이를 수 있는 것인지 살핀다.

비교대상발명 3은 이 사건 특허발명과 마찬가지로 알츠하이머 치료제에 관한 발명으로서 경피투여 구성을 개시하고 있다는 점에서 이 사건 특허발명과 공통적인 특징을 갖는다고 볼 수 있다. 하지만, 비교대상발명 3의 활성성분(퀴누클리딘)은 이 사건 제1항 발명의 활성성분과는 전혀 구조적 유사성이 없는 화합물인데, 앞서 본 대로 어떤 화합물이 경피투여에 적합할 것인지 여부는 그 대상 질병이 무엇인지보다는 그 활성성분의 성질에 따라 결정되는 것이라 할 것인바(아무리 우수한 알츠하이머 치료제라 하더라도 활성성분이 경피흡수성을 갖지 못한다면 그러한 투여경로로의 개발이 용이하지 않을 것이다), 비교대상발명 1에 이 사건 제1항 발명의 활성성분이 경피투여제로서 적합하다는 것을 암시할 만한 충분한 기재가 없는 한 단순히 전혀 다른 화학구조식의 약물이 경피투여용 알츠하이머 치료제로 기재되어 있다는 사실만으로 이 사건 제1항 발명의 활성성분 또한 그러한 투여경로에 적합함을 당연히 의미하는 것이라 할 수 없다.

나아가, 비교대상발명 1은 RA 화합물들의 경구 또는 피하주사한 결과만을 기재하고 있는 점, 경구투여에서 우수한 활성이 얻어졌다고 되어 있어 또 다른 투여경로에 대한 별다른 동기를 제공하지 않는 점, 높은 지질 용해도를 갖는다는 기재는 있으나 경구투여의 활성과 연결 짓고 있어서 경피투여에의 용도를 제시한다고 보기에는 그 기재가 부족한 점은 앞서 본 바와 같아서, 통상의 기술자는 비교대상발명 1과 비교대상발명 3을 조합해 보더라도 RA7의 활성형 거울상 이성질체가 경피흡수제로서 우수한 효능을 갖는다고 용이하게 예측할 수는 없다고 하겠다.

3) 청구인은 이 사건 특허발명의 명세서 표 2의 실험에서는 경피투여를 하면서 경구투여보다 3배나 많은 용량을 투여한 것이어서 그의 우수성을 말하는 것이 타당하지 않을 뿐 아니라, 효과 지속성은 경피투여제의 일반적인 효과라고 주장한다. 살피건대, 표 2의 실험은 동일한 용량을 투여하여 투여경로에 따라 차이가 있는지를 보고자 한 것이 아니므로 각 투여경로에서 활성을 나타내는 용량을 투여한 후 그 효과를 대비하면 족하다 할 것이고, 경피투여에 사용한 용량이 특별히 투여량으로서 부적합한 정도의 과량이라고 볼 근거도 없다. 또한, 경피투여제들이 일반적으로 표 2와 같은 효과 패턴을 보이기는 하나, 모든 약물이 그러한 효과를 당연히 보이는 것이 아니라는 점에 주목하여야 할 것이고, 별다른 흡수촉진제 등의 사용 없이 그 정도의 효과를 나타낸 것이 당연한 효과라고 보기도 어렵다. 따라서, 청구인의 이러한 주장도 받

아들이기 어렵다.

(라) 정리

따라서, 이 사건 제1항 발명은 비록 그 활성성분의 라세미체가 비교대상발명 1에 개시되어 있어서 통상의 기술자가 그를 채택하고 그의 거울상 이성질체를 얻을 동기가 충분하다고 하더라도, 그의 경피흡수성에 대한 도출이 용이하다고 볼 근거는 부족하고, 효과 또한 예측 가능하다고 볼 수 없는바, 통상의 기술자가 비교대상발명 1을 비교대상발명 2 또는 비교대상발명 3과 조합하여 이 사건 제1항 발명을 용이하게 발명할 수 있다고 볼 수 없다.

나. 이 사건 제1항 발명이 선원주의에 위배된 것인지 여부

청구인은, 이 사건 제1항 발명과 분할출원된 특허발명인 특허 제133686호의 제1항이 단순한 목적의 상위 또는 용도의 상위에 불과하여 동일한 발명이므로 선원주의에 위배된 것이라고 주장한다. 하지만, 이 사건 제1항 발명은 '약학적 조성물'로서 의약용도에 관한 용도발명이고, 특허 제133686호의 제2항 발명은 이 사건 제1항 발명의 활성성분인 (S) 거울상 이성질체 형태의 화합물에 관한 것으로, 각각 용도발명과 물질발명으로 그 보호받고자 하는 사항이 명백히 다르다. 따라서, 이러한 청구인 주장은 물질이 동일하면 용도발명 자체가 선원주위에 위배되어 특허받을 수 없다는 것으로서, 물질발명과 용도발명을 구분하지 못한 것이어서 받아들일 수 없다.

다. 소결론

따라서, 이 사건 제1항 발명은 비교대상발명들에 의해서 진보성이 부정되지 않고, 또한 선원주위에 위배되어 잘못 등록된 것도 아니므로, 그와 같은 이유로 무효되어야 한다는 청구인들의 주장은 이유 없다.

2. 심결의 문제점

(1) 심결에서는, 먼저 이 사건 제1항 발명의 활성성분("구조식(I)의 거울상체 화합물")에 대한 진보성을 판단하였다. 그리고 진보성이 없다고 판단하였다. 그래서 경피투여에 대한 진보성을 판단하였다. 경피투여는 진보성이 있다고 판단하였다.

이 사건 제1항 발명은 "유리염기 또는 산부가염 형태의 구조식(I)의 화합물 및 전신 경피투여에 적합한 약학적 담체 또는 희석제를 포함하는 약학조성물"이다. 이

발명에서의 기술적 특징은 담체나 희석제도 아니고 경피투여도 아니다. 이 발명에서의 기술적 특징은 바로 "유리염기 또는 산부가염 형태의 구조식(I)의 화합물"이다. 이 화합물이 신규한 화합물이기 때문이다.

만일 경피투여에 특징이 있다면, 대상발명은 특허받을 수 없다. 대상발명은 약학조성물인데 경피투여라는 행위가 조성물의 특징이 될 수 없기 때문이다. 행위가 특징이 되기 위해서는 물(조성물) 발명이 아니라, 방법발명이 되어야 한다. 따라서 "유리염기 또는 산부가염 형태의 구조식(I)의 화합물"이 신규성과 진보성이 없다면 그 자체로 무효로 되어야 한다. 다시 말해서 경피투여에 대한 진보성을 판단할 필요가 없는 것이다. 그런데도 심결에서는, "유리염기 또는 산부가염 형태의 구조식(I)의 화합물"의 진보성을 판단하면서 경피투여에 대한 진보성을 판단하였다.

(2) 심결에서는, "경피투여 용도"에 대하여 진보성을 판단하였다. 앞에서도 살펴보았지만, 경피투여는 용도가 아니다. 경피투여는 행위요 방법이다. 어떤 약학조성물이 종래에 경구투여나 피하투여로 사용되어 왔는데, 어느 누가 경피투여를 해 보니 아주 효과가 좋다는 것을 발견하였다면, 그것은 일종의 방법에 관한 발명이다. 구체적으로 새로운 치료방법을 발견한 것이다. 조성물은 이미 공지되었기 때문에 특허대상이 아니다. 그런데 어떻게 조성물에 대해서 특허가 허여되었단 말인가.

(3) 심결에서는, 특허 제133686호가 이 사건 제1항 발명의 분할출원이라고 하였다. 하지만, 이 사건 제1항 발명이 특허 제133686호의 분할출원이다. 사실관계의 파악이 잘못되었다.

V. 결 어

이 사건의 대상발명에 대한 무효심판은 의약 조성물의 사용법이나 용량은 물론 용도발명에 대한 기본적인 개념마저 파악하지 못한 잘못된 심결이고 판결이다. 물건발명과 방법발명의 개념도 이해하지 못한 잘못된 판결이다. 이 사건의 판결이 용법발명에 대하여 진보성 판단기준을 제시한 것이라고 호도되어서는 안 된다. 나아가 용량발명 등 의약용도발명 전반에 걸쳐 적용될 수 있는 진보성 판단기준을 제시하였다고 호도되어서도 안 된다.

17. 발명의 진보성 판단[1]
— 특허심판원 사건 2017원4569(2019.06.27. 심결)에 관하여 —

I. 머리말

특허요건 중에서 가장 중요한 것은 신규성과 진보성이다. 특허여부를 결정하는 심사 과정이나 특허무효심판에서 매우 중요한 요건으로, 모든 특허요건 중에서 이 두 요건이 차지하는 비율은 95% 이상이 될 것이다. 그중에서 신규성은 진보성보다 판단이 용이하고 관련 사건도 대략 5% 미만이지만, 진보성은 그 판단도 어렵고 관련 사건도 대략 95% 이상으로 특허요건의 심사에서 거의 대부분을 차지한다.

진보성은 해당 발명이 속하는 기술분야에서 보통의 지식을 가진 자('당업자')가 그 발명을 용이하게(쉽게) 개발할 수 있다고 판단되면 진보성이 없다고 결론짓는 것이다. 전 세계의 모든 특허법이 진보성을 이렇게 규정한다. 지식을 많이 가져서도 안

---

1 「창작과 권리」 제97호(2019년 겨울호).

되고 적게 가져서도 안 되며 보통의 지식을 가진 자의 관점에서 판단한다. 지극히 추상적인 규정처럼 보이고, 따라서 진보성 판단은 주관적 판단이 될 가능성이 높은 것으로 이해될 수 있다. 그러나 진보성 판단은 그런 것이 아니다. 어떤 법이 추상적인 규정에 의하여 주관적으로 판단하도록 만들어졌다면 그 법은 잘못된 것이다. 주관적 판단은 법을 해석함에 있어서 올바른 판단방법이 아니다. 진보성 판단은 아주 구체적인 것이며 객관적인 것이다.

진보성 판단은 3단계 판단방법(Three Step Test)에 의해 행해진다. 첫째, 선행기술의 범위를 확정하고, 둘째, 선행기술과 해당발명의 차이점을 분석하여 진보성의 유무를 판단하고, 셋째, 두 번째 단계에서 진보성을 판단하는 자가 당업자의 기술수준을 파악하여 당업자라는 가정하에서 진보성을 판단한다.

우선, 첫 번째 단계인 선행기술의 범위를 파악하는 단계에서는 그 범위를 해당 발명의 해당(pertinent) 기술분야에 한정해야 한다. 조금 더 확장한다면, 해당 발명과 유사한(analogous) 기술분야까지 확장할 수 있다. 그런데 우리의 심사 실무에서는 선행기술의 범위를 파악하는 단계부터 잘못된 경우가 상당히 많다. 해당 또는 유사 기술분야가 아닌데도 진보성 증거로 인용하고 있다. 이러한 잘못된 심사는 진보성과 신규성을 정확히 이해하지 못하기 때문이다. 신규성은 선행기술의 범위에 제한이 없기 때문에 모든 기술분야를 망라하지만, 진보성은 해당 기술분야 및 유사 기술분야에 한정된다. 또한 신규성은 동일성을 판단하기 때문에 판단에 융통성이 없지만(narrow), 진보성은 용이창작의 여부를 판단하기 때문에 상당한 융통성이 있다(broad). 이러한 기본 법리를 이해하면 진보성 판단을 위한 선행기술의 범위를 정확히 파악할 수 있다.

두 번째 단계는 진보성 판단에서 가장 중요하다. 우선 선행기술과 해당 발명의 차이점을 정확히 파악해야 한다. 그 차이점을 파악하기 위해 발명의 목적, 구성 및 효과를 파악한다. 물론 이 중에서 가장 중요한 것은 발명의 구성이다. 발명의 구성이 다르다면, 목적이나 효과도 다를 수밖에 없기 때문에 발명의 진보성이 부인되지 않는다. 또한 목적이나 효과가 다르다면, 구성도 다를 수밖에 없고, 따라서 이 경우도 진보성이 부인되기 어렵다. 목적이나 효과가 다른데 구성이 동일하다면, 그것은 신규성 문제일 가능성이 높고 진보성 문제일 가능성은 아주 희박하다. 그런데 우리의 심사, 심판 및 소송 실무에서는 이 단계에서 결정적인 잘못을 범하고 있다.

우리 실무는 발명의 차이점을 파악함에 있어서, 발명을 구성요소로(1, 2, 3, 4 등으로) 분해한다. 그리고 그 구성요소별로 선행기술의 구성요소와 대비한다. 마치 청구항을 기계적으로 분해하듯이 구성요소로 분해한다. 발명의 차이점을 이렇게 구성요소별로 분해하여 진보성을 판단하는 나라는 우리나라가 유일하다. 발명을 구성요소로 대비하여 진보성을 기계적으로 판단한 심결이나 판결은 우리나라에만 존재한다. 이러한 판단방법은 나무만을 보고 숲을 보지 못하는 결과를 가져온다. 진보성의 판단은 발명의 목적, 구성 및 효과를 파악하여 기술적 특징들(technical features)을 중심으로 판단하는 것이지, 모래알과 같은 구성요소를 대비하여 판단하는 것이 아니다.

구성요소들이 선행기술에 모두 개시된 경우의 진보성 판단은 반드시 발명의 효과에 대한 파악이 수반되어야 한다. 공지된 구성요소들의 조합에 의하여 다른(different) 또는 예측하지 못한(unexpected) 결과를 가져온다면 그 발명의 진보성은 부인되지 않는다. 다시 말해서, 상승효과(synergistic result) 또는 상승작용(synergism)을 파악해야 한다. 상승효과가 인정되면, 설사 모든 구성요소들이 복수의 선행기술에 개시되었다 하더라도, 진보성이 부인되지 않는다. 이 경우, 상승효과가 없다고 해서 반드시 진보성이 부인되는 것은 아니다. 이것이 진보성 판단의 올바른 법리다. 상승효과를 판단하지도 않고 공지된 구성요소들의 조합이라는 이유로 당업자가 용이하게 개발할 수 있다고 판단하는 우리의 실무는 이제 지양되어야 한다. 우리의 특허실무는 상당히 많은 발명들을 진보성으로부터 배제시키고 있다.

발명은 구성요소들의 집합체(aggregation)가 아니다. 발명은 기술적 사상(technical idea)이다. 집합체(aggregation)는 구성요소들의 단순한 모음이다. 집합체는 전체가 중요하지 않다. 개개의 구성요소만의 특성을 갖고 있을 뿐이다. 발명은 그러한 집합체가 아니라, 구성요소들이 모여서 새로운 효과 내지 상승작용을 나타낸다. 따라서 발명에서는 개개의 구성요소의 특성은 중요시되지 않는다. 전체적인 효과 내지는 상승작용이 중요하기 때문이다. 구성요소만을 대비하여 진보성을 판단하는 우리의 심결이나 판결은 하루빨리 그 잘못으로부터 벗어나야 한다. 구성요소만을 대비하는 기계적인 판단에서 벗어나서 발명의 효과 내지는 상승작용을 비롯한 통합적인 관점에서 발명의 사상을 이해해야 한다.

마지막으로 당업자의 기술수준을 파악하여 판단하는 자가 그 기술분야의 당업자라는 가정하에서 진보성을 판단한다. 해당 기술분야를 공부한 적도 없고 경험한 적도 없는데, 해당 기술분야의 보통의 전문지식을 가진 자라고 생각하고 진보성을 판단하라니 답답한 일이 아닐 수 없을 것이다. 때로는 심판이나 소송 과정에서 통상의 기술자가 누구인지, 그가 가지고 있는 기술수준이 어느 정도인지를 묻거나 그에 대한 증거를 제출하라는 웃지 못할 일도 벌어진다. 당업자의 기술수준은 발명의 목적, 구성 및 효과를 파악하여 그 발명을 전체적으로 이해하게 될 때 이해될 수 있는 것이다.

이러한 방법으로 진보성을 판단하면 주관적 판단에 의존하지 않고 보다 객관적으로 진보성을 판단할 수 있다. 그렇다 하더라도 어려운 경우가 있을 수 있다. 그래서 마지막으로 활용될 수 있는 것이 바로 2차적 고려사항(보조증거)(secondary considerations)이다. 2차적 고려사항이란 상업적 성공(commercial success), 소비자의 욕구(long-felt-but-unfulfilled-need), 발명의 개발과정(development history), 복제품의 등장(copying) 등이 있다. 2차적 고려사항은 객관적 증거이지만 항상 인용될 수 있는 강력한 증거는 아니다. 하지만, 진보성 판단을 보다 객관적으로 하기 위해 충분한 가치가 있는 것들이다. 물론 신규성 판단에는 2차적 고려사항이 절대로 사용될 수 없다.

II. 특허심판원 심판 2017원4569 심결문[2]

주 문

이 사건 심판청구를 기각한다.

---

2 심판장 손용욱, 주심 황준석, 심판관 임형근.

청 구 취 지

원결정을 취소한다. 2016년 특허출원 제7028801호는 특허결정한다.

이 유

1. 기초 사실

가. 절차의 경위

① 우선권주장일/국제출원일/번역문제출일(원출원): 2011.03.16./2012.02.01./2013.10.01.

② 분할출원일: 2016.10.17.

③ 의견제출통지/명세서 등 보정서: 2017.01.02./2017.02.03.

④ 거절결정(원결정): 2017.07.14.

⑤ 심판청구: 2017.09.25.

나. 이 사건 출원발명

(1) 특허청구범위(2017.02.03. 보정된 것)

청구항 1. 가공작업 중에 작업물(2)을 향하는 레이저빔(3)을 둘러싸는 하나의 유출개구(9)를 갖는 기계제어 보호하우징(8)이 구비된 레이저빔을 이용한 작업재료 가공기계에 있어서(이하 '**구성 1**'), 보호하우징(8)은 측정변수로서 소정의 물리적 특성을 측정하는 최소한 하나의 센서를 구비하고(이하 '**구성 2-1**'), 센서는 하나의 제어장치에 연결되며, 상기 제어장치는 상기 물리적 특성의 실제 측정값과 기준값을 비교하여, 상기 측정값/기준값의 비에 따라 상기 레이저빔(3)을 차단하거나 또는 레이저빔의 활성화를 저지하고(이하 '**구성 3**'), 센서의 최소한 하나는 상기 보호하우징(8)의 손상에 의해 야기되는 전기저항의 변화를 검출하는 저항센서(20)이고(이하 '**구성 2-2**'), 유출개구(9)는 상기 보호하우징(8)의 일부를 형성하는 압력편(21) 상에 배열되고, 상기 저항센서(20)는 상기 압력편(21)에 장착되고(이하 '**구성 4**'), 그리고 저항센서는 상기 보호하우징(8)의 상기 유출개구(9)가 상기 작업물(2) 상에 놓이게 될 때 비로소 레이저빔 소스의 활성화를 가능하게 하는 안전회로(24)의 일부인 것(이하 '**구성 5**')을 특징으로 하는 레이저빔을 이용한 작업재료 가공기계(이하 '이 사건 제1항 발명'이라 한다.)

청구항 2~20. (기재 생략)

(2) 주요 도면: [별지 1]과 같다.

다. 비교대상발명들(주요 내용 및 도면은 [별지 2]와 같다.)

비교대상발명 1(일본 공개특허공보 특개2008-155246호, 2008.07.10. 공개)은 '레이저광을 이용하고 납땜을 실시할 수 있는 레이저 가공기'에 관한 것이고, 비교대상발명 2(일본 공개특허공보 특개2008-119749호, 2008.05.29. 공개)는 '레이저 가공의 어플리케이션을 위한 레이저 보호 장치'에 관한 것이다. 그리고 비교대상발명 3(일본 공개특허공보 특개소62-021495호)은 종속항의 진보성을 부정하기 위해 심사 과정에 사용되었으나 이 사건 심결의 판단에는 활용되지 않으므로 구체적인 기재는 생략한다.

라. 원결정 이유

이 사건 출원발명은 그 발명이 속하는 기술분야에서 통상의 지식을 가진 사람(이하 '통상의 기술자'라 부른다.)이 비교대상발명 1 내지 3에 의하여 쉽게 발명할 수 있으므로 특허법 제29조 제2항의 규정에 의하여 특허를 받을 수 없다.

2. 청구인의 주장

이 사건 출원발명은 보호하우징과 전기저항 변화를 검출하는 저항센서를 구비하고, 저항센서에서 측정한 측정값과 기준값을 비교하는 데 비해 비교대상발명 1 내지 3에는 이에 대응되는 구성이 나타나 있지 않다.

3. 판단

가. 이 사건 제1항 발명의 진보성이 부정되는지 여부

(1) 목적의 대비

이 사건 제1항 발명은 기계를 완전하게 둘러싸는 하우징 없이도 마모의 결과로 보호하우징이 손상되더라도 작업자의 안전을 보장할 수 있게 하는 것을 목적으로 한다.

이에 대응하여 비교대상발명 1은 작업 중에 레이저광이 외부로 새어 나가는 것을 방지할 수 있는 레이저 가공기를 제공함으로써 작업자에 대한 안전성을 높이는 것을 목적으로 하고 있고, 비교대상발명 2는 레이저 방사에 의해 레이저 보호호일이 손상될 경우 레이저의 작동을 중지시키고, 재기동을 위해서는 레이저 보호호일을 교환할 수 있는 레이저 보호 장치를 통해 작업자의 안전을 확보하는 것을 목적으로 하고 있다.

살피건대 이 사건 제1항 발명은 레이저빔이 작업 공간 밖으로 새어 나가지 않도록 보호막을 설치함으로써 작업자의 안전을 확보한다는 점에서 비교대상발명 1, 2와 공통된 목적을 가진다.

(2) 구성의 대비

(가) 구성 1

구성 1의 '가공작업 중에 작업물(2)을 향하는 레이저빔(3)을 둘러싸는 하나의 유출

개구(9)를 갖는 기계제어 보호하우징(8)'에 대응되는 비교대상발명 1의 구성은 '가공작업 중에 대상물(B)을 향하는 레이저광을 둘러싸는 하나의 유출개구를 갖는 보호커버(14)'인데(식별번호 [0020], 도면 1 참조), 양 대응 구성은 명칭과 표현의 정도만 다를 뿐 실질적으로 동일하다.

(나) 구성 2-1 및 구성 2-2

구성 2-1 및 구성 2-2는 '보호하우징(8)은 측정변수로서 소정의 물리적 특성을 측정하는 최소한 하나의 센서를 구비하고, 센서의 최소한 하나는 보호하우징(8)의 손상에 의해 야기되는 전기저항의 변화를 검출하는 저항센서(20)인 것'인데, 비교대상발명 1에는 이에 대응되는 구성이 구체적으로 나타나 있지 않다.

그런데 비교대상발명 2에는 '레이저빔이 레이저 보호호일(3)에 매립된 도체경로(구성 2-2 및 구성 2-2의 '저항센서'와 동일)에 닿으면 열에 의해서 저항이 변하고, 더욱 가열되면 저항이 따라서 커지게 되어 정해진 역치를 넘으면 레이저의 스위치를 작동시켜 작동을 차단하는 구성'이 나타나 있다(식별번호 [0043], [0044], 실시예 2 참조).

구성 2-1 및 구성 2-2와 비교대상발명 2의 위 대응 구성은 레이저의 누출을 차단하기 위한 보호용 구조물의 손상 유무를 확인하기 위해서 보호용 구조물에 설치된 전기저항의 변화를 검출한다는 점에서 실질적으로 동일하고, 구성 2-1 및 구성 2-2는 비교대상발명 1의 보호커버(14)에 비교대상발명 2의 도체경로를 결합함으로써 도출할 수 있다.

그리고 비교대상발명 2의 도체경로는 저항의 변화를 감지할 수 있는 센서의 일종이고, 비교대상발명 1에서 필요한 물리적 특성을 측정하기 위해서 센서를 추가로 구비하는 것은 통상의 기술자의 창작능력 범위 내의 것이라고 할 수 있으므로, 비교대상발명 1의 보호커버(14)에 비교대상발명 2의 도체경로를 결합하는 데 특별한 기술적 어려움이 인정되지 않는다.

따라서 구성 2-1 및 구성 2-2는 비교대상발명 1, 2의 대응 구성의 조합에 의해 쉽게 도출할 수 있는 것이다.

(다) 구성 3

구성 3의 '센서는 하나의 제어장치에 연결되며, 제어장치는 물리적 특성의 실제 측정값과 기준값을 비교하여, 측정값/기준값의 비에 따라 레이저빔(3)을 차단하거나 또는 레이저빔의 활성화를 저지하는 구성'에 대응되는 비교대상발명 1의 구성은 '접촉검지 수단이 하나의 제어부(15)에 연결되며, 제어부가 센서의 측정값과 기준값을 비교하여, 레이저광을 차단하거나 또는 레이저광의 활성를 저지하는 구성'이다(식별번호 [0022] 내지 [0024] 참조).

구성 3과 비교대상발명 1의 대응 구성을 대비해 보면, 양 구성은 레이저광의 차단 여부를 결정하기 위해서 제어장치가 센서의 측정값과 기준값을 비교한다는 점에서 동일하고, 다만 구성 3은 센서가 측정하는 대상이 물리적 특성인 반면에 비교대상발명 1의 센서가 측정하는 대상은 접촉의 발생 유무라는 점에서 센서가 측정하는 대상에 차이가 있고(이하 '차이점 1'), 구성 3은 측정값과 기준값을 비교하는 과정에서 측정값/기준값의 비를 기준으로 하지만 비교대상발명 1에는 이와 관련해 명시적으로 나타나 있지 않다는 점에서 차이가 있다(이하 '차이점 2').

먼저 차이점 1에 대하여 살펴보면, 비교대상발명 2에는 '센서가 전류, 전압, 압력, 가스, 음향 신호 등을 검출하여 그 결과에 따라 레이저의 작동 스위치를 제어하는 구성'(식별번호 [0040] 내지 [0058] 참조)이 나타나 있는바, 구성 3과 비교대상발명 2의 대응 구성은 센서가 측정하는 대상이 모두 물리적 특성이라는 점에서 동일하므로 차이점 1은 비교대상발명 1의 제어부에 비교대상발명 2의 각종 센서들을 추가로 조합하여 연결함으로써 극복할 수 있는 것이다.

다음으로 차이점 2에 대하여 살펴보면 측정값이 기준값에 비해 근접하거나 벗어나는 정도를 비율이나 차이 등의 수식으로 나타낼 수 있는 수학적인 표현 방법은 여러 가지가 있는바, 차이점 2는 비교대상발명 1, 2를 조합하는 과정에서 측정값과 기준값을 비교할 때, 비율로 표현하는 방식을 단순히 선택함으로써 극복할 수 있는 것이다.

그리고 비교대상발명 1, 2는 모두 각종 센서를 구비한 레이저 누출 방지용 안전장치에 관한 기술 분야에 속하고, 각종 물리적 특성을 측정하기 위해서 필요한 센서를 추가로 설치하거나 센서의 측정값을 기준값과 비교할 때 사용하는 수식을 선택하는 정도는 통상의 기술자의 창작능력 범위 내의 것이므로 비교대상발명 1, 2를 조합하는 데 특별한 기술적 어려움이 인정되지 않는다.

따라서 구성 3은 비교대상발명 1, 2의 조합에 의해 쉽게 도출할 수 있는 것이다.

(라) 구성 4

구성 4의 '유출개구(9)는 보호하우징(8)의 일부를 형성하는 압력편(21) 상에 배열되고, 저항센서(20)는 압력편(21)에 장착되는 것'에 대응되는 비교대상발명 1의 구성은 '유출개구가 보호커버의 일부를 형성하는 본체 상에 형성되는 것'인데, 구성 4와 비교대상발명 1의 대응 구성은 유출개구가 보호하우징의 일부를 형성하도록 배열된다는 점에서 동일하고, 다만 구성 4는 저항센서가 압력편에 장착되는 반면에 비교대상발명 1에는 이에 대하여 나타나 있지 않다는 점에서 차이가 있다.

위 차이에 대해 살펴보면 비교대상발명 2에는 도체경로가 레이저 보호호일에 매립되고, 저항을 측정하는 구성이 나타나 있는바(식별번호 [0043], [0044], 실시예 2 참조), 구성 4는 비교대상발명 1에서 센서를 매립하여 설치할 수 있도록 보호커버에 설치된 센서의 설치구조를 설계 변경하여 비교대상발명 2에서 도체경로를 보호호일에 매립해서 설치하는 구성을 조합함으로써 도출할 수 있는 것으로서, ① 비교대상발명 1, 2가 모두 레이저 누출 방지용 안전장치에 관한 기술 분야에 속하므로 구성요소를 전용할 동기가 있다고 할 수 있고, ② 비교대상발명 1에는 이미 접촉검지수단(16)이 보호커버(14)의 내에 매립 설치된 구성이 나타나 있는바, 다른 센서를 보호커버 내에 매립하여 설치하도록 센서의 설치구조를 설계 변경하는 것에 특별한 어려움도 없으며, ③ 비록 비교대상발명 1의 보호커버와 비교대상발명 2의 보호호일은 크기나 설치 위치에서 차이가 있다고 하더라도 이러한 차이가 레이저 가공을 실시하는 부위에 구비되는 위 대응 구성을 조합하는 것을 방해한다고 보이지 않는 점을 고려하면, 비교대상발명 1, 2의 대응 구성을 조합하여 구성 4를 도출하는 것에 특별한 기술적 어려움이 인정되지 않는다.

따라서 구성 4는 비교대상발명 1, 2의 대응 구성을 조합하여 쉽게 도출할 수 있는 것이고, 이에 반하여 비교대상발명 1, 2에는 전기저항 변화를 검출하는 저항센서와 보호하우징이 구비되지 않아 양 발명을 조합하는 것이 쉽지 않다는 청구인의 주장은 받아들일 수 없다.

(마) 구성 5

구성 5의 '저항센서는 보호하우징(8)의 유출개구(9)가 작업물(2) 상에 놓이게 될 때 비로소 레이저빔 소스의 활성화를 가능하게 하는 안전회로(24)의 일부인 것'에 대응되는 비교대상발명 1의 구성은 '접촉 감지 수단은 보호커버의 유출개구가 대상물(B) 상에 놓이게 될 때 비로소 레이저빔 소스의 활성화를 가능하게 하는 안전회로인 것'(식별번호 [0022] 내지 [0024])이다.

구성 5와 비교대상발명 1의 대응 구성을 대비해 보면 양 구성은 보호하우징이 작업물 상에 안전하게 밀착되는지 여부를 확인하는 안전회로를 포함한다는 점에서 동일하다. 다만 구성 5는 저항센서를 더 포함하는 반면에 비교대상발명 1에는 저항센서가 포함되어 있지 않는다는 점에서 차이가 있으나, 비교대상발명 2에는 '안전장치로서 도체경로를 구비하고, 도체경로의 저항 변화를 통해 보호 구조물의 손상 여부를 확인함으로써 레이저를 차단하는 구성'이 개시되어 있는바, 위 차이는 비교대상발명 1의 보호커버(14)에 보호커버(14)의 구조적 손상을 측정할 수 있도록 비교대상발명 2의 저항센서의 일종인 도체경로를 결합함으로써 극복할 수 있다.

그리고 비교대상발명 1의 보호커버(14)에 측정하고자 하는 물리적 특성에 맞추어 센서를 추가로 설치하는 정도는 통상의 기술자의 창작능력 범위 내라 할 수 있으므로, 비교대상발명 1, 2를 결합하는 데 특별한 기술적 어려움이 인정되지 않는다.

따라서 구성 5는 비교대상발명 1과 2의 대응 구성을 결합하여 쉽게 도출할 수 있다.

(3) 효과의 대비

위와 같이 이 사건 제1항 발명의 구성은 비교대상발명 1, 2에 제시된 기술 사상에 의하여 쉽게 도출되므로 센서를 통해서 보호하우징의 손상을 바로 알 수 있고, 손상이 발생한 경우 레이저빔을 차단함으로써 기계 작동시 안전을 향상시키는 이 사건 제1항 발명의 효과도 비교대상발명 1, 2로부터 예측할 수 있는 것이다.

(4) 대비 결과

결국 이 사건 제1항 발명은 그 목적·구성·효과가 비교대상발명 1, 2에 의해서 쉽게 도출되거나 예측될 수 있는 것이다.

나. 소결

이상 살펴본 바와 같이, 이 사건 제1항 발명은 통상의 기술자가 비교대상발명 1, 2에 의하여 쉽게 발명할 수 있는 것이므로 특허법 제29조 제2항의 규정에 의해 특허를 받을 수 없고, 특허출원에서 특허청구범위가 둘 이상의 청구항으로 이루어진 경우에 어느 하나의 청구항이라도 거절이유가 있으면 그 출원은 일체로서 거절되어야 하므로, 더 나아가 이 사건 출원발명의 나머지 청구항에 대하여 살펴볼 필요 없이 이 사건 출원발명을 거절한 원결정은 적법하다.

4. 결론

그러므로 이 사건 심판청구를 기각하기로 하여 주문과 같이 심결한다.

Ⅲ. 평 석

위 심결은 발명 기술에 대한 이해도 없고, 진보성이 왜 없는지에 대한 논리도 없다. 위 심결은 하나의 발명을 거절하기에 필요한 법적 근거를 만들었을 뿐이다. 누가 이 심결을 읽고 이해할 수 있단 말인가. 무엇이 문제인지 살펴보자.

1. 청구인의 주장에 대한 파악이 잘못되었다

심결에서는, 청구인의 주장이 '*이 사건 출원발명은 보호하우징과 전기저항 변화를 검출하는 저항센서를 구비하고, 저항센서에서 측정한 측정값과 기준값을 비교하는 데 비해 비교대상발명 1 내지 3에는 이에 대응되는 구성이 나타나 있지 않다*'는 것이다. 그러나 청구인이 심판청구서에서 주장한 것은 다음과 같다:

우선, 본원발명과 인용발명 1의 차이점을 살펴보면,

(1) 본원발명은 보호하우징(8)이 구비되지만, 인용발명 1은 보호하우징이 없다. 인용발명 1은 보호커버(14)가 구비되지만, 이는 본원발명의 보호하우징(8)과는 다른 것이다. 그 이유는 본원발명의 보호하우징(8)은 기계작동(기계제어) 보호하우징이지만, 인용발명 1의 보호커버(14)는 기계작동(기계제어)이 아니기 때문이다.

(2) 인용발명 1은 보호커버(14)의 손상으로 인해 발생하는 전기저항 변화를 검출하기 위한 저항센서가 없지만, 본원발명은 보호하우징(8)의 손상으로 인해 발생하는 전기저항 변화를 검출하기 위한 저항센서(20)가 특징이다.

(3) 본원발명은 실제 측정값(저항)과 기준값을 비교하는 제어장치를 포함하지만, 인용발명 1은 이러한 구성이 없다.

다음으로, 본원발명과 인용발명 2의 차이점을 살펴보면,

(4) 인용발명 2는 레이저 가공기계의 기계제어 보호하우징에 대해 개시하지 않으며, 다만 고정된 인클로저(static enclosure)에 대한 발명이다. 인용발명 2는 능동 레이저 보호 및 수동 레이저 보호의 아이디어에 기반하고 있다(명세서 [0023]).

(5) 인용발명 2의 보호호일(3)은 레이저 보호벽(1) 앞에서 확장단계 중에 인장되는데, 그 *인장변형(tensile strain)을 감지하기 위하여 확장센서(4)가 보호호일(3) 상에 구비된다. 인용발명 2의 확장센서(4)는 보호호일(3)의 인장변형(tensile strain)을 감지하기 위한 것으로, 이는 보호하우징(8)의 손상으로 인해 발생하는 전기저항 변화를 검출하는 본원발명의 저항센서(20)와는 다른 것이다.*

(6) 인용발명 1은 보호커버(14)의 하단부 가장자리에 배치된 압전소자(piezo electric element)(16)가 상기 보호커버 외부로의 레이저 복사 누출을 방지하는 기술만을 개시하고, 인용발명 2는 본원발명 명세서 *[0013]에 기재된 용접 작업시 작업물에 대해 눌려지는 부분, 즉 기계작동 보호하우징의 매우 높은 압력이 걸린 압력편(pressure piece)의 영역에서 발생하는 보호하우징의 손상으로 인한 전기저항 변화를 검출하지 못하기 때문에, 인용발명 1 및 2를 결합한다고 해서 본원발명의 기계작동 레이저 헤드의 압력편의 손상을 검출하는 것을 쉽게 발명할 수 있다고 할 수 없다.*

마지막으로, 발명의 효과상의 차이점을 살펴보면,

(7) 본원발명은 사용자 및 작업환경에 따라 다양한 화학적 및 물리적 특성의 변화를 민감하게 측정할 수 있는 센서들을 보호 하우징 등에 배치해 레이저 유출여부를 민감하게 감지하여 작업 안전성을 대폭 향상시킨 발명의 효과를 갖는다. 본원발명은 레이저 빔(3)을 둘러싸는 하나의 *유출 개구(9)를 갖는 기계 제어 보호하우징(8)이 구비되고, 그 보호하우징(8)에는 그 보호하우징(8)의 손상에 의해 야기되는 전기저항의 변화를 검출하는 저항센서(20)가 구비되고, 그 저항센서(20)는 보호하우징(8)의 유출 개구(9)가 작업물(2) 상에 놓이게 될 때 비로소 레이저 빔 소스의 활성화를 가능하게 함으로써 본 발명의 효과를 가져오는 것이다.*

심결에서는, 이 7가지 주장에 대한 검토의견은 전혀 없다. 이 7가지 주장에 대해서 검토의견을 충실히 설시했다면, 그 자체가 충실한 심결문이 되었을 것이다.

2. 발명의 목적, 구성, 효과에 대한 판단은 지극히 기계적이었다

심결에서는 발명의 목적, 구성, 효과에 대하여 판단하였는데, 그 판단은 지극히 형식적이고 기계적인 판단이었다. 청구인은 본원발명의 목적과 인용발명 1, 2의 목적이 같다는 것을 인정하였다. 다만 구성이 다르고, 구성이 다르기 때문에, 효과가 다르다는 것을 주장하였다. 그러나 심결에서는 이에 대한 검토가 전혀 없다.

구체적으로 살펴보면, 심결에서는 "*위와 같이 이 사건 제1항 발명의 구성은 비교대상발명 1, 2에 제시된 기술 사상에 의하여 쉽게 도출되므로 센서를 통해서 보호 하우징의 손상을 바로 알 수 있고, 손상이 발생한 경우 레이저빔을 차단함으로써 기계 작동 시 안전을 향상시키는 이 사건 제1항 발명의 효과도 비교대상발명 1, 2로부터 예측할 수 있는 것이다.*"라고 판단하였다. 이는 효과상의 차이점을 설명한 것이 아니라, 결론에 불과하다. 충분한 검토의견도 없이 결론을 내리고 있는 것이다. 본원발명에서 센서들을 보호 하우징 등에 배치해서 레이저 유출여부를 감지하여 작업 안전성을 대폭 향상시킨 발명의 효과에 대해서는 언급조차 없다. 그에 대한 설명이 없이 발명의 효과가 예측가능하다는 결론을 내렸다.

3. 발명의 구성에 대한 판단 역시 지극히 기계적이었다

심결에서는, 발명을 5가지 구성요소로 분류하고, 각각의 구성요소가 인용발명 1, 2에 개시되었다고 파악하였다. 그리고는 이들의 조합은 당업자에게 쉽게 할 수 있는 것이라 하였다.

발명의 구성요소가 각각 개별로 선행기술자료에 개시되지 않는 발명은 극히 드문 일이다. 개별의 구성요소는 아주 몇몇의 경우를 제외하고는 거의 대부분 선행기술자료에 개시되기 마련이다. 그렇기 때문에 발명의 진보성은 개개의 구성요소에 대한 개시여부를 판단하는 것이 아니라, 전체 발명의 사상, 즉 유기적인 관계, 작용효과, 발명의 동기 등을 종합적으로 검토하여 판단해야 한다.

발명의 진보성은 사후적으로 판단해서는 안 된다. 콜럼버스의 계란을 보고 나서 '나도 할 수 있다'고 생각해서는 안 된다. 어떤 발명이 당업자가 그토록 쉽게 개발할 수 있는 것이라면, 그것은 이미 세상에 출현했어야 했다. 이제까지의 문제점을 해결하고자 했고, 그 결과 소정의 효과가 입증되었다면, 발명의 가치를 그렇게 쉽게 부인해서는 안 된다. 개개의 구성요소가 선행기술자료에 각각 개시되어 있다는 이유만으로, 발명자의 발명을 쉽게 무시해서는 안 된다.

4. 국제조사기관에서의 진보성 인정

청구인은, 심판청구서에서, 청구항 3에 대하여 진보성을 인정한 국제조사기관 (ISA)의 견해서(Written Opinion)를 제출하면서, 진보성을 주장하였다. 본원발명의 청구항 1은 PCT 국제출원의 최초 청구항 1, 2 및 3을 병합한 것으로, 국제조사기관 에서는 "상기 저항센서는 상기 보호 하우징(8)의 상기 유출 개구(9)가 상기 작업물 (2) 상에 놓이게 될 때 비로소 레이저 빔 소스의 활성화를 가능하게 하는 안전회로 (24)의 일부인 것"이라 한정한 최초 청구항 3이 진보성을 갖는 이유를 다음과 같이 설명하였다:

"*청구항 3(최초 청구항 3을 의미함)의 기술적 한정은 검색된 선행기술에 공지된 바도 없고 자명한 것도 아니다. 청구항 3에서 해결하고자 하는 과제는 레이저 빔에 의하여 재료가공하는 기계에서 복수개의 안전 장치의 구조적인 통합을 얻고자 하는 것으로 이해될 수 있다. 청구항 3에 개시된 능동 레이저 보호벽의 안전장치(안전 회로)가 개별적으로는 공지되었다 할지라도(D3: 전류-이동 도체에 의한 하우징의 통합 감시 및 D5: 작업물 상의 출구 슬릿의 존재 감시), 단일의 전류-가이드형 도체 에서 통합적으로 구현한 것은 검색된 선행기술에 개시된 바도 없고 암시한 바도 없 다.*"

국제조사기관(ISA)의 견해서(Written Opinion)는 진보성이 있다는 이유를 적극적 으로 설명하고 있다. 반면 특허심판원은 청구인이 주장을 하는 데에도 일언반구의 검토의견이 없다. 그들은 그런 검토의견을 낼 능력조차 없는 것처럼 보인다.

5. 외국에서의 대응특허 등록 현황

본원발명에 대응하는 국내단계출원이 미국, 일본, 중국 및 유럽연합에서 진보성이 인정된 결과 모두 특허등록되었고 이러한 사실도 심판청구서에서 주장하였다. 심결에서는 이에 대한 판단도 전혀 없다.

발명의 진보성은 국가가 다르다고 해서 그 판단이 달라지는 것이 아니다. 그들은 왜 진보성을 인정했는지 한번쯤 생각해 볼 수도 있었을 것이다. 일말의 호기심이라도 있었다면. 진보성을 판단할 능력도 없고, 관심도 없다고 볼 수밖에 없다.

IV. 결 어

진보성 판단은 3단계 판단방법(Three Step Test)에 의해 행해진다. 첫째, 선행기술의 범위를 확정하고, 둘째, 선행기술과 해당 발명의 차이점을 분석하여 진보성의 유무를 판단하고, 셋째, 두 번째 단계에서 진보성을 판단하는 자가 당업자의 기술수준을 파악하여 당업자라는 가정하에서 진보성을 판단한다.

우리 실무는 발명의 차이점을 파악함에 있어서, 발명을 구성요소로(1, 2, 3, 4 등으로) 분해한다. 그리고 그 구성요소별로 선행기술의 구성요소와 대비한다. 마치 청구항을 기계적으로 분해하듯이 구성요소로 분해한다. 발명의 차이점을 이렇게 구성요소별로 분해하여 진보성을 판단하는 나라는 우리나라가 유일하다. 이러한 판단방법은 나무만을 보고 숲을 보지 못하는 결과를 가져온다. 진보성의 판단은 발명의 목적, 구성 및 효과를 파악하여 기술적 특징들(technical features)을 중심으로 판단하는 것이지, 모래알과 같은 구성요소를 대비하여 판단하는 것이 아니다. 구성요소들이 선행기술에 모두 개시된 경우의 진보성 판단은 반드시 발명의 효과에 대한 파악이 수반되어야 한다. 공지된 구성요소들의 조합에 의하여 다른(different) 또는 예측하지 못한(unexpected) 결과를 가져온다면 그 발명의 진보성은 부인되지 않는다.

발명은 구성요소들의 집합체(aggregation)가 아니다. 발명은 기술적 사상(technical idea)이다. 집합체(aggregation)는 구성요소들의 단순한 모음이다. 집합체는 전체가 중요하지 않다. 개개의 구성요소만의 특성을 갖고 있을 뿐이다. 발명은 그러한 집합체가 아니라, 구성요소들이 모여서 새로운 효과 내지 상승작용을 나타낸다.

위 심결에서는, 발명을 5가지 구성요소로 분류하고, 각각의 구성요소가 인용발명 1, 2에 개시되었다고 파악하였다. 그리고는 이들의 조합은 당업자에게 쉽게 할 수 있는 것이라 하였다. 그러나 발명의 진보성은 개개의 구성요소에 대한 개시여부를 판단하는 것이 아니라, 전체 발명의 사상, 즉 유기적인 관계, 작용효과, 발명의 동기 등을 종합적으로 검토하여 판단해야 한다.

국제조사기관(ISA)의 견해서(Written Opinion)는 본원발명이 진보성이 있다는 이유를 적극적으로 설명한다. 하지만, 특허심판원은 청구인의 이 주장에 대해 일언반구의 검토의견이 없다. 본원발명에 대응하는 국내단계출원이 미국, 일본, 중국 및 유럽연합에서 진보성이 인정되었다. 위 심결에서는 이에 대한 판단도 전혀 없다.

제2부
논단(논문 및 단편)

1. 발명의 단일성 및 특허청구범위에 관한 고찰[1]

I. 서 언

우리 특허법 및 동 시행령에서 규정하고 있는 발명의 단일성(1발명 1출원주의) 및 특허청구범위에 대한 명확한 해석, 즉 특허제도를 위한 그들의 개념정립 및 그들 간의 관계에 있어서 여러 가지 의견이 제시되고 있다. 그러나 이들에 대한 체계적인 이론의 확립은 아직도 미흡하다.

발명의 단일성을 논함에 있어서 원칙적으로 발명의 카테고리를 달리하면 별개의 발명으로 되는 것이라 설명하는 것은 정확하지 못하다. 또 특허청구범위는 다항제에서는 청구항의 집합이라 하며 특허청구범위는 'the claims'이고 청구항은 'a claim'으로 정의하고 있는 것도 바르지 못한 것이다.

특히 1발명 1출원과 관련된 一群의 발명의 설명에 도입된 種槪念과 類槪念을 특

---

1   「월간공업소유권」통권 제31호(1985년).

허청구범위, 즉 청구항(들)과 관련하여 설명함으로써 이들의 개념정립에 있어서 혼란을 초래하고 있다.

나아가 다항제하에서의 심사처리의 단위는 각 청구항별로는 할 수 없고, 1출원마다 거절이나 특허부여가 행해지게 된다 하였지만, 이는 우리나라를 비롯한 몇몇 국가에서 행해지고 있는 잘못된 관행을 나타내는 것으로서 다항제 하에서의 심사처리방식에 대한 올바른 설명이 아니다.

이 같은 문제점을 인식하고 1발명 1출원으로부터 출발되는 발명의 단일성, 특허청구범위의 법적 지위와 역할, 그 기재방법인 단항제 및 다항제의 개념과 그들 간의 관계를 정립하고자 한다.

II. 발명의 단일성

1. 발명의 단일성의 정의

특허제도에 있어서 발명의 단일성이란 본래부터 1발명 1출원에서부터 출발한다. 하나의 특허출원을 하기 위해서는 그 출원은 하나의 발명으로 되어야 한다는 것이다. 즉 하나의 발명이 하나의 특허출원을 위한 객체가 되어야 한다. 그러나 하나의 발명을 명확히 구분하기란 실제의 경우에 그렇게 용이한 것만은 아니다. 기술이 발달하고 복잡해짐에 따라 그 구분은 더욱 어렵다. 1발명임을 구분할 수 있는 기준 및 그 판단은 명확하게 구분되지 않는 상태, 즉 스펙트럼(spectrum) 상태를 형성한다. 따라서 1특허출원에 반드시 1발명으로 기재하여 출원한다는 것이 때로는 혼란을 가져오고 불편하게 되었다. 다시 말해서 1발명 1출원주의의 개념은 보다 광의로서 해석되기 시작했으며 그럼으로써 협의의 1발명 1출원의 개념은 무너지고 광의의 1발명 1출원의 개념이 도입되었다. 광의의 1발명 1출원의 개념은 비록 하나의 특허출원에 기재된 발명이 협의의 1발명 개념상 여러 개의 발명에 해당된다 할지라도 하나의 특허출원을 위한 1발명의 개념으로 본다. 이 하나의 특허출원을 위한 1발명의 단위 개념이 바로 발명의 단일성(unity of invention)이다.

발명의 단일성은 하나의 특허출원으로 할 수 있어야 한다는 대전제하에서 출발한다. 물론 후술되는 바와 같이 특허협력조약(PCT) 또는 우리나라를 비롯한 다른 나라에서의 법규정에 의하여 하나의 특허출원을 할 수 있는 발명의 단일성의 개념은 어느 정도 그 형태를 정의한다. 그러나 이러한 규정들은 어디까지나 일반적이고도 객관성을 잃지 않을 정도의 수준을 벗어나지 못하는 것들이며, 이들 규정들이 발명의 단일성을 정확히 정의하는 것은 아니다. 앞서 언급한 바와 같이 기술의 발달과 그 복잡성으로 인하여, 모든 기술분야의 발명에 적합하도록 발명의 단일성을 규정하기란 불가능한 일이다. 또한 발명의 단일성은 그 발명이 속하는 기술분야의 전문가(이는 특허법 해석에서 사용되고 있는 전문가의 의미와는 다르다)에 의하여 단일성을 형성할 만한 상호의 유기적 관계의 존재 여부를 파악함으로써 판단될 수 있다.

발명의 단일성을 논할 때 등장하는 것이 일군의 발명개념이다. 즉 여러 개의 발명이라 할지라도 단일의 발명개념을 형성할 수 있을 정도로 발명의 목적, 구성 또는 효과 등의 측면에서 상호유기적 관계가 존재한다면 1특허출원을 위한 1발명으로 간주하겠다는 개념이다.

결국 발명의 단일성이란 하나의 발명은 물론 하나의 발명개념을 형성하는 일군의 발명까지를 포함하는 것으로 1특허출원을 할 수 있는 발명의 단위로 해석된다.

2. 발명의 단일성의 필요성

우선 협의의 1발명 1출원의 필요성부터 살펴보기로 하자. 이는 사실상 지극히 상식적인 문제로서 그 자체가 논점으로서의 가치가 있는 것은 아니다. 하나의 발명을 하나의 특허출원으로 함으로써 여러 가지 절차, 심사 및 권리설정 후의 편리함 등을 다시 얘기할 필요는 없다. 협의의 1발명 1출원으로부터 확장된 광의의 1발명 1출원, 즉 발명의 단일성의 개념은 기술의 발달로 인한 발명구조의 복잡성으로 작용할 수 있는 수 개의 발명(一群의 發明)을 서로 분리하여 각각 독립된 특허출원으로 한다면 어떠한 결과가 발생하리라는 것은 명약관화한 사실이다.

따라서 수 개의 발명(일군의 발명)이라 할지라도 그것이 일정의 요건을 충족한다면 이를 하나의 출원으로 할 수 있도록 한 것이다. 사실상 발명의 단일성이 왜 필요한가라는 것은 그리 중요한 것은 아니다. 수 개의 발명이라 할지라도 하나의 특허출원을 할 수 있는지의 여부, 즉 발명의 단일성에 대한 판단이 중요한 것이다. 그 판단은 발명자를 진정으로 보호하고 여러 가지 절차편의를 위한다는 두 가지 측면에서 이루어져야 한다.

3. 발명의 단일성에 대한 법규정

특허법에서 규정하는 것을 살펴보면, 제9조(1발명 1출원)에서 "특허출원은 1발명(단일의 총괄적 발명개념의 형식에 관련되는 일군의 발명을 포함한다)에 대하여 1출원으로 한다"라고 규정하고 있으며, 동 시행령 제2조의4 제1항에서 1발명 1출원의 요건을 아래와 같이 규정한다:

> *1) 물건 또는 방법 중 어느 하나에 관하여 1 또는 2 이상의 독립항을 기재한 출원,*
> *2) 물건에 관한 1독립항과 그 물건을 생산 또는 이용하기 위하여 특히 적합한 1방법에 관한 1독립항을 함께 기재한 출원,*
> *3) 방법에 관한 1독립항과 그 방법을 실시하기 위하여 특히 적합한 1장치(기계·기구를 포함한다. 이하 동일)에 관한 1독립항을 함께 기재한 출원,*
> *4) 물건에 관한 1독립항과 그 물건을 생산 또는 이용하기 위하여 특히 적합한 1방법에 관한 1독립항 및 그 방법을 실시하기 위하여 특히 적합한 1장치에 관한 1독립항을 함께 기재한 출원.*
>
> *그리고 동 시행령 동조 제2항에서는, 제1항 제2호 내지 제4호의 경우에 물건, 방법 또는 장치에 관하여 각각 1독립항만으로 포괄하여 기재할 수 없을 때에는 법 제9조 제1항의 규정에 의한 일군의 발명개념과 법 제8조 제4항의 규정에 의한 특허청구범위 기재의 간결성이 보장되는 경우에 한하여 2 이상의 독립항으로 기재할 수 있도록 하고 있다.*

이상과 같이 규정하는 우리나라 1발명 1출원주의(발명의 단일성)에 대하여 설명하면 다음과 같다.

우선 특허법 제9조에서 '1발명 1출원'이란 광의의 의미로 해석되어야 한다. 즉 1발명뿐만 아니라 단일의 총괄적 발명개념을 형성하는 유기적인 관계가 있는 일군의 발명까지를 포함하는 것으로, 이것이 하나의 특허출원을 하기에 적합한 발명의 단위개념(발명의 단일성)으로 해석되어야 한다.

동조 제1항은 사실상 발명의 단일성의 요건으로 볼 수 있으며, 그 요건에 맞는 몇 가지의 형태를 동 시행령 제2조의4 제1항에서 위와 같이 규정한다. 동 시행령 제2조의4 제1항에서 '1발명 1출원의 요건'이란 그리 정확한 규정은 아니다.

다음에 후술되겠지만 발명의 단일성의 여부를 판단할 때 위의 제1호 내지 제4호에서 규정하고 있는 4가지 형태 속에 실제의 모든 발명이 해당된다고는 할 수 없다. 그래서 우리 특허법에서는 시행령 제2조의4 제2항에서와 같이 규정하여 모든 발명을 발명의 단일성의 요건에 맞는 특허청구범위를 작성할 수 있도록 하고 있다.

그러나 위의 제1호 내지 제4호의 규정에서 보듯이 독립항 수를 한정함으로써 발명의 단일성과 특허청구범위의 기재방식(즉 다항제)과의 사이에 어떠한 관계가 있는 것처럼 보인다. 그러나 사실상 이는 그러하지 않다. 위의 제1호 내지 제4호의 규정에서 독립항에 대한 설명 규정은 발명의 특징상 또는 발명의 범주(category)의 차이로부터 당연히 독립항으로 기재되어야 하는 것이기 때문이다.

4. 발명의 단일성(단일개념)의 판단

1특허출원을 하기 위한 발명의 단일성의 판단은 바로 단일성의 요건을 충족시키는지의 여부에 의하여 이루어져야 한다.

특허법 제9조 제1항에서 규정한 것과 그리고 특허청의 특허법개정시안의 제9조 제1항에서 규정한 것이 바로 발명의 단일성의 요건에 관한 것이다. 특히 후자의 것은 PCT Rule 13.1에서 규정하고 있는 발명의 단일성의 요건(requirement of unity of invention)과 아주 흡사하다.

1발명의 개념이 명백하게 구분되는 경우에 발명의 단일성의 판단은 그리 어려운 일이 아니다. 문제가 되는 것은 바로 수 개의 발명으로 이루어져 일군의 발명을 형성하는 경우이며, 그때의 판단기준은 바로 단일의 총괄적 발명개념(single general invention concept)을 형성하는지의 유무에 달려 있다. 즉 단일의 개념으로 볼 수 있는 수 개의 발명(발명의 일군)들은 단일의 총괄적 발명개념을 형성할 수 있도록 상호 유기적 관계에 있는 발명들(linked inventions)이어야 한다. 앞에서 이미 설명했듯이 우리의 특허법 시행령 제2조의4 및 PCT Rule 13.2 및 13.3에서 규정하고 있는 내용은 발명의 단일성을 구성하는 태양이며 그 자체가 발명의 단일성의 요건이 되는 것은 아니다.

그러나 '단일의 총괄적 발명개념'이란 추상적인 용어로서 단일성의 요건을 규정하고 있는 만큼 그 판단은 한마디로 정의할 수 있는 성질의 것은 아니다. 특히 특허발명은 모든 기술분야를 망라하고 있으며 기술의 발달로 인한 전문성 내지 복잡성을 내포하고 있기 때문에 단일성에 대한 판단은 그 발명이 속하는 기술분야에서 통상의 지식을 가진 자(이는 타 분야의 사람들과 비교하여 전문가에 해당된다)에 의하여 이루어져야 한다.

Ⅲ. 특허청구범위

1. 특허청구범위의 의의

특허청구범위란 특허출원의 발명내용 중 권리로서 보호하고자 하는 사항을 일정한 기재방식에 따라 기재한 것이다. 이는 일본 특허법의 '特許請求의 範圍'와 동일한 것이며 영어의 'claim(s)'에 해당한다. 그러나 'claim'이란 재산권과 관련하여 사용될 때 하나의 재산권의 형성[設定]의 의미를 내포한다. 따라서 이에 대한 정확한 용어로 청구(demand) 범위보다는 권리(claim 또는 right) 범위가 더 적합하다고 생각된다.

특허청구범위는 단항제 또는 다항제 어느 경우든지 동일한 의미를 갖는다. 단항

제 또는 다항제라 함은 단순히 특허청구범위의 항의 수에 따라 명명된 것이며 특허청구범위 그 자체의 해석에 영향을 미치는 것이 아니다.

특허청구범위(claim[s])는 다른 항의 인용 여부, 즉 종속관계 여부에 따라 독립특허청구범위(independent claim)와 종속특허청구범위(dependent claim)로 구분되며, 그 해석에 따른 기재방식에 따라 중심한정특허청구범위(central claim)와 주변한정특허청구범위(peripheral claim)로 구분되며, 기타 특정기술분야 또는 특정발명에 대한 기재방식에 따라, Jepson Claim, Markush Claim 등이 있으며 Claim 내의 발명의 구성성분이 갖는 의미에 따라 Means Claim 또는 Means Plus Function Claim 등으로 구분된다.

2. 특허청구범위의 역할

명세서에 기재된 사항 중 보호받고자 하는 대상(subject matter)을 기재하는 특허청구범위는 특허법 제57조의 규정에 의하여 그 법적 지위를 알 수 있다. 즉 "특허발명의 보호범위는 특허출원서에 첨부한 명세서의 특허청구범위에 기재된 사항으로 한다"라고 규정함으로써 특허청구범위가 곧 특허발명의 보호범위임을 명백히 하고 있다. 물론 이에 대한 정확한 해석은, 즉 명세서에 의하여 뒷받침될 수 있는지의 여부에 대한 논란은 아직까지도 그 한계가 분명하지 않다. 그러나 명세서 중 발명의 상세한 설명 및 도면에 의하여 출원발명이 명확히 이해되고 있다는 점으로 볼 때 이에 의한 참작의 여부는 긍정적으로 받아지는 것이 당연하다. 하지만 모든 경우에 그렇게 해석될 수 있는 것은 아니다. 발명의 상세한 설명 등에 기재되었다 하더라도 특허청구범위에서 주장하지 않는 권리라 하면 이는 분명 특허발명의 보호범위에서 제외되기 때문이다.

특허청구범위가 단항제하에서 기재되었든 또는 다항제하에서 기재되었든 그 법적 지위와 역할은 달라져서는 안 된다. 즉 단항제에서 다항제로 특허청구범위의 기재방식이 달라진 것에 불과하며 특허청구범위의 법적 지위와 역할이 달라진 것은 아니다.

3. 특허청구범위의 기재방법(다항제 기재방법)

특허청구범위의 기재에 관해서는 특허법 및 동 시행령에서 상세히 규정한다. 즉 명세서에 기재된 사항 중 보호를 받고자 하는 사항을 1 또는 2 이상의 항으로 명확하고 간결하게 기재하도록 하고 있으며, 그 기재방식은 특허법 시행령에 상세히 규정된다.

1981년 9월 1일 이전의 우리 특허법에서 채택하고 있었던 단항제의 기재방식은 말 그대로 특허청구범위를 1개의 단일항으로써 기재하는 방식이다. 단항제하에서는 특허청구범위(claim)가 단일항으로 독립항(independent claim)에 해당되지만 굳이 독립항의 개념도 필요하지 않았으며 나아가서 그와의 종속관계에서 발생하는 종속항(dependent claim)의 개념도 존재하지 않았다.

그 이후 단항제하에서 야기되는 문제점들을 보완하고자 다항제가 바람직한 claim의 기재방식으로 된 것이다. 따라서 독립항(independent claim) 및 종속항(dependent claim) 개념이 도입되고, 그들의 기재에 따른 일정한 규칙(rule)이 필요하게 되었다. 이것이 바로 특허법 시행령에서 규정하고 있는 다항제의 기재방법이다.

4. 다항제의 채택이유

앞서 언급한 바와 같이 1981.09.01. 이전의 우리 특허법은 특허청구범위를 단항으로 기재토록 하였다. 이 같은 기재방법은 도태되어 거의 대부분의 나라에서 다항제를 채택하고 있는 것이 오늘의 실정이다. 그 이유는 간단하다. 단항제의 문제점들을 제거하고자 함이었다. 단항제의 문제점을 제거하고 이보다 많은 장점을 갖는 다항제로 대체된 것이다. 엄밀히 말하자면 단일항을 갖는 특허출원도 인정되기 때문에 다항제는 단항제를 흡수하여 운용되고 있다고 할 수 있다. 그러나 이러한 다항제를 채택함으로써 단항제가 야기시킬 수 있었던 문제점들은 해결하였지만, 항상 완벽한 제도가 되었다고는 할 수 없다.

본 고찰의 논지와 관련하여 여기서 중요한 것은 다항제가 발명의 단일성과 어떠한 관계가 있느냐 하는 점이다. 이를 논하기 위하여 발명의 단일성을 다시 살펴보자. 즉 일군의 발명개념이 아닌 순수한 1발명과 단일의 총괄적 발명개념을 갖는 일군의 발명(광의의 1발명 1출원)으로 나누어 생각할 수 있다. 전자의 경우를 생각해 보면 비록 순수한 1발명이라 할지라도 다항제의 개념은 얼마든지 도입될 수 있다. 반드시 후자의 일군의 발명의 경우에만 다항제로 기재되어야 한다는 것은 성립하지 않는다. 따라서 다항제의 개념과 그 기재방법의 도입은 순수한 1발명 1출원주의하에서도 가능하며, 일군의 발명에만 국한시켜서는 안 된다. 결국 일군의 발명개념은 다항제를 필요로 하고 있다고 할 수 있지만, 일군의 발명개념을 인정함으로써 특허청구범위의 다항제가 도입되었다고는 할 수 없다.

IV. 결 어

위에서 살펴본 내용을 바탕으로 발명의 단일성, 즉 순수한 1발명 1출원(협의의 1발명 1출원) 및 일군의 발명(광의의 1발명 1출원), 특허청구범위, 그 기재방법인 단항제와 다항제, 그리고 그들 간에 각각 어떠한 관계가 있는가에 대하여 살펴본다.

발명의 단일성의 개념은 수 개의 발명, 즉 일군의 발명이라 할지라도 하나의 특허출원으로 할 수 있는 발명의 단위개념으로 해석되어야 한다. 즉 독립된 별개의 특허출원이 아닌 하나의 출원 내에 인정될 수 있는 집합적 발명개념을 특허출원의 개념으로 파악해야 한다. 특허청구범위는 그 법적 지위와 역할에 있어서 발명의 단일성과는 전혀 무관한 것이며, 단지 그것을 기재하는 방법으로 단항제 또는 다항제가 존재할 뿐이다. 특허청구범위의 기재방법인 단항제 또는 다항제는 협의의 1발명 1출원주의 또는 광의의 1발명 1출원주의를 불문하고 채택될 수 있는 방식이다. 현행 특허법 및 동 시행령의 발명의 단일성(1발명 1출원)에 대한 규정에서 독립항 및 그 항의 수를 한정함으로써 특허청구범위와 발명의 단일성(1발명 1출원)에 대한 관계를 유도하는 해석이 종종 있지만, 이는 명확한 해석이라 볼 수 없다.

2. 한 변리사의 음란물 제한방법론[1]

저작권의 음란성시비 4大 사건

"당신 사타구니 좀 봅시다. 얼마나 도도한가 봅시다. … 그는 날쌔게 내 볼에 입을 맞추고 내 얼굴을 온통 핥습니다. 서방님 내 마음에 이 오진것, 이 뚝보, 이 곰새끼 하면서 그는 미친 듯이 나를 쓰러뜨립니다. 자신의 옷도 벗고 내 옷도 익숙하게 벗깁니다. 서로의 나체만이 남습니다. …"

이는 지금부터 20년 전 장안의 화제였던 염재만의 소설 「반노」에 묘사된 것으로 외설시비를 불러일으켰던 부분이다. 결국 소설 「반노」는 그 음란성이 인정되지 않아서 형법에서 규정하는 풍속을 해하는 죄를 면할 수 있었음은 물론 헌법과 저작권법에서 규정하는 저작권에 관한 모든 권리를 아무런 제한 없이 누릴 수 있었다.

---

1 「월간 말」(1995년 7월).

1975년의 이 「반노」 사건은 語文 著作物(literary work)에 대한 음란성시비를 다룬 최초의 사건으로 생각된다.

그 후 십수 년이 지난 몇 해 전에 어문 저작물의 외설시비, 즉 음란성시비를 다룬 사건이 장안의 화제로 재현되었다. 바로 마광수의 소설 「즐거운 사라」에 대한 외설시비사건이 그것이다. 이미 1975년 「반노」 사건에서 상기와 같은 표현에 대하여 음란성을 부인하였음에도 불구하고 똑같은 문제가 「즐거운 사라」 사건에서 재현된 것이다. 이 「즐거운 사라」 사건이 어떻게 결말을 보았는지 필자로서는 알 수 없지만, 「즐거운 사라」 사건은 최소한 「반노」 사건에 정면으로 도전한 사건이라는 점에 있어서 간과되어서는 안 될 사건이었다. 나아가 「즐거운 사라」 사건은 「반노」 사건과 함께 어문 저작물이 저작권법에 의하여 어느 정도 보호받을 수 있는 것인지 다시 말해서 저작권법에 의한 저작물이 어떠한 제한을 받아야 하는지를 판단할 수 있다는 점에 있어서 우리나라 저작권법 발달과정에서 나타나는 중요한 사건으로 볼 수 있다.

그 후 다시 최근에 중요한 사건이 발생하였다. 「미란다」 사건과 「펜트하우스」 사건이 바로 그것이다. 「미란다」 사건은 알몸연기를 함으로써 음란성 문제를 야기시켰던 연극 공연에 관한 사건으로, 이 사건에서는 연출자가 불구속기소되고 주연배우 등이 기소유예결정을 받았다. 한편 「펜트하우스」 사건은 한국판 「펜트하우스」를 발행함으로써 음란성시비가 사회문제화되고, 검찰은 그 발행인에 대해 기소유예결정을 내린 사건이다. 「미란다」 사건은 그 대상이 연극 공연물로서 저작물의 분류상 어문 저작물이 아니고 시청각 저작물(audiovisual work)이라는 점에 있어서, 그리고 「펜트하우스」 사건은 그 대상이 사진 저작물로서 저작물의 분류상 시각 저작물(visual work)이라는 점에 있어서, 앞에서의 「반노」 사건이나 「즐거운 사라」 사건과는 그 대상을 달리하고 있다. 그러나 이들 4大 사건은 모두 저작물과 관련된 음란성문제를 취급하고 있다는 점에 있어서 일맥상통하고 있음을 쉽게 알 수 있다. 이 4大 사건을 중심으로 음란물에 대한 저작권이 어디까지 보호되어야 하며, 그 권리의 어느 부분에 있어서 제한을 받아야 하는가에 대하여 구체적으로 살펴본다.

저작권의 법적 의의

국민의 창작저작물에 부여되는 저작권은 포괄적으로는 헌법에서 규정하는 바와 같이 국민의 학문과 예술의 자유로부터 비롯되는 저작자의 권리이며, 구체적으로 는 저작권법에서 규정하는 국민의 재산권의 일종으로 특허권 및 상표권과 같이 지 적 재산권(intellectual property)의 중요한 한 부류이다.

저작권은 창작된 저작물에 대하여 천부적으로 부여받을 수 있는 자연권적 권리 로서 새롭게 창작된 저작물이라면 저작권법에 의하여 보호받을 수 있는 국민의 권 리이다. 새로운 기술적 창작물 즉 발명에 부여되는 특허권과는 달리, 새로운 창작 저작물에 부여되는 저작권은 그 대상에 있어서 어떠한 제한도 받지 않는다. 예를 들어 특허권에 있어서는 새로운 발명이라 하더라도 공서양속을 해칠 우려가 있는 발명이라면 특허권이 부여되지 않는 반면, 저작권은 이 제한규정마저도 두고 있지 않다. 즉 공서양속을 해칠 염려가 있거나 상기 사건들처럼 음란성의 시비가 있다 하더라도 저작권이 부여될 수 있는 것이다. 저작권법이 잘못 규정된 것도 아니고 법제정과정에서 실수로 그렇게 된 것도 아니다. 새로운 창작물에 부여되는 저작권 은 학문과 예술의 자유로부터 비롯되는 국민의 기본적인 권리이기 때문에 그 보호 대상에 있어서 어떠한 제한을 두지 않고 있는 것이다. 이처럼 저작권은 모든 창작 저작물에 대하여 천부적으로 부여될 수 있는 권리로서 특허권보다도 훨씬 더 자연 권적인 국민의 권리이다.

그러나 이는 저작권의 보호대상이, 특허권의 보호대상과는 달리, 어떠한 제한을 받지 않는다는 의미이지 저작권의 行使에 있어서 제한을 받지 않는다는 뜻은 아니 다. 새로운 발명에 주어진 특허권은 특허권자가 독점배타적으로 그 발명을 실시(제 조, 판매, 사용 등)할 수 있는 반면, 저작물에 저작권이 주어졌다고 해서 저작권자가 그 저작물을 아무런 제한 없이 실시할 수 있는 것은 아니다. 예를 들어, 그 저작물이 음란성이 있다고 판단되어 다른 법률에 위배되는 경우에는 비록 저작권이 주어졌 다 하여도 저작권자가 제한 없이 복제, 판매, 공연 등을 할 수 있는 것이 아니다.

지적재산권에 있어서, 특허권과 쌍벽을 이루는 저작권은 본래의 중요한 의의를 갖고 있다. 특허권이 기술개발로 인한 인류사회의 문명을 발달시키기 위한 것이라 하면, 저작권은 새로운 지적 창작물의 창작으로 인한 인류사회의 문화를 발달시키기 위한 것이다. 이러한 의의를 갖는 저작권이 그 저작물의 음란성 때문에 제한된다면 그 제한의 근거가 되는 음란성은 어떻게 판단되어야 하는가.

음란성의 판단 기준

「반노」 사건에서 검찰이 주장한 상고이유에 나타난 음란성의 개념은 과도하게 성욕을 자극하여 흥분케 할 뿐 아니라 보통사람의 정상적인 성적 정서와 선량한 사회풍조를 해칠 가능성이 있는 경우로 보고 있다. 이와 같은 음란성의 개념에 대하여 반박할 만한 어떤 이유를 찾을 수 없다. 그러나 분명한 것은 이들이 감각적이거나, 정서적인 것과 관련된 것으로 지극히 추상적이며 주관적인 요소가 개입될 여지가 많이 있으며, 이러한 개념은 시대에 따라 변할 수 있고 장소에 따라 다를 수 있다는 점이다.

이조시대에 사시던 우리 조상이 지금 명동거리나 강남의 로데오거리를 거닐면서 허연 허벅지가 부족하여 배꼽까지 다 내놓고 활보하는 그런 상황을 보신다면 아마 기절초풍하게 될 것이다. 이조시대에는 전혀 용납될 수 없었던 그런 상황들이 오늘날에는 벌건 백주대로에서 스스럼없이 벌어지고 있는 것이다. 물론 이들이 오늘날 도덕적으로 비난받을 수 있을지는 몰라도 법률적으로 규제해야 할 정도로 음란하다고 판단하지는 않을 것이다. 오늘날의 상황을 이조시대의 기준으로 음란하다고 판단할 수 없고, 문화와 문명이 서로 다른 곳의 상황을 동일한 기준으로 모두 음란하다고 판단할 수 없다.

어느 시대에는 음란성이 있다고 판단된 것이 세월이 지남에 따라 그 음란성이 부인될 수 있는 것이며, 한 사회에서 음란물에 해당하는 것이 다른 사회에서는 음란물에 해당하지 않을 수도 있다.

또한 저작물의 종류에 따라 음란성이 인정될 수도 있고 부인될 수도 있다. 저작물은 통상 어문 저작물(literary work), 청각 저작물(audio work), 시각 저작물(visual work) 및 시청각 저작물(audiovisual work)로 구분된다. 어문 저작물로는 통상 활자에 의하여 표현되는 문학작품이 대표적이고, 청각 저작물로는 음반, CD, 녹음테이프 등이 있으며, 시각 저작물로는 회화는 물론 음란성과 관련된 春花圖와 같은 淫畵 등이 있고 시청각 저작물로는 영화, 연극, TV 프로그램 등이 있다. 이들 각각의 저작물에 대한 음란성의 인정여부 즉 음란성의 판단은 동일하지 않다. 예를 들어 어떤 특정의 내용을 영화와 같은 시청각 저작물로 표현한 것과 어문 저작물로 표현한 것의 음란성의 인정여부는 동일하지 않다. 시청각 저작물이 음란성을 갖는다고 해서 동일 내용을 취급한 어문 저작물도 반드시 음란성을 갖는 것은 아니다. "과도하게 성욕을 자극하여 흥분케 할 뿐 아니라 보통사람의 정상적인 성적 정서와 선량한 사회풍조를 해칠 가능성의 여부"는 저작물의 음란성을 판단하는 가장 보편적이고 합리적인 기준이라 할 수 있지만, 어문, 청각, 시각, 시청각 등의 저작물이 그 내용이 동일하다고 하여 모두 이 판단기준을 적용할 수 있는 것은 아니다.

앞에서 설명한 음란성시비 4大 사건을 비롯하여 저작물의 음란성 문제를 취급한 사건에 있어서, 우리는 아직도 음란성 저작물로 인한 사회적 폐해의 판단이나 그리고 저작물의 종류에 따른 음란성의 판단 즉 저작권에 대한 올바른 법률적 판단이 원시적인 단계에 머무르고 있는 실정이다.

어문 저작물의 음란성

어문 저작물은 활자매체 즉 문자를 통하여 일반대중에게 그 저작물의 의미가 전달되기 때문에 청각, 시각 또는 시청각 저작물에 비하여 음란성이 인정되기 어렵다. 어문 저작물을 접하는 자[讀者]는 문자를 통하여 그의 경험과 지식을 바탕으로 상상, 추측 등을 통한 두뇌작용에 의하여 그 저작물을 소화하게 된다. 음란성과 관련하여, 시청각 저작물은 직접적이고 직감적으로 인식될 수 있는 반면, 어문 저작물은 두뇌작용을 통하여 간접적으로 인식된다. 어떤 사람이 눈을 지그시 감고 음란한 생각을 했다고 해서 그 사람을 형사처벌할 수 없듯이, 음란성을 이유로 어문 저작물에 대한 저작권자를 형사처벌하기란 쉬운 문제가 아니다.

1975년의 「반노」 사건에서 보듯이, 어문 저작물에 대한 음란성의 시비는 이미 종지부를 찍은 것이나 다름없다. 물론 「반노」 사건에서, 대법원은 그 소설의 전체적인 내용의 흐름이 인간에 내재하는 향락적인 성욕에 반항함으로써 결국 그로부터 벗어나 새로운 자아를 발견하는 과정으로 이끌어 그 소설을 음란작품이라 단정할 수 없다라는 판결이유를 설시하고 있어서 소설의 전체적인 내용, 즉 소설로서의 문학성 내지는 예술성을 참작하여 음란성을 판단하고 있음을 알 수 있다. 「반노」 사건에서 나타난 어문 저작물의 음란성에 대한 대법원의 입장은 그 저작물의 문학성 내지는 예술성을 참작하여 음란성의 여부를 판단하여야 하며, 모든 어문 저작물이 음란성에 대한 면죄부를 갖는 것이 아니라는 것으로 해석된다. 그러나 소설이나 시와 같은 어문 저작물의 문학성 내지 예술성을 판단하기란 그리 용이한 문제가 아니다. 더욱이 음란성과 관련하여 문학 작품의 문학성 등을 판단한다는 것은 객관성이 결여된 주관적인 기준에 의존할 수밖에 없으며, 이러한 기준으로 판단한 것을 음란성을 이유로 한 형사처벌의 판단에 적용할 수는 없다.

「반노」 사건이 십수 년 지난 후 똑같은 문제를 취급한 「즐거운 사라」 사건이 발생하였다. 「즐거운 사라」 사건은 검찰이나 법원의 판사가 저작권에 관한 근본적인 이해가 부족하고 반노사건에 정면으로 도전한 사건이라는 점에 있어서 저작권과 관련된 판례사상 가장 부끄러운 사건으로 기록되어야 할 것이다. 「즐거운 사라」 사건을 기소한 검찰은 최소한 「반노」 사건에서 행해진 대법원의 판결을 번복할 만한 이론을 정립하지 못한 이상, 함부로 형사처벌을 주장해서는 안 되었다. 또한 법원의 판사도 최소한 「즐거운 사라」 사건에서는 어문 저작물에 대한 음란성의 여부를 판단하여 그 저작자에게 형법에서 규정하는 풍속을 해하는 죄를 논하기에 앞서 헌법에서 규정하는 국민의 기본권인 학문과 예술의 자유와 그로부터 비롯된 저작권에 대한 법률적 보호를 먼저 논의하였어야 했다.

비록 결론에서는 어문 저작물에 대하여 저작권의 보호가 인정되었지만 그 판결이유가 충분하지 못했던 「반노」 사건, 그리고 「반노」 사건보다도 저작권에 대한 법률적 이해가 더 퇴보하였던 「즐거운 사라」 사건을 거치면서 어문 저작물에 대한 법적 보호가 더욱 더 퇴보되거나 혼미상태로 이끈 또 다른 사건이 발생하였다. 조동수의 소설 「꿈꾸는 열쇠」 사건이 바로 그것이다. 최근 대법원은 음란소설을 쓴 혐의로 「꿈꾸는 열쇠」의 저작자에게 유죄를 선고한 원심을 확정하면서, 음란성 여부는 일반인 정서를 기준으로 법관이 판단하면 되지 해당 표현물이 성욕을 자극하는지의 여부에 대해 일일이 물어볼 필요는 없다고 밝혔다. 그야말로 「꿈꾸는 열쇠」 사건은 헌법에서 규정하는 국민의 기본권인 학문과 예술의 자유를 위협할 수 있는 중대한 사건이 아닐 수 없고 저작권의 법률적 이해가 부족한 또 하나의 부끄러운 사건이 아닐 수 없다.

활자매체를 통하여 그 의미가 전달되는 어문 저작물은 비록 외설적 표현이 인정된다 하더라도 창작활동, 즉 저작권 보호에 제한이 가해져서는 안 된다. 저작권에 의한 보호는 학문과 예술의 자유에 대한 국민의 기본권을 보호하기 위한 것이며, 만일 음란성이 인정되어 그로 인한 사회적 폐해가 우려된다면 그 다음의 법, 예를 들어 출판금지 또는 판매나 배포금지 등을 통하여 제재를 가해야 하는 것이지, 저작권자를 형사처벌해서는 안 된다. 어문 저작물에 대한 외설시비는 일차적으로 작가의 양식이나 독자들의 판단에 맡겨야 하며, 사회적 폐해를 고려하여 출판이나 판매금지 등을 통한 제재만으로 충분하며 창작활동을 저해하거나 국민의 기본권을 제한해서는 안 된다.

청각 저작물의 음란성

청각 저작물(audio work)은 저작물의 중요한 한 부류로서 그 대표적인 예로는 음반, 녹음테이프, CD 등이 있다. 청각 저작물에 대한 음란성 내지 외설성에 대한 시비는 어문 저작물이나 시각 저작물 또는 시청각 저작물에 비하여 그리 많은 논란을 야기시키지는 않는다. 그러나 우리는 그 이유를 불문하고 합법적으로 출판하거나 판매할 수 없던 많은 금지곡에 대한 슬픈 역사를 갖고 있다. 일제 치하에서 우리가 부를 수 없었던 「봉선화」나 「반달」은 아마 금지곡의 효시에 가까운 것들이고, 함부로 부를 수 없었던 「카츄사」, 「아침이슬」, 「늙은 군인의 노래」와 같은 것은 머나먼 과거에 대한 얘기가 아니다. 이처럼 청각 저작물은 정치적인 목적 등을 이유로 규제에 규제를 더하였지만 음란성을 이유로 청각 저작물의 출판이나 판매가 금지된 예는 아직까지 접하기 어려운 실정이다. 청각을 통하여만 인식될 수 있는 청각 저작물에 대한 음란성은 지극히 한정되기 때문이다. 예를 들어 저속하고 조잡한 가사로 이루어진 노래가 청각을 통하여 전달될 때 그 음란성을 인정하기란 쉽지 않기 때문이다. 설사 정사장면에서나 들을 수 있는 괴성이나 괴음이 청각을 통하여 부분적으로 전달된다 하여도 그 청각 저작물에 대한 저작권을 제한할 만큼 음란성을 인정하기란 어려운 일이다. 이는 영화나 연극과 같은 시청각 저작물이 직접적이고 직감적으로 인식될 수 있는 반면, 청각 저작물은 청각을 통하여 간접적으로 인식되기 때문이다. 이러한 관점에서 청각 저작물은 어문 저작물과 상당한 유사성을 갖는다. 따라서 청각 저작물이나 어문 저작물은 정치적인 목적 등을 이유로 하지 아니하고는 음란성을 이유로 저작권이 제한되는 경우는 거의 없다. 청각 저작물에 음란적인 요소가 가미되거나 외설적 표현이 삽입되어 있어서 사회적 폐해가 우려된다면, 그 저작물의 출판이나 판매금지를 통하여 제재하여야 하며, 창작활동을 저해하거나 예술의 자유에 대한 국민의 기본권을 침해해서는 안 된다.

우리나라는 청각 저작물에 대하여, 즉 음반 등에 대하여 사전심의제를 운영하고 있다. 물론 이 사전심의제는 음란물만을 가려내기 위한 것만은 아니지만, 어쨌든 이 제도는 저작자의 창작활동을 저해하고 저작권 보호에 심한 상처를 주고 있는 제도임에 틀림없다. 이에 대한 반가운 소식으로, 최근 문화체육부는 가요 등의 음반에 대한 사전심의제를 곧 폐지하겠다고 하면서, 그 이유로서 불필요한 규제를 풀어 국내 음반, 비디오물 산업의 국제경쟁력을 높이고 한국문화의 세계화를 이루기 위한 작업의 하나라고 설명하였다. 참으로 다행스런 일이 아닐 수 없고, 청각 저작물에 대한 저작권법적 보호가 올바로 인식되기 시작한 것이라 할 수 있다. 음반 등의 청각 저작물에 대한 사전심의제는 헌법상 보장된 예술표현의 자유를 침해할 수 있다는 지적을 받아 왔으며, 최근 들어 가수 정태춘 씨가 이에 대하여 헌법소원을 청구한 상태로 이 사건은 현재 헌법재판소에 위헌심사가 계류 중이다. 그 결과의 귀추가 주목된다.

음반, 녹음테이프, CD 등의 외에도 청각 저작물의 대표적인 예로 전파를 타고 청취자에게 전달되는 라디오 프로그램이 있다. 라디오 프로그램 중에서도 음란성과 가장 밀접한 관계가 있는 것은 라디오 멜로드라마라 할 수 있다. 라디오 프로그램은 청각만을 통하여 인식되기 때문에 시각과 청각을 통하여 인식되는 시청각 저작물인 TV 프로그램보다는 음란성에 대한 문제가 심각하지 않다. 하지만 라디오 프로그램은 앞에서 설명한 음반이나 녹음테이프 등과는 또 다른 성격을 갖고 있다. 즉 음반이나 녹음테이프는 소비자가 그 상품을 판매점을 통하여 구매함으로써 취사선택할 수 있는 기회가 주어지지만, 라디오 프로그램은 그렇지 못하다는 점이다. 전파를 타고 일단 방송된 것은 거두어들일 수 없는 것이다. 따라서 청각 저작물 중에서 라디오 프로그램은 다른 청각 저작물보다 더 신중한 제작자의 자세가 요구된다. 결론적으로 라디오 프로그램을 비롯한 청각 저작물도 어문 저작물과 같이 저작자의 양식과 수요자의 판단에 맡기는 것이 바람직할 것이며, 음란성을 이유로 창작 활동을 저해하거나 국민의 기본권을 제한해서는 안 될 것이다.

시각 저작물의 음란성

시각 저작물은 그 저작물의 의미가 시각을 통하여 전달되고 인식되는 저작물이다. 청각을 통한 의미의 전달을 수반하는 것이 아니다. 시각 저작물의 대표적인 예로는 회화, 조각, 공예품 등이 있으며, 음란성과 관련하여 누드작품, 누드사진집, 춘화도와 같은 포르노잡지 등이 있다.

앞에서의「펜트하우스」사건은 전형적인 시각 저작물의 저작권을 판단할 수 있었던 대표적이 사건이다. 이 사건은「펜트하우스」가 발간되자마자 여러 사회단체(주로 여성단체)에서 음란성을 문제삼았고, 이에 대해 그 발행인은 이미 배포된「펜트하우스」를 회수하기에 이르렀다. 그 결과 검찰은 그 발행인에 대하여 음란성의 정도가 미약하다는 이유로 기소유예결정을 내렸다. 이 사건은 이렇게 일단락 지어졌지만, 시각 저작물에 대한 저작권이 어디까지 보호될 수 있는지의 문제는 명확하게 해결되지 못한 상태이다.

시각 저작물의 음란성 문제는 시청각 저작물과는 대동소이하지만, 어문 저작물이나 청각 저작물보다는 더 심각하다고 할 수 있다. 그 이유는 시각 저작물은 그 저작물의 의미가 시각을 통하여 직접적으로 그리고 직감적으로 전달되기 때문이다. 그럼으로써 시각 저작물은 어문이나 청각 저작물보다 음란성이 더 쉽게 인정될 수 있다. 즉 앞의 설명과 같이, 과도하게 성욕을 자극하여 사회풍조를 해칠 정도의 음란성이 있는지의 여부를 보다 용이하게 판단할 수 있다.

「펜트하우스」 사건과 같이 민감한 반응에 의하여 그 자취를 감춘 시각 저작물이 있지만, 우리 사회에서는 후미진 뒷골목에서 음란성 시각 저작물이 유통되고 있는 것도 사실이다. 아주 옛날 우리 궁중에서 궁녀들 사이에서도 춘화도와 같은 淫畵가 유통되었듯이, 우리 사회에서도, 아니 우리 후손이 사는 먼 미래사회에서도 이런 저작물은 필요악처럼 존재할 것이다. 물론 특정국가에서는 「펜트하우스」와 같은 음란물이 합법적으로 유통되고 있다. 그리고 그에 대한 저작권도 보호된다. 다시 말해서 저작권자가 아니면 그 음란물을 복제하거나 판매할 수 없는 것이다. 그들 국가가 성적으로 더 개방되었기 때문에 이런 음란물을 저작권으로 보호하는 것은 아니다. 그런 음란물도 인간의 창작활동에 의한 창작물로 보며, 그 창작물에 대한 권리를 헌법적 차원에서 규정하는 인간의 기본권적인 권리로 보기 때문이다.

물론 음란성 저작물이 저작권으로서 완벽하게 보호되는 이면에는 그 반대급부가 있다. 그 저작물의 유통과정, 즉 판매 등의 행위에 대하여 상당히 엄격한 제한을 가하고 있는 것이 바로 그것이다. 예를 들어 음란성 저작물은 절대로 미성년자에게 판매해서는 안 되며, 이러한 법을 어긴 자는 무거운 형사처벌을 받게 된다. 우리나라처럼 저작권자를 형사처벌 함으로써 창작물에 대한 저작권을 근본부터 인정하지 않는 것이 아니다. 저작물의 유통 등에 제한을 가함으로써 음란물로 인한 사회적 폐해를 최소화하려는 것이다.

시각 저작물은 어문이나 청각 저작물보다 음란성으로 인한 사회적 폐해가 더 심각하지만, 그 유통과정에서 관리가 가능하다는 점에 있어서 전파매체에 의하여 전달되는 저작물(라디오 또는 TV 프로그램)보다는 더 안전하다고 할 수 있다. 즉 시각 저작물은 서점 등을 통하여 수요자 손에 들어가게 된다. 이 유통단계에서의 법적 관리가 철저히 행해진다면 「펜트하우스」와 같은 시각 저작물도 비록 제한을 받게 되지만 바람직하게 보호될 수 있을 것이다. 인간의 성은 종족보존을 위한 신성한 도구로부터 시작하여 사랑의 표현을 위한 수단, 본능적 욕구 그리고 향락을 넘어선 퇴폐적 행위의 대상에 이르기까지 매우 다양하다. 모든 음란성 시각 저작물을 필요악으로 규정하기에 앞서 그리고 반드시 부정적인 시각만을 가지고 민감한 반응만을 불러일으키기에 앞서 그런 저작물을 사려 깊은 분별력을 가지고 취급할 수 있고 스스로의 행위에 책임질 수 있는 우리 성인의 성숙한 자세를 뒤돌아보아야 할 것이다. 음란성 시각 저작물이 성인들에게 전혀 쓸모없고 폐해만을 가져다준다면 그런 저작물은 자연히 도태될 것이다. 그렇지 않다면 그런 저작물을 올바로 관리할 수 있고 그 관리에 책임을 질 수 있는 성인만이 그러한 저작물을 감상할 자격이 있다고 할 수 있다.

시청각 저작물의 음란성

시각과 청각을 통하여 즉 영상화면이나 실제공연을 통하여 그 의미가 전달되는 시청각 저작물의 대표적인 예로는 연극, 영화, 비디오물, TV 프로그램 등이 있다.

시청각 저작물은 어문, 청각, 또는 시각 저작물보다도 그 의미가 직접적이며 직감적으로 전달될 수 있다는 점에 있어서 법률적으로 강력한 규제를 받고 있다. 영화법이나 공연법 등에서 규정하는 공연윤리위원회나 방송심의위원회에 의한 규제가 바로 그것이다.

연극, 영화, 비디오물 및 TV 프로그램으로 크게 분류되는 시청각 저작물은 그 공연방법 등에 있어서 서로 다른 특성을 갖는다. 연극이나 영화 또는 비디오방에서 관람할 수 있는 비디오물은 공연되는 장소가 한정되어 있고 일반 비디오물은 비디오 판매점을 통하여 자유롭게 구입하거나 임대할 수 있으며, TV 프로그램은 TV 수신기가 있는 곳이면 소비자의 의사와는 무관하게 전파를 타고 전달된다.

연극과 영화 또는 비디오방에서 관람할 수 있는 비디오물은 공연장소가 정해져 있다는 점에 대하여 공통성을 갖는다. 「미란다」 사건은 이들에 대한 저작권법적 보호문제를 대변한다. 「미란다」 사건은 알몸연기를 함으로써 연출자가 불구속기소되고 주연배우 등이 기소유예결정을 받은 사건으로, 이들 시청각 저작물에 대한 저작권의 보호가 원천적으로 봉쇄되고 있음을 알 수 있다. 이들 시청각 저작물은 서점이나 판매점을 통하여 입수될 수 있는 어문, 시각 또는 청각 저작물보다 그 관리가 더 용이하다. 예를 들어 어떤 연극이 음란성이 인정되어 미성년자 특히 청소년들에 의한 사회적 폐해가 우려된다면 공연장소를 한정할 수도 있고 관람객의 연령을 엄격히 제한할 수도 있다. 이렇게 공연방법상의 엄격한 제한에 따라 우려되는 사회적 폐해를 예방할 수 있어야 하며, 연출자를 형사처벌 함으로써 창작활동에 대한 국민의 기본권이 제한을 받아서는 안 된다.

영화도 마찬가지이다. 제작자나 영화감독과 같은 그 분야의 전문가에 의하여 제작된 영화의 특정부분이 음란성을 이유로 가위질당함으로써 의도하고자 하였던 작품을 무자비하게 훼손하기보다는 상영관을 엄격히 한정하거나 관람객의 연령을 엄격히 제한하는 방법으로 이들 시청각 저작물에 대한 저작권을 보호할 수 있어야 한다. 음란성이 상당히 심각하여 20세 이상의 성년자로 제한하기에 부족하다면, 25세 이상, 30세 이상 등으로 제한하면 충분할 것이다. 소위 영화의 심의에 있어서 등급을 정함으로써 그 상영장소나 관람객층을 제한하여야 하며, 전문가에 의하여 제작되거나 연출된 작품에 가위질하는 것을 능사로 여긴다면 이 분야 산업의 국제경쟁력은 차치하고라도 창작물을 통한 우리 예술문화의 발전은 기대할 수 없으며 창작물에 대한 국민의 기본권은 절름발이 상태를 면치 못할 것이다.

일반 판매점을 통하여 유통되는 비디오물은 어문이나 청각 저작물과 같이 그 유통과정의 관리가 가능한 상태이다. 그러나 비디오물은 어문이나 청각 저작물이 아니고 시청각 저작물이라는 점에 있어서 더 강력한 관리가 요구된다. 음란성 시각 저작물보다도 훨씬 더 자극적일 수 있는 시청각 비디오물은 미성년자의 입수가능성을 예방하여 그것을 올바로 관리할 수 있는 성인에게 유통될 수 있도록 법률에 의한 강력한 관리가 요구되며, 그 제작자를 형사처벌하는 것이 능사가 아니다.

　마지막으로 시청각 저작물로서 TV 드라마를 비롯한 TV 프로그램의 음란성 문제이다. 이는 앞에서의 다른 저작물이나 다른 시청각 저작물과는 특별한 성격을 갖는다. TV 프로그램은 TV 수신기가 있는 곳이면 거의 무방비 상태로 전달된다. 아들손자 며느리가 다 모여서 거의 선택할 여지없이 시청할 수 있다. 아무리 예술성 있는 작품이라 하더라도 영화관 등에서 특정인을 상대로 상영했던 것처럼 그대로 TV를 통하여 방영될 수 있는 것은 아니다. 음란성의 판단기준에 따라 음란성의 여부를 판단하여야 하며, 필요하다면 가위질도 불가피한 것이다. TV 드라마였던 「모래시계」가 세계시장으로 수출되듯이, 우리의 시청각 저작물은 더욱더 세계시장에 진출하여야 하며 그럼으로써 우리 문화의 창달에 노력하여야 한다. 이것이 우리 문화의 세계화이다.

음란물은 왜 제한받아야 하는가

　음란성이 있다고 판단되는 저작물은 판매, 공연, 상영 등의 과정에서 왜 제한받아야 하는가. 음란성이 있기 때문에 그런 것이 아니다. 음란성으로 인한 사회적 폐해가 우려되기 때문에 그런 것이다. 그렇다면 그 사회적 폐해는 구체적으로 누구에 의하여 어떠한 형태로 나타날 수 있는가. 그것은 한마디로 미성년자 특히 청소년층에 의한 성으로 인한 육체적인 또는 정서적인 폐해라고 말할 수 있다.

　우리 사회가 스스로의 행동에 대하여 책임질 수 있는 성인만으로 구성되어 있다고 가정하자. 그렇다면 음란성 저작물에 대한 문제 특히 음란성 저작물을 창작한 창작자에게 형사처벌을 해야 하는지의 문제는 더 이상 거론할 필요가 없을 것이다. 성인만으로 이루어진 사회에서 음란성 저작물로 인한 공서양속의 문제를 거론한다면, 이는 형사처벌의 문제로서가 아니라 성인으로서의 양식과 인격에 관한 문제로 취급되어야 할 것이다.

그러나 이 사회는 성년만으로 구성된 사회가 아니다. 충분한 자제력과 분별력이 형성되지 못한 미성년자가 함께 살고 있다. 비록 성인들은 때때로 여러 가지 이유를 들면서 음란성 저작물을 접하기도 하지만, 성인은 성인답게 미성년자 특히 청소년을 그 음란물로 인한 폐해로부터 보호할 사회적 또는 법률적 의무가 부여된다. 따라서 성인사회는 이러한 의무를 충실히 이행하도록 모든 법률적 그리고 제도적 장치를 마련하여야 한다. 그러한 장치가 우리나라에서는 앞에서 인용된 사건들처럼 창작자에게 형사처벌하는 수단으로 나타난다. 그러나 이러한 수단은 거듭 말하건대 헌법상에서 규정하는 학문과 예술의 자유에 해당하는 국민의 기본적 권리에 정면으로 대치된다. 따라서 음란물에 대한 조치는 다른 법률에 의한 규제를 반드시 필요로 하고 있다. 즉 음란물에 대한 판매, 상영, 공연 등을 법률로 정하여 엄격히 규제할 필요가 있는 것이다. 음란성이 있다는 이유로 가위질 등을 통한 창작물의 훼손이나 창작자의 형사처벌은 법률적 위반행위가 아니라 국민의 기본권에 대한 헌법적 위반행위이다. 물론 창작자를 형사처벌하는 것이 그다음 단계에 의한 저작물의 규제보다 더 신속하고 용이할 수 있다. 그러나 이러한 장점은 국민의 기본권을 침해하는 헌법적 위반행위에 대한 충분한 이유가 될 수 없다. 구더기가 무섭다 하더라도 우리는 장을 담가야 하고, 빈대를 잡기 위해서 초가삼간을 불태우는 우를 범해서도 안 된다.

우리는 담배가 건강에 백해무익하다는 것을 잘 안다. 만일 저작물에 대한 창작자를 형사처벌하는 우리의 관행을 담배에도 적용한다면 담배의 제조업자 더 나아가 잎담배의 생산업자도 형사처벌을 받아야 한다. 그런데 왜 그렇지 않은가. 그 이유는 간단하다. 국가의 재정을 구성하는 세금이 짭짤하기 때문에 그런 것이 아닌가. 최소한 성인은 판단할 수 있다. 즉 취사선택할 권리가 있다. 담배를 선택한 성인의 행위에 대하여 스스로가 책임져야 하며, 또 책임질 수 있다고 판단하기 때문에 백해무익한 담배의 제조업자를 형사처벌할 수 없는 것이다.

어린이는 어른의 아버지. 어린이도 자라서 어른이 된다. 결혼도 하고 성을 알게 되고 그 성의 진정한 주체가 된다. 그러나 어린이, 청소년은 성으로부터 반드시 보호되어야 한다. 성충동으로 인한 성행위로부터 보호되어야 하며, 정서적인 관점에서 보호되어야 한다. 이러한 책임은 전적으로 성인에게 있는 것이다. 음란 저작물의 관리나 사용 등에 책임질 수 있는 성인의 성숙한 자세가 확립될 때 우리는 국민의 기본권을 침해하지 않고서도 법률적 및 제도적 장치를 통하여 미성년자를 비롯한 청소년을 음란물의 폐해로부터 보호할 수 있을 것이다.

끝맺는 말

앞에서 인용한 사건들과 같이 저작물의 음란성을 이유로 그 저작자를 형사처벌하는 것은 헌법에서 규정하는 학문과 예술의 자유에 대한 국민의 기본권을 위협하는 일이나 다름없다. 어떤 저작물의 음란성이 인정된다면, 저작자를 형사처벌함으로써 저작권을 원천적으로 봉쇄해서는 아니 되며, 그 저작물의 판매, 상영, 또는 공연과정에서 법률로 정한 제한이 가해져야 한다. 그리고 이 법률을 위반한 자가 형사처벌을 받아야 하며 저작자가 처벌대상이 되어서는 안 된다. 나아가 모든 저작물에 대하여 완전하게 심의 등의 통제로부터 벗어날 수는 없지만 심의, 검열, 또는 가위질과 같은 행정적 조치도 상당한 위헌적 요소를 갖는다.

음란성을 판단함에 있어서도, 어문 저작물이나 청각 저작물은 거의 음란성시비에 관계없이 완벽하게 저작권이 보호되어야 하며, 시각 또는 시청각 저작물도 그 음란성으로부터 우려될 수 있는 사회적 폐해를 고려하여 가급적 저작물 자체에 대한 심의보다 공연장소, 관람객 연령, 판매대상의 제한 등을 통하여 저작물이 제한을 받을 수 있어야 하고, 저작권자가 형사처벌의 대상이 되어서는 안 된다.

때는 바야흐로 우루과이 라운드로부터 출발한 WTO 체제로 돌입하고 있으며, 그 체제하에서 지적재산권은 중요한 한 분야이다. 지적재산권은 국민의 재산권이다. 부동산이나 동산과 같은 가시적 재산만이 보호되는 것은 아니다. 인간의 두뇌에 의한 창작활동에 대한 대가가 모두 지적재산권으로 보호된다. 기술개발로 인한 특허권, 장기간의 사용에 의해 보호되는 상표권, 그리고 모든 창작물에 대한 저작권이 바로 지적재산권이다. 문학작품으로 대변되는 어문 저작물을 비롯하여 가요음반, 영화, 비디오, TV 드라마, 컴퓨터 프로그램 등의 모든 저작물이 저작권, 즉 지적재산권의 보호대상이 된다. 이들과 관련된 산업을 발달시키고 나아가 국제경쟁력을 향상시킬 수 있도록 그리고 국민의 기본권을 침해하지 않도록 저작권 보호에 대한 사법·행정부의 올바른 이해가 선행되어야 하고 이에 대한 입법부의 인식도 재고되어야 할 것이다. 더욱이 저작권에 대한 보호는 우리 문화의 창달과 예술의 발전을 위하여 필수적이라 할 수 있겠다.

3. 특허청구범위 구성론[1]

I. 서 언

특허법에 의하여 특허로서 보호되는 발명은 특허명세서에 상세히 설명되어야 하고, 그 특허명세서에는 특허발명의 보호범위를 한정하는 특허청구범위가 기재된다. 특허청구범위는 명세서(여기서의 명세서는 특허출원명세서 중에서 특허청구범위를 제외한 발명을 설명한 부분을 의미함)와 마찬가지로 문자로 표현된다. 즉 특허발명의 보호범위는 발명품의 견본이나 명세서에 기재된 설명에 의하여 정하여지는 것이 아니라, 문자로 기재된 특허청구범위에 의하여 정해진다. 아무리 재산적 가치를 갖는 발명품을 개발하였다 하더라도, 그에 대한 특허청구범위가 올바로 작성되지 못하였다면, 그 특허발명의 올바른 보호란 기대하기 어렵다.

부동산이나 동산과 같은 유체재산은 그 법적 보호의 범위가 명확하고 또한 그 범

---

1 「창작과 권리」 제1호(1995년 겨울호).

위를 상식적으로 인식할 수 있다. 예를 들어, 甲이 소유하고 있는 특정지역의 대지 50평이란 그 영역이 명확하고 상식적으로 인식할 수 있는 것이다. 그러나 특허로서 보호되는 특허발명인 경우에는 유체재산과는 다른 성격을 갖는다. 특허권은 무체재산권의 가장 중요한 하나다. 따라서 특허청구범위를 작성함에 있어서 전문성이 요구되며, 또한 작성된 특허청구범위를 해석함에 있어서, 즉 침해여부 등을 판단함에 있어서, 전문성이 요구된다. 무체재산권인 특허권의 보호범위는 특허청구범위에 의하여 명확하게 판단되지만, 그 판단은 그리 용이한 것이 아니다. 그 판단은 결코 유체재산권의 보호범위와 같이 상식적으로 인식될 수 있는 것이 아니다.

특허청구범위를 어떻게 해석하는가에 대한 해석론과 함께 특허청구범위를 어떻게 작성해야 하는가에 대한 구성론은 상당히 중요하게 취급되고 있다. 여기서는 특허청구범위의 구성론에 대하여 살펴본다.

II. 특허청구범위의 발달과정

17세기 영국에서 채택되었던 독점에 관한 법령(Statute of Monopolies)을 특허법의 효시로 볼 때 특허발명의 보호범위는 이때부터 어떠한 형태로든 해석되고 또한 인정되어 왔음을 부인할 수 없다.

영국의 식민지였던 아메리카 대륙은 독립하여 독립국가로서의 법률들을 제정하기에 이르렀고 특허법은 그들 중의 하나였다. 이 미국특허법의 역사를 살펴보면 특허청구범위(Claims)가 어떠한 과정을 거쳐서 오늘날에 이르게 되었는지를 알 수 있다.

최초의 미국특허법은 1790년에 공포된 것(이하 '1790년 특허법')으로, 이 특허법에서는 보호받고자 하는 발명의 내용을 기재한 명세서를 기초로 하여 특허권이 부여되었다. 물론 그 명세서(Specification)에는 특허청구범위가 별도로 기재되지 않았다. 이때에는 특허발명을 올바로 보호하기 위해서 명세서만을 충실하게 작성하면 되었다. 즉 명세서만을 기초로 하여 특허침해를 판단하였던 것이다. 그러나 특허발명의 보호범위를 명세서만으로 판단하는 것은 곧 한계에 부딪히게 되었다. 산업혁명으로 인한 산업의 발달과 기술의 다양화는 명세서에 의한 특허침해의 판단을 불가능하게 하였다. 이때 도입되기 시작한 것이 바로 특허청구범위이다.

관습법이나 판례법이라 할 수 있는 Common Law가 발달된 영미법하에서 특허청구범위도 특허법의 명문화로부터 비롯된 것이 아니고 그 필요성에 의하여 1820년대에 이르러 특허청구범위(claim)란 용어가 명세서에 도입되기 시작하였고, 특허법에서 법제화된 것은 1836년에 개정된 특허법(이하 '1836년 특허법')에서였다.

특허청구범위가 법제화되기 전의 1836년 특허법하에서 작성된 특허명세서의 특허청구범위의 한 예를 살펴보면 다음과 같다.

I claim as new-

1. The application of the caps at the end of the cylinder.

2. The application of a partiton between the caps.

3. The application of a shield over the caps as a security against moisture and the action of the smoke upon the works of the lock.

4. The principle of the connecting-rod between the hammer and the trigger.

5. The application of the shackle to connect the cylinder with the ratchet.

6. The principle of locking and turning the cylinder.

7. The principle of uniting the barrel with the cylinder by means of the arbor running through the plate and the projection under the barrel.

8. The principle of the adopter and the application of the lever, meither of which is used in pistols.

SAMUEL COLT

위의 Samuel Colt 특허에서 보는 바와 같이, 현행의 주변한정주의에 의한 특허청구범위와 비교하면, Colt의 특허청구범위는 지극히 개념적이며 추상적이다. 그럼에도 불구하고 특허청구범위는 명세서의 기재에 점점 보급되어 명세서의 일부로서 취급되게 되었다. 그러나 특허청구범위가 보급된 후에도 특허침해를 판단함에 있

어서 특허청구범위는 참고사항에 지나지 않고 명세서 및 도면이 그 중심이 되었다. 그 후 특허전문가들 사이에서는 특허침해를 판단하는 이러한 방법이 적절하지 못하고, 특허청구범위가 특허발명의 보호범위를 한정하는 데 필요하다고 인식되기에 이르렀으며, 의회는 이를 인정하여 1836년 특허법에서 특허청구범위를 성문화하기에 이르렀다.

1836년 특허법에서는 명세서, 도면 외에 특허청구범위(claim)를 그 구비요건으로 하고, 그 특허청구범위는 발명의 특징적인 부분을 구체적으로 기재하여야 하는 것으로 정의하였다. 1836년 특허법의 이러한 규정을 특허법 학설에서는 중심한정주의(Central Limitation 또는 Central Definition)라 명명하였고, 이에 의거한 특허청구범위는 대표적인 실시예를 기재하는 것이 일반적인 실무관행이었으며, 특허침해의 판단은 이 특허청구범위를 중심으로 명세서 및 도면을 참고하여 행해졌다.

1836년 특허법하에서 1849년 3월 1일 특허된 미국특허 제6469호의 특허청구범위는 다음과 같다.

What I claim as my invention and desire to secure by letters patent is the combination of expansible buoyant chambers placed at the sides of a vessel, with the main shaft or shafts C by means of the sliding spars of shafts D, which pass down through the buoyant chambers and are made fast to their bottoms and the series of ropes and pullies, or their equivalents, in such a manner that by turning the main shafts in one direction the buoyant chambers will be forced downwards into the water and at the same time displacement of water; and by turning the shafts in an opposite direction, the buoyant chambers will be contracted into a small space and secured against injury.

중심한정주의로 해석되던 1836년 특허법의 특허청구범위는 그 보호범위의 불명확성 내지는 모호성 때문에 개정의 필요성이 다시 대두되기 시작하였고, 그 결과 1870년에 이르러 특허청구범위는 보호받고자 하는 발명의 내용을 구체적으로 그리고 명료하게 기재하여야 한다라고 개정하기에 이르렀다(1870년 특허법). 1870년 특허법의 특허청구범위를 특허실무에서는 주변한정주의(Peripheral Limitation 또는 Peripheral Definition)라 해석하게 되었고, 특허발명의 보호범위를 특허청구범위에 의하여 판단하게 된 것이다. 이 주변한정주의로 해석되는 특허청구범위는 오늘날까지도 계승되어 사용되고 있다. 1870년 특허법하에서 인정된 미국특허번호 제223,989호는 다음과 같다.

Claim 1. An electric lamp for giving light by incandescence, consisting of filament of carbon of high resistance, made as described, and secured to metallic wires, as set forth.

2. The combination of carbon filaments with a receiver made entirely of glass and conductors passing through the glass, and from which receiver the air is exhausted, for the purpose as set forth.

3. A carbon filament or strip cocoiled and connected to electric conductors so that only a portion of the surface of such carbon conductors shall be exposed for radiating light, as set forth.

4. The method herein described of securing the platina contact wires to the carbon filament and carbonizing of the whole in a closed chamber, substantially as set forth.

상기 특허의 특허청구범위는 중심한정주의하의 특허청구범위보다는 상당히 진보된 형태이지만, 그동안 발전을 거듭해 온 오늘날의 특허청구범위보다는 조잡하다고 할 수 있다.

이제 우리나라의 특허법과 실무에서는 특허청구범위가 어떻게 발전하여 왔는가를 살펴본다. '특허청구의 범위'가 등장하기 시작한 것은 1973년 2월 8일에 개정된 특허법(이하 '1973.2년 특허법')이다. 이 특허법 제57조에서는 "특허발명의 기술적 범위는 특허출원서에 첨부한 명세서의 특허청구의 범위의 기재내용에 의하여 정하여진다"라고 규정하고 있다. 그 이후 특허법은 1973년 12월 31일에 다시 개정되었으며(이하 '1973.12년 특허법'이라 함), 이때의 특허법 시행령 제1조에서 '특허청구의 범위'를 명세서에 기재하도록 규정하였다. 그리고 그 '특허청구의 범위'는 하나의 항으로 기재하도록 규정하였다. 이때부터 우리는 중심한정주의와 유사한 개념을 가는 단항제의 특허청구범위를 채택하게 된 것이다. 그 이후 1980년 12월 31일 특허법이 개정되어(이하 '1980년 특허법'이라 함), 이때부터 주변한정주의와 유사한 개념을 갖는 다항제의 특허청구범위가 채택되어 오늘날에 이르게 되었다. 물론 1990년 특허법에서 '특허청구의 범위'란 용어는 '특허청구범위'로 개정되었다.

위와 같은 특허법의 변천과정에도 불구하고 우리의 특허실무에서는 특허청구범위가 일관되지 못했던 상황이 발견되고 있다. 1973.2년 특허법 이전의 특허명세서에서는 다음과 같이 '발명특허청구의 범위'라 하여 단항으로 기재하기도 하였고, 다항으로 기재하기도 한 것이 바로 그것이다.

> *발명특허청구의 범위:*
>
> *본문기재의 목적으로 본문에 상기함과 여히 가성조달과 소석회를 혼합유화한 농 알칼리성 수용액에 알칼리에 안전한 향료즉장뇌동록유박하유혹산 에스테르를 안식향산 에틸 에스테르에 용해혼화시킨 복합향료 및 나프톨 색소를 적당량 첨가혼화하여 착량착색함을 특징으로 하는 축사소독제의 제조법*

1973.12년 특허법 이전에 다항제가 인정된 것은 우리나라의 특허법 규정에 의하여 다항제가 인정된 것이 아니고 다항제로 기재된 외국특허명세서가 그대로 인정된 것으로 생각된다. 왜냐하면 이 당시의 다항제 특허는 거의 모두가 외국 출원인에 의하여 출원된 것이기 때문이다.

이처럼 우리나라의 특허청구범위에 관한 법규와 실무는 우리 나름대로의 원칙을 갖지 못하고 외국의 특허명세서를 번역하는 과정에서 형성된 일종의 관습형태를 크게 벗어나지 못한 채 오늘에 이르고 있다.

Ⅲ. 특허청구범위 작성의 준비단계

특허청구범위는 선행기술의 영역을 벗어나 보호받고자 하는 발명을 올바로 기재하여 일차적으로 특허를 받을 수 있어야 하고, 가능한 한 그 보호범위를 넓게 하여 제3자가 그 발명을 침해하지 못하도록 하여야 한다. 따라서 특허청구범위를 작성하는 대원칙은 선행기술의 영역을 벗어나 선행기술과는 구별될 수 있도록 가능한 한 그 범위를 협소하게 기재하여 특허받을 수 있도록 하여야 하는 반면, 특허침해를 방지할 수 있도록 가능한 한 그 범위를 넓게 기재하여야 한다는 점이다.

특허청구범위를 올바로 작성하기 위해서는 우선 발명을 이해할 수 있어야 한다. 그 발명의 분야, 배경, 선행기술의 범위, 목적, 구성, 효과 등에 대하여 철저히 검토하고 분석하여야 한다. 그 발명이 어떠한 요소로 어떻게 구성되어 있으며 어떠한 효과를 나타낼 수 있는 것인지, 종래의 선행기술과 비교하여 어떠한 장점을 갖는 것인지, 어떤 변형이나 또는 변경이 가능한지, 제3자의 침해행위에 대하여 대처하기 위한 방안은 무엇인지 등등에 대하여 충분히 검토하여야 한다. 따라서 특허청구범위는 각각의 해당 분야의 기술과 특허법에 관한 전문지식을 갖는 변리사에 의하여 작성되는 것이 가장 바람직하다.

특허청구범위를 작성할 때 고려되어야 할 다른 중요한 사항으로 독립항과 종속항에 대한 개념이 있다. 발명의 내용 중에서 어떤 내용을 독립항으로 기재할 것이며, 어떤 내용을 종속항으로 기재할 것인지를 검토하여야 한다. 독립항과 종속항의 개념인 다항제는 주변한정주의의 특허청구범위에서 활성화되기 시작하였다. 특히 특허침해와 관련하여 특허발명을 여러 관점으로 보호할 수 있도록 복수개의 항으로 특허청구범위를 기재할 필요성이 있다. 우리 법제하에서는 현재 특허법 시행령 제5조에서 독립항과 종속항의 기재방법에 대하여 규정하고 있다. 그 내용은 다음과 같다.

> *특허법시행령 제5조(특허청구범위의 기술방법)*
> *① 법 제42조 제5항의 규정에 의한 특허청구범위의 청구항(이하 '청구항')의 기재*

에 있어서는 독립청구항(이하 '독립항')을 기재하고, 그 독립항을 한정하거나 부가하여 구체화하는 종속청구항(이하 '종속항')으로 기재할 수 있다. 이 경우 필요한 때에는 그 종속항을 한정하거나 부가하여 구체화하는 다른 종속항을 기재할 수 있다.

② 독립항은 발명의 성질에 따라 적정한 수로 기재하여야 한다.

③ 종속항은 독립항 또는 다른 종속항을 한정하거나 부가하여 구체화하는 데 필요한 수로 기재하여야 한다.

④ 종속항은 그 종속항이 속하는 독립항과 그 독립항의 다른 종속항 중에서 1 또는 2 이상의 항을 인용하여야 하며, 이 경우 인용되는 항의 번호를 기재하여야 한다.

⑤ 2 이상의 항을 인용하는 종속항은 인용되는 항의 번호를 택일적으로 기재하여야 한다.

⑥ 2 이상의 항을 인용하는 종속항은 2 이상의 항이 인용된 다른 종속항을 인용할 수 없다.

⑦ 독립항 또는 다른 종속항을 인용하는 종속항은 인용되는 독립항 또는 다른 종속항보다 먼저 기재하여서는 아니 된다.

⑧ 각 청구항은 항마다 행을 바꾸어 기재하고, 그 기재하는 순서에 따라 아라비아 숫자로 일련번호를 붙여야 한다.

현행의 특허법시행령 제5조에서 규정하는 독립항과 종속항의 개념과 같이, 종속항은 선행의 독립항 또는 다른 종속항(이하 '인용항')에 대한 변형의 형태를 가지며, 그 변형의 형태란 첫째, 발명의 다른 요소를 부가하거나, 둘째, 인용항에 존재하는 발명의 요소를 한정하거나, 또는 셋째, 인용항에 존재하는 발명의 요소들의 관계를 한정하는 형태를 의미한다. 물론 위의 3가지 형태는 서로 독립적으로 나타나는 것은 아니고 조합의 형태로도 나타날 수 있다. 예를 들어, 어느 하나의 종속항에서 인용항에 존재하는 발명의 요소를 한정하고 또한 다른 요소들과의 관계를 함께 한정할 수 있다.

독립항의 범위는 그 발명을 실시할 수 있는 최소한의 발명의 요소로서 구성되도록 하는 것이 바람직하다. 그럼으로써 특허침해에 대한 보다 넓은 보호범위를 주장할 수 있기 때문이다. 상기의 독립항과 종속항에 대한 개략적인 예를 든다면, A, B, C 및 D의 발명요소로 이루어진 경우가 하나의 발명(X)을 구성하고, 이에 대하여 E

의 발명요소가 부가될 수 있으며, D와 E의 상호관계를 한정할 필요가 있는 경우라 하면, 'A, B, C 및 D로 이루어지는 것을 특징으로 하는 발명(X)'이라는 독립항이 가능하고, 이 독립항에 대하여 '제…항에 있어서, E를 더 포함하는 것을 특징으로 하는 발명(X)'가 종속항으로 가능하며, 이 종속항에 대하여 '제…항에 있어서, 상기 D와 E가 특정관계를 갖는 것을 특징으로 하는 발명(X)'이라는 다른 종속항이 가능하다.

IV. 특허청구범위의 구성

영미법하에서 영어로 작성되는 모든 특허청구범위는 전단부(preamble), 전환부(transition phrase) 및 본체부(body)로 구성된다. 그러나 이러한 3단계의 구성은 우리나라의 특허청구범위에 그대로 적용할 수 없다. 왜냐하면 국어와 영어의 문장구조가 서로 일치하지 않기 때문이다. 예를 들어 'X comprising Y'라는 형태의 영어의 특허청구범위에서는 'X'가 전단부에 해당하고, 'comprising'은 전환부에 해당하며, 'Y'는 본체부에 해당한다. 그러나 위의 특허청구범위를 국어로 나타내면 'Y로 구성되는 것을 특징으로 하는 X'가 되고, 여기서 'Y'는 본체부에 해당하고, '구성되는'은 전환부에 해당하며, 'X'는 영어의 특허청구범위에서 전단부에 해당한다. 따라서 영어로 작성된 특허청구범위가 전단부, 전환부 및 본체부로 이루어진다고 한다면, 우리의 국어로 작성된 특허청구범위는 본체부, 전환부 및 전단부로 이루어진다. 따라서 여기서의 특허청구범위의 구성은 우리의 국어로 작성된 특허청구범위를 기준으로 설명한다.

1. 본체부

특허청구범위의 본체부는 사실상 보호받고자 하는 발명을 그 발명의 요소의 관점에서 기재하여 발명의 보호범위를 한정하는 가장 중요한 부분이다. 따라서 본체부는 그 발명을 실시하기 위한 최소한의 발명요소(elements)가 반드시 기재되어야 한다. 발명을 구성하는 발명요소에 대하여 구체적으로 설명하고, 상기 발명요소 사이의 구조적인 관계 또는 기능적인 관계를 비롯하여 필요하다면 결과나 효과에 관한 특징들도 기재될 수 있다. 예를 들어, 어떤 발명 X가 발명의 구성요소인 A, B, C 및 D로 이루어진 경우, "A, B, C 및 D로 이루어진 것을 특징으로 하는 X"라고 기재할 수 있고, 각각의 요소인 A, B, C 및 D에 대하여 구체적인 설명, 구조, 기능적인 관계, 결과나 효과 등을 기재할 수 있다.

발명의 구성요소가 아닌 내용을 본체부에 기재해서는 안 된다. 예를 들어 자동차의 카뷰레터에 관한 발명에 있어서 그 카뷰레터가 사용되는 엔진을 발명요소로 기재해서는 안 된다.

특허청구범위는 하나의 문장으로 구성되어야 한다. 우리는 아직까지 이 점에 대한 구체적인 규정은 없지만, 관습에 따라 하나의 특허청구범위는 하나의 문장으로 작성되고 있다. 위의 예에서 발명요소를 단순한 A, B, C 및 D로 나타냈지만, 각각의 요소들은 상당한 분량을 차지하기도 한다. 따라서 발명의 요소를 정확히 표현하기 위하여 문단(paragraph) 형태로 기재하거나 또는 세미콜론(;)을 사용하여 그 의미를 명확히 하여야 할 필요가 있다.

명세서 전반에 걸쳐서도 마찬가지이지만, 특허청구범위의 용어는 통일되어야 한다. 예를 들어, 동일한 발명요소를 두고 '다리', '지지대', '버팀목' 등의 다른 용어를 사용해서는 안 되며, 가장 적합한 하나의 용어로 통일하여야 한다. 또한 이미 앞부분에서 언급된 발명요소를 다시 언급하고자 하는 경우에는 '상기(上記)'라는 단어를 함께 사용하여야 한다. 이는 영문의 특허청구범위에 있어서 'the' 또는 'said'에 해당하는 부분으로 '상기'라는 용어가 일반적으로 사용되고 있는 실정이다.

특허청구범위에 기재된 발명요소는 단순한 집합(aggregation)의 형태가 되어서는 안 되며, 최소한 결합(combination)의 형태가 되어야 한다. 예를 들어, '차축, 4개의 바퀴, 엔진, 배터리, 운전대 및 휘발유통으로 이루어지는 것을 특징으로 하는 자동차'라는 특허청구범위는 발명요소의 단순한 집합의 형태에 불과하다. 따라서 이러한 경우에는 각각의 발명요소가 어떠한 구조를 갖고 상호 연결이나 결합관계가 어떠한 것인지를 명확히 나타낸 결합의 형태가 되어야 한다.

특허청구범위를 작성할 때에는 일반적으로 기능적 용어(functional term)를 배제한다. 이는 특허청구범위가 발명의 구성요소를 기재하여 그 보호범위를 명확히 하고자 하는 것이며, 특허제도는 발명의 구성을 보호하기 위한 것이지 그 효과나 기능을 보호하기 위한 것이 아니라는 본래의 취지와 서로 일치하는 것이다. 그러나 위에서와 같이 발명요소의 기능적 관계나 결과 또는 효과를 설명하기 위하여 사용되는 기능적 용어까지 배제하고자 하는 것은 아니다. 특히 수단-기능 특허청구범위(means plus function claim)에서는 기능을 나타내는 용어가 반드시 사용되고 있다. 수단-기능 특허청구범위에서 'whereby' clause를 포함하는 경우가 있다. 이는 우리의 '그럼으로써' 절에 해당한다. 이 'whereby' clause는 이미 언급된 발명요소의 기능적 관계를 서술하거나 그 발명요소의 특징을 명료하게 할 수 있는 부분이다. 이 'whereby' clause에서는 하나의 발명요소에 대하여 또는 둘 이상의 발명요소의 기능적 관계나 특징을 서술할 수 있다.

특허청구범위를 기재할 때에는 선택적 표현(alternative expressions)을 피하여야 한다. 선택적 표현이란 영어에서의 'or'의 표현으로 원칙적으로 이러한 표현은 금지된다. 예를 들어, "A spring or a weight connected to …"의 표현은 인정되지 않는다. 물론 선택적 표현이 인정되는 경우도 있다. 이러한 표현이 서로 다른 별개의 발명요소를 나타내는 'brake or locking device'는 인정되지 않지만, 이들이 서로 균등물에 해당하는 'rods or bars'는 인정될 수 있다. 일종의 선택적 표현으로 볼 수 있는 마커시 특허청구범위(Markush Claim)는 특별한 예외에 해당한다. 이에 대해서는 후술한다.

특허청구범위를 작성하는 경우에는 그 의미가 명료하지 않은 용어를 사용해서는 안 된다. 예를 들어, '비교적 얇은(relatively thin)', '높은 온도(high temperature)', '실질적으로(substantially)' 등이 이들에 해당하며, 이러한 용어들을 상대성 용어(relative terms)라 한다. 그러나 이러한 상대성 용어들이 특정발명을 한정하기 위하여 사용되는 유일한 방법인 경우에 반드시 배제되는 것은 아니다. 이들 상대성 용어가 비록 구체적인 한정성을 결여한 것이라 할지라도, 그 분야의 통상의 지식을 가진 자에 의하여 충분히 한정성을 나타낸다고 인정된다면 특허청구범위의 기재에 사용될 수

있다. 우리의 심사편람에서도 이들 상대성 용어에 대하여 위와 같은 취지로 규정한
다.

> 특허청구범위에는 발명의 구성을 불명료하게 표현하는 용어를 기재해서는 안 된
> 다. 예를 들어 '소망에 따라' '필요에 따라' '및/또는' '임의로' '일반적으로' '실질적으로'
> '~등' '~같은' '특히' '주로' '주성분으로서' '주공정으로서' '적합한' '과량의' '많은' '높
> 은' '대부분의' '거의' '대략' '약(約)' 절의 용어를 사용할 수 없다. 다만 이러한 용어를
> 사용하지 않고서는 적절한 표현이 없고 그 의미가 명세서의 상세한 설명에 의해 명확
> 히 뒷받침하고 발명의 단일성에 문제가 없다고 인정되는 경우에는 허용할 수 있다.
> ※ 특허청구범위는 명확히 해석되어야 하는바 상기예의 용어는 그 의미가 불명료
> 하므로 사용치 않음을 원칙으로 하고 불가피한 경우만 인정하는 것으로 한다.

끝으로 특허청구범위의 본체부를 작성할 때 가능한 한 부정적 한정(negative
limitation)을 피해야 하고 긍정적 한정(positive limitation)을 사용하여야 한다. 특허청
구범위란 보호받고자 하는 범위를 긍정적 한정을 통하여 보호받을 수 있도록 하여
야 하는 것이지, 무엇을 제외한 또는 무엇을 포함하지 않은 나머지 모든 것들에 대
한 불명료한 범위를 보호받을 수 있도록 하는 것은 아니다. 예를 들어 '다섯보다 적
지 않은(not less than five)'이라는 불명확 한정을 피하여 '최소한 다섯의(at least five)'
라는 긍정적 한정을 사용하여야 한다. 그러나 부정적 한정을 사용한 경우라 하더라
도 그 한정이 명료한 경우에는 그 부정적 한정은 반드시 배제되지 않는다. 예를 들
어 '불소를 제외한 할로겐 원소(halogens other than fluorine)'란 표현은 부정적 한정에
해당하지만 그 한정이 명료하기 때문에 특허청구범위의 기재에 사용될 수 있다.

2. 전환부

특허청구범위의 한 구성요소인 전환부(transition phrase)는 본체부와는 달리 그리
복잡하거나 작성하기 어려운 부분은 아니다. 즉 'Y로 구성되는 것을 특징으로 하는
X' 또는 'Y로 이루어지는 것을 특징으로 하는 X' 등의 특허청구범위에 있어서 '구성

되는' '이루어지는' 등의 용어가 전환부에 해당한다. 위에는 '특징으로 하는'은 단순한 관용적인 어귀로 보아도 무방하다. 이 전환부는 영어의 특허청구범위에서는 'comprising' 'consisting of' 'consisting essentially of' 등의 지극히 한정된 숫자의 용어를 사용하고 있으며, 우리 국어의 특허청구범위에서는 '이루어지는' '구성되는' '포함하는' '필수적으로 구성되는' '필수적으로 이루어지는' 등의 몇 개의 용어가 사용된다.

영어 또는 국어(일본어도 우리와 유사함)로 작성된 특허청구범위에 있어서, 전환부는 위의 설명과 같이 극히 제한된 숫자의 용어를 사용하고 있지만, 각각의 용어에 대한 의미는 특허청구범위의 해석론에 있어서 매우 중요하다. 영문법하의 특허제도에서는, 본체부에 기재된 발명요소를 어떻게 한정하여 특허발명의 보호범위를 어디까지 인정하는지의 여부와 나아가 특허침해 여부를 명확히 판단할 수 있도록 전환부의 용어를 적절히 선택하여 기재하여야 한다. 즉 본체부에 기재된 발명요소의 범위를 판단하기 위하여 전환부의 용어에 따라 개구형 특허청구범위(open ended claim), 폐쇄형 특허청구범위(closed claim) 및 부분패쇄형 특허청구범위(partially closed claim)로 구분한다. 이와 같이 전환부의 용어에 따라 구분하는 위의 특허청구범위의 의미는 우리의 법규정에서는 물론 심결례 또는 판례에서도 아직까지 구체화되지 못하고 있는 실정이다. 따라서 전환부의 용어나 또는 그 용어에 따라 구분하는 특허청구범위의 종류에 대하여는 우리의 특허청구범위로써 그 설명이 불가능하고, 영어의 특허청구범위로써 그 설명이 불가피한 실정이다. 따라서 전환부의 용어나 또는 그 용어에 따라 구분하는 특허청구범위의 종류에 대하여는 우리의 특허청구범위로써 그 설명이 불가능하고, 영어의 특허청구범위로써 그 설명이 불가피한 실정이다.

개구형 특허청구범위로 대표되는 것은 'comprising'으로 구성되는 특허청구범위이다. 'comprising'으로 구성되는 이 특허청구범위는 발명의 권리범위를 넓게 보호받을 수 있는 특징이 있다. 즉 여러 개의 구성요소로 이루어진 발명을 개구형 특허청구범위로 작성한 경우에는 그 특허청구범위에서 기재된 것을 포함한 것 외에도 권리범위로서 보호받을 수 있다. 예를 들어, 'A, B 및 C로 구성된(comprising) 물건'

이라는 특허청구범위에 있어서 제3자가 'A, B, C 및 D로 구성된(comprising) 물건'이란 내용의 구술을 실시한다면 이는 바로 특허침해를 구성한다고 해석한다. 이러한 의미에 있어서, 영어의 'comprising'이란 우리말의 '구성하는' 또는 '이루어지는'보다는 '포함하는'의 의미에 더 적절하다고 생각되며, 그 '포함하는'의 의미는 바로 개구형 특허청구범위의 기재용어라 해석해야 할 것이다.

다음으로 폐쇄형 특허청구범위는 'consisting of'의 형태로 이루어진다. 이 폐쇄형 특허청구범위는 그 특허청구범위 내에서 한정하고 있는 발명의 요소에 한하여 권리범위로서 보호를 받을 수 있는 특허청구범위의 형태이다. 따라서 이 폐쇄형 특허청구범위는 그 권리범위가 지극히 한정되며 개구형 특허청구범위보다 훨씬 좁은 의미로 사용된다. 'consisting of'로 표현되는 개구형 특허청구범위는 전기 또는 기계분야의 발명에는 존재하지 않으며 화학방법, 혼합물, 화합물 등의 발명에 종종 존재한다.

'consisting of'의 폐쇄형 특허청구범위와 'comprising'의 개구형 특허청구범위의 중간적인 의미로 사용되는 방식이 바로 부분 폐쇄형 특허청구범위, 즉 'consisting essentially of'의 표현이다. 이 형태의 특허청구범위는 "화합물 A 및 용매 B를 필수적으로 구성하는 용액 Z"라는 특허청구범위를 가정할 때, A 및 B 외에 다른 물질이 A 및 B의 활성에 영향을 주지 않거나 또는 간섭하지 않는 한 다른 물질이 존재할 수 있다고 해석하며 이는 바로 특허 발명의 권리범위에 아무런 영향을 미치지 않는다고 해석한다. 이 형태의 특허청구범위는 화학분야의 발명에 있어서만 중요한 의미를 갖는다.

이상에서 설명한 개구형, 폐쇄형 및 부분 폐쇄형 특허청구범위를 기초로 하여 이들이 실제로 실무에서 어떻게 해석되고 있는지를 다음의 예에서 살펴본다.

소정의 화합물을 제조하는 화학공정이 A, B, C 및 D의 4단계로 이루어지는 공정이며 이는 선행의 공지기술이라고 가정하자. 한 발명자가 이 화합물과 동일한 화합물을 제조한 A, C 및 D로 이루어진 방법을 개발한 경우, 이 발명이 선행기술공정에서 B단계만을 생략함으로써 생산비의 절감, 공정시간단축 등의 발명효과가 있다면 이를 특허로서 보호받기 위한 특허청구범위의 기재는 다음과 같이 이루어질 수 있다.

'A, C 및 D로만 구성되는(consisting of) 화합물의 제조방법'

이와 같이 A, B, C 및 D가 공지되고 이 중에서 B를 제외한 A, C 및 D 공정만의 방법이 특허요건을 만족한다면 위와 같이 특허청구범위를 작성함으로써 특허받을 수 있는 것이다. 그러나 이를 'A, C 및 D로 구성되는(comprising) 화합물의 제조방법'으로 기재하는 경우에는 특허받을 수 없다. 그 이유는 개구형 특허청구범위는 다른 요소를 갖는 발명의 구성에 대하여 특허침해를 구성하기 때문이다. 즉 이 경우 B가 추가된 방법은 이미 공지된 기술이기 때문이다.

이와 같이 특허청구범위의 전환부의 용어에 따른 권리범위의 해석에 있어서 우리는 어떤 해석도, 어떤 규정도 마련되어 있지 않은 상태이지만, 이는 특허청구범위의 기재로부터 야기되는 특허침해의 판단에 대단히 중요한 기준이 될 수 있다. 나아가서 이용발명의 판단에도 중요하게 적용될 수 있다.

특허청구범위를 어떻게 기재하느냐에 따라서 발명요소를 한정하게 되고 나아가서 권리범위를 명확하게 할 수 있다. 그렇게 하기 위하여 영미계통의 특허법의 운용에 있어서는 특허청구범위에 관한 위와 같은 법률용어들이 사용되고 있는 것이다. 즉 통상적인 의미에 있어서 'comprising'과 'including'의 의미는 서로 유사하지만 특허청구범위의 전환부에 사용되는 법률용어로서 일반적으로 'comprising'만이 허용된다. 따라서 우리의 특허법의 운용에 있어서도 법률용어에 대한 정립이 절실히 필요하며, 권리범위를 나타내는 특허청구범위의 기재 및 해석에 있어서는 더욱더 그러하다.

이상 살펴본 바와 같이, 특허청구범위에서의 전환부는 특허청구범위의 해석과 직접적인 관련이 있는 부분이다. 이 전환부에 대한 명확한 해석 없이 특허침해 여부를 판단한다는 것은 있을 수 없는 일이다. 그럼에도 불구하고 우리는 아직까지 이 전환부에 대한 어떤 규정이나 해석이 없는 실정이다. 시급히 논의되어야 할 사항임에 틀림없다.

3. 후단부

앞에서 이미 설명한 바와 같이, 우리의 특허청구범위의 후단부는 영어로 작성된 특허청구범위의 전단부(preamble)에 해당한다. 예를 들어, 'Y로 이루어지는 것을 특징으로 하는 X'라는 형태의 특허청구범위에서 'X'에 해당하는 부분이 후단부에 해당한다.

특허청구범위의 후단부는 보호받고자 하는 발명의 분야(카테고리)를 개략적이나마 설명하게 되고, 또한 발명의 목적이나 그 주변 기술에 관한 정보를 포함할 수 있다. 예를 들어, A, B, C 및 D의 발명요소로 이루어지는 종이를 제조하기 위한 기계에 관한 발명인 경우에 "A, B, C 및 D로 이루어지는 것을 특징으로 하는 종이 제조용 기계"라는 특허청구범위에 있어서 "종이 제조용 기계" 부분이 바로 여기서 설명하는 후단부에 해당한다. 여기서의 후단부인 "종이 제조용 기계"는 때로는 발명의 명칭과도 일치할 수 있으며, 그 기계의 목적이나 분야 등을 개략적으로 나타낼 수 있다. 다른 예인 "L, M 및 N으로 이루어지는 토양 배양용 조성물(A composition for fertilizing the soil, which comprises L, M and N)"의 특허청구범위에서도 마찬가지이다.

특허청구범위의 후단부는 특허여부인 특허성(특허요건: patentability)을 판단할 때 완전히 무시되는 것은 아니다. 얼마든지 특허성 판단을 위한 고려 대상이 될 수 있다. 이 후단부는 반드시 발명의 명칭과 일치할 필요는 없지만 독립항과 그 종속항에서는 서로 일치하여야 한다. 예를 들어 특허청구범위 제1항이 "다이아몬드 내부에 구멍을 뚫기 위한 드릴(drill)"이라 한 경우, 이를 인용한 종속항에서도 "제1항에 있어서, 상기 … 드릴(drill)"로 기재하여야 한다.

이미 공지된 기술 내용을 특허청구범위에 기재하는 젭슨(Jepson) 특허청구범위에서는 후단부에 '개선된' 또는 '개량된'(improvement의 의미) 등의 용어를 함께 기재할 수 있다. 예를 들어 "A, B, C 및 D로 이루어지는 종이 제조용 기계에 있어서, 상기 A가 a, b 및 c로 이루어지는 것을 특징으로 하는 개량된 종이 제조용 기계" 등으로 기재할 수 있다. 젭슨 특허청구범위에 대하여는 후술한다.

V. 특정 형태의 특허청구범위

특허청구범위는 전환부의 용어에 따라 구분되는 개구형, 폐쇄형 및 부분 폐쇄형 특허청구범위 외에도 모든 기술분야의 발명을 특허청구범위로써 나타내야 하기 때문에 특정 형태의 몇몇 특허청구범위가 발달하여 적절하게 사용되고 있는 실정이다. 가장 대표적인 예로 젭슨 특허청구범위, 마커시 특허청구범위, 수단-기능 특허청구범위, 방법 특허청구범위 등이 있다.

1. 젭슨 클레임(Jepson Claim)

이미 공중에게 알려진 기술이나 특허된 발명의 내용으로부터 개량된 발명의 경우에 그 공지기술을 특허청구범위에 기재하는 것이 허용되는 특허청구범위가 바로 젭슨 클레임(Jepson Claim)이다. 우선 젭슨 클레임의 명확한 이해를 위하여 그 사건의 개요부터 설명하면 다음과 같다.

젭슨은 한 전기장치를 개량한 특허를 미국특허청에 출원하였다. 독립항과 종속항을 포함하여 여러 개의 항으로 작성된 특허청구범위를 그 명세서는 포함하고 있었다. 이 젭슨의 특허출원을 심사한 심사관은 특허청구범위 제16항을 거절사정하고 나머지 항들은 모두 특허사정하였다. 심사관은 그 거절사정에서 밝힌 이유에서 제16항의 서두부분(introductory phrase)이 특허발명을 명확하게 한정하지 못한다고 설명하였다. 그 제16항은 다음과 같다.

> *16. 가변속 발전기가 축전지를 충전하고 그 축전지가 충분히 충전될 때 전압코일이 일정한 전위에서 발전기를 조절하는 데 유효한 배전장치에 있어서, 전압코일에 의하여 일정하게 유지된 전위를 감소시키도록 전지전류를 줄임으로써 작동되는 전지에 흐르는 전류가 통과하는 코일과 상기 전압코일과의 조합으로 된 장치.*

제16항을 거절사정한 심사관의 결정에 불복하여 젭슨은 항고심판을 청구하였다. 이 항고심판에 대하여 다음과 같은 결정이 1917년 9월 26일 이루어졌다. 즉 이러한 형태의 특허청구범위는 특허법의 규정에 어긋나지 않은 적절한 것으로서 특허되어야 한다고 결정하였다. 그 이유로서 이 특허청구범위의 전단부(가변속 발전기가 ~ 있어서)는 선행공지된 기술로서 본 특허청구범위를 보다 명확하게 기재하기 위하여 기재된 것이지, 권리범위에 영향을 미치는 신규한 기술로 기재된 것이 아니라고 설명하였다. 즉 이 특허청구범위의 전단부(introductory phrase 또는 preamble)는 권리범위를 한정하는 것이 아니라고 하였다. 나아가서 이 결정에서는 심사관은 특허청구범위에서 어느 부분이 신규한 기술인가를 구분하여 그 발명이 무엇에 관한 것인지를 알아야 할 의무가 있다고 하면서, 이렇게 명확하게 기재된 특허청구범위는 결코 그 기재방식에 어긋난 것이 아니라고 결정하였다.

1917년 미국에서의 이 결정 이후 이와 같은 형식으로 기재된 특허청구범위를 젭슨 클레임이라 명명하였다.

특허청구범위에는, 신규의 사항만을 기재하여야 하나 선행공지기술을 설명하지 않으면 그 발명의 신규기술내용을 명확하게 기재할 수 없는 경우에 전단부에 선행공지사항을 기술하고 그다음 신규의 발명기술 내용을 기재할 수 있도록 한 것이 바로 젭슨 클레임이다. 이러한 형식의 특허청구범위는 주로 선행기술이 공지된 상태에서 그의 개량발명을 기재하는 경우에 주로 사용된다. 다시 말하여, 이러한 선행공지사항을 기재하지 않으면 특허청구범위를 올바로 명확하게 나타낼 수 없을 때 사용된다.

이 젭슨 클레임은 우리 특허법 제42조 제4항의 규정의 해석과 대치되는 것으로 볼 위험이 있다. 현행의 이 규정은 엄밀히 적용하면 특허청구범위에 기재된 선행공지사항은 권리범위로서 주장할 수도 없고 특허청구범위에 기재되어서도 안 되는 것처럼 해석하기 쉽기 때문이다. 그러나 발명을 명확하고 간결하게 기재하기 위하여 이러한 공지사항의 기재가 반드시 필요한 경우에는 이를 거절할 수 없다는 것이 젭슨 클레임의 정당성이다. 따라서 젭슨 클레임의 경우에는 특허법 제42조 제4항은 보다 유동적으로 해석되어야 한다. 가능한 한 특허청구범위는 신규의 기술사상의 창작만을 기재하여 보호받을 수 있도록 기재되어야 하지만 선행의 공지사항의 기재가 필요한 경우에 그리고 그 기재가 특허청구범위에서 명확히 구분되는 한 적법하게 인정되어야 할 것이다.

이 젭슨 클레임은 앞에서 설명한 본체부, 전환부 및 후단부로 이루어지는 일반적인 특허청구범위와는 그 구성이 서로 다르다. 일반적인 특허청구범위가 본체부, 전환부 및 후단부의 3단계 구성을 갖는다면, 젭슨 클레임은 전단부, 본체부, 전환부 및 후단부의 4단계 구성을 갖는다. 젭슨 클레임은 우리의 특허실무에서도 상당히 많이 적용되고 있다. 이는 우리가 우리 나름대로의 특허청구범위의 구성에 관한 규정이나 이론을 정립한 것이 아니라, 영어나 일어로 작성된 특허청구범위를 번역하는 과정에서 그렇게 형성된 것이다. 예를 들어, "X에 있어서, Y로 이루어지는 것을 특징으로 하는 X"라는 특허청구범위가 젭슨 클레임이고, 여기서 'X에 있어서'는 전단부이고, 'Y'는 본체부이며, '이루어지는(것을 특징으로 하는)'은 전환부이고, 'X'는 후단부에 해당한다. 보다 구체적인 예로 "A, B, C 및 D로 이루어지는 종이 제조용 기계에 있어서, 상기 A에 연결된 부재(E)와 상기 부재(E)에 연결된 부재(F)로 구성되는 것을 특징으로 하는 개선된 종이 제조용 기계"라는 특허청구범위는 젭슨 클레임이며, 여기서 'A, B, C 및 D로 이루어지는 종이 제조용 기계에 있어서'는 전단부이고, '상기 A에 연결된 부재(E)와 상기 부재(E)에 연결된 부재(F)'는 본체부이며, '구성되는(것을 특징으로 하는)'은 전환부이며, '개선된 종이 제조용 기계'란 후단부에 해당한다.

위에서 보는 바와 같이, 젭슨 클레임의 전단부(…에 있어서,)는 이미 공지된 기술내용을 기재한 것이다. 다만 본체부에 기재된 기술내용만이 신규한 것이다. 젭슨 클레임은 그 전단부의 기재내용에 의하여 발명의 진보성이 없다는 이유로 거절될 수 있다. 즉 특허청구범위의 일부가 선행기술 인용예로 사용될 수 있는 것이다. 따라서 젭슨 클레임은 공지기술을 기재하지 않으면 그 특허청구범위를 작성할 수 없는 경우에만 사용되어야 하고, 함부로 '…에 있어서'를 사용하여서는 안 된다. 우리의 특허청구범위는 '…에 있어서'의 젭슨 클레임을 남용하고 있는 실정이다.

영어로 젭슨 클레임을 작성하는 경우에는 대체로 'In a X, the improvement comprising Y'의 형태나 또는 'X wherein the improvement comprising Y'의 형태

를 취하고 있다. 물론 우리의 젭슨 클레임은 'X에 있어서, Y로 이루어지는 것을 특징으로 하는 개선된(개량된) X'라는 형태를 취하는 것이 바람직하다.

2. 마커시 클레임(Markush Claim)

선택적 특허청구범위(alternative claim)를 특허명세서에 기재하여 보호받을 수 있게 된 것은 마커시 클레임(Markush Claim)의 탄생 이후부터이다. 물론 아직까지도 일반적인 선택적 특허청구범위는 허용이 되지 않고 있지만, 부분적으로 허용될 수 있는 선택적 특허청구범위에 대하여 마커시 클레임을 자세히 소개하면서 살펴보고자 한다.

1923년 1월 9일 미국특허청에 출원되고 그 후 거절사정되어 1924년 7월 9일 항고심판에서 결정된 이 Markush Case는, 마커시에 의하여 특허출원된 것으로 디아조(diazo) 화합물에 관한 것이다. 이는 아닐린(aniline), 그 동족체 또는 그 할로겐(halogen) 치환체의 디아조 화합물이 할로겐 치환 피라졸론(pyrazolone)과 결합하여 특히 견뢰도가 좋은 염료를 제조하는 것에 관한 것이었다. 최초의 명세서의 특허청구범위는 "아닐린, 그 동족체 또는 그 할로겐 치환체의 디아조 화합물…"로 되어 있었다.

이 최초의 명세서를 심사한 심사관은 이와 같은 특허청구범위는 선택적으로 기재되어 있기 때문에 특허될 수 없다고 하였다. 이 같은 심사관의 의사표시에 대하여 출원인인 마커시는 이들에 해당하는 부분을 '모노아민(monoamine)'으로 대치하여 보정하였다.

심사관은 이 보정된 명세서에 대해서도 거절의사를 표시하였다. 왜냐하면 '모노아민'이라 규정함은 지방족 모노아민, 피리딘 모노아민 등을 포함하기 때문에 아닐린, 그 동족체 또는 그 할로겐 치환체 외에도 최초의 명세서에 기재된 것이 아닌 다른 종류의 아민을 포함하게 되어 특허청구범위는 그 범위가 확장되기 때문이라고 하였다.

이와 같은 심사관의 거절이유에 대하여 마커시는 다시 그 특허청구범위를 '아닐린, 그 동족체 및 그 할로겐 치환체로 이루어지는 군으로부터 선택된 물질'로 보정하기에 이르렀다.

이같이 보정한 특허청구범위에 대하여 심사관은 이 부분은 단순히 특허청구범위의 선택적 기재방식을 회피하기 위한 것이지 실질적으로 그 선택적 기재성을 면치 못하게 된 것이며 또 보정된 용어들은 물질의 속명(generic name)이 아니라는 이유로 거절사정하기에 이르렀고 이 결정에 불복하여 항고심결에서 결국 최후에 보정된 기재방식이 특허청구범위로서 인정받게 되었으며 그 이후 이러한 형태의 특허청구범위를 마커시 클레임이라 명명하고 있다.

특허청구범위에 기재된 발명의 구성요소가 '… 또는 …' 형태의 선택적으로 기재된 청구범위는 특허청구범위로서 채택될 수 없다. 이러한 특허청구범위를 선택적 특허청구범위(alternative claim)라 한다. 그러나 특허청구범위에 '… 또는 …'이라고 기재되어 있다고 해서 그것이 모두 선택적 특허청구범위에 해당되는 것은 아니다. 이렇게 선택적 특허청구범위로서 특허될 수 없다는 것은 발명의 구성요소가 선택적으로 기재되어 있는 경우에 한정되는 것이다. 그 이유는 선택적으로 기재된 발명의 구성요소가 서로 다른 구성요소로 이루어질 때 이는 하나의 발명으로 간주될 수 없기 때문이다. 즉 'A 또는 B'라는 형식의 선택적 특허청구범위에서 A와 B가 발명의 서로 다른 구성요소일 때 이들은 각각 서로 다른 기술사상으로서 별개의 발명을 구성할 수 있다고 본다. 따라서 발명의 서로 다른 구성요소가 선택적으로 기재된 경우에는 그 특허청구범위는 인정될 수 없다.

마커시 특허청구범위의 본래의 의미는 다수의 물질을 포함하는 속명이 존재하지 않을 때, 또는 그 속명이 본래의 발명의 의미보다 넓은 의미로 사용될 때, 이러한 발명을 보호하기 위하여 아속명으로서 열거하여 표현함으로써 기재되는 것을 가리킨다. 이는 주로 야금, 내화물, 세라믹, 약품, 생화학 등의 화학기술분야의 발명에서 속명에 의하여 발명을 명확히 정의할 수 없을 때에 인정되는 특수한 형태의 특허청구범위라 할 수 있다.

이러한 마커시 클레임을 인정하지 않는다면 발명의 각각의 구성요소에 대하여 각각의 발명을 출원해야 한다는 불합리한 점이 야기된다. 그러나 모든 선택적 기재가 마커시 클레임으로 보호받을 수 있는 것은 아니다. 이는 화학분야의 발명에 제한되며 아속명으로 표현될 수 있고 그 아속명이 서로 밀접한 공통성을 유지하는 것들이어야 한다. 여기서 서로 밀접한 공통성이란 각각의 물질들이 서로 다른 특허를 지지할 수 없을 정도의 성질을 말하는 것으로서, 각각의 물질들이 서로 다른 특허발명을 구성한다면 마커시 클레임으로 기재될 수 없다.

마커시 클레임은 주로 화학발명의 경우에 사용되고 있지만, 기계, 제조물, 방법발명 등에서도 사용될 수 있다. 영어로 작성되는 마커시 클레임은 반드시 '…selected from the group consisting of A, B, C, D and E…'의 형태로 작성되어야 한다.

앞에서 이미 설명한 젭슨 클레임을 비롯하여 마커시 클레임은 현 관행으로 볼 때 그대로 수용되고 있지만 이는 주로 외국특허의 번역과정에서 얻어진 것으로, 이들에 대한 정확한 기재방법 및 정확한 법의 운용이 있도록 연구가 뒤따라야 할 것이다.

3. 수단 - 기능 특허청구범위(Means plus Function Claim)

특허청구범위를 작성하는 경우에 일반적으로 기능적 용어(functional terms)의 사용이 배제되지만, 수단-기능 특허청구범위(means plus function claim)에서는 그 기능적 용어의 사용이 인정된다. 물론 우리나라 특허법에서 그렇게 인정되는 것은 아니다. 미국의 특허법에서 그렇게 규정하고 있으며, 우리나라는 국어로 번역된 이들 특허청구범위가 그대로 인정되고 있는 실정이다. 이 수단-기능 특허청구범위는 장치에 관한 특허청구범위(apparatus claim)에 있어서, 그 발명의 구성요소를 명확하게 구체화하는 것이 불필요하거나 또는 그 구성요소에 대한 적합한 일반 명칭이 존재하지 않는 경우에 '…을 …하기 위한 수단'으로 표현하는 특허청구범위를 의미한다. 예를 들어 통상의 증폭기를 발명의 하나의 구성요소라 할 때 그 증폭기가 새로운 기술적 구성을 갖는 발명요소가 아니고 이미 공지된 수단에 지나지 않는다면 '교류전류 신호를 증폭하기 위한 수단'으로 기재할 수 있으며 화학장치 발명에 있어서도 '화학물질 X를 원심력에 의해 침전시킬 수 있는 수단' 등으로 기재할 수 있다. 수단-

기능 특허청구범위 중에서 가장 대표적인 예로 인용되고 있는 것이 미국특허 제 4,393,450호의 제라드 클레임(Jerard Claim)이다.

수단-기능 특허청구범위는 2개 이상의 발명요소로 이루어진 발명인 경우에 사용될 수 있으며, 단일의 발명요소로 이루어진 발명인 경우에는 사용되지 않는다.

영어로 작성되는 수단-기능 특허청구범위는 반드시 'means for ~ing…' 형태를 취하여야 한다. 예를 들어, 'means for rotating the container'가 적합한 것이며, 'means to rotate the container'는 적합하지 못한 것이다.

수단-기능 특허청구범위는 발명의 구성요소를 명확하게 구체화하는 것이 불필요하거나 또는 그 구성요소에 대한 적합한 일반 명칭이 존재하지 않는 경우에 사용된다. 수단-기능 특허청구범위는 명세서 및 도면에 설명된 구체적인 기술내용에 의하여 그 보호범위가 한정된다. 다시 말해서 수단-기능 특허청구범위로 기재되었다고 해서 보호범위가 확장되는 것이 아니다. 예를 들어, 수단-기능 특허청구범위에서 '글씨를 쓰기 위한 수단'이라고 기재하고, 명세서에는 그 수단이 '볼펜, 만년필, 연필, 붓 및 사인펜'으로 설명되어 있는 경우에, '글씨를 쓰기 위한 수단'은 상기 5개의 필기도구에 한정된다. 그러나 명세서에 설명되어 있지 않았다 하더라도, 그와 유사한 수단이 그 분야의 당업자로 하여금 용이하게 사용할 수 있는 것이라 하면 그 보호범위는 확장될 수도 있다.

수단-기능 특허청구범위는 그 보호범위가 확장되는 것은 아니기 때문에, 발명요소를 나타내는 일반 명칭이 존재한다면 가급적 일반 명칭을 사용하여 특허청구범위를 작성하여야 한다. 예를 들어 'container'라는 발명요소는 모든 용기(container)를 포함할 수 있지만, 이를 수단-기능 특허청구범위로 나타낸 'means for containing'의 표현은 명세서에 설명된 용기와 그 균등물에 한정된다. 따라서 이 경우에는 'container'가 더 확장된 의미를 갖는다. 나아가 수단-기능 특허청구범위 대신에 구조적인 용어(structural term)를 사용하는 것이 보호범위를 보다 확장할 수도 있다. 이러한 용어로는 우리의 '부재'에 해당하는 'member' 또는 'element'가 있으며, 예를 들어 'means for supporting' 대신에 'supporting member'로 기재하는 것이 더 바람직하다.

수단-기능 특허청구범위에서 특정수단을 한정하고자 하는 경우에는 종속항을 이용하여야 한다. 예를 들어, '글씨를 쓰기 위한 수단'에 있어서 그 수단이 '연필'에 한정되는 경우에 '상기 수단이 연필인…' 등의 종속항으로 작성하여야 한다.

수단-기능 특허청구범위는 특정의 동작을 행하는 행위와 밀접한 관계가 있기 때문에 방법 특허청구범위(method claim)와 함께 작성되는 것이 바람직하다. 모든 수단-기능 특허청구범위를 방법 특허청구범위로 작성할 수 있는 것은 아니지만, 방법 특허청구범위로 작성할 수 있다면 수단-기능 특허청구범위와 함께 방법 특허청구범위를 작성하는 것이 보다 완벽한 발명의 보호를 위하여 필요하다고 할 수 있다.

4. 방법 특허청구범위(Method Claim)

방법 특허청구범위(method 또는 process claim)는 소위 방법발명을 보호하기 위한 특허청구범위이다. 방법발명(process invention)이란 물건발명(product invention)에 대응되는 것으로, 신규한 방법에 의하여 특정물질(들)을 한 상태에서 다른 상태로 변화 또는 변형시키는 일련의 행위에 관한 발명을 의미한다. 이 방법 특허청구범위도 통상의 물건 특허청구범위와 같이 그 신규한 방법에 대하여 구체적으로 그리고 명료하게 기재되어야 한다.

방법 특허청구범위는 특정의 발명물품이나 그 물품을 제조하기 위한 기계나 장치 등의 구조에 관한 것을 기재하는 것이 아니라, 일련의 동작을 행하는 행위들을 기재하여야 한다. 방법 특허청구범위에서는 일련의 행위들(steps)을 반드시 시간적인 작동순서에 따라 기재할 필요는 없고 그 분야의 당업자가 그 방법을 이해하고 실시할 수 있는 정도로 논리적으로 기재하면 된다. 물론 방법발명을 시간적인 작동순서에 따라 기재할 수 있는 경우에는 그렇게 기재하는 것이 바람직하다. 그러나 방법발명에 있어서의 일련의 행위들은 동시에 일어날 수도 있다. 따라서 반드시 시간적인 작동순서에 따라 그 행위들을 기재할 필요는 없다. 물론 방법 특허청구범위에서는 단일의 행위로 이루어진 특허청구범위가 인정될 수 있다.

방법 특허청구범위는 일련의 행위를 기재하는 것이기 때문에 통상 '…하고' 등의 동사의 형태로 기재되는 것이 일반적이며, 때로는 '…하는 단계(step for …ing)'의 형태로 기재되기도 한다. 영어로 작성되는 방법 특허청구범위도 동명사의 형태(…ing)로 기재되며, 이러한 예로는 (a) guiding, (b) moving, (c) providing, (d) heating, (e) cooling, (f) separating, (g) winding, (h) dispensing 등을 들 수 있다.

방법 특허청구범위는 기계적인 발명요소를 기재하는 것이 아니기 때문에, 발명의 물품이나 기계 또는 장치 등의 구조적인 요소를 기재해서는 안 되고, 동작이나 행위의 관점에서 신규한 일련의 단계를 기재하여야 한다. 그러나 방법 특허청구범위에서 그 발명요소의 인과관계 등이 그 동작이나 행위를 기재함에 있어서 필요한 경우에는 그에 관한 기재도 허용될 수 있으며, 이러한 경우에는 '그럼으로써(whereby)' 절을 사용하는 것이 바람직하다.

방법 특허청구범위(method claim)는 통상의 기계, 장치, 화학조성물 등의 물건 특허청구범위(product claim)보다 그 보호범위가 더 광범위하다. 따라서 기계, 장치, 화학조성물 등의 발명인 경우에 방법 특허청구범위가 가능하다면 물건 특허청구범위 외에 방법 특허청구범위를 더 포함시키는 것이 바람직하다.

방법 특허청구범위에서도 물론 종속항이 기재될 수 있다. 이때의 종속항은 발명의 구조적 요소나 발명요소의 일부를 한정하거나 구체화하는 것이 아니라, 특정의 행위(또는 단계)를 한정하거나 구체화하여야 한다. 그러나 화학발명과 관련된 방법 특허청구범위에서는 특정의 화학물질을 구체적으로 한정하는 종속항이 인정될 수 있다. 예를 들어, 독립항에서 '알코올을 사용하는 단계'라 기재하고, 종속항에서 상기 알코올을 메틸 알코올에 한정하는 '상기 알코올이 메틸 알코올인 단계'라 기재할 수 있다.

방법 특허청구범위는 방법발명 그 자체를 보호하기 위한 것이고 그 방법에 의하여 제조된 물건까지 보호하지는 못하는 것으로 해석되어 왔다. 그러나 미국은 1988년 그 방법에 의하여 제조된 물건까지 방법특허의 침해범위로 인정하는 법안이 발효되었다.

방법 특허청구범위와 함께 설명되고 있는 것으로 방법에 의한 물건 특허청구범위(product-by-process claim)가 있다. 방법에 의한 물건의 특허청구범위는 어떤 물건이나 물질이 구조적인 특성에 의하여 한정된 것이 아니라 그것이 제조된 방법의 의미로 한정된 특허청구범위를 의미한다. 이러한 물건이나 물질의 특허에 의한 보호는 실질적으로 동일한 방법에 의한 물건이나 물질의 특허청구범위보다는 순수한 의미의 물건 특허청구범위로서 발명을 보호받기를 선호하게 된다. 그러나 발명된 물건(물질)의 성질상 물건(물질)으로서 한정하기가 어려운 발명이 있다. 예를 들어, 물질의 정확한 구조적인 또는 물리적인 특성이 밝혀지지 않은 경우가 있을 수 있다. 이러한 경우에, 방법에 관한 특허청구범위 외에 그 방법에 의한 물건이나 물질의 특허청구범위를 인정하고 있는 것이다.

방법에 의한 물질 특허청구범위를 인정하고 있는 것에 대한 설명은 조금씩 변하고 있다. 즉 종전에는 방법에 의한 물질을 어떠한 방법으로도 적절하게 기재할 수 없는 경우에 이러한 특허청구범위를 인정하였다. 그러나 최근에는 특허청구범위의 한정요건을 만족하는 한 이러한 특허청구범위를 인정하는 입장을 취하고 있다.

방법에 의한 물건 특허청구범위는 예를 들어 '제1항의 방법에 따라 제조된 물건'의 형태로 기재한다. 물론 이 특허청구범위는 다른 청구항을 인용하고 있어도 종속항의 개념이 아닌 독립항의 개념으로 이해된다. 이러한 특허청구범위를 인정하는 요건은 그 물건을 다른 형태로 특정할 수 없어야 하며 이와 같은 방법에 의하여 한정한 것이 특허청구범위의 한정요건을 만족하여야 하는 것이다. 이러한 특허청구범위에 의한 물건은 신규성이나 진보성 등의 특허요건을 만족해야 한다.

방법에 의한 물건 특허청구범위를 특허제도에서 인정하는 것은 특허청구범위가 발명의 구성요소를 기재해야 한다는 특허법의 규정에 근거한 것은 아니다. 이는 특허청구범위의 작성과정에서 다른 형태로 기재할 수 없고 방법상의 의미를 빌려 한정할 수밖에 없는 경우에 특별히 허용되는 특허청구범위의 한 태양으로 볼 수 있다.

VI. 결 론

위에서 살펴본 바와 같이, 특허청구범위는 특허발명의 보호범위를 한정하기 위한 것으로서 특허명세서 중에서 가장 중요한 부분으로, 특허청구범위의 구성은 그 해석보다 더 중요하다고 할 수 있다. 왜냐하면, 특허발명의 범위를 올바로 정해 놓지 않고서 특허침해를 올바로 판단하기란 있을 수 없기 때문이다. 그럼에도 불구하고 우리는 특허청구범위의 구성, 즉 작성에 관하여 우리 나름대로의 올바른 기준이나 규정을 갖추지 못한 실정이다. 있다 하여도 그것은 지극히 형식적이고 피상적인 몇 개의 규정에 불과하다. 다만 외국특허가 국내에 출원되는 과정에서 형성된 관습만이 남아 있을 뿐이다. 이러한 관습은 일정한 규칙이나 요건을 갖추지 못한 채 출원인마다 또는 대리인마다 서로 다른 모습을 갖고 있다.

특허청구범위를 작성하는 일은 재산권의 범위를 한정하는 것과 똑같은 것이다. 어떤 사람이 소유하고 있는 땅이 100평인지 200평인지도 명확하지 않은 상황하에서 타인이 그 땅을 침범했는지의 여부를 판단하고 있는 것이 우리 특허침해 판단의 현주소인지도 모른다. 이러한 관점에서 특허청구범위 구성론은 이 분야의 전문가에 의하여 보다 많은 연구가 뒤따라야 할 것이다. 그리고 특허발명의 보호범위를 명확히 하여 발명자를 올바로 보호할 수 있도록 법적 제도가 이루어져야 하고, 그에 따른 올바른 특허실무가 행해져야 할 것이다.

4. 특허명세서 기재요건의 해석 및 운용실태[1]
― 특허법 제42조 제3항 및 제4항의 운용실태를 중심으로 ―

I. 서 언

어떤 발명이 특허를 받기 위해서는 실질적인 특허요건이라 할 수 있는 발명의 신규성, 진보성 및 산업상 이용 가능성은 물론 제반 절차적 요건을 충족하여야 한다. 이 절차적 요건 중에서 가장 중요한 것이 바로 특허청구범위를 포함한 명세서가 특허법에서 규정하는 요건에 따라 기재되어야 하는 소위 명세서 기재요건이다. 실질적인 특허요건을 만족하는 발명을 하였더라도 명세서 기재요건에 위배되면 그 발명은 특허받을 수 없고, 특허를 받았다 하더라도 심판에 의하여 무효로 되거나 올바른 범위로써 보호받을 수 없게 된다.

명세서 기재요건을 설명하는 경우에는, 특허법 규정과 같이, '발명의 상세한 설

---

1 「창작과 권리」 제8호(1997년 가을호).

명'과 '특허청구범위'에 대한 기재요건으로 구분하여 설명하여야 한다. 일반적으로 발명의 상세한 설명은 명세서(specification)를 의미하며, 특허청구범위(claims)는 명세서와는 별개의 개념을 갖는다. 그러나 우리나라 특허법에서는 명세서가 특허청구범위를 포함하는 것으로 규정하고 있다. 따라서 여기서의 명세서는 특허청구범위를 제외한 발명의 설명내용을 의미하고, 특허명세서는 특허청구범위를 포함하는 의미로 규정하여, 명세서 기재요건과 특허청구범위 기재요건을 설명한다.

특허법에서 규정하는 명세서 기재요건과 특허청구범위 기재요건은 발명을 심사하는 단계나 또는 특허 후의 무효여부를 판단하는 심판 단계에서 올바로 해석되고 운용되어야 한다. 그럼에도 불구하고 우리는 아직까지 이 특허명세서 기재요건의 해석과 운용이 적절하지 못함으로써 발명을 올바로 보호하지 못하는 사례가 발생하거나 또는 심판이나 소송업무의 과중한 중복이 야기되기도 한다. 여기서는 특허명세서 기재요건의 올바른 법적 해석을 통하여 이 기재요건에 관한 새로운 운용방안을 제시하고자 한다.

II. 명세서 기재요건

1. 특허법에서의 명세서 기재요건

특허법 제42조 제3항에서는 명세서의 기재요건을 규정한다. 이 규정에 따르면, 명세서에는 그 발명이 속하는 기술분야에서 통상의 지식을 가진 자가 용이하게 실시할 수 있을 정도로 그 발명의 목적, 구성 및 효과를 기재하여야 한다.

명세서 기재요건을 설명할 때, '발명의 목적, 구성 및 효과'를 기재하도록 규정하고 있는 것은 명세서의 구성 또는 명세서에 기재하여야 할 사항에 관한 것으로 특허요건으로서의 명세서 기재요건과 직접적인 관련이 있는 것은 아니다. 따라서 여기서는 특허법에서 규정하는 "발명의 목적, 구성 및 효과"에 대한 설명을 제외한다.

명세서 기재요건은 바로 "그 발명이 속하는 기술분야에서 통상의 지식을 가진 자가 용이하게 실시할 수 있도록 기재되어야 한다"는 점이다. 이 중에서 "그 발명이 속하는 기술분야"를 판단하는 것은 그리 논쟁의 대상이 되는 것이 아니다. 또한 "그 발명이 속하는 기술분야에서 통상의 지식을 가진 자"에 대한 해석도 그리 어려운 것이 아니다. 이 판단 주체에 대한 문제는, 때때로 논쟁의 대상이 되기도 하지만, 기술분야에 따라 심사하는 심사관이나 그 기술분야의 발명에 대한 명세서를 작성하는 변리사(또는 출원인)들에게 거의 아무런 문제없이 인식될 수 있다.

명세서 기재요건 중에서 가장 중요한 부분은 그 명세서가 "용이하게 실시할 수 있도록 기재"되었는지의 여부에 관한 것이다. 물론 특허법에서 '용이하게' 실시할 수 있도록 기재하도록 규정하고 있지만 이 '용이하게'란 용어가 적절한 것인지는 의문이 남는다. 일례로 미국 특허법에서는 명세서 기재요건과 관련하여 용이하게 실시할 수 있도록 규정하지 않으며, 실시할 수 있도록 규정하고 있다.

다음으로 명세서 기재요건에서 규정하는 '실시'의 의미는 특허법 제2조 제3호에서 규정하는 '실시'의 정의와 결코 동일하지 않으며, '생산(또는 제조: making)' 또는 '사용(using)'에 한정되어야 한다. 발명이 물건(product) 발명인 경우에 명세서 기재요건의 '실시'는 '생산(또는 제조)'에 한정되며, 물건발명 중에서도 장치(apparatus) 발명이나 방법(process 또는 method) 발명인 경우에 '실시'는 '사용'에 한정되어야 한다.

결론적으로 명세서 기재요건이란 "그 발명이 속하는 기술분야에서 통상의 지식을 가진 자가 그 발명을 (용이하게) 생산(또는 제조)하거나 사용할 수 있도록 기재되었는지의 여부"를 판단하는 것이라 할 수 있다.

2. 명세서 기재요건에 관한 해석

특허법에서 규정하는 명세서 기재요건은 "그 발명이 속하는 기술분야에서 통상의 지식을 가진 자가 그 발명을 실시(제조 또는 사용)할 수 있도록 기재"하는 것으로, 이는 다음과 같이 3가지 요건으로 해석된다. 이는 바로 발명의 설명요건(description requirement), 발명의 실시요건(enablement requirement) 및 발명의 최적 방식요건(best mode requirement)으로, 명세서 기재요건을 충족하기 위해서는 이 세 요건을 충족하여야 한다.

(1) 발명의 설명요건(description requirement)

발명의 설명요건이란 특허청구범위에서 권리로서 주장하는 발명이 그 명세서에 반드시 기재되어야 한다는 것이다. 다시 말해서 특허청구범위에서 권리로서 주장하는 내용은 모두 명세서에 기재되어야 하고, 복수개의 청구항 중에서 어느 한 청구항 또는 일부의 청구항이 명세서에 기재되지 않았다면 그 청구항은 특허받을 수 없다는 것이 발명의 설명요건이다. 이 설명요건에 관한 다툼은 특허청구범위가 보정을 통하여 추가되었을 때 종종 발생한다. 즉 새로이 추가된 특허청구범위가 최초의 명세서에 의하여 뒷받침되지 못하는 경우에, 명세서가 발명의 설명요건을 충족시키지 못하였다는 이유로 당해 특허청구범위가 거절되는 것이다. 결론적으로 명세서에 기재된 開示內容(disclosure)은 모든 특허청구범위를 반드시 뒷받침하여야 한다는 것이다(The disclosure must support All the claims.).

(2) 발명의 실시요건(enablement requirement)

발명의 실시요건은 명세서 기재요건과 가장 밀접한 관계가 있다. 발명의 실시요건이란 그 명세서에 기재된 開示內容이 그 발명이 속하는 기술분야에서 통상의 지식을 가진 자가 부당하고 과중한 실험(undue experimentation)을 행하지 않고 그 발명을 (용이하게) 실시(제조 또는 사용)할 수 있도록 충분히 명료한 설명(sufficiently clear explanation)을 반드시 제공하여야 한다는 요건이다.

명세서 기재요건을 발명의 실시요건으로 해석하는 이유로는 다음 두 가지가 있다. 첫째는, 국가로부터 특허권을 부여받기 위하여 발명자가 일반공중에게 행하여할 의무는 일반공중이 그 명세서를 기초로 하여 더 발전된 기술을 개발하고자 할 때 그 발명을 이용할 수 있도록 완벽하고 정직하게 명세서를 기재하여야 한다는 것이며, 둘째는 특허권이 만료된 후에 일반공중이 그 발명을 실시할 수 있도록 완벽하게 기재되어야 한다는 것이다. 결론적으로 발명의 실시요건이란 특허권자(출원인)가 특허를 받기 위하여 성실하게 이행하여야 할 일종의 의무로 해석된다(Discloure of enablement is the patentee's obligation.).

(3) 발명의 최적방식요건(best mode requirement)

명세서 기재요건으로서의 발명의 최적방식요건은 앞에서 설명한 발명의 설명요
건이나 발명의 실시요건처럼 엄격한 것은 아니다. 명세서의 최적방식요건에 의하
면, 명세서는 이론적으로 가능한 가장 최적의 방식에 대해서 반드시 설명해야 하는
것은 아니다. 그렇지만 이 최적방식요건을 만족하기 위해서 발명자는 그가 알고 있
는 가장 좋은 방식을 명세서에 설명해야 한다. 예를 들어 어떤 물질의 제조방법에
관한 발명을 한 경우 발명자는 이론적으로 가장 적합한 방법을 설명할 필요는 없지
만 그가 발명한 방법 중에서 가장 적합한 방법을 기재할 의무가 있는 것이다.

이 최적방식요건과 거의 동일하게 설명되고 있는 것이 발명의 사용방법의 요건
(how-to-use requirement)이다. 발명을 실시함에 있어서 가장 적합했던 방식, 즉 구체
적으로 시간, 용량, 기타의 조건들을 설명해야 한다. 발명의 최적방식요건은 발명
자가 알고 있는 가장 적합한 방식을 기재했느냐에 관한 판단으로서 객관적 판단이
라기보다는 주관적 판단이라 할 수 있다. 최적방식요건과 사용방식의 요건을 합하
여 최적사용방법의 요건(how-best-to-use requirement)이라고도 한다.

발명의 최적방식요건은 특허권자(출원인)가 일반공중에게 이행하여야 할 사항의
일부로 해석한다(Disclosure of the best mode is part of what the patentee owes to the
public.).

III. 특허청구범위 기재요건

1. 특허법에서의 특허청구범위 기재요건

특허법 제42조 제4항에서는 특허청구범위의 기재요건을 규정한다. 이 규정에 따
르면, 특허청구범위에는 보호를 받고자 하는 사항을 1 또는 2 이상의 청구항으로

기재하여야 하며, 그 청구항은 발명의 상세한 설명에 의하여 뒷받침되고, 발명이 명확하고 간결하게 기재되어야 하며, 발명의 구성에 없어서는 아니 되는 사항만으로 기재되어야 한다.

특허법 제42조 제4항 제1호에서 규정하는 "발명의 상세한 설명에 의하여 뒷받침" 되어야 한다는 내용은 앞에서 설명한 발명의 설명요건(description requirement)과 동일한 것이다. 동항 제2호에서 규정하는 "발명이 명확하고 간결하게 기재"되어야 한다는 것은 후술되는 특허청구범위의 명료성(clarity)에 해당하며, 동항 제3호에서 규정하는 "발명의 구성에 없어서는 아니 되는 사항만으로 기재"되어야 한다는 것은 후술되는 특허청구범위의 한정성(definiteness)에 해당한다.

특허청구범위는 특허요건을 만족하는 발명을 보호할 목적으로 꼭 필요한 사항만을 구체적으로 한정하는 역할을 한다. 특허요건인 특허대상, 신규성, 진보성, 산업상 이용가능성 및 명세서 기재요건을 만족하는 발명에 대해서 명확하고 간결하게 권리범위를 주장하는 것이다. 특허청구범위의 또 다른 역할은 특허침해를 판단할 목적으로 보호받고자 하는 발명을 한정하는 것이다. 즉 특허청구범위에 의하여 한정된 권리범위는 특허권자의 허락 없이 타인이 그 발명을 실시하지 못하도록 특허발명을 구성하기 위한 것이다.

결론적으로 특허청구범위의 기재요건은 신규성이나 진보성과 같은 실질적인 특허요건을 만족하는 것으로 하나의 발명개념에 해당하는 보호받고자 하는 대상(subject matter)을 명료하게 기재하여야 하는 것을 의미한다. 청구항 중에서 종속항도 하나의 발명개념을 가지며, 그럼으로써 각각의 청구항은 각각의 보호범위를 갖는 것으로 해석된다(청구항 독립성 이론: doctrine of claim differentiation).

특허법 제42조 제5항 및 동법 시행령 제5조는 다항제하에서의 청구항 기재방법에 관한 것으로, 이는 여기서의 실질적인 특허청구범위 기재요건과는 관련이 많지 않다.

2. 특허청구범위 기재요건에 관한 해석

특허청구범위의 기재요건은 한마디로 한정성(definiteness)으로 설명할 수 있다.

여기서는 한정성과 관련된 사항을 구체적으로 살펴보고, 특히 특허청구범위 작성상 또는 심사과정에서 자주 거론되고 있는 기능적 용어(functional term)에 의한 표현에 대하여도 살펴본다.

(1) 특허청구범위의 한정성(definiteness of claim)

특허청구범위는 실질적인 특허요건을 만족하는 것으로 보호받고자 하는 대상을 명료하게 기재하여 그 한정성이 인정되어야 한다. 만일 한정성이 결여된(indefiniteness) 것이라면 특허받을 수 없고, 특허받았다 하더라도 무효를 면할 수 없다.

특허청구범위가 한정성 요건을 충족하는지의 여부는 그 발명이 속하는 기술분야에서 통상의 지식을 가진 자(ordinary skilled person in the art)가 명세서를 참작하여 특허청구범위에 기재된 용어를 이해할 수 있는지의 여부로써 판단된다. 특허청구범위의 한정성은 실질적인 특허요건을 충족하는 발명에 대하여 발명자에게 특허권을 부여한다는 관점과 발명의 보호범위가 한정된다는 관점에서 중요한 의의를 갖는다.

특허청구범위를 작성할 때, 그 발명이 새로운 기술내용에 관한 것이면, 새로운 용어를 사용하여 특허청구범위를 작성할 수도 있다. 물론 이 경우에 그 새로운 용어는 명세서에서 정의되어야 한다. 이러한 의미에서 특허권자(출원인)는 그 자신이 사전 편찬자라고도 한다(Patentee is his own lexicographer).

(2) 한정성과 실시가능성(작동성: operability)

특허청구범위에 기재된 발명이 실시할 수(operable) 있는지의 여부는 한정성과 반드시 관계가 있는 것이 아니다. 즉 발명의 실시가능성(작동성: operability)은 앞에서 설명한 명세서의 기재요건인 발명의 실시요건과 관계가 있다 할지라도, 특허청구범위의 한정성과 항상 관계가 있는 것은 아니다.

특허청구범위는 그 발명의 技術的인 보호범위를 한정하기 위한 발명의 요소(elements)로써 기재된다. 예를 들어 A, B 및 C 성분으로 이루어진 조성물에 관한 발명이나, A, B 및 C 단계(step)로 이루어진 방법에 관한 발명에서, 이들의 A, B 및 C

는 특허청구범위를 구성하는 발명의 요소들이다. 위의 예에서, A 및 C가 공지기술에 해당하고, B만이 신규한 기술이라 하더라도, 상기 특허청구범위는 A-B-C 전체로서 해석되어야 하며, 신규한 부분인 B에 대해서만 특허청구범위를 해석해서는 안 된다.

(3) 기능적 용어(functional term)에 의한 표현(expressions)

특허청구범위를 작성할 때에는 일반적으로 기능적 용어(functional language)를 배제하고 있다. 이는 특허청구범위가 발명의 구성요소를 기재하여 그 보호범위를 명확히 하고자 하는 것이며, 특허제도는 발명의 구성을 보호하기 위한 것이지 그 효과나 기능을 보호하기 위한 것이 아니라는 본래의 취지와 서로 일치하는 것이다. 예를 들어 "시속 300㎞로 주행할 수 있는 자동차"라 기재된 특허청구범위는 자동차의 기능만으로 한정되어 있기 때문에 특허받을 수 없다. 시속 300㎞로 주행하기 위해서 그 자동차가 어떻게 구성되었는지를 기재해야 특허받을 수 있다. 그러나 위에서와 같이 발명요소의 기능적 관계나 결과 또는 효과를 설명하기 위하여 사용되는 기능적 용어까지 배제하고자 하는 것은 아니다. 특히 手段-機能 특허청구범위(means plus function claim)에서는 기능을 나타내는 용어가 반드시 사용되고 있다. 수단-기능 특허청구범위에서 'whereby' clause를 포함하는 경우가 있다. 이는 우리의 '그럼으로써' 節에 해당한다. 이 'whereby' clause는 이미 언급된 발명요소의 기능적 관계를 서술하거나 그 발명요소의 특징을 명료하게 할 수 있는 부분이다. 이 'whereby' clause에서는 하나의 발명요소에 대하여 또는 둘 이상의 발명요소의 기능적 관계나 특징을 서술할 수 있다.

Ⅳ. 특허명세서 기재요건의 운용

현행 특허법 제42조 제3항 및 제4항에 의거하여 '특허명세서 기재요건'을 적용하는 경우는 특허출원의 거절사정을 비롯하여 그에 대한 심판이나 소송에서 자주 발생하고 있다. 심사관의 심사결과인 거절사정을 비롯하여, 이에 대한 거절사정불복 항고심판 및 항고심결에 불복한 대법원 상고사건에서 명세서 기재요건과 관련된 사건이 빈번한 실정이며, 간혹 무효심판이나 권리범위확인심판 및 그들의 대법원 상고에서도 등장한다.

여기서는 우선 대법원 상고 사건에서 특허명세서 기재요건을 적용하여 판단하였던 사건들을 중심으로 특허명세서 기재요건에 관한 이제까지의 대법원의 판단과 해석을 살펴보고, 상당한 비율을 차지하고 있는 특허명세서 기재요건 사건의 원인은 무엇이며, 그러한 사건의 수를 감소시키기 위한 방안에 대하여도 살펴본다.

1. 특허명세서 기재요건을 다룬 소송사례

(1) 92후2069(1993.09.28)

이 상고사건은 특허권무효심판에서 특허명세서 기재요건을 취급한 매우 드문 경우이다. 그 판결이유는 다음과 같다.

> "1. 원심결이유에 의하면 원심은, 이 사건 특허의 청구범위는 전체적으로 산만하여 명확 간결하지 못하고 발명을 이루는 각 구성요소들의 상호 유기적 관계가 불명하여 특허발명의 청구요지 또는 권리기술요지가 무엇인지 특정할 수 없다는 이유로, 특허청구범위를 명확하고 간결하게 기재하게 한 구특허법(1990.01.13. 법률 제4207호로 개정되기 전의 것) 제8조 제4항의 요건을 충족치 못한 발명으로서 무효라고 판단하였다.
>
> 2. 그러나 같은 법 제57조에 의하여 특허발명의 보호범위는 특허출원서에 첨부한 명세서의 특허청구범위에 기재된 사항에 의하여 정하여진다고 할 것이나, 특허명세서의 기재 중 특허청구범위의 항의 기재가 애매모호하거나 추상적, 총괄적 표현방식에 따라 기재되어 이것만으로는 특허의 기술구성을 알 수 없거나 알 수 있다 하여도 그 기술적 범위를 확정할 수가 없는 경우에는 특허청구범위에 발명의 상세한 설명이나 도면 등 명세서의 다른 기재부분을 보충하여 명세서 전체로서 그 기술적 범위를 실질적으로 확정하여야 하고 특허청구범위의 기재에만 구애될 수 없다 할 것인 바(당

> *원 1991.11.26. 선고, 90후1499 판결 참조), 기록에 의하면 이 사건 특허청구범위의*
> *기재가 조사(토씨)의 잘못된 사용으로 전체적으로 일목요연하지 못한 것은 사실이나,*
> *발명의 보호범위를 특정할 수 없을 정도라고는 보이지는 않는데도, 원심이 이 사건*
> *특허청구의 요지가 무엇인지 알 수 없어 특허무효사유가 된다고 판단한 것은 위법하*
> *다고 할 것이고, 이 점을 지적하는 논지는 이유 있다."*

위 상고 사건에서는 특허권의 무효심판에서 제기된 특허청구범위 기재요건의 위법성을 부인한다. 위 판례에서 인용된 90후1499 판결내용에서는 "특허청구범위가 기술적 범위를 확정할 수 없는 경우에는 명세서 전체로[써] 특허청구범위의 기술적 범위를 실질적으로 확정하여야 하고 특허청구범위의 기재에만 구애될 수 없다"는 내용은 '특허청구범위 기재요건'의 해석과는 정면으로 대치된다.

(2) 94후1558(1995.09.26)

이 상고 사건은 특허출원의 거절사정과 관련된 것으로, "특허청구범위를 중복하여 기재한 것은 특허청구범위 기재요건에 위배된 것이 아니다"라는 내용의 판결이다. 그 판결이유는 다음과 같다.

> *"…동일한 발명사상의 내용의 청구항을 달리하여 중복하여 기재되어 있다고 하더라도 특허청구범위가 명확하고 간결하게 기재되어 있어 당해 기술분야에서 통상의 지식을 가진 자가 그 내용을 명확하게 이해하고 인식하여 재현할 수 있다면 그 명세서의 기재는 적법하다고 할 것이다.*
> *따라서, 동일한 내용의 특허청구범위를 중복하여 기재한 것은 명세서의 기재불비가 됨을 전제로 한 원심의 조치에는 청구범위의 기재 방법에 관한 법리를 오해한 위법이 있다고 할 것이고, 이러한 위법은 심결 결과에 영향을 미쳤음이 분명하다. 이 점을 지적하는 논지는 이유 있다."*

그러나 위 판결에서 "특허청구범위의 중복기재"의 의미는 명확하지 않다. 어떠한 기재가 특허청구범위를 중복하여 기재한 것인가. 이 의문점을 살펴보기 위하여 위 상고 사건의 원심결을 살펴본다.

> *"…원사정의 이유에서 지적한 청구범위 제2항과 제3항 및 제5항은 실질적으로 동일한 내용이라는 사항은 해소되지 못하고 있음을 알 수 있다. 즉 제2항은 "제1항에 있어서, 상기 윈도 패드층(23) 재료가 TiN, 규화물, 폴리실리콘 및 폴리시드로 이루어진 그룹으로부터 선택되는 것을 특징으로 하는 집적회로 제조방법"이라 기재되어 있고 제3항은 "제1항에 있어서, 상기 윈도 패드층(23)이 폴리실리콘을 포함하는 것을 특징으로 하는 집적회로 제조방법", 제5항은 "제2항에 있어서, 상기 윈도 패드층(23)이 TiN을 포함하는 것을 특징으로 하는 집적회로 제조방법"이라 기재되어 있음을 볼 때 제3항 및 제5항에 기재된 범위는 제2항의 범위에 포함된다고 인정된다. 따라서 원사정은 정당하다고 인정되고 이를 탓하는 항고심판 청구인의 주장은 받아들일 수 없다"*

위 항고심결에 나타난 특허청구범위 제2항, 제3항 및 제5항은 '중복기재'라 할 수 없고, 이들은 서로 다른 보호범위를 갖는다. 이들에 대한 특허청구범위의 해석이 잘못된 것이다. 특허청구범위의 해석상의 오류를 포함한 항고심결, 그 해석상의 오류와는 무관하게 '특허청구범위의 중복기재'를 인정한 대법원의 상고 판결, 이들이 앞으로 어떻게 운용될 수 있는지 의문이다.

(3) 94후654(1995.07.14.)

이 상고 사건은 특허명세서 기재요건을 다룬 전형적인 경우이다. 출원인은 특허명세서가 기재요건을 충족하도록 적법하게 작성된 것이라 주장한 반면, 원심결 및 이 사건 상고 판결에서는 그렇지 않다고 판단하고 있다. 특허명세서 기재요건을 다룬 거절사정 사건은 심사과정에서 심사관과 변리사와의 노력에 의하여 해결되어야 하는 것이지, 심판이나 소송에서 취급할 사항이 아니다.

> *"…본원출원의 실시를 위하여 어떤 방법으로 블록과 블록을 나누고, 그룹과 그룹을 나누며, 광빔이 어떤 방법으로 한 그룹전체의 정보를 검색하여 모든 정보가 한꺼번에 기입되는지, 한 그룹의 정보를 기입하지 아니한 상태에서 광빔이 어떠한 방법으로 그 다음 블록으로 전환되어 정보를 인식하는지, 플레이어의 광빔이 디스크상의 하*

> 자 여부를 어떻게 감지해 내고 어떤 방법으로 다음 블록으로 뛰어넘어 전환되는지, 어떻게 한 개 또는 여러 개의 블록을 한꺼번에 뛰어넘을 수 있는지, 판독이 끝난 많은 정보가 어떻게 한꺼번에 기입될 수 있는지, 블록과 블록 사이의 시간 간격을 계산하는 마이크로 프로세서는 어떻게 만들어지는지 등에 관한 방법이나 장치가 도면에 도시 또는 구체적으로 기재되어 있지 아니하는 등 이 사건 발명의 상세한 설명이 불명확하여 전체적으로 정보의 판독과 정보의 기입의 고속화를 위한 체계적인 절차 및 수단이 파악되지 않으며, 이 사건 발명의 목적과 관련하여 구성 및 상호관계를 명확히 하지 않아 그 요지가 파악되지 않는다 할 것이고, 따라서 그 기술분야에서 통상의 지식을 가진 자가 용이하게 실시할 수 있을 정도로 발명의 상세한 설명을 기재하고 있지 않다고 할 것이다"

(4) 93후1810(1993.12.27)

이 상고 사건은 앞에서 설명한 94후654 사건과 대동소이하다.

> "본원발명 특허출원명세서의 기재에 의하면, 본원발명은 폐스크랩의 확장을 위하여 중심안내공(3)으로 확장성형구(13)를 강제로 투입시 스크랩(2)은 평면방향으로 확장됨과 동시에 확장성형구 진행방향으로 스크랩(2)이 구부러지므로, 이를 제3공정에서처럼 절단기에 그냥 절단해서 사용하면 구부러진 스크랩(2가) 부분이 그대로 남아 있어 이를 그대로 섀도 마스크 프레임으로 사용할 때 구부러진 스크랩(2가) 부분에 의하여 섀도 마스크 기능을 저하시킬 가능성도 있고, 섀도 마스크가 제대로 부착될지도 의문이어서 본원발명의 목적, 구성 및 작용효과 등을 전체적으로 고려할 때 본원발명이 실시가능할 정도로 구체화되었다고 보기 어렵고, 또한 특허청구범위의 기재에 있어서 본원발명이 그 목적을 달성하기 위한 기술적 수단으로서 필수불가결한 구성이라고 할 수 있는 스크랩 확장성형장치의 구성이 구체적으로 명확하게 기재되었다고 보기 어렵다."

(5) 94후1459(1996.01.26)

이 상고 사건은 특허권의 무효심판에서 특허명세서 기재요건을 다룬 사건으로, 명세서의 기재불비를 인정하여 특허권을 무효시킨 경우이다. 특허명세서 기재요건에 대한 판단은 앞의 94후654 사건이나 93후1810 사건과 크게 다를 바 없다.

> "이 사건 특허발명은 제철슬래그를 노면에 적절히 접착시키기 위한 불소-에폭시변성수지 접착제에 그 특징이 있다고 할 것인데, 이 사건 특허출원 명세서에는 각종의 다양한 에폭시 수지와 불소수지 중에서 어떠한 구조와 성분을 지닌 수지를 선택한 것인지, 에폭시와 불소수지의 조성비율을 어떻게 한 것인지, 에폭시와 불소수지의 변성조건인 압력, 온도, 시간에 대한 언급이 없고, 양 물질을 섞기 위하여 이를 저어주는 방법 등에 대한 언급이 없으므로 이 사건 불소-에폭시 변형수지 접착제는 특정되었다고 할 수 없고, 따라서 그 출원에 관한 발명이 속하는 기술분야에서 보통 정도의 기술적 이해력을 가진 자, 즉 평균적 기술자가 당해 발명을 명세서 기재에 기하여 출원시의 기술수준으로 보아 특수한 지식을 부가하지 않고서도 그 발명을 정확하게 이해할 수 있고 동시에 재현할 수 있는 정도의 설명이 있다고 할 수 없어 이 사건 특허는 구 특허법 제69조 제1항 제1호에 의하여 무효라고 할 것이다. 그럼에도 불구하고 이 사건 특허출원의 명세서에 불소-에폭시 변성수지의 성분 및 조건 등을 구체적으로 특정하지 아니하였다 하여 그 발명을 용이하게 실시할 수 없을 정도의 명세서 기재불비라고는 인정되지 아니한다고 판단한 원심결에는 특허출원 명세서의 기재에 관한 법리를 오해함으로써 심결 결과에 영향을 미친 위법을 저지른 것이라고 할 것이므로 이 점을 지적하는 논지는 이유가 있다."

(6) 95후95(1996.06.28)

이 상고 사건은 특허청구범위 기재요건을 다룬 경우이다. 이 사건의 판결이유도 앞에서 설명한 다른 판결이유와 크게 다를 바 없다.

> "…이 사건 특허출원에 관한 명세서에 있어서 특허청구범위가 "1. 도면1에 대한 침대용 배관설비장치로 유기성에 따른 그 기능적 장치. 2. 제1항을 종속항으로 하여 도면1의 (1)(도면 2,3)의 배관설비시 난방효과를 높이고자 하는 상태의 것인 발열판의 자연적 성질에 따른 2차 기능 유기성을 부여한 상태의 것인 발열판의 역할적 기능에 따른 유기적 원리"라고 기재되어 있어 이를 발명의 상세한 설명 및 도면에 도시된 내용에 비추어 보더라도 그 요지가 극히 모호하고 추상적이어서 명확하게 특정되어 있

다고 볼 수 없고, 또한 본원발명의 상세한 설명에서는 침대용 매트리스에 온수호스와 발열판으로 열전도가 되도록 한다는 취지의 기재가 되어 있다고 보이나 그 연관된 작용과 구성수단 등에 대하여는 구체적으로 기술하고 있지도 아니하여 본원발명이 속하는 기술분야에서 통상의 지식을 가진 자가 이를 용이하게 실시할 수 있을 정도로 기재되어 있다고 보기 어려우므로, …"

(7) 94후869(1996.06.14)

이 상고 사건은 특허청구범위가 명세서의 내용을 벗어나서 기재되어 거절사정된 경우이다. 명세서의 기재 내용을 벗어나서 특허청구범위가 작성되었는지의 여부는 출원인(대리인)이나 심사관이 더 명확히 알 수 있는 사항이다. 이 사건 역시 심사관이나 변리사와의 노력에 의하여 해결될 수 있는 사건이지, 심판이나 소송에서 취급할 사항이 아니다.

"…결국 B-1주 이외의 다른 Serotype에 속하는 균주에 의한 백신 발명은 본원발명의 명세서에 의하여 뒷받침된다고 할 수 없고, 나아가 위 서울 바이러스에 속하는 B-1주를 이용하여 제조된 백신이 높은 감염방어효과와 폭넓은 항원스펙트럼을 갖는다고 하여 그와 상이한 Serotype인 Hantaan 바이러스에 속하는 KHF 83-61 BL(또는 ATCC VR-938)도 동일한 작용효과를 달성할 수 있다고 인정할 자료도 없으므로, 결국 위 특허청구범위 제4항에는 발명의 상세한 설명에 기재된 사항이 아닌 내용이 포함되어 있어 본원발명은 구특허법(1990.01.13. 법률 제4207호로 전면 개정되기 전의 법률) 제8조 제4항의 규정에 의하여 특허받을 수 없다고 인정 판단하였다."

(8) 95후1326(1996.07.30)

이 상고 사건은 특허명세서 기재요건을 다룬 다른 상고 사건과는 다른 의미를 갖는다. 그 판결이유는 다음과 같다.

"특허법 제42조 제3항에 의하면, 특허출원서의 발명의 상세한 설명에는 그 발명에 속하는 기술분야에서 통상의 지식을 가진 자가 용이하게 실시할 수 있을 정도로 그 발명의 목적, 구성, 작용 및 효과를 기재하여야 한다라고 되어 있는바, 위 규정의 취지는 특허출원된 발명의 내용을 제3자에게 공표하여 그 기술적 범위를 명확하게 하기 위한 것이므로 그 발명과 관련된 기술분야에서 평균적 기술능력을 가진 자가 당해 발명을 명세서 자체의 기재에 의하여 출원 당시의 기술수준으로 보아 특수한 지식을 부가하지 않고서도 그 발명의 내용을 명확하게 이해하고 이를 재현할 수 있을 정도로 기재하는 것을 말한다고 할 것이므로(당원 1995.07.14 선고 94후654 판결 참조), 당해 기술분야에서 통상의 지식을 가진 자가 그 내용을 명확하게 이해하고 인식하여 재현할 수만 있다면 그 효과를 확증하기에 충분한 실험 데이터가 기재되어 있지 않다고 하여도 그 명세서의 기재는 적법하다 할 것이다.

따라서 의약품의 발명에 있어서는 그 약리효과에 대한 기재가 있으면 충분하고 그에 대한 실험 데이터나 시험성적표의 기재는 명세서의 필수적 기재요건은 아니라 할 것이고, 다만 특허청 심사관은 당해 기술분야에서 통상의 지식을 가진 자가 출원 당시의 기술수준으로 보아 명세서에 기재된 용도(효과)가 나타나는지 의심스러운 경우에만 비로소 별도의 시험성적표나 시험데이터 등의 제출을 요구할 수 있다 할 것인데, 기록에 의하면 출원인은 이 사건 항고심판 계속 중에 진술서란 명칭으로 시험성적표를 제출하고 있음을 알 수 있으므로(원심도 이를 인정하고 있다), 본원발명의 출원명세서에는 그 기재불비가 없다고 할 것이다.

그럼에도 불구하고 위와 다른 견해에서 이 사건 의약품발명의 출원명세서에 그 약리효과를 확인 내지 인정할 수 있는 시험 결과 내지 구체적인 데이터 등의 기재가 없다는 이유로 이는 출원명세서의 기재불비가 된다고 하는 원심의 판단은 특허출원명세서 기재에 대한 법리를 오해함으로써 심결 결과에 영향을 미친 위법을 저지른 것이라 할 것이므로 이 점을 지적하는 논지는 이유 있다."

위 판결에 따르면, 의약품의 발명인 경우에 그 약리효과에 대한 기재가 충분하면 그에 대한 실험데이터나 시험성적표의 기재는 명세서의 필수적 기재요건이 아니라 판단한다. 다만 그 약리효과가 의심스러운 경우에만 시험성적표 등을 제출할 수 있도록 요구할 수 있다. 약리효과에 대한 기재가 충분하다는 가정하에서 그에 대한 실험데이터 등이 필요 없다 할 것이다. 물론 이 가정에 대한 명확한 기준은 없지만, 그것은 그 기술분야에서 통상의 지식을 가진 자에 의하여 판단될 수 있는 것이라고 볼 수 있다. 명세서 기재요건을 취급한 위 대법원 상고 사건은 의약품 발명인 경우에 그 약리효과에 대한 설명이 충분하면 그에 대한 실험데이터 등을 명세서에 기재하지 않아도 된다는 대법원의 견해를 밝혔다는 점에 의의가 있다.

2. 특허명세서 기재요건에 관한 심판·소송의 문제점

앞에서 특허명세서 기재요건을 다룬 대법원 상고 사건들을 살펴보았지만, 이들은 대부분 특허명세서가 적법하게 작성되었다는 출원인의 주장에 대하여 그 可否만을 결정하는 판결이 대부분을 차지하고 있다. 이러한 주장과 판결은 장님이 코끼리를 만지는 것만큼이나 불명료하고 부정확하다.

특허명세서 즉 명세서와 특허청구범위는 각 기술분야의 변리사에 의하여 작성되고 그 기술분야에서 최소한 통상의 지식을 가지는 자라 할 수 있는 심사관에 의하여 심사되고 있다. 그럼에도 불구하고 특허명세서가 그 기재요건에 적합한지에 대한 다툼은 끊임없이 제기되고 있으며, 심판이나 소송까지 이어지고 있다. 그리고 그 심판이나 소송에서도 불명료하고 부정확한 심리 과정을 거쳐 최종의 결론에 이르고 있다. 다만 "기재요건에 적합하다" 또는 "그렇지 않다"라는 결론만이 존재할 뿐이다.

특허명세서 기재요건을 다룬 심판이나 소송사건이 이와 같이 불명료하고 부정확한 심리과정을 거쳐서 최종의 결론에 이르고 있는 현재의 상황에는 그럴 만한 충분한 이유가 있다.

3. 특허명세서 기재요건에 관한 심판·소송사건의 남발원인 및 개선방향

우리나라는 특허명세서 기재요건에 관한 거절사정 불복항고심판이나 대법원상고사건이 남발하고 있다. 이처럼 특허명세서 기재요건 사건이 남발하고 있는 주된 이유는 심사관에 의한 심사과정이 잘못되어 있기 때문이다.

특허출원의 심사과정에서 심사관이 명세서의 기재불비 즉 특허명세서 기재요건을 위배하였다는 거절이유의 대부분은 법률적 근거(특허법§42 ③~⑤)만을 제시할 뿐이며, 어떤 기재내용이 왜 어떻게 잘못되었는지를 지적하지 못하고 있다. 심사관에 의한 거절이유가 법률적 근거만을 제시하고 있다는 것은 하나의 결론에 불과한 것이지, 기재미비에 대한 충분한 이유라 할 수 없다.

심사관의 심사는 특허요건을 판단하기 위한 법률적 판단행위다. 기재요건에 위배되어 작성된 특허명세서에 대하여 잘못된 기재를 구체적으로 명시하여야 하고, 그 잘못된 기재에 대하여 적법한 기재방법을 제시하여야 한다. 이는 물론 심사관에게 명세서나 특허청구범위를 작성하도록 하는 부담으로 해석되어서는 안 된다. 이처럼 법률적 근거만을 제시하는 심사관행이 거절사정불복 항고심판과 대법원의 상고를 남발하게 하고 있는 것이다.

항고심결이나 대법원 판결에서도 이러한 주장과 판단은 계속되기 때문에 명료하고 정확한 결론을 기대할 수 없다. 미국의 경우에 특허명세서 기재요건에 관한 사건을 CAFC나 또는 대법원에서 판단한 예는 아직까지 없는 것 같다. 특허청의 항고심판부에서 취급한 사건도 매우 희귀하며, 그 항고심판부에서 취급한 사건들은 특허명세서 기재요건에 관한 대표적인 심결례(leading case)가 되어 오늘날까지 확고부동하게 적용되고 있다. 예를 들어 새로운 형태의 특허청구범위로 인정하기에 이르렀던 Jepson Claim 사건이나 Markush Claim 사건도 모두 미국 특허청의 항고심판부의 심결에 따라 행해진 것이다.

동일한 기술분야에서 명세서를 작성하는 변리사와 특허명세서를 심사하는 심사관은 그 기술분야에서 최소한 통상의 지식을 가지는 자라 할 수 있기 때문에, 심사과정에서 거절이유통지서와 보정서를 통하여 서로 일치할 수 있는 합일점을 찾아야 한다. 심사관이 거절이유통지서에서 기재불비 부분을 구체적으로 지적하고 그에 대한 代案을 제시하며, 필요하다면 이러한 심사절차를 반복함으로써, 특허명세서 기재요건을 충족할 수 있도록 하여야 한다.

4. 특허명세서 기재요건에 관한 외국의 심사 사례

주요 외국에서 행해지고 있는 특허명세서 기재요건에 관한 심사관의 거절이유를 살펴본다.

(1) 독 일

독일특허출원을 심사한 심사관은 청구항 1(Claim 1)을 구체적으로 보정한 보정안을 제시하고 있으며, 명세서의 구체적인 부분을 다시 기재하도록 요구하고 있고, 이 심사관의 제안대로 보정된다면, 특허될 수 있다는 심사결과를 출원인에게 통지하고 있다.

"It is proposed that claim 1 should read as follows:

"1. A resin composition with······comprising

(A)·· ·· ·· ;

(B) 3 to 30 parts by weight, per 100 parts by weight of all resin in the composition, of a functionalized······(a) which is prepared by······rubber polymer of an average particle size of 0.05 to 0.5 ㎛, 0.01 to 2······(b) and 0.1 to 7 parts by weight, per the entire resin composition, of a reactive monomer (c) having···: and

(C)··· and optionally

(D)···."

The present claims 6 and 10 to 12 would then need deleting.

III. As regards the description

1. On page 4, lst para., a brief reference to the present claim 2 suffices, i.e. following "resin composition" "as set forth in the present claim 1."

2. Page 6, 2nd para., as well as page 8, lst and 3rd paras. would need adapting to the present wording of the main claim.

> *IV. On filing (in duplicate) documents in keeping with these proposals, the requested patent is to be granted."*

(2) 미 국

미국특허출원을 심사한 심사관은 청구항 1, 7, 8, 15 및 21이 특허청구범위 기재요건에 위배됨을 지적하고, 그 각각의 이유에 대하여 구체적으로 예시하고 있으며, 청구항 7 및 21의 불명료한 부분을 삭제할 것에 대하여도 제시한다. 나아가 심사관은 특허청구범위 기재요건을 충족하도록 보정한다면 청구항 1-22는 특허받을 수 있다고 하였다.

> *"Rejection Under 35 USC § 112, Second Paragraph*
>
> *Claims 1, 7, 8, 15 and 22 are rejected under 35 U.S.C. §112, second paragraph, as being indefinite for failing to particularly point out and distinctly claim the subject matter which applicant regards as the invention.*
>
> *The recitation of "a step consisting of aging, washing, filtering, and drying the catalyst precursor" in claims 1, 8, 15 is inconsistent because it involves more than one step.*
>
> *The step of "stabilizing the dried catalyst precursor by reducing with hydrogen and passing in oxygen diluted with nitrogen or an organic material" in claim 1, 8, 15 is incomplete and indefinite because it is not clear into what oxygen diluted with nitrogen or an organic material is passed.*
>
> *The step of "removing the hydroxyl group on the catalyst precursor by producing water with hydrogen at the temperature of 180 to 220℃" in claims 7, 21 is vague. It is suggested that the words "producing water with" be canceled.*
>
> *Allowable Subject Matter*
>
> *Claims 1, 8 and 15 would be allowable if rewritten or amended to overcome the rejection under 35 U.S.C. 112.*

(3) 영국

영국특허출원의 특허명세서 기재요건에 관한 심사결과는 더욱더 명확하다. 심사관은 명세서 제6면 제5행 및 제7면 제19행의 "have"를 "has" 또는 "must have"로 정정하고, 청구항 2 및 3의 "a foaming agent"의 의미를 명확히 하고, 명세서 제3면 제10행 "acrylonitrile"과 제5면 제22행의 "outer"의 철자를 올바로 정정할 것을 제시한다.

"Examination Report under Section 18(3)

1. By use of the word "should" in the description at page 6 line 5 and at page 7 line 19 it is not clear that the weight average molecular ranges for the ABS resin of the inner layer (or middle layer in the case of the three-layer sheet) of 150,000 to 300,000 and for the SAN resin of the outer layer of 100,000 to 200,000 are essential features (cf claims 1 and 5). In amending consideration could be given to amending "should have" to "has" or "must have".

2. It should apparently be made clear in claims 2 and 3 that the references to "a foaming agent" are in connection with the thermal insulation between the internal and external boxes of a refrigerator.

3. The spellings of "acrylonitrile"(page 3 line 10) and "outer"(page 5 line 22) require correction."

(4) 유럽 특허청(EPO)

유럽특허출원을 심사한 심사관도 특허청구범위 제1항 및 제5항에 대하여 보정안을 제시한다.

"Although Claim 1 meets the requirements of Article 52(1) EPC with respect to the available prior art, amendment is required to overcome the objections below.

3. In order to solve the problem of surface defects due to the presence of an injection pin, it is considered to be an essential feature that this pin is retracted immediately after the injection of the liquid foaming agent. The pin mark will be buried by the molten plastic resin. Introduction of this feature into claim 5 would create a common inventive concept with claim 1(see paragraph 2 above) a basis for such an amendment can be found on the last 5 lines of page 5. Another essential feature resulting from this process is the fact that the blowing liquid must be metered to obtain the desired effect(see paragraph 3 above). The expression 'injecting a predetermined amount of liquid blowing agent in a liquid state, into said plastic material through a void forming apparatus' should replace the current definition of this process step in claim 5.

3.1 As a consequence, claim 5 would read as follows:
A process of injection molding for forming a plastic article which has a void portion in at least a portion thereof, said process comprising;

providing a mold unit, including a movable mold section and a stationary mold section opposite to and in mated alignment with said movable mold section, said mold unit further having a sprue for receiving a plastic material from a molding machine;

clamping said movable mold section and said stationary mold section together to form a mold cavity for said plastic article;

introducing said plastic material in a molten state into said mold cavity through said sprue;

injecting a liquid foaming agent in a liquid state into said plastic material through an injection pin of a void forming apparatus;

vaporizing said liquid foaming agent injected in said plastic material to form a void portion of a plastic article;

removing said resultant plastic article from said mold unit after cooling and hardening of the plastic material.

characterized in that

said liquid foaming agent is injected in a predetermined amount, said injection pin is retracted immediately after the injection of the liquid foaming agent; and

said plastic material is allowed to cool and harden with said vaporized blowing agent remaining therein, said vaporized blowing agent becoming dormant as said plastic material cools and hardens;

4. It is appropriate to draft claims 1 and 5 in the two-part as required by Rule 29(1) EPC, whereby the features known from D1 should be placed in the preamble. The two part form of claim 5 has been proposed above, claim 1 would read as follows:

A molding machine for injection molding a plastic article with a void portion comprising:

void forming apparatus (24,25) including an injection pin (25) and an injection cylinder (24), said void forming apparatus (24,25) being installed at a location of a movable old section (22) or of a stationary mold section (21) of a mold unit (20); and

a feeding meter (28) connected to said void forming apparatus (24,25), said feeding meter (28) measuring a predetermined amount of a liquid foaming agent and supplying the liquid foaming agent into said injection cylinder (24)

characterized in that

the void forming apparatus can carry out reciprocal movement so that said injection pin (25) may enter a mold cavity during introduction of a plastic material and move out of the mold cavity after injection of a liquid foaming agent.

5. The description must be brought into conformity with the new claims to be filed; care should be taken during revision, especially of the introductory portion

(5) 일 본

일본특허출원의 특허명세서 기재요건을 심사한 심사결과에서도 기재불비 사항들을 구체적으로 예시한다.

> *1. 特許請求の範囲において、下記の点が不明瞭である。*
>
> *請求項9において、「第3ベアリングローラ」、「第2プレート」、「第2紐固定部材」、「第2ローラー支持棒」、「第4ベアリングローラ」、「第2板スプリング」、「第2フック」、各部材の番号が、記載されていないから、上記部材が、明細書におけるどの部材のことを指すのか、明らかでない。*
>
> *2. 明細書において、同一番号の部材の名称が不一致である。*
>
> *2・・・第1織物噛み装置【請求項1】、第1噛み装置【0033】、*
>
> *3・・・第2織物噛み装置【請求項1】、第2噛み装置【0032】、*
>
> *21・・・第1プレート【請求項3】、プレート【0022】、*
>
> *22~25・・・第1ベアリングローラ【請求項3】、ベアリングローラ【0022】、*
>
> *27・・・第1フック【請求項3】、フック【符号の説明】、*
>
> *58・・・緩衝突起【請求項7】、緩衝コック【符号の説明】、*
>
> *ほか 詳細に検討することが必要である。"*

(6) 위 외국의 심사 사례들의 특허명세서 기재요건에 관한 거절이유들은 모두 의견서나 보정서를 제출함으로써 극복되었다. 심사관은 잘못 기재된 부분을 구체적으로 지적하고 그에 대한 代案도 제시하고 있으며, 그 결과 변리사는 그 부분을 명료히 보정함으로써, 심사과정을 통하여 특허명세서 기재요건에 관한 거절이유를 모두 해소할 수 있었던 것이다. 다시 말해서 특허명세서 기재요건에 위배되었다는 이유로 항고심판이나 소송을 청구하는 경우는 외국의 심사예에서는 거의 찾아보기

어렵다.

5. 특허명세서 기재요건에 관한 우리의 심사 사례

(1) 특허출원 제92-702739호

이 특허출원에 대한 심사관의 거절이유는 아래와 같으며, 이 거절이유는 의견서 및 보정서를 제출함으로써 극복되었다.

> *"가. 청구범위 제1항에 있어서 '상기 RNA 영역'이 부영역을 갖는 RNA 영역인지 유전자에 의하여 코딩된 RNA 영역인지 불명.*
> *나. 청구범위 제1항에 있어서 '결합' 방법 불명.*
> *다. 청구범위 제9항에 있어서 '제2차 구조를 형성할 수 있는 RNA의 부영역'의 실체 불명.*
> *라. 청구범위 제13항에 있어서 '약학적으로 이용할 수 있는'이라는 것의 내용 불명.*
> *마. 청구범위 제14항에 있어서 '상기 제2차 구조'에서 '상기'가 지시하는 게 불명.*
> *바. 청구범위 제19항에 있어서 '제2차 구조'의 내용 불명."*

(2) 특허출원 제93-700440호

심사관은 특허청구범위가 발명의 효과만(기능적 표현)으로 기재되었다는 이유로 다음과 같이 거절이유를 통지하였다. 심사관은 문제의 특허청구범위의 보정에 관한 어떠한 대안도 제시하지 않았다. 상기 특허출원은 결국 거절사정이 확정되어 항고심판이 청구되었다.

> *"1. 특허청구범위 제1항 내지 제8항, 제15항 내지 제22항은 '리보핵산(vRNA)분획 1, 2, 3, 4, 5, 6, 7 또는 8 또는 관련 (+)리보핵산의 적어도 일부분과 특이적으로 교잡 가능한'이라는 발명의 효과만으로 기재되어 있어 발명의 구성 및 보호받고자 하는 대상이 명확하지 않으므로 특허법 제42조 제4항에 의하여 특허받을 수 없고,"*

(3) 특허출원 제92-702702호

심사관은 청구항 1-9가 기능적 표현으로 기재되었다는 거절이유를 통지하였다. 문제의 청구항의 보정에 관한 제시도 없었다.

> "거절이유 1: 특허청구범위 제1항 내지 제9항은 물질발명이나 보호받고자 하는 물질이 기능적으로만 특정되어 있어(예: 아라키돈산의 합성 또는 대사를 조절하는 단백질을 암호화하는 핵산과 특이적으로 교잡할 수 있는) 물질이 특정되었다고 인정할 수 없으므로 특허법 제42조 제4항 규정에 위배되어 특허받을 수 없음.
> 청구항 1. 아라키돈산의 합성 또는 대사를 조절하는 단백질을 암호화하는 유전자의 핵산과 특이적으로 교잡할 수 있는 것을 특징으로 하는 올리고뉴클레오티드 또는 올리고뉴클레오티드 유사체."

심사관은 상기 특허출원에 대하여 거절사정을 하였고, 이에 대하여 항고심판이 청구되었다. 이 특허출원의 '기능적 표현'에 기인한 특허명세서 기재요건에 관한 항고심결은 다음과 같다.

> "본원발명의 청구범위를 살펴보면 '아라키돈산의 합성 또는 대사를 조절하는 단백질을 암호화하는 유전자의 핵산과 특이적으로 교잡할 수 있는 것을 특징으로 하는 올리고뉴클레오티드'로 기재되어 있어서 원사정이 지적하고 있는 바와 같이 '조절하는', '특이적으로 교잡할 수 있는' 등과 같이 일반적으로 청구범위의 기재에서 배제되는 기능적 표현을 일부 사용하고 있기는 하나 이러한 기능적 표현이 발명의 필수 기술적 구성과 함께 이들 구성요소간의 관계를 한정하기 위하여 전체 청구범위 중 일부에서 사용되고 있고 또한 구성요소간의 관계를 한정하기 위해서는 이러한 기능적 표현의 사용이 필수불가결한 경우에는 그 사용이 인정될 수 있다 하겠다. 본원발명의 경우 그 청구범위의 기본구성은 아라키돈산, 단백질, 유전자의 핵산 및 올리고뉴클레오티드 등이며 이들 기본적 구성의 관계를 설명하기 위하여 '조절하는', '특이적으로 교잡할 수 있는' 등과 같은 기능적 표현을 사용하고 있는데 본원발명의 요지에 비추어 볼 때 이와 같은 용어의 사용은 권리범위를 명확히 하기 위하여 필수불가결한 것으로 판단될 뿐만 아니라 이러한 기능적 표현이 갖는 권리의 범위가 명세서에서 뒷받침되고

있어서(예를 들어 청구범위에 기재된 '아라키돈산의 합성 및 대사를 조절하는 단백질'의 기능 및 종류가 도면 제1도 및 명세서 제22쪽 제12행 내지 제33쪽 제17행에 설명되어 있고 '단백질을 암호화하는 핵산'의 염기서열이 도면 제3도 내지 제7도에 기재되어 있음) 본원발명의 청구범위는 기재불비에 해당되지 않는다 하겠다."

위 항고심결에서 판단한 내용들은 심사단계에서 파악되어야 했던 사항들이다. 기능적 표현이라는 이유만으로 특허명세서 기재요건에 의존하고 있는 심사관의 거절이유는 충분하고 적법한 이유라 할 수 없다. 심사관은 특허명세서 기재요건을 위반한 경우에 변리사가 보정할 수 있도록 그 代案을 제시할 수 있어야 하며, 그렇지 못한 거절이유는 법률적 판단으로서의 충분한 거절이유라 할 수 없다.

(4) 특허출원 제92-701636호
이 특허출원의 특허명세서 기재요건에 관한 심사관의 거절이유는 다음과 같다.

"1. 특허청구범위 제1항, 제2항, 제9항, 제11항, 제12항, 제14항은 물질발명이 조성물로 잘못 청구되어 있으며, 제1항에 있어서 발명의 특징 부분인 'X'가 당 또는 유사체 성분으로만 특정되어 있고 기타 치환기의 정의도 부당하게 광범위하고 기능적으로만 특정되어 있어(예: '헤테로시클로알킬, RNA 절단성분, 올리고뉴클레오티드의 약물통태학적 성질을 향상시키는 기' 등) 발명의 상세한 설명에 의하여 뒷받침되지 않는다고 인정되므로 특허법 제42조 제3항 및 제4항 규정에 위배되어 특허받을 수 없음.
2. 제22항은 제1항과 마찬가지로 물질발명이 조성물로 잘못 청구되어 있으며 치환기의 정의가 부당하게 광범위하고 기능적으로만 기재되어 있어 제1항과 같은 이유로 특허받을 수 없음."

상기 거절이유에서도 심사관은 보정에 관한 어떤 代案을 제시하지 않고 있다. 이 특허출원은 거절사정되었고 이에 대하여 항고심판이 청구되었으며, 그 항고심결은 다음과 같다.

> "본원발명에서는 그 구조를 결정하기에 곤란한 것으로 인정되지 아니하는 뉴클레오시드 또는 그의 당 부위에 부착되는 치환기들에 대하여도 화학적 성질을 나타내는 기능적 표현으로 기재하고 있을 뿐 아니라 본원발명과 같이 다수의 화합물을 권리청구하면서 각각의 화합물마다 특정의 구조가 아닌 포괄적 개념의 화학적 성질 또는 기능적 표현으로서 치환기를 정의하는 것은, 그와 같은 성질을 가질 수 있는 수많은 치환기들 중 극히 일부의 치환기에 대하여만 실시예를 기재하고 있는 발명의 상세한 설명에 대비하여 보더라도, 부당히 광범위한 권리를 청구하는 것이어서 적법한 특허청구범위의 기재로 인정되지 않을 뿐만 아니라….".

상기 항고심결도 "특허명세서 기재요건에 적법하게 기재되었다"는 출원인의 주장에 "그렇지 않다"라는 결론에 이른 형태의 하나이다. 상기 항고심결에 대하여 대법원에 상고가 청구되었다.

(5) 특허출원 제92-702037호

이 특허출원의 특허명세서 기재요건에 관한 심사관의 거절이유는 다음과 같다.

> "1. 특허청구범위 제1항은 의학적 효과를 기대하는 특정한 시퀀스를 갖는 올리고뉴클레오티드를 제공하는 것이나 기능적으로만 특정되어 있어(예: "특이적 교잡에 효과를 미치기에 충분한 동일성과 수를 갖는 뉴클레오티드 단위들로 구성되는") 보호받고자 하는 올리고뉴클레오티드가 특정되었다고 인정할 수 없으므로 특허법 제42조 제4항 규정에 위배되어 특허받을 수 없음."

위 거절이유에 대한 항고심결은 다음과 같다.

> "화학물질을 권리청구함에 있어서는 화학물질을 화합물명 또는 화학구조식 등의 직접적인 방법에 의하여 구체적으로 특정해야 하고 화합물명 또는 구조식을 결정함이 곤란할 경우에만 예외적으로 물리적 또는 화학적 성질로 특정할 수 있음에도 불구하고 본원발명은 청구범위 제8항에서와 같이 그 구조를 결정하기에 곤란한 것으로

> 인정되지 아니하는 올리고뉴클레오티드에 대하여 화학적 성질을 나타내는 기능적 표
> 현으로만 특정하여 기재하고 있을 뿐 아니라 본원발명과 같이 화합물을 권리청구 하
> 면서 특정의 구조가 아닌 포괄적 개념의 기능적 표현으로만 정의하는 것은 그와 같은
> 성질을 가질 수 있는 수많은 올리고뉴클레오티드 중 극히 일부에 대하여만 실시예를
> 기재하고 있는 발명의 상세한 설명과 비교하여 보더라도 뉴클레오티드가 특정되지
> 않았으며 어떤 뉴클레오티드 서열이 선택되는지에 대하여도 전혀 특정된 바 없어 화
> 학물질에 관하여 부당히 광범위한 권리범위를 청구하는 것으로서 적법하게 청구범위
> 를 기재한 것으로 인정되지 아니한다 하겠다."

위 항고심결은 지극히 원론적인 사항을 거론하며 기능적 표현에 관한 문제를 일부의 실시예의 기재와 관련하여 판단함으로써 심결로서의 논리가 결여되어 있다. 이 항고심결도 "특허명세서 기재요건에 적법하게 기재되었다"는 출원인의 주장에 '그렇지 않다'라는 결론의 반복에 불과하다. 상기 항고심결에 대하여도 대법원에 상고가 청구되었다.

V. 결 어

특허명세서는 주로 변리사에 의하여 작성되는 법률 문서다. 심사관은 그 특허명세서를 심사하여 특허여부를 결정한다. 특허명세서는 재산권에 관한 법률적 문서이기 때문에 특허법에서 규정하는 특허명세서 기재요건을 충족하도록 작성되어야 한다. 변리사와 심사관은 최소한 특허법에서 규정하는 "그 발명이 속하는 기술분야에서 통상의 지식을 가지는 자"에 해당하며, 그들은 최소한 특허명세서를 적법하게 작성할 수 있어야 하고 또한 이해할 수 있어야 한다.

특허명세서 기재요건에 관한 한 우리의 심사관행은, 이 요건에 관한 주요 외국의 심사관행과는 달리, 법률적 근거만을 열거할 뿐 법률적 판단이 결여되어 있다. 여기서의 법률적 판단이란 특허명세서 기재요건에 관한 심사관의 '적극적 代案'을 의미한다. 적극적 代案을 필요로 하는 이유는 다음과 같이 두 가지로 요약될 수 있다.

첫째는 출원인이 수긍할 수 있는 거절이유가 되기 위해서 충분한 이유가 제시되어야 하기 때문이다. 둘째로 심사관도 변리사와 같이 특허명세서를 작성할 수 있기 때문이다. 변리사나 심사관이 특허명세서를 적법하게 작성할 수 없다면 특허명세서를 적법하게 작성할 수 있는 사람은 아무도 없을 것이다.

특허명세서 기재요건에 관하여 적극적 代案이 제시되지 못한 심사결과는 심판이나 소송을 남발하는 요인이 되고 있다. 그리고 그러한 심판이나 소송에서는 "특허명세서가 기재요건에 적법하게 기재되었다"는 주장에 대하여 "그렇다" 또는 "그렇지 않다"라는 법률적 결론만을 반복할 뿐이다. 미국 특허청의 항고심판부에서 판단한 Jepson Claim 사건이나 Markush Claim 사건과 같이 새로운 형태의 특허청구범위를 인정할 만큼의 중요한 의의를 갖는 경우만이 심판이나 소송을 통하여 판단되어야 할 것이며, 그렇지 않은 대부분의 경우에는 심사관과 변리사의 노력에 의하여 특허명세서 기재요건을 극복하도록 하여야 할 것이다.

특허명세서 기재요건에 관한 심사관의 적극적 代案은 보다 명확하고 구체적 심사를 위한 첩경이며, 나아가 명세서 기재불비로 인한 심판이나 소송업무를 격감할 수 있고, 심결이나 판결의 올바른 권위를 확립하기 위한 필수적인 수단으로 인식되어야 하며, 심사관에 대한 부담으로 인식되어서는 아니 될 것이다.

5. 미국 연방대법원 판결 번역문[1]

사건번호: 95-728

사건: WARNER-JENKINSON COMPANY, INC.,(상고인) V.

   HILTON DAVIS CHEMICAL CO.(피상고인)

판결일자: 1997.03.03.

Thomas 대법관이 대법원을 대표하여 이 판결문을 작성한다.

지금부터 약 50년 전, Graver Tank & Mfg. Co. v. Linde Air Products Co.[339 U.S. 605(1950)] 사건에서, 본 대법원은 특허법에서 '균등론'(doctrine of equivalents)으로 알려진 이론(理論)에 대하여 새로운 윤곽을 제시하였다. 이 이론하에서는, 특허청구범위를 표현 그대로 침해하지 않는 물품(또는 방법)이라 하더라도, 그 침해물품(또는 침해방법)의 구성요소와 특허발명의 구성요소 사이에 '균등성'(equivalence)이

---

1 「창작과 권리」 제11호(1998년 여름호).

존재한다면 특허침해가 인정될 수 있다(Id., at 609). 이 균등론에 의하여 피상고인의 특허를 침해한 것으로 인정되었던 본건 상고인은 대법원으로 하여금 균등론을 폐기할 것을 주장하지만, 대법원은 이러한 주장을 배척한다. 그러나 Graver Tank 판례를 적용함에 있어서 연방항소법원(이하 'CAFC') 내에서의 현저한 견해 차이는 이 이론이 아직도 혼란으로부터 자유롭지 않다는 것을 의미한다. 따라서 본 대법원은 이 이론의 올바른 적용범위를 명확히 하고자 한다.

I.

본 사건의 주요 사실관계는 간단하다. 상고인과 피상고인은 모두 염료를 제조하고 있다. 이들 염료 내에 있는 불순물은 제거되어야만 한다. 피상고인은 미국특허 제4,560,746호(이하 '746 특허')의 특허권자이며, 이 특허는 '한외여과법'(ultrafiltration)을 이용한 개량된 불순물 정제 방법에 관한 것이다. 상기 '746 특허'에서는 특정 압력과 특정 pH에서 다공막(多孔幕)을 통하여 불순물이 함유된 염료를 여과하여 고순도의 염료를 얻을 수 있다.

'746 특허'는 1985년에 특허된 것으로, 본 사건과 관련하여 발명으로 청구된 개량된 한외여과법은 다음과 같다:

> "염료 정제공정에 있어서···, 약 200~400 p.s.i.g.의 정압과 약 6.0~9.0의 pH에서, 5~15Å의 직경을 갖는 다공막을 통하여···[염료]수용액을 여과시키는 단계로 이루어지고, 그럼으로써 ··· 상기 염료로부터 불순물을 분리시키기 위한 개량된 여과방법"(App. 36-37)

상기 특허의 발명자들은 위 특허청구범위에서 "약 6.0~9.0의 pH에서(at a pH from approximately 6.0 to 9.0)"의 문구를 특허심사과정에서 추가하였다. 그리고 이 문구는 9.0 이상의 pH에서 작동할 수 있는 한외여과법을 기재한 선행특허("Booth"

특허)와 구분할 목적으로 추가되었다. 그러나 양 당사자는 pH의 하한점을 6.0으로 한정한 이유에 대하여는 서로 의견을 달리한다.

1986년, 상고인은 약 200~500 p.s.i.g. 압력과 5.0의 pH에서, 5~15Å의 다공막을 통과시키는 한외여과법을 개발하였다. 상고인은 자기의 한외여과법을 상업화할 때까지도 피상고인의 '746 특허'에 대해 알지 못하였다. 결국 피상고인은 상고인이 한외여과법을 사용한다는 사실을 알게 되었고, 1991년 특허침해로 상고인을 제소하기에 이르렀다.

사실심이 진행되었을 때, 피상고인(특허권자)은 문언적 침해(文言的 侵害: literal infringement)가 존재하지 않음을 인정하였고, 단지 균등론에 의한 침해를 주장하였다. 균등론은 법원에 의하여 판단되어야 하는 형평법 이론(衡平法 理論)이라는 상고인의 주장에도 불구하고, 이 균등론에 대한 문제는 다른 사실문제와 함께 배심원에게 주어졌다. 배심원은 '746 특허'는 유효하며 상고인이 균등론하에서 피상고인의 특허를 침해하였다고 평결하였다. 그러나 배심원은 상고인이 고의적으로 특허침해를 하지 않았기 때문에 피상고인이 청구한 손해액의 20% 상당액을 지불하라고 결정하였다. 지방법원은 상고인의 사후심리신청(post-trial motion)을 기각하였고, 상고인으로 하여금 500 p.s.i.g. 압력 이하와 pH 9.0 이하에서 한외여과법을 사용하지 못하도록 금지명령을 내렸다. CAFC의 전원 합의부에서도 상기 지방법원의 판결을 지지하였다[62F. 3d 1512(CA Fed. 1995)].

CAFC의 합의부의 다수 판사는 균등론은 여전히 존재한다는 점과 그 적용기준은 특허방법과 침해방법 사이에 실질적인 차이점이 존재하느냐의 여부라는 점을 확인하였다(Id., at 1521~1522). 또한 CAFC는 균등론에 관한 문제는 배심원이 결정할 사항이라는 점과 본 사건에서 배심원은 상고인의 [침해]방법이 '746 특허'의 특허방법과 실질적으로 상이하지 않다는 결론을 내리기에 충분한 증거를 갖고 있다는 점도 확인하였다(Id., at 1525).

CAFC의 12명의 판사 중에서 반대의견을 보였던 5명 판사의 반대의견은 다음 세 가지로 설명된다. 첫째, 5명의 반대의견 판사 중의 4명의 판사는 균등론이 특허청구범위의 부당한 확대해석을 야기시키며, 따라서 균등론은 특허청구범위가 발명을 한정하여 특허발명의 독점범위를 일반공중에게 공시(公示)하는 역할을 한다는 본 대법원의 수많은 판결과 상반된다고 설명하였다[Id., at 1537-1538(Plager 판사)]. 둘째, 나머지 다른 반대의견 판사(故 Nies 판사)는 균등론을 침해물품(또는 침해방법) 전체 (overall)에 적용하기보다는 각 특허청구범위의 특허발명의 각각의 구성요소(each element of a claim)에 적용함으로써, 특허청구범위가 확대해석되고 균등론이 확대적용되는 것을 막을 수 있다고 판단하였다[Id., at 1574(Nies판사)]. Nies 판사는 "만일 법원이 균등물의 치환을 확대하지 않는다면 특허발명의 보호범위는 확대되지 않는다"라고 설명하였다(Ibid.). 셋째, 그러나 5명의 반대의견 판사들은 모두 법원이 상당히 제한된 균등론을 전체적으로 또는 부분적으로 적용하여야 할 것이라고 판단하였다[Id., at 1540-1542(Plager 판사); id., at 1579(Nies 판사)].

본 대법원은 상고인의 청구를 인정하여 CAFC의 판결을 파기하고 본 사건을 환송한다.

II.

Graver Tank 사건에서, 본 대법원은 하나의 화학성분을 치환함으로써 특허된 용접 조성물과 상이한 침해 조성물에 균등론을 적용하였다(339 U.S., at 610). 그 치환성분은 특허청구범위를 문언적으로 침해하지 않았지만, "대두되는 논점은 하나의 발명요소(성분)를 다른 것으로 치환한 것이 … 균등론을 적용할 수 없을 만큼 실질적인 변경에 해당하는지의 여부; 거꾸로 말하면, 사실심 법원에서의 균등론의 적용이 징당할 만큼 상기 변경내용이 중요하지 않은 것인지의 여부"임을 대법원은 확인하였다(Ibid.). 대법원은 또한 균등론을 적용하기 위한 몇 가지 고려사항도 다음과 같이 설시하였다:

> *"균등물의 해당여부는 특허발명의 내용, 선행기술 그리고 그 사건의 구체적인 상황을 고려하여 결정되어야 한다. 특허법에서의 균등론 판단은 형식에 구애받아서도*

아니되며, 항상 절대성을 갖는 것도 아니다. 균등론은 모든 목적 하에서 그리고 모든 관점에서 완벽한 동일성을 요구하는 것도 아니다. 어떤 것이 균등물임을 결정함에 있어서, 때로는 동일한 물(物)이라 하더라도 서로 균등물이라 할 수 없고, 서로 다른 목적을 갖는 물(物)이라 하더라도 때로는 균등물에 해당할 수 있다. 이러한 판단은 특허에 사용된 구성성분(구성요소)의 목적, 다른 성분들과의 결합관계 및 행하고자 하는 기능을 고려하여야 한다. 하나의 중요한 판단방법은 그 기술분야에서의 당업자가 특허발명의 구성요소 대신에 그 특허에 포함되지 않았던 구성요소의 치환가능성을 얼마만큼 용이하게 인식할 수 있었는지를 판단하는 것이다"(Id., at 609).

이러한 판단요소를 고려하여, 대법원은 특허청구된 화학성분과 치환성분 간의 차이점이 "오직 색상(colorable only)"에 있다는 점을 확인하고, 균등론을 적용한 사실심 법원 판결이 옳았다고 결론지었다(Id., at 612).

A.

본 사건에서 상고인의 핵심 주장은, 1950년에 Graver Tank 사건에서 제시되었던 균등론은 1952년 개정된 미국 특허법 제100조(35U.S.C.§100)의 내용과는 여러 관점에서 일치하지 않기 때문에, 그 이론은 더 이상 생존할 수 없다는 점이다. 그 이유로서, 상고인은 ⅰ) 균등론은 특허권자가 보호받고자 하는 발명을 구체적으로 '청구'(claim)하도록 규정하고 있는 명세서 기재요건(35U.S.C.§112)과 부합하지 못하며, ⅱ) 균등론은 명세서 작성 시에 발생할 수 있는 오류를 명확하게 정정할 수 있도록 한 특허 재공고 절차(patent reissue process)에 관한 규정(35U.S.C.§251-252)을 무색하게 할 수 있고, ⅲ) 균등론은 특허 심사과정을 통하여 특허발명의 보호범위를 정하고자 하는 특허청의 주된 역할과도 일치하지 않으며, ⅳ) 미국 특허법에 규정된 '수단'(means) 청구범위(claim)에 관한 규정(35U.S.C.§112)이 이미 균등론을 포함하고 있기 때문에, 균등론은 묵시적으로 배척된 것이라고 주장하였다. 위의 네 가지 주장 중에서 하나를 제외하고는 1870년 특허법을 적용하였던 Graver Tank 사건에서 대두되었지만, 의견의 일치를 보지는 못하였다.

1952년 특허법은 특허청구범위, 재공고 및 특허청의 역할에 있어서 1870년 특허법과 실질적으로 다르지 않다. 1952년 특허법 제112조에는, "명세서는 출원인이 그의 발명이라고 간주되는 대상(對象)을 구체적으로 기재하고 명확하게 청구한 하나 이상의 특허청구범위(claims)를 포함하여야 한다"라고 규정하고 있으며, 1870년 특허법 제230장 제26조에는, "출원인은 그의 발명 또는 개발품(discovery)으로 청구하고자 하는 일부(part), 개량물(improvement) 또는 조합물(combination)에 대하여 구체적으로 기재하여 청구하여야 한다"라고 규정한다. 1870년 특허법과 1952년 특허법의 이러한 사소한 차이는 Graver Tank 사건에서 도달하였던 결론에 영향을 미치지 못하였고, 따라서 이러한 차이는 우리로 하여금 그 결론을 번복할 만한 근거를 제공하지 못한다. 특허침해의 관점에서, 본 대법원은 이미 1952년 이전의 판례가 1952년 특허법을 탄생시켰다고 판단한 바 있다[Aro Mfg. Co. v. Convertible Top Replacement Co., 365 U.S. 336, 342(1961): 특허권의 직접침해에 관한 판례법의 실체가 온전한 채로 존재한다고 정의함]. 본 대법원은 본 사건에서 다른 결론에 도달할 어떤 이유도 발견하지 못하였다.

1952년 특허법에서 '수단(means)' 청구범위(claim)를 규정함으로써, 의회가 묵시적으로 균등론을 부인하였다는 상고인의 네 번째 주장은 바로 '균등물(equivalents)'이라 규정한 문구이다. 1870년 특허법에 포함되지 않았던 1952년 특허법 제112조 제6절은 다음과 같다:

> *"조합물(combination)에 대한 특허청구범위의 구성요소는 구체적인 구성물, 물질, 또는 행위로써 표현하지 아니하고 특정 기능을 행하기 위한 수단(means) 또는 단계(step)로써 표현될 수 있으며, 이러한 특허청구범위는 명세서 내에서 그에 상응하는 구성물, 물질, 또는 행위 그리고 그들의 균등물(equivalents thereof)을 포함하는 것으로 해석되어야 한다."*

위 규정에 따라, 출원인은 발명의 구성요소를 구체적인 품목이나 성분요소로 기재하기보다는 달성된 결과(result)나 또는 행해지는 기능(function)으로 기재할 수 있다[예를 들어, "2인치짜리 못(a two-penny nail)"이라고 기재하기보다는 "A 파트와 B 파트를 연결하기 위한 수단(a means of connecting part A to part B)"이라고 기재할 수 있음]. 의회는 Halliburton Oil Well Cementing Co. v. Walker 판결에 따라 1952년 특허법 제112조 제6절을 입법화했으며, 이 판결에서는 "발명을 [발명요소로써] 기재하지 아니하고 '신규성의 관점에서 편리한 기능적 용어만을' 사용하여 [기재한]" 특허청구범위를 거절하였다[329 U.S. 1, 8(1946)]. 참고 판례 In re Donaldson Co., 16F. 3d. 1189, 1194(CA Fed. 1994); In re Fuetterer, 319F. 2d. 259, 264, n.11(CCPA 1963); 참고 문헌 2 D. Chisum, Patents §8.04[2], at 63-64(1996). 1952년 특허법 제112조 제6절은, "수단(means) 청구범위"의 광범위한 [기능적] 용어의 사용은 그 명세서에 설명된 실제 수단(actual means)과 균등한(equivalent) 수단에만 한정된다는 조건하에서, 소위 "수단 청구범위(means claim)"를 명문화하여 인정한다. 이는 광범위한 [기능적] 용어의 사용을 한정함으로써 균등론을 제한적으로 적용하고 있음을 의미한다. 본 대법원은 Graver Tank 판결에서도 균등론에 대한 이러한 형태의 역할을 인지하고 있다(339 U.S., at 608-609). 그러나 위 제112조 제6절은 문언적 특허침해가 아닌 경우에 균등론이 적용되어야 하는지의 여부에 대하여 밝히고 있는 것은 아니다.

제112조 제6절은 [특허청구범위 형태의] 특정 문제점에 대한 해결책으로서 입법화되었기 때문에, 그리고 '균등물(equivalents)'이라는 문구는 그 해결책의 부수적 효과에 대한 하나의 예방책에 불과하기 때문에, 이러한 제한적 입법규정이 부정적 의미로 해석되어서는 안 된다. Halliburton 판결에 대하여 의회가 즉각 반응을 보인 것처럼, 의회는 1952년 Graver Tank 판결에 대하여도 즉각적인 반응을 보일 수 있었다. 그러나 의회는 그렇게 하지 않았다. 상고인이 제기한 [균등론에 대한] 모호하고 부정적인 단정에 대하여 아무런 확신이 없이, 균등론의 오랜 역사에 비추어 볼 때 특허법의 규정이 균등론에 모순된다는 것을 Graver Tank 판결에서 발견할 수 없다. 의회는 언제든지 균등론을 배척하는 입법을 할 수 있다. 본 사건에서 양 당사자가 주장하고 있는 여러 가지 정책적인 주장들은 이러한 의미에서 의회에서 거론되어야 할 것들이지, 대법원에서 거론되어야 할 사항이 아니다.

B.

그러나 본 대법원은, 균등론이 Graver Tank 판결 이래로 적용되어 왔던 것처럼, 균등론이 특허청구범위에 한정되지 않고 적용되고 있다는 반대의견에 관심을 기울이고 있다. 균등론이 보다 확대적용된다면, 균등론은 명세서[특허청구범위] 기재요건의 한정적 기능과 특허청구범위의 공시(公示) 기능에 정면 충돌하리라는 점을 부인할 수 없다. Nies 판사는 이러한 충돌을 피하기 위한 하나의 방법을 제시한 바 있다:

> *"하나의 발명 내에서 발명요소를 어떤 균등물로 치환하는 것과 특허청구된 발명의 범위를 벗어나서 그 발명의 보호범위를 확장하는 것에 대한 판단은 너무 난해하고 심원한 판단에 의존하는 것이 아니다."*
>
> *"특허청구범위가 발명요소들의 조합으로 표현된 경우에, 균등론에서의 균등물 (equivalents)의 의미는 침해물건(또는 침해방법)에 치환된 요소와 그 특허발명의 요소(또는 일부)의 균등성을 수반한다."*
>
> *"침해물건(또는 침해방법)이 전반적으로 '균등물' 이상이어야 한다는 견해는 '사법부는 특허청에 의하여 허여된 특허발명의 보호범위를 확장하여 판단할 권한이 없다' 라는 판결 내용과 부합하여 균등물에 의한 특허침해에 관한 대법원의 입장과 일치한다. … (중략) … 사법부가 균등물의 치환을 확대적용하지 않는다면, 발명의 '보호범위 (scope)'는 확장되지 않는다(62F. 3d., at 1573-1574)."*

우리는 위 판례에서의 [균등론에 관한] 적절한 제시에 동의한다. 특허청구범위에 포함된 각각의 발명요소는 특허발명의 보호범위를 한정하기 위하여 중요한 것으로 간주되어야 하고, 균등론은 각각의 발명요소(individual elements of the claim)에 적용되어야 하는 것이지, 발명전체(invention as a whole)에 적용되어서는 안 된다. 균등론을 각각의 발명요소에 적용한다고 해서 그 발명요소를 전체발명으로부터 완전히 분리하여 확대적용되는 것도 허용되어서는 안 된다. 균등론이 [특허청구범위의] 한정성을 위협하지 않는 한, 본 대법원은 균등론이 특허청구범위 그 자체의 중요한 역할과 기능을 손상시키지 않으리라고 확신한다.

Ⅲ.

상고인은 본 대법원이 Graver Tank 판결을 번복하지 않을 것이라는 가정하에, 균등론이 상당히 제한되어 적용되어야 한다는 관점에서 여러 가지 다른 주장을 하고 있다. 이들 주장에 대하여 차례로 살펴본다.

A.

우선 상고인은 Graver Tank 판결이 비문언적(non-literal) 침해에 일종의 제한을 가하는 "심사과정 금반언원칙(prosecution history estoppel)" 및 "포대 금반언원칙(file wrapper estoppel)"을 대신하여 균등론을 논의하고자 했던 것은 아니라고 주장한다. Bayer Aktiengesellschaft v. Duphar Int'l Research B. V. 참조[738F. 2d. 1237, 1238(CA Fed. 1984)]. 상고인의 주장에 따르면, 특허 심사과정에서 포기된 대상(對象)은 그 포기이유에 관계없이, 비록 그것이 특허청구범위에 기재된 균등물이라 할지라도, 보호대상으로 회복될 수 없다. 특허 심사과정 중에, 피상고인은 특허청구범위의 하나의 발명요소인 pH를 6.0~9.0 사이로 한정하여 보정하였고, 상고인은 이러한 보정으로 인하여 균등론을 적용할 수 없다고 반박한다. 상고인은 청구범위를 포기한 이유를 파악하고자 하는 것은 특허권에 대항되는 일반공중의 권리를 잠식하게 될 것이라고 주장한다.

우리는 Graver Tank 판결이 심사과정 금반언원칙을 균등론의 제한수단으로 취급하지 않았다는 점에 동의할 수 있다. 그러나 심사과정 중에 행해진 보정의 이유가 금반언원칙과 전혀 무관하다는 상고인의 주장은 너무 비약된 것이다. 상고인이 인용하였던 반대의견 중에서, 심사과정 금반언원칙은 선행기술을 피하기 위하여 행해지는 보정, 또는 그렇지 않으면 특허받을 수 없는 진보성의 상실과 같은 특허요건을 충족하기 위하여 행해지는 보정과 밀접한 관계가 있다. 그래서 Exhibit Supply Co. v. Ace Patents Corp. 사건에서, Stone 대법관은 최초의 특허청구범위에 한정 문구를 삽입하는 것과, 특허청의 거절이유를 극복하기 위하여 출원인이 선행기술을 참고로 더 넓은 의미의 발명요소를 치환하기 위한 수단으로 한정 문구를 기재하는 것은 서로 별개의 것이라고 판단하였다[315 U.S. 126, 136(1942)]. Keystone Driller Co. v. Northwest Engineering Corp.[294 U.S. 42(1935)] 사건에서도 유사하게, 최초 청구범위가 선행기술에 의하여 거절된 경우에(id., at 48, n.6), 그리고 침해로 주장되는 균등물이 보정된 청구범위를 벗어나고 최초 청구범위를 거절하는 근거가 되었던 선행기술 범위 내에 해당하는 경우에, 금반언원칙은 적용되었다(id., at 48).

상기 인용판례에서, 대법원은 특허청구범위의 보정에 관한 특허청의 입장을 면밀히 검토하여 왔다는 것을 보여 준다. 특허청구범위가 특허받을 수 있도록 기재되어 있지 않기 때문에, 다시 말해서 기재된 특허청구범위가 선행기술의 범주에 속하기 때문에, 이러한 보정이 필요하게 되었던 것이다. 그러나 특허청이 청구범위 용어상의 보정을 왜 요구하고 있는지에 대하여는 여러 가지 다른 이유가 있다(Amicus Curiae 22-23). 만일 특허청이 균등물을 제한하고자 하는 의도가 아니라 다양한 경우에도 균등물의 범위를 허용하도록 하겠다는 기대하에서 청구범위의 보정을 요청하고 있다면, 본 대법원은 납득할 만한 이유 없이 특허청의 입장을 번복해서는 안 된다. 종래의 대법원 판례들은 특허청구범위가 한정된 이유 때문에 보정된 경우에만 심사과정 금반언원칙을 일관되게 적용하여 왔고, 우리 또한 보정에 대한 이유에 관계없이 금반언원칙을 적용하여야 할 강력하고 본질적인 이유를 발견하지 못하고 있다.

본 사건에서, 특허 심사관은 Booth 특허와 중첩된다는 이유로 문제의 특허청구범위를 기절하였다. Booth 특허는 9.0 이상의 pH에서 실시되는 한외여과법에 관한 것이었다. 이러한 심사관의 거절에 대하여, "약 6.0~9.0의 pH에서(at a pH from approximately 6.0 to 9.0)"라는 문구가 삽입되었다. pH의 상한점인 9.0은 Booth 특허와 구분하기 위하여 삽입되었기 때문에 논쟁의 여지가 없는 반면, pH의 하한점을 6.0으로 한정한 이유는 명확하지 못하다. 그 하한점은 Booth 특허와 구분하기 위하여 삽입된 것은 확실히 아니었다. Booth 특허는 6.0 이하의 pH에 대하여 언급조차

하지 않았다. 하한점을 6.0으로 단순히 삽입함으로써 그 특허청구범위의 중요한 발명요소(element)가 되어 버렸지만, 그것이 바로 그 발명요소에 대하여 균등론을 반드시 적용하지 말아야 하는 것은 아니다. 참조 Hubbell V. United States[179 U.S. 77, 82(1900)]: [특허발명 요소에서] 생략된 부분이 균등물에 의하여 치환될 수 있는지가 분명하지 않다 하더라도, 모든 발명[특허청구범위]의 구성요소는 [균등론을 적용하기 위한] 대상(對象)이 되어야 한다. [특허청구범위의] 보정 이유가 선행기술을 피하기 위한 것이 아니라면, 그 보정은 새로운 발명요소를 도입할 수도 있겠지만, 그것은 반드시 그 발명요소의 균등물에 의한 특허침해를 배제하지 않는다.

그러나 본 사건과 같이 pH의 하한점을 6.0으로 보정하였던 이유가 밝혀지지 않은 경우에, 대법원은 어떻게 할 것인가에 대한 문제에 봉착한다. 우리 대법원의 견해로는, 특허청구범위 보정에 대한 특별한 이유가 존재할 때 심사과정 금반언원칙을 적용할 수 없다라고 판단하는 것과 보정에 대한 이유가 존재하지 않을 때 금반언원칙을 적용할 수 없다라고 판단하는 것은 서로 동일하지 않다고 본다. 특허청구범위는 발명의 보호범위를 한정하는 한정적 기능과 그 보호범위를 일반공중에게 알리는 공시(公示) 기능을 갖는 것을 고려할 때, 우리는 특허 심사과정에서 요구되는 보정에 대한 이유를 특허권자가 제시하도록 하는 것이 더 좋은 방법이라고 생각한다. 그러면 사법부는 그 보정이유가 보정에 의하여 삽입된 발명요소에 대하여 균등론을 적용할 수 없는 심사과정 금반언원칙을 부인하기에 충분한지의 여부를 판단하게 될 것이다. 그러나 보정이유에 대한 설명이 제시되지 않으면, 사법부는 특허청이 보정에 의한 발명요소의 부가에 대하여 특허요건과 관련된 실질적인 보정이유를 갖고 있다고 추정할 수밖에 없다. 이러한 여건하에서, 심사과정 금반언원칙은 그 발명요소에 대하여 균등론을 적용하지 못하게 할 것이다. 보정 이유가 적절히 제시된 경우에 상기 추정은 그 결과가 달라지겠지만, 상기 추정은 발명을 한정하고 일반공중에게 공시하는 특허청구범위의 기능에 순응하고, 또한 특허청구범위가 특허받을 수 있는 대상(對象)만을 확인하는 특허청의 주된 기능에 순응하는 결과를 가져온다. 이러한 방법을 적용함으로써, 심사과정 금반언원칙은 균등론에 대한 합리적인 제한을 가할 수 있고, 나아가 균등론은 특허법과의 상충 우려로부터 벗어날 수 있다.

피상고인은 pH의 하한점을 부가한 보정이유를 본 대법원에 제출하지 않았기 때문에, 그 보정이유로 하여금 금반언원칙을 적용할 수 없는지를 판단하는 것은 불가능하다. 실제로 그 이유가 존재하는 것인지 아니면 적절하게 대처하지 못한 것인지에 대하여, 우리는 판단할 수 없다. 본 사건이 환송되면, CAFC는 그 보정이유의 제출여부와 보정이유의 제출기회가 타당한지의 여부를 심리하여야 할 것이다.

B.

다음으로, 상고인은 Graver Tank 판결이 훌륭한 판례법으로 남아 있지만, 그 판결은 균등론에 의한 침해판단에서 중요한 요인이 [발명요소와 균등물 간에] 실질적인 차이점이 없어야 한다는 점만을 판단한 것이며, 본 사건을 적용하기에는 충분하지 않다고 주장한다(상고이유서 32). "무분별한 복제자" 및 "해적행위"와 같은 침해행위에 Graver Tank 판결을 적용한 경우를 고려하여(339 U.S., at 607), 상고인은 균등론을 적용하기 전에 사건의 형평성에 대한 사법적 판단을 요구하고 있다. 확실히, 균등론의 혜택을 설명할 때 Graver Tank 판결은 복제나 해적행위를 방지할 수 있다. 그러나 균등론이 이러한 혜택을 가져다준다는 것은 그러한 혜택을 가져다주는 경우에만 균등론을 적용할 수 있다는 것을 의미하지 않는다.

Graver Tank 사건 외에도 균등론은 보다 중립적인 의미로 설명된다. Graver Tank 판결에서 의존하였던 균등론의 역사는 상고인이 주장하는 바와 같이 제한적으로 균등론이 적용되어 온 것이 아님을 알 수 있다. Winans v. Denmead[15 How. 330, 343(1854)] 사건에서, 대법원은 "특허청구범위는 특허발명에 확장되지만, 그 형태나 범위는 변할 수 있다"라는 특허청구범위에 대한 법률적 해석으로부터 균등론을 태동시켰다. 이러한 관점에서, 균등론을 적용하는 것은, 특허청구범위가 절반은 명확하고 나머지 절반은 명확하지 않은, 즉 "X 및 그 균등물(X and its equivalents)"의 형태를 취할 때, 구체적인 침해물품(또는 침해방법)이 특허청구범위를 침해하는지의 여부를 결정하게 된다.

Graver Tank 사건에서 인용하였던 Machine Co. v. Murphy[97 U.S., 120, 125 (1878)] 사건은 균등론에 대한 의도적인 중립적 견해를 표명한다:

> "특허법의 의미에서, 어떤 물(物)에 대한 균등물이란 그 물(物) 자체와 동일한 것을 의미한다. 다시 말해서, 두 물(物)이 실질적으로 동일한 방법으로 동일한 작동을 행하고, 실질적으로 동일한 결과를 얻을 수 있다면, 비록 그것이 명칭, 형태 또는 모양 등에서 다르다 할지라도, 그것은 동일한 것[균등물]이다."

균등물의 본질적 속성이 특허발명과 그 균등물 사이의 동일성(identity) 개념이라 한다면, 특허청구범위를 문언적으로 침해하는 어떤 물(物)에 대하여 침해 균등물을 다르게 취급할 근거가 없다. 따라서 균등론을 적용하는 것은 문언적 침해를 결정하는 것과 유사하고, 고의에 대한 입증을 요구하지도 않는다.

상고인은 또한 침해혐의자가 독립적으로 실시하지 않은 경우에 Graver Tank 판결을 적용하는 것은 균등론에 대한 정당한 방어수단이라고 지적한다. 연방항소법원은 복제, 특허의 우회설계, 또는 독립적인 실시와 같은 침해혐의자 행위가 특허발명과 침해물품(또는 침해방법) 사이의 실질적인 차이점을 간접적으로 반영한다고 제시함으로써 이 문제를 설명하였다. 연방항소법원에 따르면, 특허를 복제하고자 하거나 또는 우회하고자 하는 자는 최소한 복제나 우회에 능통하다고 생각되며, 따라서 의도적인 복제는 독립적인 개발을 입증함으로써 그 결과가 달라질 수 있지만, 실질적인 차이점이 없다는 추정을 할 수 있고, 특허의 의도적인 우회설계는 실질적인 차이점이 있다는 추정을 할 수 있다. 그러나 이러한 설명은 상당부분 수정되어야 한다. 소송 위험을 경감하고자 약간의 변경을 꾀하는 고의적인 복제자와 특허받을 수 있을 정도로 우회설계하는 진보적인 개발자를 어떻게 구분할 것인지에 대하여는 최소한 의문이 남는다.

그러나 다르게 설명하면, 특허침해의 객관적인 원칙으로부터 벗어나서는 안 된다는 점이다. Graver Tank 판결에서의 독립적인 연구 또는 독립적인 실험의 경우에, 대법원은 특허청구범위의 화학성분과 침해혐의자의 치환성분 사이의 호환가능성을 검토하였다. 독립적인 실험에 대한 판단은 그 기술분야의 당업자가 호환가능성을 인식하는지 또는 그렇지 않은지에 대한 판단이다. 특허발명의 구성요소를 치환물로 호환할 수 있다는 것은 침해물이 특허발명과 실질적으로 동일한 것인지를 판단하였던 Graver Tank 판결에서 언급된 객관적인 판단 요인 중의 하나다. 침해혐의자가 행한 독립적인 실험은 항상, 그 기술분야에서의 당업자가 두 물(物) 사이의 호환가능성을 인식하였는지의 객관적 문제는 아니지만, 대부분의 경우에 그러한 실험은 증거력을 갖기 쉽다.

　Graver Tank 판결은 확실히 상고인이 주장하는 균등론에서의 의도적인 발명요소의 삽입에 대하여 여지를 남겨 놓고 있을지라도, 본 대법원은 그것을 당연한 것으로 여기지는 않는다. Graver Tank의 이전 판례와 특허침해에 대한 객관적인 접근방법에 부합하는 더 좋은 견해는 [청구범위를 보정하고자 하는] 의도가 균등론의 적용과 무관하다는 점이다.

C.

　마지막으로 상고인은 특허청구범위의 공시 기능과 상충되는 것을 최소화하기 위하여, 균등론은 그 특허명세서에 기재된 균등물에 한정되어야 한다고 주장한다. 이 주장을 보다 완곡하게 표현하면, 하기 언급되는 반대의견과 일치하는 것으로, 균등론은 특허받을 당시에 알려졌던 균등물에 한정되어야 하고, 그 후에 등장한 균등물에까지 확장되어서는 안 된다는 것이다.

　본 대법원이 균등론의 객관적인 성질에 대하여 언급한 바와 같이(supra, at 17), 당업자가 특허발명요소와 침해품요소 사이의 호환가능성에 대하여 알고 있다는 사실은 균등물과 무관하고, 다만 두 요소 사이에 유사성 또는 상이성(相異性)이 존재하느냐는 사실적인 문제와 관계가 있다. 가설적인 '정상인(reasonable person)'에게 '과실행위(negligent)'가 인식되는 것과 같이, 그 기술분야의 '당업자(skilled practitioner)'에게 "균등성(equivalence)"이 인식된다. 균등론의 문제 침해요소가 특허발명 요소와 균등한지의 여부가 균등론의 문제인 이상, 균등성을 판단하기 위한, 즉 두 요소

사이의 호환가능성의 인지(認知)를 판단하기 위한 시점은 특허등록 시가 아니라 특허침해 시이다. 상고인의 상기 주장을 배척하면, 균등물이 특허를 침해하기 위해서 그 균등물이 공지(公知)되어야 할 뿐만 아니라 특허명세서에 실제로 기재되어야 한다는 주장도 배척되어야 한다.

IV.

다음 의견들은 균등론의 적용이 판사의 임무인지 또는 배심원의 임무인지에 모아지고 있다. 균등론이 판사에 의하여 적용되어야 한다는 상고인의 주장에도 불구하고, 본 사건에서 이러한 주장은 단지 참고사항에 지나지 않는다(상고이유서 22, n. 15: 특허발명의 보호범위를 통일되게 정의하기 위하여, 특허청구범위를 배심원이 아니고 판사가 해석하여야 하는 것으로 본 대법원이 Markman v. Westview Instruments, Inc.사건에서 판결하였다면, 배심원이 특허청구범위를 광범위한 균등물에까지 확장할 수 있다고 말하는 것은 서로 상반된 목적을 갖는다); 상고인 답변서 20(균등론을 판사 아니면 배심원이 적용하여야 하는지의 여부는 대법원이 균등론에서의 이 문제를 어떻게 보느냐에 달려 있다).

상고인은 균등론을 적절히 적용함에 있어서 배심원의 역할보다는 균등론과 특허청구범위 기재요건 사이의 모순에 대하여 더 많은 주장을 하고 있다. 균등론의 적용이 사법부에 의하여 어떻게 해결될 수 있는가에 대한 해결책은 반드시 우리가 제시하지 않아도 되기 때문에, 우리는 그러한 주장을 받아들일 수 없다. CAFC는 침해방법이 특허된 방법과 균등한지의 여부는 배심원이 결정할 사항이라고 판단하였다. 이렇게 판단한 본 대법원의 판결은 상당한 지지를 받았다. Machine Co. v. Murphy[97 U.S., at 125: 특허침해를 판단함에 있어서, 법원(판사) 또는 배심원은 발명요소들이 어떠한 기능을 어떻게 행하는가의 관점에서 그들을 살펴보아야 하고, 동일한 결과를 얻기 위하여 실질적으로 동일한 방법으로 실질적으로 동일하게 작동하는지의 여부로써 하나의 발명요소가 다른 요소와 실질적으로 동일한가를 발견하여야 한다]; Winans v. Dinmead(15 How., at 344: 침해물품이 특허권자가 사용한 것과 동일한지의 여부는 배심원이 판단하여야 할 문제이다). 대법원의 최근 Markman 판결에서도, CAFC가 이룩한 결론과 상이(相異)한 결론을 필요로 하지 않는다. 사실, Markman 판결은 판사와 배심원의 역할을 논함에 있어서 Winans 판결을 상당히 우호적으로 인용하였다[Markman v. Westview Instruments, Inc.(517 U.S.-(1996)]. 이 논점이 우리에게 정면으로 제시되었다면, CAFC가 내렸던 것과 상이한 결론에 도달할 수 있는지의 여부는 오늘 우리가 결정하여야 할 사안이 아니다.

V.

이제 남아 있는 논점은 '균등성(equivalence)'을 결정하기 위한 방법에 관하여 논의하는 것이다. 본 사건의 양 당사자와 CAFC는 특정의 발명요소가 행하는 기능(function), 그 발명요소가 그 기능을 행하는 방법(way) 및 그 발명요소에 의하여 얻어진 결과(result)에 초점을 맞추는 소위 "3단계 동일성(triple identity)" 판단방법이 균등성을 판단하기에 적합한 방법인지, 아니면 "중요하지 않은 차이점(insubstantial differences)"에 의한 접근방법이 더 좋은지를 논하는 데 상당한 시간을 소비하였다. 3단계 동일성 판단방법은 기계장치와 같은 [물건발명을] 분석하기에 적합하지만, 다른 종류의 물건발명이나 방법발명을 분석하기에는 적절치 못하다는 것이 대체적인 의견이다. 한편, "중요하지 않은 차이점에 의한 접근방법"은 어떤 차이점이 "중요하지 않은" 것인지에 대한 가이드가 거의 없는 실정이다.

본 대법원의 견해로는, 상기 구체적인 방법은 침해물품(또는 침해방법)이 특허청구된 발명요소와 동일하거나 또는 균등한가라는 본질적인 의문에 대답하는 것보다 더 중요하지 않다. [균등성을 결정하는] 다른 판단 방법들이 그들 각각의 특수한 상황에 따라 보다 적합할 수도 있다. 각각의 발명요소에 초점을 맞추고 균등성의 개념을 인정하는 것에 주의를 기울인다면 판단방법상의 용어로 인한 부정확성을 상당히 감소시킬 것이다. 구체적인 특허청구범위의 각각의 발명요소의 역할을 분석하면, 치환된 요소가 발명요소의 기능, 방법 및 결과와 어떻게 일치하는지, 아니면 그 치환된 요소가 특허발명의 요소와 실질적으로 다른 역할을 하는지에 대하여 알게 될 것이다. 위와 같이 균등론을 제한하는 것을 고려할 때, 우리는 균등성을 판단함에 있어 CAFC가 특별히 정의한 용어에 대하여 검토할 이유가 없다고 본다. 본 대법원은 CAFC가 사건마다 질서정연한 판단과정을 통하여 균등론 적용방법을 명료히할 것이라고 기대하며, 전문적 식견이 필요한 이 분야에서 CAFC로 하여금 명료하고 완벽한 판결을 기대해 본다.

VI.

오늘도 본 대법원은 균등론을 지지한다. 균등성에 대한 판단은 발명의 구성요소에 기초하여 객관적으로 행해져야 한다. 심사과정 금반언원칙은 특허침해 주장에 대한 방어수단으로 계속하여 활용될 수 있지만, 심사과정 중에 행해진 [특허청구범위의] 보정이 특허요건과 관계없는 어떤 목적하에서 행해졌다는 것을 특허권자가 입증한다면, 법원은 금반언원칙을 배제하기 위하여 그 목적을 고려하여야 한다. 특허권자가 이러한 목적을 제시할 수 없다면, 법원은 그 보정을 행한 목적이 심사과정 금반언원칙을 적용할 수 있는 것으로 가정하여야 한다. CAFC는 오늘 우리가 설시하는, 특히 심사과정 금반언원칙 및 하나의 특허청구범위에서의 각각의 발명요소가 갖는 중요한 의미와 관련된, 모든 요건을 고려하지 않았기 때문에, 우리 대법원은 이 판결내용과 일치하는 [원심법원의 판결을 다시 구하고자] 본 사건을 파기환송한다.

사건번호: 95-728
사건: WARNER-JENKINSON COMPANY, INC.,(상고인) v.
    HILTON DAVIS CHEMICAL CO.(피상고인)
판결일자: 1997.03.03.

Ginsburg 대법관은 Kennedy 대법관과 함께 본건 판결에 동조하는 의견을 제시한다.

나는 대법원의 본건 판결에 동조하지만, 대법원이 심사과정 금반언원칙에 관하여 판시한 [균등론에 관한] 반박가능한 추정에 대하여 별도의 의견을 첨가하고자 한다. 나는 특히 이미 특허 심사과정이 완료된 본 사건 및 다른 사건에 이 추정을 적용할 수 있다고 본다. 만일 이 새로운 추정이 부자연스럽게 적용된다면, 그 추정이 적용되는 대부분의 경우에 특허 심사과정에서 주의를 기울이지 않았던 특허권자의 권익을 부당하게 침해하게 될 것이다. 이러한 특허권자는 모든 보정에 대한 이유가 그 보정이 행해진 대로 특허출원 포대에 기록되어 있다는 주장을 하여도 거의 실익이 없을 것이다. 심사가 끝난 몇 년 후에, 그 특허권자는 상기 새로운 추정을 극복할 증거를 제시하는 것이 어렵다는 것을 알게 될 것이다. 특허 심사과정 중에 "특허청이 보정하도록 요구한 경우보다 완화된 금반언원칙을 적용할 수 있다"라는 점을 고려할 때, 대법원의 본 판결은 이 논점에 대하여 매우 민감하다.

피상고인은 pH의 하한점을 추가한 것에 대한 어떤 설명도 대법원에 제출하지 않았기 때문에, 나는 본 사건을 CAFC로 환송하는 결정에 찬성한다. 본 사건이 환송되면, CAFC는, 본 사건을 해결하기 위한 명료한 이론이 종전에 없었다는 점을 고려하여, pH의 하한점을 포함시켜 보정한 이유가 전에 제출되었는지, 그렇지 않았다면 그 이유가 제출될 수 있는 것인지를 판단할 수 있다고 본다.

6. 특허심사의 문제점[1]

I. 명세서 기재요건 ─ 특허청구범위의 기능적 표현

특허를 받기 위한 형식적 요건 중에서 가장 중요한 것이 명세서 기재요건이다. 명세서 기재요건은 명세서('발명의 상세한 설명'을 의미함)와 특허청구범위를 법적 요건에 맞도록 기재하는 것을 의미한다. 명세서 기재요건은 특허명세서를 작성하는 변리사가 유념하여야 할 중요하고도 필수적인 사항이다. 특히 발명의 신규성과 진보성에 관한 특허요건과 관련하여 특허청구범위를 기재요건에 맞도록 작성하는 일은 대단히 중요한 일이다.

특허청구범위 기재요건의 한 해석에 따르면, 技能的 用語(functional term)만으로 작성된 특허청구범위는 특허받을 수 없다. 그러나 현행의 일부 심사관들에 의한 특허심사에서는 기능적 용어로 기재된 특허청구범위에 관한 이해가 부족하고, 그 결

---

1 「특허와 상표」 제458호(1998.09.05).

과 거절예고가 남발되고 있는 실정이다.

Ⅱ. 기능적 용어사용에 의한 거절이유의 법적 근거

특허청구범위가 기능적 용어로 기재되어서는 안 된다는 해석은 특허법 제42조 제4항 제3호에 근거한다. 이 규정에서는 특허청구범위가 발명의 구성에 없어서는 아니 되는 사항만으로 기재하도록 규정한다. 다시 말해서 특허청구범위는 발명을 구성하는 구성요소(element)로써 기재되어야 하는 것이지, 발명의 기능(function)이나 결과(result)로써 기재되어서는 안 된다.

그런데 특허법 제42조 제4항 제3호의 규정을 해석할 때 간과할 수 없는 것이 하나 있다. 그것은 바로 특허청구범위가 "기능적 용어로만" 기재된 경우에 특허받을 수 없다는 점이다. 다만, 특허청구범위가 "기능적 용어와 함께" 구성요소로써 기재된 경우에는 적법하게 특허받을 수 있다.

그러면 왜 "기능적 용어로만" 기재된 특허청구범위는 특허받을 수 없을까. 그 이유를 살펴보면 다음과 같다. 특허로써 보호하고자 하는 것은 발명의 구성에 관한 것이지 발명의 기능(function)이나 효과(effect) 또는 결과(result)가 아니기 때문이다. 예를 들어 시속 300㎞까지 주행할 수 있는 특정구조를 갖는 자동차를 개발한 경우에 "시속 300㎞까지 주행할 수 있는 자동차"라고 기재한 특허청구범위는 발명의 기능 내지는 효과만으로 기재된 것이고, 이는 특허받을 수 없는 특허청구범위다. 시속 300㎞로 주행할 수 있는 자동차의 구조(구성)를 특허로써 보호하는 것이지, 그 기능이나 효과를 보호하는 것은 아니다. 다른 구조(구성)를 가지면서 시속 300㎞까지 주행할 수 있는 자동차도 개발될 수 있고, 그 자동차 또한 특허로써 보호될 수 있어야 한다. 만일 자동차의 구조(구성)에 관계없이 "시속 300㎞까지 주행할 수 있는 자동차"를 특허로써 보호한다면, 다른 구조(구성)를 가지면서 동일한 기능이나 효과를 갖는 다른 자동차는 보호받을 수 없다. 따라서 기능적 용어로만 기재된 특허청구범위는 특허받을 수 없는 것이다.

III. 기능적 용어로 기재된 특허청구범위

특허출원의 심사과정에서 심사관은 특허청구범위가 "기능적 용어를 사용하여" 기재되었는지 아니면 "기능적 용어로만" 기재되었는지를 명확히 판단하여야 한다.

예를 들어, 어떤 발명이 시속 300㎞로 주행할 수 있는 자동차에 관한 것으로, 이 자동차는 엔진을 제외한 부분은 이미 종래의 자동차와 동일하고, 특징적인 부분인 엔진이 7기통으로 이루어지고 각 실린더는 1개의 흡기밸브와 2개의 배기밸브로 이루어졌다고 가정하자. 이러한 발명에 대하여 다음 세 종류의 청구항을 가정하자.

[예 1] 시속 300㎞로 주행할 수 있는 자동차.
[예 2] 시속 300㎞로 주행할 수 있는 엔진으로 이루어진 자동차.
[예 3] 7개의 실린더로 이루어지고, 각 실린더는 1개의 흡기밸브와 2개의 배기밸브로 이루어진 엔진으로 이루어지고, 시속 300㎞로 주행할 수 있는 자동차.

위에서의 발명을 가정할 때, [예 1]은 "기능적 용어로만" 기재된 청구항이고, [예 2]는 "기능적 용어를 사용하여" 기재된 청구항이다. 물론 [예 3]은, 비록 기능적 용어가 사용되었다 하더라도, 위의 주어진 가정하에서 완벽하게 작성된 청구항이다.

[예 2]는 발명의 구성요소인 '엔진'으로 기재되어 있지만, 엔진 그 자체의 구성이 결여되어 있다. 다시 말해서 [예 2]는 발명의 구성요소인 '엔진'이 구체적이고 명확하게 한정되지 않은 것이다. 따라서 [예 1]은 "기능적 용어만으로" 기재되었다는 이유로 거절될 수 있고, [예 2]는 특허청구범위의 한정요건이 충족되지 못한다는 이유로 거절될 수 있다. [예 2]가 "기능적 용어만으로" 기재되었다는 이유로 거절되어서는 안 된다. 그러나 일부 심사관들은 [예 2]와 같은 것도 기능적 용어에 의한 기재로 거절하고, 심지어는 [예 3]도 같은 이유로 거절한다.

IV. 특허청구범위 기재요건에 관한 심사의 방향

[예 1]은 명백히 특허받을 수 없고, [예 3]은 특허받기에 완벽한 청구항이다. 심사관과 출원인(대리인) 간의 다툼은 [예 2]에서 발생한다.

[예 2]와 같은 청구항을 심사함에 있어서, 심사관은 그 청구항이 구체적이고 명확하게 한정되도록 의견안을 출원인(대리인)에게 제시하여야 한다. 왜냐하면 출원인(대리인)에 의하여 작성된 특허청구범위에 대하여, 그 발명의 구성에 관한 기재가 미비된 경우, 그 구성에 관한 심사관의 의견안이 제시되지 않고, 단순히 기재요건에 위배된다는 거절이유는 심사관에 의한 충분한 거절이유라고 할 수 없기 때문이다. 그렇게 함으로써, 출원인(대리인)은 특허청구범위를 적법하게 보정할 수 있고, 기재요건에 관한 미비점을 심사단계에서 해소할 수 있다.

우리는 명세서 기재요건 때문에 항고심판, 또는 대법원 상고가 남발되고 있다. 그럼에도 불구하고 활용할 만한 가치가 있는 리딩 케이스(leading case)도 없다. 특허청구범위의 이정표 역할을 하였던 젭슨 클레임이나 마커시 클레임이 모두 미국 특허청의 항소심판을 통하여 정립된 것이다.

기능적 표현을 사용한 특허청구범위를 올바로 이해하고, 명세서 및 특허청구범위 기재요건에 관한 올바른 심사관행이 정착될 때 우리의 심사수준은 한 단계 더 발전할 것이다.

7. 역사에 길이 빛날 특허 판결[1]

필자한테 특허와 관련된 이제까지의 심결이나 판결 중에서 가장 잘못된 것을 하나 지적하라 한다면, 필자는 서슴없이 대법원판결 90후250 사건이라 할 것입니다. 이 판례 때문에 우리는 아직도 인간의 치료방법에 대하여 특허를 받을 수 없고, 단지 인간을 제외한 동물의 치료방법에 대하여만 특허를 받을 수 있습니다. 인간의 치료방법에 대하여 특허를 받을 수 없도록 제한을 당하고 있는 근거가 바로 이 판례에 의한 것이고, 더더욱 잘못된 것은 특허대상(patenable subject matter) 여부를 판단하여 그 가부를 결정하여야 하는 데에도 불구하고, 산업상 이용가능성이 없기 때문에 인간의 치료방법을 특허할 수 없다는 것입니다. 이는 다시 말하면, 동물의 치료방법은 산업상 이용가능성이 인정되는 데 반하여 인간의 치료방법은 그러하지 않다는 기막힌 논리를 도출하고 있는 것입니다.

그런데 최근 대법원은 90후250 사건보다도 더 충격적인 판결(2000후747)을 내렸

---

1 「특허와 상표」 제529호(2001.08.20).

습니다. 이 판결에서는, 심사관의 거절이유의 일부가 타당하지 않은 경우에 타당한 거절이유를 갖는 다른 청구항이 존재한다면, 그 출원은 거절되어야 한다고 판단하였습니다. 이 판결은 90후250 사건과 같이 특정분야의 발명에 한정되는 것도 아니고, 다항제를 이용하고 있는 모든 특허출원에 적용될 수 있기 때문에 실로 놀라운 일이 아닐 수 없습니다. 90후250 판결이 메가톤급 영향을 미치고 있다면, 2000후747 판결은 기가톤급 영향을 미칠 것입니다.

2000후747 사건을 간단히 살펴보면, 심사관은 청구항 1~18이 염기서열을 기재하지 않았기 때문에 특허청구범위 기재요건(구법 §8 ④)에 위배되고, 청구항 19가 명세서에서 약리효과 등을 기재하지 않았기 때문에 명세서 기재요건(구법 §8 ③)에 위배된다고 거절결정을 하였습니다. 심판원에서는 심사관의 이러한 판단이 옳다고 하였습니다(98원1495). 그런데 특허법원에서는 청구항 1~18에 대한 심사관의 거절결정이유가 잘못되었다고 판단하여, 원고(출원인)의 주장이 이유가 있다고 하였습니다(99허1263). 그러나 특허법원은 청구항 19에 대하여는 심사관이 올바르게 판단하였다고 하였습니다. 그런데 특허법원은 하나의 청구항이라도 거절이유가 있는 경우에 그 출원은 거절되어야 한다는 이유로 그 소송청구를 기각하였습니다. 이에 대하여 대법원은 역사에 길이 빛날 2000후747 판결을 내렸습니다.

심사관이 원수입니다. 심사관이 청구항 1~18에 대하여 올바르게 판단했더라면, 출원인은 청구항 19를 삭제하고 청구항 1~18에 대하여 특허를 받았을 텐데… 심사관이 원수입니다. 그런데 심사관은 그렇게 판단할 수도 있습니다. 그렇기 때문에 심판이 있고 소송이 있고 상고가 있는 것입니다. 심사관에 의한 한 순간의 잘못된 판단에 대하여 출원인으로 하여금 영원히 구제받을 수 없도록 하는 제도가 무슨 3심제라고 할 수 있겠습니까?

특허법원은 청구항 1~18에 대한 심사관의 거절결정이유가 잘못되었다고 판단하였습니다. 심사관의 거절결정이유가 잘못되었다고 판단하였음에도 불구하고, 소송 청구를 기각하였습니다. 특허법 어디에도 2000후747 판결을 뒷받침할 만한 규정은 없습니다. 오히려 특허법에는 심판이나 소송의 청구가 이유 있다고 인정되면 원심을 취소하여야 하고, 취소가 되면 다시 심사 또는 심결을 하도록 규정하고 있습니다(법 §176 ①②, §189 ①②). 심판이나 소송의 청구이유가 모두 이유 있는 경우에만 원심을 취소하도록 규정한 것이 아닙니다. 2000후747과 같은 판결은 우리나라에서 나 있는 일입니다. 특허제도를 운영하고 있는 이 지구상의 어느 나라에서도 이와 같은 절차나 판결은 찾아볼 수 없습니다. 출원 건수에 있어서 3, 4위라고 자랑하는 나라, 고등법원 급의 전문법원으로서의 특허법원을 운영하고 있는 나라, 그 나라의 특허청의 심사나 법원의 판결은 가히 세계 역사에 남을 만한 수준이라 하겠습니다.

다른 대법원 판례에서 "청구항이 다항인 경우에 하나의 청구항이라도 거절이유가 있는 경우에는 그 출원은 거절되어야 한다"는 것은 2000후747과 같은 사건에는 적용될 수 없는 것입니다. 특허제도의 취지를 올바로 이해하고, 특허심사과정의 절차를 올바로 이해한다면 그 이유를 알 수 있습니다. 이제 2000후747과 같은 판례는 또다시 나와서도 안 되고 적용되어서도 안 되며 인용되어서도 안 됩니다. 출원인을 올바로 보호할 수 있는 특허제도가 운용되기 위해서는 그렇게 되어야 합니다. 심사관에 의한 한 순간의 잘못된 판단이 출원인으로 하여금 돌이킬 수 없는 패배와 좌절만을 가져다주는 법률의 해석이나 제도는 이제 그만 거둬야 합니다. 지금은 아직 그때가 아닐 수도 있습니다. 그러나 토끼 대가리에 뿔이 나고 거북이 등에 털이 나기 전에 언젠가는 분명히 그렇게 되리라는 것을 나는 알고 있습니다. 부디 명심하기 바랍니다.

8. 특허업계의 불편한 진실[1]

삼성과 애플의 특허소송이 연일 지면을 달구고 있다. 서울중앙지법이 삼성에게 2500만 원, 애플에게 4000만 원의 손해배상을 내리면서 삼성의 판정승이라 하던 차 하루도 지나지 않아 미국법원에서는 삼성이 애플에게 1조 2000억 원을 배상하라는 평결이 내려졌다. 이를 두고 말이 많다. 어떤 이는 삼성이 국내에선 판정승을 했지만 미국에선 완패했다고 한다. 미국법원과 미국국민의 애플편들기에 삼성이 당했다고도 한다. 신보호무역주의 시대가 도래했다고도 하고, '직사각형에 둥근 모서리'가 무슨 지적재산권이냐고 반문하기도 한다. 그러나 이번 두 나라에서의 특허소송을 바라보는 나의 시각은 좀 다르다.

우선 두 법원이 내린 손해배상 금액을 지적하지 않을 수 없다. 우리나라는 애플에게 4000만 원, 미국은 삼성에게 1조 2000억 원을 배상하라고 하였다. 물론 우리나라에서의 판매량이 미국과 다르기 때문에 그 배상액이 같을 수는 없다. 굳이 글

---

1 「매일경제」(2012.08.31).

로법 기업 간의 분쟁이 아니라 하더라도, 선진국에서의 특허소송에서 4000만 원의 손해배상은 그 자체가 존재하지 않는다. 남의 권리를 침해한 대가가 껍값으로 보상될 수 있는 것이 아니기 때문이다. 세계적인 기업 간의 특허분쟁이 이러할진대 개인이나 중소기업의 특허권이 제대로 보호된다고 생각하면 큰 오산이다. 그래서 우리는 자조적으로 말한다. "특허받아 봐야 말짱 도루묵이라고". 우리는 특허가 이렇게 보호되고 있기 때문에 특허에 대한 올바른 인식을 가질 수 없다.

이번 미국판결을 보면, 트레이드 드레스(trade dress)라는 용어가 나온다. 우리에게는 생소한 법률용어처럼 들리지만 미국에서는 이미 수십 년 전부터 적용되어 온 이론이다. 소위 지적재산권을 보호하는 특허제도나 상표제도에는 대다수의 외국에서는 채용하고 있지만 우리나라에서 채용하지 않고 있는 새로운 이론들이 무수히 많다. 전문적인 용어라 쉽게 이해가 가지 않겠지만, 특허에서의 권리불요구제도, 잘못된 선원주의, 하나의 특허청구항이 잘못되면 전체를 특허받지 못하도록 하는 잘못된 심판제도나 소송제도, 상표에서의 권리불청구제도, 상표공존 동의서, 올바른 특허보호를 가로막는 특허료시스템, 잘못된 변리사 시험제도 등등이 모두 외국에서는 찾아볼 수 없는 우리나라만의 문제점으로 지적되고 있다. 트레이드 드레스도 그런 유(類)의 하나로 보면 된다. 이러한 상황에서 특허권을 올바로 보호한다는 것은 모래 위에 누각을 짓는 것과 다르지 않다.

우리나라는 특허출원 기준으로 세계 5위라고 자랑한다. 제도상 위와 같은 많은 문제점을 안고 있는데도 껍데기 같은 숫자놀음에 빠져 있다. 무늬만 5위이지 그 내막을 들여다보면 50위에도 못 미치고 있다.

특허에도 품질이 있다. 특허를 받는 것이 중요한 것이 아니라 어떤 특허를 어떻게 받느냐가 더 중요하다. 쓰레기 같은 특허받아 봐야 도움이 되지 않는다. 이번 미국에서 애플이 승소한 것은 기술특허가 아니라 디자인특허이다. 그래서 혹자는 말한다. 그것은 기술도 아니고 디자인에 불과한 것이라고, 그리고 누구나 응용할 수 있는 범용기술이라고. 실제로 애플 디자인이 그런 것이었다면, 특허를 받지 못했을 것이고, 받았다 하더라도 무효시킬 수 있어야 했을 것이다.

이제 우리나라도 특허품질을 향상시켜야 한다. 필자는 강조한다. 미국의 특허품질이 100점이라면, 유럽은 90점, 일본은 50점 정도라고. 특허제도를 보면 일본이 추락하는 이유를 알 수 있다. 그러면 우리는 몇 점 정도 될까. 나는 자신 있게 말한다. 40점 정도 된다고.

특허제도가 올바로 정립되어 특허에 대한 올바른 인식을 갖게 될 때 특허품질은 향상될 것이고 비로소 특허권을 제대로 보호받을 수 있게 될 것이다. 그리고 나의 특허권이 제대로 보호받는 한 남의 특허권도 존중하게 될 것이다.

9. 대한민국 특허제도의 문제점(Ⅰ)[1]
— 특허료와 청구항의 등록말소제도에 관하여 —

I. 머리말

특허출원을 하여 특허를 받기까지 출원인은 각종 수수료를 특허청에 납부해야 하고, 특허가 등록된 후에도 특허권을 유지하기 위하여 특허료를 또 납부해야 한다.

특허출원을 하면서 출원료를 납부해야 하고, 심사관한테 심사를 요청하면서 심사청구료를 내야 하고, 보정하는 경우에는 보정료를 내야 하며, 기간 내에 서류를 내지 못할 상황이라 기간을 연장하는 경우에는 기간연장료를 내야 한다. 특허가 허여되면 특허료를 내고 특허권을 등록해야 하고, 특허권이 등록된 후에도 거의 매년같이 특허료를 내야 한다. 매년 내야 하는 특허를 제때에 내지 않은 경우에는 그 특허권은 소멸된다.

---

1 「창작과 권리」제63호(2011년 여름호).

우리나라 특허제도에 관한 여러 가지 관납요금 중에서 가장 심각한 문제점을 안고 있는 것이 특허료라 할 수 있다. 그 다음으로 심각한 문제점을 안고 있는 것이 심사청구료이다. 그러나 여기서는 심사청구료보다는 특허료에 초점을 맞춰 그 문제점을 살펴보고 향후 개선책에 대해서도 논의하고자 한다.

II. 주요국가의 특허료 체계

심사관의 심사를 통하여 특허가 허여되면, 특허출원인은 소정의 특허료를 특허청에 납부하고 특허권 설정등록을 하여야 한다.[2] 하나의 사유 재산권이 설정되기 위한 필수적인 절차인 것이다.

우리나라 특허료 체계의 현황과 문제점을 살펴보기 위해서는 외국의 경우도 함께 살펴볼 필요가 있다. 특허료는 각 나라마다 거의 1년 단위로 인상하는 경향이 있기 때문에 여기서는 모두 2010년에 적용되고 있는 특허료에 대해서 살펴본다.

(1) 대한민국

우리나라에서는, 특허가 허여되면 최초 3년간의 특허료를 일시불로 납부해야 하고, 4년차부터는 매년 납부하도록 규정한다. 우리나라의 특허료는 기본료와 가산료로 이루어지는데, 기본료는 특허 1건당 동일하게 부과되는 특허료이고, 가산료는 청구범위 1항마다 부과되는 특허료이다. 우선 그 내용을 살펴보면 다음과 같다.

---

2 대한민국 특허법 제79조 제1항 "…특허권의 설정등록을 받으려는 자는 '설정등록일'로부터 3년분의 특허료를 납부하여야 하고, 특허권자는 그 다음 연도분으로부터의 특허료를 해당 권리의 설정등록일에 해당하는 날을 기준으로 매년 1년분씩 납부하여야 한다."

연차	기본료	가산료
1~3	매년 15,000원	매년 13,000원/1항
	(45,000원/3년)	(39,000원/1항, 3년)
4~6	매년 40,000원	매년 22,000원/1항
7~9	매년 100,000원	매년 38,000원/1항
10~12	매년 240,000원	매년 55,000원/1항
13~25	매년 360,000원	매년 55,000원/1항

특허료는 거의 대부분의 나라에서 물가인상에 따라 매년 조금씩 인상되지만, 특허권 설정등록 후에도 해가 갈수록 상당한 폭으로 증가하고 있다. 우리나라도 예외가 아님을 알 수 있다.

그런데 우리나라 특허료는 청구항마다 가산료가 부과되는 특징이 있다. 예를 들어, 청구항이 10개인 특허에 대해서 4년차 특허료를 낸다면, 기본료 4만원에다 가산료 22만원을 합하여 모두 26만원을 납부해야 한다. 다른 예로, 청구항이 20개인 특허에 대해서 10년차 특허료를 낸다면, 기본료 24만원에다 가산료 110만원을 합하여 모두 134만원을 납부해야 한다. 우리나라의 특허료는 청구항 수가 많을수록 그리고 해가 갈수록 기하급수적으로 증가하고 있다.

(2) 미 국

미국은 특허가 허여되면 특허료[3]를 납부하여 등록한다. 이때 공고료[4]도 함께 납부하여야 한다. 그리고 나서 특허가 만료될 때까지 3회에 걸쳐 특허료를 납부하도록 한다. 즉, 특허일로부터 3년 반이 경과하기 전에 일정액의 특허료를 납부하고, 7년 반 경과 전에, 그리고 11년 반이 경과하기 전에 납부한다. 그 내용을 살펴보면 다음과 같다.

---

3 이때 납부하는 특허료를 연차료(annuity)와 구분하여 'issue fee'라고 한다.
4 공고료를 'publication fee'라고 한다.

연차	특허료
특허등록시	$1,810 ($1,510(issue fee)+$300(publication fee))
3년 반	$980
7년 반	$2,480
11년 반	$4,110

미국의 특허료 체계는 우리나라나 다른 대부분의 나라와 비교하더라도 아주 간단하다. 특허등록을 포함하여 모두 4차례의 특허료를 납부하면 존속기간까지 특허를 유효하게 유지할 수 있다. 또한 미국의 특허료는 우리나라와는 달리 청구항 수에 따라 특허료를 부과하지 않는다. 청구항 수에 관계없이 특허 단위로 동일한 특허료가 부과되는 것이다. 미국의 특허료는 500인 이하의 중소기업인 경우에는 특허료가 모두 위 금액으로부터 50% 감면된다. 다만 공고료는 감면되지 않는다.

(3) 중 국

중국의 특허료 체계는 특허료를 매년 납부하도록 규정한다. 물론 해가 가면서 특허료는 다른 나라들과 같이 증가한다. 그러나 청구항 수에 따라 특허료가 증가하는 것은 아니다. 미국과 같이 청구항 수에 관계없이 한 건의 특허인 경우에는 동일한 특허료가 부과된다. 그 내용은 다음과 같다.

연차	특허료(RMB)	(US$) (1RMB=0.15$)
1~3	매년 900 RMB	매년 $135
4~6	매년 1,200 RMB	매년 $180
7~9	매년 2,000 RMB	매년 $300
10~12	매년 4,000 RMB	매년 $600
13~15	매년 6,000 RMB	매년 $900
16~20	매년 8,000 RMB	매년 $1,200

(4) 이태리

이태리는 출원일로부터 4년차까지는 출원연차료를 납부하고, 5년차부터 20년차까지 매년 특허료를 납부하도록 하고 있다. 유럽특허조약(EPC) 조약국들은 국내출원을 하거나 또는 EP 특허출원을 한 후 국내단계로 진입할 수 있기 때문에 통상 특허가 허여되기 전까지는 출원연차료를 납부하도록 하고, 특허등록 후에는 각국의 국내법에 따라 특허료를 해당 국가에 납부하게 된다. 이태리도 이러한 취지에서 특허출원일로부터 5년차부터 특허료를 납부하도록 규정하고 있는 것 같다. 이태리도 미국이나 중국과 같이 청구항 수에 따라 특허료가 증가하지 않는다. 청구항 수에 관계없이 한 건의 특허인 경우에는 동일한 특허료가 부과된다. 그 내용은 다음과 같다.

연차	특허료(EURO)	(US$) (1EURO=1.3$)
5	61.10	$79.43
6	91.10	$118.43
7	121.10	$157.43
8	171.10	$222.43
9	201.10	$261.43
10	231.10	$300.43
11	311.10	$404.43
12	411.10	$534.43
13	531.10	$690.43
14	601.10	$781.43
15~20	매년 651.10	매년 $846.43

(5) 인 도

인도의 특허료 체계는 이태리의 특허료 체계와 유사하다. 출원일로부터 2년차까지는 출원연차료를 납부하고, 3년차부터 20년차까지 매년 특허료를 납부하도록 하고 있다. 인도도 미국이나 중국 또는 이태리와 같이 청구항 수에 따라 특허료가 증가하지 않는다. 청구항 수에 관계없이 한 건의 특허인 경우에는 동일한 특허료가 부과된다. 그 내용은 다음과 같다.

연차	특허료(US$)
3	$60
4	$70
5	$85
6	$95
7	$110
8	$125
9	$140
10	$155
11	$175
12	$185
13	$220
14	$250
15	$300
16~18	매년 $350
19~20	매년 $400

(6) 일 본

일본의 특허료 체계는 우리나라와 아주 흡사하다. 특허가 허여되면 최초 3년간의 특허료를 일시불로 납부해야 하고, 4년차부터는 매년 납부하도록 규정한다. 일본의 특허료는 우리나라와 같이 기본료와 가산료로 이루어지는데, 기본료는 특허 1건당 동일하게 부과되는 특허료이고, 가산료는 청구범위 1항마다 부과되는 특허료이다.

연차	기본료(¥)	가산료(¥)
1~3	매년 2,300 (6,900/3년)	매년 200/1항 (600/1항, 3년)
4~6	매년 7,100	매년 500/1항
7~9	매년 21,400	매년 1,700/1항
10~25	매년 61,600	매년 4,800/1항

Ⅲ. 각국 특허료의 비교

위에서 예를 든 국가 중에서 청구항 수에 관계없이 고정된 특허를 내고 있는 미국, 중국, 이태리, 인도의 특허료를 비교해 보자. 특허기간을 출원일로부터 20년이라 가정할 때 그 기간동안 1건의 특허에 대한 특허료는 다음과 같다.

국가	특허료(US$)
미국	9,380
중국	12,345
이태리	8,628
인도	3,820

우리나라와 일본은 특허료가 청구항 수에 따라 변하기 때문에 다른 나라들처럼 일률적으로 계산할 수 없다. 청구항 수가 각각 1, 10, 20 개인 경우를 예로 하여 각각의 특허료를 계산하면 다음과 같다.

	청구항 1개	청구항 10개	청구항 20개(US$)
대한민국	3,695	11,185	18,675
일본	9,058	16,118	23,176

* 1 US$=1,100 Won, 1 US$=85 ￥

일본과 우리나라는 특허료가 청구항 수에 비례하기 때문에 청구항 수가 많아지면 특허료는 기하급수적으로 증가한다. 청구항 수가 100개나 200개쯤 되면 특허료는 가히 상상을 초월한다.

Ⅳ. 우리나라 특허료 체계의 문제점

앞에서는 우리나라를 비롯한 5개 외국의 예를 살펴보았지만, 전 세계적으로 특허료를 청구항 수에 비례해서 부과하고 있는 나라는 우리나라와 일본이 유일하다. 청구항 수에 비례해서 특허료를 부과하고 있는 그 자체가 바로 문제라 할 수 있다. 특허료가 청구항 수에 따라서 부과되기 때문에, 특허료를 적게 내기 위해서는 청구항수를 적게 하거나 이미 특허받은 청구항의 일부를 말소시키는 방법이 동원된다. 그런데 특허는 특허료를 적게 내기 위하여 청구항 수를 적게 하거나 청구항의 일부를말소시켜서는 안 된다. 무조건 청구항 수를 적게 하거나 청구항의 일부를 말소시키는 것은 특허권의 보호 즉 특허권의 행사에 심각한 문제를 야기할 수 있기 때문이다. 과연 무엇이 문제인지 살펴보자.

(1) 청구항 수에 비례하여 부과되는 특허료의 문제점

특허발명의 보호범위를 한정하는 특허청구범위는 발명의 성질에 따라 적정한 수로 기재하여야 한다.[5] 즉 하나 이상의 청구항을 기재하여 보호받고자 하는 발명의범위를 분명하게 하고자 하는 것이다. 이는 다항제를 채택하고 있는 오늘날의 특허제도에서 지극히 당연한 것이다.

특허청구범위의 다항제는 미국에서 1870년에 채택되어 오늘날에 전 세계적으로이용되고 있는 제도이다.[6] 우리나라에서는 1980년 12월 31일 개정된 특허법에서다항제가 채택되었다.[7] 미국의 다항제의 역사가 140년이라 하면, 우리의 다항제의역사는 30년에 불과하다.

특허제도에서 다항제를 채택하기 전에는 특허청구범위를 하나의 항으로만 기재토록 하는 단항제가 채택되었었다. 단항제에서의 특허청구범위는 중심한정주의[8]이론에 따라 특허발명의 보호범위를 판단한다. 그러나 이 판단방법에 따라 발명의보호범위를 판단하는 것은 매우 불명확하고 모호하였기 때문에 다항제가 채택되었

5　특허법시행령 제5조 제2항.

6　최덕규, 「特許法(4訂版)」, 세창출판사, 2001, 221쪽.

7　최덕규, 앞의 책, 222쪽.

8　Central Limitation 또는 Central Definition.

던 것이다. 다항제는 주변한정주의9 이론에 따라 발명의 보호범위를 판단하기 때문에 그 판단이 명확하다는 장점이 있는 반면, 보호받고자 하는 사항을 적절한 수의 청구항으로 기재하여야 하기 때문에 청구항 수가 많아지는 폐단이 있다.

그렇다 하더라도 다항제하에서 특허발명을 올바로 보호하기 위해서는, 발명의 성질에 따라 다르지만, 대부분의 경우에는 여러 개의 청구항을 작성할 수밖에 없다. 하나의 특허발명에 대하여 보통 10개 내지 20개 정도의 청구항을 갖는다고 말할 수 있지만,10 30 내지 40여 개의 청구항도 흔하게 볼 수 있으며, 때로는 100개, 200개를 넘어 수백 개의 청구항이 있는 경우도 있다.

그런데 우리나라나 일본처럼 특허료가 청구항 수에 비례한다면, 특허청구범위를 작성할 때 발명의 보호범위를 고려하여 작성하기보다는 청구항 수에 신경을 더 써야 한다. 발명의 성질에 따라 특허청구범위를 적정한 수로 기재하는 것이 아니라, 특허료를 고려하여 청구항 수를 줄여야 한다. 이는 결국 부실한 특허명세서를 양산하게 되고, 나아가 부실한 권리를 양산하는 결과를 가져온다.

청구항 수에 따라 비례하는 특허료가 이와 같은 폐단을 안고 있는데도 일본과 우리나라는 왜 그런 특허료 체계를 채택하고 있는 걸까? 전 세계가 특허료를 청구항 수에 비례해서 부과하지 않고 하나의 특허 단위로 부과하고 있는 데 반하여, 유일하게 일본과 우리나라만이 그렇지 않은 이유가 무엇일까?

일본이 특허료를 청구항 수에 비례해서 부과하고 있는 이유는 청구항 차별화 이론11(이하 '차별화 이론')에 근거를 두는 것으로 생각할 수 있다.

차별화 이론은 특허청구범위의 다항제가 채택됨으로써 도입된 청구항의 해석방법에 관한 이론이다. 복수개의 청구항이 서로 다른 용어로써 작성된 경우에, 각각

---

9 Peripheral Limitation 또는 Peripheral Definition.

10 필자가 이렇게 설명하는 것은 유럽특허청에서는 심사청구에 대한 기본료를 10개의 청구항에 대하여 부과하며, 10개를 초과하는 경우에 가산료를 부과하고, 미국에서는 20개의 청구항에 대하여 기본출원료를 부과하고, 20개를 초과하는 경우에는 가산료를 부과하고 있기 때문이다.

11 Doctrine of Claim Differentiation.

의 청구항은 서로 간섭하지 않고 독립적으로 존재한다는 이론이다. 예를 들어, 독립항의 한 구성요소가 "fastener(체결수단)"로 정의하고, 두 개의 종속항에서 이를 각각 "너트와 볼트(nut and bolt)" 및 "리벳(ribet)"으로 좁게 한정하였다면, 이들은 서로 영향을 미치지 않고 별개의 권리로 존재한다는 것이다. 차별화 이론에 따라, 독립항에서 정의된 "fastener(체결수단)"는 예를 들어 "플라스틱 접착제(plastic adhesives)," "용접(welding)," "죔쇠(clamp)" 등을 포함할 수 있다.[12]

차별화 이론은 청구항의 해석방법에 관한 이론의 하나인데 일본은 이 이론을 아예 특허법에서 명문화하고 있다.

> "第百八十五条(二以上の請求項に係る特許又は特許権についての特則) 二以上の請求項に係る特許又は特許権についての第二十七条第一項第一号、第六十五条第五項(第百八十四条の十第二項において準用する場合を含む。)、第八十条第一項、第九十七条第一項、第九十八条第一項第一号、第百十一条第一項第二号、第百二十三条第三項、第百二十五条、第百二十六条第六項(第百三十四条の二第五項において準用する場合を含む。)、第百三十二条第一項(第百七十四条第二項において準用する場合を含む。)、第百七十五条、第百七十六条若しくは第百九十三条第二項第四号又は実用新案法第二十条第一項の規定の適用については、請求項ごとに特許がされ、又は特許権があるものとみなす。[13]
>
> (제185조 (2 이상의 청구항이 있는 특허 또는 특허권에 관한 특칙) 2 이상의 청구항이 있는 특허 또는 특허권에 관하여 제27조제1항제1호, 제65조제5항(제184조의10제2항에서 준용하는 경우를 포함한다), 제80조제1항, 제97조제1항, 제98조제1항제1호, 제111조제1항제2호, 제123조제3항, 제125조, 제126조제6항(제134조의2제5항에서 준용하는 경우를 포함한다), 제132조제1항(제174조제2항에서 준용하는 경우를 포함한다.), 제175조, 제176조 또는 제193조제2항제4호 또는 실용신안법 제20조제1항의 규정의 적용에 있어서는, 청구항마다 특허가 되거나, 또는 특허권이 있는 것으로 본다.)"

---

12 J. Thomas McCarthy, "McCarthy's Desk Encyclopedia of Intellectual Property," Second Edition, The Bureau of National Affairs, Inc., Washington, D.C., 1995, p.54.

13 일본 특허법 제185조.

우리나라도 일본 특허법 제185조의 내용과 동일한 규정을 두고 있다.

> "제215조(2 이상의 청구항이 있는 특허 또는 특허권에 관한 특칙)   제65조제6항,
> 제84조제1항제2호, 제85조제1항제1호(소멸에 한한다), 제101조제1항제1호, 제104
> 조제1항제1호, 제3호 또는 제5호, 제119조제1항, 제133조제2항 또는 제3항, 제136
> 조제6항, 제139조제1항, 제181조, 제182조 또는 실용신안법 제26조제1항제2호, 제
> 4호 또는 제5호는 2 이상의 청구항이 있는 특허 또는 특허권에 관하여 이를 적용함에
> 있어서는 청구항마다 특허가 되거나, 또는 특허권이 있는 것으로 본다."[14]

사실 일본특허법 제185조나 이와 동일한 내용인 우리나라 특허법 제215조는 청구항의 해석방법에 관한 이론의 하나인 차별화 이론으로부터 나온 것이기 때문에 그리고 특허출원의 심사과정이나 특허권의 행사에 있어서 그렇게 해석하면 되기 때문에 군이 법률로서 규정할 필요가 없는 사항이다. 불필요한 사항을 규정함으로써 법률만 복잡하고 지저분하게 만들어 놓고 있다.

어쨌든 일본은 이러한 법률 규정에 근거하여 청구항마다 하나의 특허권이라는 결론에 이르고, 청구항이 많아지면, 그만큼 특허권도 많아지게 되고, 따라서 특허료도 그에 비례해서 부과되어야 한다고 생각한 것이 틀림없다. 마치 아파트와 같은 부동산에 대한 재산세를 그 면적에 따라 차등 과세하는 논리와 흡사하다. 그런데 특허권은 그런 논리가 아니다. 차별화 이론도 그런 논리와는 거리가 멀다. 차별화 이론을 마치 특허권이 복수개로 존재하여 권리 영역이 넓어지는 것으로 판단하여 특허료를 청구항 수에 따라 부과하였다면, 그것은 특허발명의 본질을 이해하지 못하는 것이고, 차별화 이론의 진정한 의미를 이해하지 못하는 것이다.

특허제도에서 다항제를 채택하고, 그 결과 차별화 이론이 등장했다 하더라도, 특허권은 무체재산권의 일종으로 하나의 특허발명은 하나의 권리로 이해되어야 한다. 청구항이 복수개라 해서 그것을 복수개의 발명으로 이해한다든지 아니면 특허

---

14 대한민국 특허법 제215조.

료를 별도로 부과할 만큼 별개의 특허를 구성하는 것으로 이해해서는 안 된다. 청구항이 다항으로 존재하고, 차별화 이론이 적용된다 하더라도, 하나의 특허발명은 하나의 특허권으로 인식되기 때문에 일본과 우리나라를 제외한 모든 나라에서는 특허료를 청구항 수에 따라 부과하지 않고 특허 단위로 부과하고 있는 것이다.

(2) 일부 청구항의 등록말소에 따른 문제점

우리나라의 특허료 체계와 관련하여 아주 특징적인 내용은 일부의 청구항을 포기할 수 있도록 명문 규정을 두고 있다는 점이다.

> *제215조의2(2 이상의 청구항이 있는 특허출원의 등록에 관한 절차) ① 2 이상의 청구항이 있는 특허출원에 대한 특허결정을 받은 자가 특허료를 납부하는 때에는 청구항별로 이를 포기할 수 있다.[15]*

이 규정은 특허권을 등록하는 경우에 청구항을 포기할 수 있는 것으로 규정하고 있지만, 특허권이 설정등록된 후에도 이 규정을 준용하여 청구항을 포기할 수 있다. 이 규정은 우리나라 특허법에만 있는 전 세계적으로 아주 유일한 규정이다. 우리나라와 같이 특허된 청구항의 일부를 포기할 수 있도록 운용하고 있는 일본에도 이런 규정은 없다. 일본은 각각의 청구항을 독립된 재산권으로 인식하기 때문에 민법상의 재산권 포기에 관한 규정에 근거하여 재산권을 포기하는 것처럼 일부의 청구항도 언제든지 포기할 수 있는 것으로 해석하고, 또 그렇게 운용하고 있다. 그래서 일본은 우리나라 특허법 제215조의2와 같은 규정이 없이도 청구항을 언제든지 포기할 수 있도록 하고 있다. 그러나 우리나라나 일본을 제외한 모든 국가들은 우리나라 특허법 제215조의2와 같은 규정도 없거니와 특허가 인정된 일부 청구항을 포기하는 일도 없다. 설사 특허무효절차나 침해소송절차에서 일부의 청구항이 무효로 되는 일은 있어도 특허권자가 자기의 청구항 일부를 포기하는 일은 일어나지

---

15   대한민국 특허법 제215조의2(이 규정은 2001년 2월 3일에 신설된 규정이다).

않는다. 그들은 특허료가 청구항 수에 따라 부과되지도 않기 때문에 굳이 특허 후에 특허료 때문에 일부 청구항을 포기할 필요도 없다.

심사관의 심사를 거쳐 특허가 일단 등록되면 특허청은 더 이상 할 일이 없다. 청구항이 많다고 해서 보관장소가 더 필요한 것도 아니고 관리비용이 더 드는 것도 아니다. 그런데 우리는 특허료를 청구항 수에 따라 부과토록 규정하기 때문에, 그런 규정에 불만이 있다면 적은 특허료를 내도록 일부 청구항을 포기하라는 것이다. 애초에 20개의 청구항에 대하여 특허등록이 되었는데, 특허료가 부담이 돼서 10개의 청구항을 포기하면 그만큼 특허료는 줄어들 것이다. 이 규정의 취지는 굳이 설명한다면 다른 특허권자와의 형평성 때문에 청구항을 그대로 유지한 채로는 특허료를 경감해 줄 수 없고, 따라서 일부 청구항을 말소시켜야 그만큼 특허료를 경감해 주겠다는 것이다. 일부 청구항을 포기하지 않고 유지시킨다고 해서 추가적인 비용이 드는 것도 아닌데, 청구항 수를 줄여야 특허료를 줄여 주겠다는 것이다. 특허료를 청구항 수에 따라 부과하는 것이 얼마나 모순된 것인지 쉽게 알 수 있다.

특허권은 시간적으로 무한한 재산권이 아니다. 특허출원일로부터 20년간 한시적으로 보호받는 권리이다. 그리고 소멸기간 전이라도 권리자가 그 특허에 대해서 더 이상 관심이 없다면 특허료를 납부하지 않음으로써 자동으로 소멸된다. 물론 무효절차에 따라 특허권 전체 아니면 일부 청구항이 무효로 될 수 있다. 그렇지만 특허료 때문에 일부 청구항을 말소한다는 것은 있을 수 없는 일이다. 특허료를 청구항 수에 따라 부과하고 있는 현재의 우리 체계가 잘못된 것임을 알 수 있다. 그래서 외국(일본 제외)에서는 특허료를 청구항 수에 따라 부과하지도 않으며, 청구항을 일부 말소하는 제도 자체가 없다.

특허명세서도 그렇지만 청구항은 아무나 작성할 수 있는 것이 아니다. 청구항을 올바로 작성하기 위해서는 그 발명이 속하는 해당 기술분야를 충분히 이해해야 하고, 그 발명을 이해하여, 선행기술과의 차이점이나 침해대비도 고려하여 작성해야 한다. 이러한 관점에서 진지한 고민을 하면서 청구항을 작성해 본 사람이라면 그렇게 쉽게 청구항을 말소하는 법안을 만들지는 않았을 것이다.

(3) 등록말소에 따른 특허권의 제한

해마다 증가하는 특허료를 덜 내기 위해서 일부 청구항을 말소시킨다는 것은 그 자체로서도 납득할 수 없는 일이지만, 특허침해와 같은 특허권의 행사에 있어서 더 심각한 문제를 야기할 수 있다.

특허권 침해를 판단하는 이론 중에는 균등론[16]과 포대금반언 원칙[17]이 있다. 포대금반언 원칙은 출원경과 금반언 원칙[18]이라고도 한다.[19]

균등론은 침해품의 구성요소가 설사 특허청구항의 구성요소와 다르다 하더라도 동일하게 작동해서 동일한 결과를 가져온다면 균등물로 간주하여 특허침해를 인정하겠다는 이론으로 특허권자를 보다 융통성 있게 보호할 수 있는 침해판단방법이다. 반면 포대금반언 원칙은 특허심사과정에서 출원인이 청구항을 보정함으로써 변경된 경우, 변경 전의 내용이 균등물에 해당한다 하더라도 균등론을 적용하여 특허침해를 인정받을 수 없다는 이론이다. 포대금반언 원칙은 균등론보다도 우선적으로 적용되는 이론이며, 특허권자보다는 제3자 즉 일반 공중의 이익을 보호하기 위한 침해판단방법이다.[20]

그런데 특허가 등록되기 전에 또는 특허등록 중에 일부 청구항을 포기한 경우도 포대금반언 원칙을 배제할 이유가 없다. 다시 말해서, 일부 청구항을 포기한 경우에 포대금반언 원칙을 적용하게 되면 제3자로 하여금 그 포기된 청구항을 실시할 수 있도록 하는 권한을 주게 되는 결과를 가져오게 되고, 그 결과 특허권자는 특허권을 보호받지 못하는 심각한 상황에 직면하게 될 것이다.

---

16 Doctrine of Equivalents.

17 File Wrapper Estoppel.

18 Prosecution History Estoppel.

19 "포대금반언 원칙(File Wrapper Estoppel)"은 미국에서 특허침해를 판단하는 하나의 이론으로 사용되어 왔는데, 1980년대 초부터 미국의 CAFC가 이와 동의어인 "출원경과 금반언 원칙(Prosecution History Estoppel)"을 "포대 금반언 원칙"보다 더 선호하여 함께 사용되고 있다(J. Thomas McCarthy, 앞의 책, p.171).

20 J. Thomas McCarthy, 앞의 책, p.171.

예를 들어, 독립항이 a, b, c, 3 구성요소로 이루어지고, 한 종속항이 c 대신에 c'로 한정하였다 하자. 그리고 나서 그 종속항을 포기하여 말소등록을 하였다면, 제3자는 a, b, c'로 이루어지는 것을 자유롭게 실시할 수 있게 된다. 왜냐하면, 포대금반언 원칙에 따라 특허권자는 a, b, c'로 이루어지는 권리를 이미 포기하였고, 권리를 스스로 포기한 이상 그에 대해서는 특허침해를 주장할 수 없게 되기 때문이다. 설사 c'가 c와 균등물 관계가 인정된다 하더라도 포대금반언 원칙이 우선적으로 적용되기 때문에 균등론은 이에 적용될 수 없다. 현재 일본이나 우리나라에서 시행되고 있는 일부 청구항의 등록말소제도는 포대금반언 원칙에 의하여 특허권을 무력화시킬 수 있다는 점을 전혀 이해하고 있지 못한 데에서 비롯된 잘못된 제도이다.

V. 우리나라 특허료 체계의 개선책

우리나라의 특허료가 청구항 수에 따라 부과된다는 점과 그래서 청구항 수를 줄이기 위한 청구항의 등록말소 제도는 앞에서 살펴본 바와 같이 매우 심각한 문제점을 안고 있다. 이러한 특허료 체계를 개선하기 위한 방법은 아주 간단하다. 다른 나라들(일본 제외)처럼 특허료를 청구항 수에 따라 부과하지 말고 특허 단위로 부과하기만 하면 된다. 물론 이렇게 개선하기 위해서는 특허제도에 대한 올바른 이해가 선행되어야 한다. 특허청구범위 작성을 하면서 진지한 고민을 해 보기도 하여야 하고, 다항제가 무엇인지 그리고 다항제하에서의 청구항의 의미가 무엇인지에 대하여도 올바로 이해하여야 하며, 차별화 이론이나 포대금반언 원칙에 대하여 올바로 이해하여야 한다. 그렇게 되면 특허료를 청구항 수에 따라 부과하는 것이 얼마나 부당한 일이며 일부 청구항의 등록말소제도가 얼마나 위험한 것인지를 알게 될 것이다. 마땅히 우리나라 특허법 제215조와 제215조의2는 폐지되어야 한다. 일본도 사정은 동일하다.

특허청은 특허료로 인한 수입의 감소를 걱정해서는 안 된다. 그럴 필요도 없다. 특허료로 인해서 현재만큼의 수입이 필요하다면, 특허청은 특허 단위로 부과되는 특허료를 인상하면 된다. 필자는 그 인상에 대하여 반대의견을 주장하는 것이 아니라, 특허료를 청구항 수에 따라 부과함으로써 일부 청구항을 포기토록 한 특허료 체계의 폐단을 지적하고 이를 개선하고자 하는 것이다.

특허료가 특허단위로 부과되고 청구항 수에 따라 부과되지 않는다면, 우리나라 특허명세서의 품질은 한 단계 도약하는 계기를 맞게 될 것이다. 변리사는 청구항 수에 제약을 받지 않고 발명의 특허요건과 침해예방을 위하여 보다 완벽한 특허청구범위를 작성하게 될 것이다. 그리고 발명자는 그에 걸맞은 특허발명을 보호받게 될 것이다.

10. 대한민국 특허제도의 문제점(II)[1]
— 심사관 거절이유의 일부가 잘못되었다고 판단한 심판 또는
소송에서 그 청구를 기각하는 관행에 대하여 —

I. 머리말

특허청구항의 다항제를 채택하고 있는 오늘날의 특허제도에서는 심사관은 청구항마다 심사하여 특허여부를 판단한다. 다시 말해서 심사관은 거절이유가 있는 청구항에 대해서 그 이유를 구체적으로 기재하여 출원인에게 통지하여야 한다.[2] 거절이유를 통지받은 출원인은 문제의 청구항을 삭제하든지 아니면 거절이유를 극복할 만한 의견을 피력함으로써 거절이유를 극복하고자 한다. 물론 출원인의 의견이 모두 받아들여질 수 없기 때문에 최종적으로 어느 하나의 거절이유라도 존재한다고 판단되면 심사관은 그 출원에 대하여 거절결정을 하게 된다.

---

1 「창작과 권리」 제64호(2011년 가을호).
2 특허법 제63조 제2항.

다항제에서의 심사결과는 청구항 수만큼이나 다양하다. 일부 청구항이 특허받을 수 있는 것으로 판단된다 하더라도, 다른 청구항은 거절이유를 갖는 것으로 판단될 수 있다. 거절된 청구항 중에서도 거절이유가 서로 다를 수 있다. 예를 들어, 일부 는 진보성을 이유로 거절될 수 있고 다른 일부는 기재불비로 거절될 수 있다. 그리 고 하나의 청구항이 2 이상의 거절이유를 갖는 경우도 있다. 청구항마다 특허여부 를 판단해야 하는 다항제에서는 이렇게 거절이유가 다양하게 나올 수밖에 없다. 그 리고 어떤 경우든지, 청구항 중에 하나라도 거절이유가 극복되지 않았다고 판단되 면, 심사관은 비록 나머지 청구항들이 특허받을 수 있는 것으로 판단된다 하더라도, 최종적으로 그 특허출원 전체에 대하여 거절결정을 하게 된다. 다시 말해서, 심사 단계에서, 특허받을 수 있다고 판단된 청구항을 분리해서 그들에 대해서는 특허를 허여하고, 거절이유가 있다고 판단되는 청구항에 대해서만 거절하는 것이 아니다. 이러한 심사절차는 심사주의를 채택하고 있는 국가에서는 모두 동일하다.

거절결정을 받은 출원인은 그에 불복하는 심판을 청구할 수 있다.[3] 심사결과에 대하여 불만이 있는 경우 불복심판을 제기할 수 있도록 심판제도를 구비하고 있는 것도 특허제도를 실시하고 있는 모든 국가에서 동일하다. 하지만 그 불복심판이나 또는 그 상급심에서의 불복소송에서 내려지고 있는 심결이나 판결에서는 우리만의 독특한 관행이 있다.

예를 들어, 청구항이 A, B, C, 3 그룹으로 이루어진 특허출원에서(A, B, C, 3개의 청 구항이라 가정해도 좋다), A는 특허받을 수 있다고 판단하였으나, B는 진보성 거절이 유로, C는 기재불비 이유로 거절되었다 하자. 이 경우, 불복심판을 청구하는 출원인 은 마땅히 B와 C에 대한 거절이유가 잘못되었다고 주장할 것이다. 이러한 경우에 우리 심판이나 소송에서는 그 거절이유를 심리하여 어느 하나의 거절이유라도 타 당하다면 그 심판이나 소송을 기각한다. 심지어는 B 또는 C 중의 어느 하나를 심리 하여 하나의 거절이유가 타당하다면 다른 거절이유에 대해서는 심리조차 하지 않

---

3   특허법 제132조의7.

고 그 심판이나 소송을 기각한다. 그리고 그 이유는 이러하다: "특허청구범위가 여러 항으로 되어 있는 출원발명에서 하나의 항이라도 거절이유가 있는 경우에는 그 출원은 거절되어야 할 것이므로 다른 청구항의 거절이유에 대하여는 살펴볼 필요도 없이 전부 거절되어야 한다." (이하 "일부거절 전체거절"이라 약칭한다)

본 논문은 이 '일부거절 전체거절'이라는 우리의 잘못된 관행에 대하여 그 논리의 허구성을 밝히고자 하는 것이다.

II. '일부거절 전체거절' 논리를 적용한 판례들

1. 특허법원 사건 99허1263[4]

이 사건은 특허출원 제94-702197호에 관한 것으로, 본 출원을 심사한 심사관은 (1) 청구항 1~18이 특허법 제42조 제4항에 위배되고(기재불비), (2) 청구항 19~23은 특허법 제29조 제1항 및 제42조 제3항 및 제4항에 위배된다는 이유로(산업상 이용가능성과 기재불비) 거절결정을 하였다.

출원인은 심사관의 거절결정에 대하여 불복심판을 청구하였으나, 그 심결에서는 심사관의 거절결정이 정당하다고 판단하여, 심판청구를 기각하였다. 이 심판에서는 심사관의 두 거절이유에 대하여 모두 판단하였으나, 그 거절이유가 모두 정당하다고 판단하여 심판청구를 기각하였다. 이처럼 심사관의 거절이유를 모두 심리한 결과 심사관의 판단이 모두 옳다고 판단하여 심판청구를 기각하는 경우에는 절차상 아무런 하자가 없다. 그 심결의 주요 내용은 다음과 같다.

> *"본원발명 특허청구범위 제1항 내지 제18항은 올리고뉴클레오티드를 권리범위로*
> *청구하면서 염기서열로 그 물질의 구조를 명기하지 않고 일부 특징적인 요소만으로*

4　2000.03.30 선고, 재판장 판사 박일환, 판사 이수완, 판사 강기중.

한정하여 권리범위를 청구하면서 청구인은 올리고뉴클레오티드가 특정되었다고 주장하고 있으나, ··· (중략) ··· 핵산분야에서는 일부 특징적인 요소로 한정되었다 하더라도 그 물질의 범위가 지나치게 넓어질 수밖에 없으므로 본원발명이 발명한 범위를 벗어나는 것이라 하지 않을 수 없다 하겠다.

본원발명 특허청구범위 제19항과 제23항은 의약에 관한 용도발명이나, ··· (중략) ··· 상세한 설명 어디에도 약리효과, 투여량 및 투여방법과 관련한 기재를 찾아볼 수 없으므로 본원발명의 상기 청구항에 기재된 발명은 당업자가 실시할 수 없는 완성되지 아니한 발명을 청구한 경우라 할 것이다. 따라서 본원발명이 특허법 제29조 제1항, 제42조 제3항 및 제4항에 위배되어 특허받을 수 없다는 원사정은 정당한 것이다."[5]

위 심결에 대하여 출원인은 특허법원에 심결취소소송을 청구하였고, 그 결과 특허법원은 청구항 1~18의 거절이유에 대한 원고(출원인)의 주장에 이유가 있으나, 청구항 19의 거절이유에 대하여는 최초의 거절이유가 정당하다고 설시하였다:

"이 사건 출원발명의 특허청구범위 제1 내지 3항, 제5 내지 18항에 기재된 올리고뉴클레오티드는 변형된 뉴클레오티드를 이용하는 데 특징이 있는 발명이라 할 것인데, ··· (중략) ··· 이 사건 출원발명의 대상이 되는 올리고뉴클레오티드의 염기서열을 청구범위의 항에 구체적으로 기재해 놓지 않았다는 사정만으로 그 청구범위가 특정되지 않은 것이라고 할 수는 없다. 따라서, 위에서 본 청구범위의 항들이 특정되었다는 원고의 주장은 이유가 있다. ··· (중략) ···

이 사건 출원발명의 명세서의 기재 내용 중 제19항의 치료방법의 실시와 관련한 실험자료라고 여겨지는 것으로 Ras-루시페라제 유전자를 이용한 실험이 기재되어 있을 뿐이므로 이에 대하여 살펴보기로 한다. ··· (중략) ··· 그렇지만, 위 실시예는 단순히 Ras-루시페라제 유전자조합을 실험관에서 배양한 세포내에 도입하여 세포내의 루시페라제 유전자의 발현이 어느 정도 억제된다는 사실만을 기재하고 있을 뿐이므로, 이로부터 당업자가 특정 단백질의 발현에 의하여 생성되는 질병의 치료방법을 용이하게 실시할 수 있다고 보기는 어렵다."[6]

---

5   특허심판원 98원1495(1998.12.31 선고), 심판장 강석용, 주심 이윤원, 심판관 윤항식.

그런데 위 판결에서는 '일부거절 전체거절'의 논리를 내세워, 원고 청구의 일부가 이유 있음에도 불구하고, 원고 청구를 기각하는 판결을 내렸다:

> *"특허청구범위가 여러 항으로 되어 있는 출원발명에서 하나의 항이라도 거절이유가 있는 경우에는 그 출원은 거절되어야 할 것이므로 이 사건 출원발명은 특허청구범위 중 제23항에 대하여는 살펴볼 필요도 없이 전부 거절사정되어야 한다."*[7]

위 특허법원 판결에 불복하여 청구된 상고 사건에서,[8] 대법원은 특허법원이 한 판결이 정당하다고 하여 상고를 기각하였다:

> *"특허출원에 있어서 특허청구범위가 여러 개의 항이 있는 경우에는 그 하나의 항이라도 거절이유가 있는 경우에는 그 출원은 전부가 거절되어야 한다.(대법원 1997.04.25 선고, 96후603 판결; 1995.10.13 선고, 94후2018 판결; 1995.12.26 선고, 94후203 판결; 1993.09.14 선고, 92후1615 판결; 1992.02.25 선고, 91후 578 판결 등 참조).*
>
> *원심 판결 이유에 의하면, 원심은, 이 사건 출원발명의 특허청구범위 제1 내지 3항, 제5 내지 18항에 기재된 올리고뉴클레오티드는 그 대상이 되는 올리고튜클레오티드의 염기서열을 청구범위의 항에 구체적으로 기재해 놓지 않았다는 사정만으로 그 청구범위가 특정되지 않은 것이라고 할 수 없으나, 특허청구범위 제19항은 유기체의 치료방법에 관한 것인데도 그 상세한 설명에 그 발명이 속하는 기술분야에서 통상의 지식을 가진 자가 용이하게 실시할 수 있도록 특정 질병의 약리효과 등에 대한 기재가 되어 있지 않다고 한 후, 특허청구범위가 여러 항으로 되어 있는 출원발명에서 하나의 항이라도 거절이유가 있는 경우에는 그 출원은 거절되어야 할 것이므로 이 사건 출원발명은 전부 등록될 수 없다는 취지로 판단하였다.*

---

6 특허법원 99허1263.

7 특허법원 99허1263.

8 대법원 2000후747, 재판장 대법관 조무제, 주심 대법관 강신욱, 대법관 이용우, 대법관 이강국.

> *기록과 위 법리에 비추어 살펴보면 원심의 위와 같은 판단은 정당하고 거기에 상고이유에서 지적하는 바와 같은 복수의 청구항으로 이루어진 특허출원의 거절사정에 대한 법리오해 등의 위법이 있다고 할 수 없다."[9]*

위 대법원 판결은 실로 한심하기 짝이 없다. 이 판결에는 상고심을 판단하면서 가장 중요한 판결이유가 없다. 그저 기록과 법리에 비추어 살펴보았더니 원심 판결이 옳다고 판단하고 있다. 이런 판결이야말로 진정한 판결이라 할 수 없다. 상고심이라 하면 분명 상고인이 주장하는 바가 있었을 것이고, 대법원은 그 주장하는 바가 왜 옳지 않고 원심판결이 왜 옳은지에 대하여 납득할 만한 이유를 설시했어야 했다. 기록과 법리에 비추어 살펴보았다는 것만으로 판결이유를 대신할 수는 없기 때문이다.

2. 특허심판원 사건 2009원7940[10]

이 사건은 특허출원 제2008-7029019호에 관한 것으로, 심사관은 5개의 청구항을 모두 진보성 결여로 거절하였고, 나아가 청구항 5에 대해서 기재불비를 추가하여 거절하였다. 보다 구체적으로, 청구항 5가 명세서에 의하여 뒷받침되지 않기 때문에 명세서가 충분히 기재되지 못하였다고 판단한 것이다.

출원인은 이 거절에 대하여 심판을 청구하였고, 청구이유로는 (1) 청구항 1-5는 진보성을 결여하지 않았으며, (2) 청구항 5 또한 명세서에 의하여 충분히 뒷받침되기 때문에 명세서가 미비하게 작성된 것이 아니라는 점을 주장하였다.

그러나 이 사건을 심리한 특허심판원은 위 청구이유 (2)에 대해서만 심리하여 판단하고, 청구이유 (1)에 대해서는 심리하지 아니하였다. 특허심판원은 '일부거절 전체거절' 이유를 내세워 그렇게 한 것이다.

---

9 대법원 2000후747.
10 2011.02.15 심결, 심판장 신진균, 주심 이유형, 심판관 신원혜.

> "위에서 살핀 바와 같이, 이 사건 출원발명의 상세한 설명은 통상의 기술자가 이 사건 제5항 발명을 용이하게 실시할 수 있을 정도로 발명을 기재하고 있지 아니하므로 그 특허법 제42조 제3항의 규정에 위배되는바, 이 사건 출원발명에 대한 거절결정의 이유에는 진보성이 없다는 것도 포함되지만, 특허출원에 있어서 하나의 거절이유라도 있는 경우에 그 특허출원은 거절되어야 하는 것이므로 다른 거절이유에 대하여는 더 살펴볼 필요 없이 이 사건 출원발명은 특허를 받을 수 없는 것이고, 이와 결론을 같이 한 원결정은 정당하다."[11]

한마디로, 위 심판원 심결은 '일부거절 전체거절' 이유를 내세운 심결이나 판결 중에서 백미(白眉)라 할 만하다. 구체적인 이론적 설명은 뒤에서 하기로 하고, 우선 위 심결이 잘못되었다는 것을 하나만 들어 보자.

청구항 1-5에 대해서 심사관은 진보성이 없다고 하고, 출원인은 그렇지 않다고 주장하는 상황이다. 그렇다면 심판에서는 마땅히 어느 주장이 옳은지를 판단해야 한다. 그 결과, 심사관 판단에 잘못이 있다고 판단되면, 청구항 5가 설사 기재불비에 해당한다 하더라도, 심사관의 결정을 파기해야 하고, 심사관은 상급심의 판단에 기속되어 출원인으로 하여금 다시 보정의 기회를 주어야 한다. 그러면 출원인은 청구항 5를 삭제하여 청구항 1-4에 대해서만 특허를 받을 수도 있다. 물론 청구항 5가 기재불비에 해당한다는 심판원의 결정에 불만이 있는 경우에는(비록 청구항 1-5가 진보성이 있다고 판단했을지라도), 출원인은 상급심인 특허법원에 항소할 수 있는 것이다.

그럼에도 불구하고, 청구이유도 모두 판단하지 아니하고, 일부만을 판단하여 그것이 이유가 없으면, '일부거절 전체거절' 이유를 들어 심판청구를 기각하는 관행은 실로 특허제도의 본질을 망각한 잘못된 관행이라 하지 않을 수 없다.

---

11 2009원7940.

III. '일부거절 전체거절' 논리의 역사 및 부당성

1. '일부거절 전체거절' 논리의 역사

청구항이 복수 개인 특허출원에 있어서 어느 하나의 항이라도 거절이유가 있는 경우에 그 출원 전부가 거절되어야 한다는 논리는 다항제를 채택함으로써 등장한 논리이다. 단항제를 채택하는 특허제도에서는 이런 논리가 필요 없다. 특허제도에서의 단항제는 이미 지구상에서 사라진 지 오래다.

다항제의 역사를 살펴보면, 단항제를 채택했던 미국이 1870년에 다항제를 도입함으로써 시작된다. 우리나라는 1981년에 다항제를 도입하였다. 그리고 '일부거절 전체거절'의 논리가 어느 판례에서부터 시작되었는지는 정확히 모르지만, 위의 대법원 2000후747 판례에서 보면, 최소한 1990년대 초반에 그러한 판례가 이미 나왔다는 것을 알 수 있다. 그리고 올해로써 다항제 도입 30년째가 되는 우리는 잘못된 대법원 판례를 인용하면서 '일부거절 전체거절'의 논리를 앵무새처럼 반복하고 있다. 사실 우리는 다항제에 대한 정확한 개념도 이해하지 못한 채, 특허심사 절차를 다루는 심판이나 소송에서 '일부거절 전체거절'의 논리를 남용하고 있는 실정이다.

2. '일부거절 전체거절' 논리의 부당성

'일부거절 전체거절' 논리의 부당성을 살펴보기 위하여, 위의 두 예를 다시 살펴보자.

특허법원 99허1263 사건에서는, 분명히 청구항 1~18에 대한 심사관의 판단에 잘못이 있다고 판단하였다. 하지만 청구항 19~23에 대한 심사관의 판단이 옳았기 때문에 '일부거절 전체거절'의 이유로 소송청구를 기각하였다. 이때 만일 원심을 파기하여 환송하였다면, 출원인은 청구항 19~23을 삭제하고, 청구항 1~18만이라도 특허를 받을 수 있었을 것이다. 다시 말해서, '일부거절 전체거절'의 논리는 출원인으로 하여금 보정을 할 기회(포괄적으로 '의견제출의 기회'라 할 수 있다)를 부여하지 않는 결과를 가져온다.

특허심판원 2009원7940 사건도 마찬가지다. 심판원은 청구항 5에 대한 거절이유만을 확인할 것이 아니라 청구항 1-5에 거절이유도 판단하여, 청구항 1-5에 대한 심사관의 거절이유가 옳지 않다고 판단되면 심사관의 거절결정을 파기하고 사건을 환송하여야 한다. 환송사건에서 심사관은 최종적으로 출원인으로 하여금 보정할 기회를 주고 보정을 통하여 그가 원한다면 청구항 1-4만이라도 특허를 받을 수 있도록 하여야 한다. 역시 이 사건에서도 '일부거절 전체거절'의 논리를 적용하여 심판청구 자체를 기각함으로써, 청구이유에 대하여 심리도 제대로 하지 않는 결과를 가져오고, 나아가 출원인으로부터 보정할 기회를 박탈하는 결과를 가져오고 있다.

특허를 출원하여 특허를 받기까지의 심사과정에서 가장 중요한 절차 중의 하나는 바로 출원인으로 하여금 의견을 진술할 수 있는 기회를 부여하고 있다는 점이다. 의견진술의 기회를 부여하지 않고 심사관 임의대로 특허여부를 결정하도록 심사절차를 운용하는 특허제도는 이 지구상에는 하나도 없다. 그만큼 특허심사 절차에 있어서 의견제출의 기회를 부여하는 것은 절대적인 절차요건이다. 이런 의견제출의 기회는 심판이나 소송이라고 해서 달라지는 것이 아니다. 그런데 우리는 '일부거절 전체거절' 논리 때문에 이러한 절대적인 절차요건이 보장되지 않고 있다. '일부거절 전체거절' 논리가 부당한 이유는 바로 특허심사과정의 연속선상에 있는 심판이나 소송에서 그 청구 자체를 기각함으로써 사건이 심사국으로 환송되지 못하고 결국 출원인으로 하여금 의견을 제출할 수 있는 기회를 박탈한다는 점이다.

심사관의 결정이 항상 완벽한 것은 아니다. 그렇기 때문에 그에 불복할 수 있도록 심판이나 소송제도가 존치하고, 특허가 허여되었다 하더라도 무효심판제도가 존치하는 것이다. 따라서 심사관의 거절이유의 일부가 잘못된 경우에, 심판이나 소송에서 '일부거절 전체거절' 이유로 그 청구를 기각해서는 아니되고 반드시 파기환송하여 출원인으로 하여금 의견진술의 기회를 주어야 한다. 그래서 특허받을 수 있는 항에 대해서 출원인이 선택하여 특허받을 수 있도록 선택의 기회가 주어져야 하는 것이다.

3. '일부거절 전체거절' 논리는 특허법 소송절차에도 위배

현행 특허법에는, 특허법원은 소송이 제기된 경우에 그 청구가 이유 있다고 인정한 때에는 판결로써 당해 심결을 취소하도록 규정하고 있다.[12] 이는 복수의 청구이유 중에서 어느 하나라도 이유가 있는 경우에는 당해 심결을 취소해야 한다는 것을 의미한다. 따라서 일부의 청구이유가 이유 있음에도 불구하고 다른 일부의 청구이유가 이유 없는 경우에 '일부거절 전체거절'의 논리로 소송청구를 기각하는 것은 특허법 제189조 제1항에 위배되는 절차이다.

IV. '일부거절 전체거절' 논리의 진정한 의미 및 실무관행

1. '일부거절 전체거절' 논리의 진정한 의미

결론부터 말하면, '일부거절 전체거절' 논리의 진정한 의미는 이 논리가 심사관에 의한 심사단계에서만 적용되어야 한다는 점이다. 다항제에서는 청구항마다 심사를 하기 때문에 특허여부에 대한 판단은 청구항마다 다를 수 있다. 복수의 청구항에 대하여 서로 다른 거절이유가 지적된 경우에, 출원인은 모든 거절이유가 극복되도록 조치를 하여야 하고, 모든 청구항이 완벽하게 특허받을 수 있는 상태가 되어야 심사관은 비로소 그 특허출원에 대하여 특허결정을 내리게 되는 것이다. 특허받을 수 있다고 판단되는 청구항만을 골라서 그것에 대해서만 특허를 내줄 수 없다는 것이 바로 '일부거절 전체거절' 논리의 진정한 의미이다. 그 이유는 특허출원명세서를 작성하고 보정하는 것은 특허출원인의 고유권한이자 의무이기 때문이다. 심사관이 그것을 대신할 수 있는 것이 아니다.

---

12 특허법 제189조 제1항.

그러나 심판이나 소송은 그것이 심사의 연속이라 할지라도 심사관에 의한 심사 절차와는 다르다. 심판에서는 심사관이 판단한 거절이유의 어느 하나라도 잘못된 부분이 있다면 그 사건을 심사국으로 환송하여 출원인으로 하여금 잘못된 부분에 대하여 보정할 수 있는 기회를 주어야 한다. 소송 또한 마찬가지다. 심판관이 판단한 거절이유의 어느 하나라도 잘못된 부분이 있다면 그 사건을 심판원을 거쳐 결국 심사국으로 환송하여 출원인으로 하여금 보정할 수 있는 기회를 주어야 한다.

그런데 우리의 특허심판이나 소송에서는 '일부거절 전체거절' 논리의 진정한 의미를 이해하지 못하고, 그 논리가 심판이나 소송에도 그대로 적용될 수 있는 것으로 착각하여 수십 년이 지나도록 그 잘못된 관행을 반복하고 있다. 더욱이 어느 하나의 청구이유만을 판단하여 그것이 정당하면 나머지 청구이유에 대해서는 판단조차 하지 않는 현재의 우리나라의 심판 관행은 특허제도를 근본적으로 위협하는 잘못된 관행이다.

2. '일부거절 전체거절' 논리를 채용하지 않은 특허심판원 심결

특허심판원 사건 99원973 심결[13]에서는, 심사관은 청구항 1~12에 대하여 거절이유가 있다고 판단하여 거절하였으나, 그 불복심판에서는 일부의 청구항에 대한 거절이유가 잘못되었다고 판단하여(나머지 청구항에 대하여는 거절이유가 정당하다고 확인하였음) 사건을 심사국으로 환송하였다. 이 사건에서, 심사관은 상급심의 심결에 기속되어 새로운 의견제출통지서를 출원인에게 발부하였고, 출원인은 보정을 통하여 특허받을 수 없는 청구항을 삭제하고 특허받을 수 있는 청구항에 대해서만 특허를 받았다.

위 심결이 '일부거절 전체거절' 논리를 채용하지 않은 특허심판원의 유일한 심결인지는 알 수 없지만, 이 심결은 절차상 특허법의 규정에 위배된 것도 아니고, 심사

13　1999.11.30 심결, 심판장 김혜원, 주심 김영우, 심판관 구대환.

관이 잘못 판단한 부분에 대하여 출원인으로 하여금 보정을 할 기회를 부여하여 합목적적으로 심사절차를 종결할 수 있었던 것이다. 출원인이 심판원의 심결에 불복하거나 또는 출원인에게 보정할 기회를 주었음에도 불구하고 그에 상응하는 보정을 하지 않는 것은 오직 출원인의 문제로서 그로 인한 책임은 모두 출원인에게 돌아간다. 다시 말해서, 보정할 기회가 주어졌음에도 불구하고 보정을 하지 않아 하나의 항이라도 거절이유가 존재한다면, 심사관은 비로소 그 출원 전체를 거절하게 되는 것이다. 이때 비로소 '일부거절 전체거절' 논리가 적용되는 것이다.

3. 미국의 예

특허심사절차의 일환으로서의 심판이나 소송에서 '일부거절 전체거절' 논리를 적용하는 나라는 전 세계적으로 우리나라뿐이다. 그만큼 우리나라의 특허심사절차는 엉망이다. 다항제를 가장 먼저 채택하여 운용하고 있는 미국의 예를 살펴보자.

우선 우리의 특허 심판원에 해당하는 미국 특허청의 항고심판국(The Board of Patent Appleals and Interferences)에서는 심사관의 거절이유 또는 청구항에 대하여 심사관의 결정을 전체적으로 또는 부분적으로 인정하거나 또는 파기할 수 있고, 또한 그 사건(특허출원)을 다시 심사하도록 심사관에게 환송할 수 있도록 규정한다.[14] 심사관의 거절이유의 일부에 잘못이 있는 경우에 심사관의 결정을 부분적으로 파기하도록 규정하는 것은 지극히 당연한 일이다.

4. 길을 잃은 분할출원제도

심사관이 청구항 1~5에 대하여 특허받을 수 있는 것으로 판단하였으나, 청구항

---

14 미국특허법 시행령 1.196(a) (37 CFR 1.96(a)): "The Board of Patent Appeals and Interferences, in its decision, may affirm or reverse the decision of the examiner in whole or in part on the grounds and on the claims specified by the examiner or remand the application to the examiner for further consideration."

6~10에 대하여 최종 거절한 경우, 우리의 관행은 청구항 1~5에 대하여 분할출원을 한다. 그리고 거절된 청구항에 대해서만 심판을 청구한다. 특허받을 수 있다고 판단한 청구항이라도 우선 분리해서 특허를 받고자 하는 의도에서이다. 물론 심판에서 청구항 6~10에 대하여 특허받을 수 있다고 판단할 가능성이 100 퍼센트 보장된다면 굳이 분할출원을 할 필요가 없다. 하지만 심판 결과에 대해서는 어느 누구도 알 수 없다. 분할출원을 하지 않고 심판을 청구했다가는 '일부거절 전체거절' 논리 때문에 청구항 1~5마저도 구제받을 수 없기 때문에 분할출원을 하는 것이다. 우리는 분할출원제도를 이렇게 활용한다.

물론 특허법에서는, 심판을 청구하면서 분할출원을 할 수 있도록 규정하기 때문에 위와 같은 분할출원이 절차상 특허법에 위배되었다고는 할 수 없다. 그러나 분할출원제도는 그러한 의미를 갖는 제도가 아니다. 발명의 단일성 요건 때문에 분할출원제도가 존치하는 것이지, '일부거절 전체거절' 논리를 피하기 위하여 울며 겨자 먹기식으로 분할하기 위하여 분할제도가 존치하는 것이 아니다. '일부거절 전체거절' 논리는 분할제도의 의의마저 망각한 채 편법의 수단으로 전락해 버린 것이다.

이 부분에 대한 미국의 예를 살펴보자. 미국에서는 일부 청구항에 대하여 특허를 받을 목적으로 분할출원을 하지 않는다. 심사관이 청구항 1~5에 대하여 특허받을 수 있는 것으로 판단하고, 청구항 6~10에 대하여 거절한 경우, 이에 불복하여 청구된 심판이나 소송에서 청구항 6~10에 대한 심사관의 거절이유가 정당하다고 판단될지라도, 청구항 1~5에 대하여 특허받을 수 있도록 절차가 구비되어 있다.

미국 특허청의 특허심사기준에는, "어떤 특허출원이 심판청구 전에 심사관에 의하여 특허받을 수 있는 것으로 판단된 청구항(들) 및 심판이나 소송에서 파기되어 특허받을 수 있는 것으로 판단된 청구항(들)을 포함하여 하나 이상의 특허를 받을 수 있는 청구항(들)을 포함하는 경우에, 심판이나 소송절차는 거절된 청구항(들)에 한해서만 종료된다. 이 경우 출원인은 별도로 그 거절된 청구항(들)을 삭제할 필요가 없다. 왜냐하면 그 거절된 청구항(들)은, 공보에 인쇄할 때 혼동을 피하기 위하여, 심사관이 적절히 보정하여 삭제하기 때문이다. 그리고, 별다른 형식적(서지적) 문제가 없는 한, 심사관은 그 특허받을 수 있는 것으로 인정된 청구항(들)에 대하여 공고할 수 있도록 그 특허출원을 (공보발행국에게) 이관시켜야 한다."[15]

미국 특허청의 위와 같은 심사절차에 의하면, 심사관의 최종 거절에 대하여 항고심판국에서 심판을 거친 후 사건은 반드시 심사관에 환송되도록 되어 있다. 나아가 연방특허항소법원이나 연방대법원에서의 판결 후에도 결과는 동일하다.

V. 심판 및 소송에서의 올바른 절차를 위한 제언

이상 살펴본 바와 같이, '일부거절 전체거절'의 논리는 이제까지 특허심사절차의 일환으로 계속되는 심판이나 소송에서 잘못 적용되어 왔다. '일부거절 전체거절'의 논리는 심사관에 의한 심사단계에서만 적용되어야 하며, 심사관 심사에 불복하여 청구된 심판이나 소송에서는 어떤 경우라도 적용되어서는 안 된다. 그렇게 하기 위해서, 심판은 물론 소송에서도 청구인의 청구이유를 모두 판단해야 한다. 어느 하나의 청구이유만을 심리하여 그것이 성립하지 않는 경우에 나머지 청구이유를 아예 심리조차 하지 않고 '일부거절 전체거절'의 논리로 청구를 기각하거나 또는 청구이유를 모두 심리했다 하더라도 어느 하나의 청구이유가 성립하지 않는다는 이유로 '일부거절 전체거절'의 논리를 적용해서는 안 된다.

또한 심판이나 소송에서는, 청구이유 중에서 어느 하나의 청구이유라도 성립되는 경우에는, 설사 나머지 청구이유가 성립되지 않는다 하더라도, 그 원심을 파기하고 사건을 최종적으로 심사국으로 환송해야 한다. 물론 사건을 심사국으로 환송한

---

15 미국특허청의 특허심사기준(MPEP) 216,01, B. "Some Claims Allowed Where the case includes one or more allowed claims, including claims allowed by the examiner prior to appeal and claims whose rejections were reversed by either the Board or the court, the proceedings are considered terminated only as to any claims which still stand rejected. It is not necessary for the applicant or patent owner to cancel the rejected claims, since they may be canceled by the examiner in an examiner's amendment or by an appropriate notation in the margin of the claims, to avoid confusion to the printer."

다는 심결이나 판결에 대해서도 출원인은 마땅히 특허법원이나 대법원에 각각 항소할 수 있는 것이다. 심사국으로 환송된 사건은 심사관이 출원인에게 최종적으로 보정기회를 부여함으로써 특허받을 수 있는 완벽한 상태로의 조치를 취할 수 있다.

이상과 같은 절차를 따른다면 분할출원제도의 제도적 취지를 망각한 분할출원을 할 필요도 없다. 또한 이상과 같은 절차를 이행하기 위해서는 특허법을 별도로 개정할 필요도 없다. 이미 특허법은 올바른 특허심사를 할 수 있도록 구족되어 있는데, 이제까지 '일부거절 전체거절'의 논리를 잘못 이해하고 잘못 적용함으로써 오늘날의 관행을 수십 년 동안 반복해 왔을 뿐이다.

11. 대한민국 특허제도의 문제점(Ⅲ)[1]
― 잘못된 선원주의에 대하여 ―

Ⅰ. 머리말

특허제도에 있어서 선원주의란 동일한 발명에 대해서 서로 다른 특허출원으로 출원된 경우에 최선(最先)의 특허출원에 대해서만 특허를 허여하겠다는 취지의 원칙을 말한다. 동일한 발명에 대해서는 출원인이 동일하든 동일하지 않든 최선의 특허출원만이 특허받을 수 있는 것이다. 물론 다른 특허요건을 모두 충족해야 하는 것은 말할 것도 없다.

우리나라 특허법은 제36조에서 선원주의에 관한 규정을 두고 있다.[2] 그리고 이 선원주의 규정에 해당하면 제36조를 근거로 그에 해당하는 특허출원을 거절할 수

---

1 「창작과 권리」 제65호(2011년 겨울호).
2 특허법 제36조 [선출원 〈개정 2001.02.03〉] ① 동일한 발명에 대하여 다른 날에 2 이상의 특허출원이 있는 때에는 먼저 특허출원한 자만이 그 발명에 대하여 특허를 받을 수 있다.

있다.[3]

문제는 특허제도에서의 선원주의는 특허출원을 거절할 수 있는 특허요건이 아니라는 데에 있다. 다시 말해서 선원주의는 특허요건을 판단하기 위한 전(前)단계에서의 절차적인 요건 내지는 특허요건을 판단할 때 선행기술의 범위를 확정하기 위한 절차적 요건임에도 불구하고, 우리는 선원주의를 특허요건의 하나로 규정하고 선원주의에 의하여 특허출원을 직접 거절하고 있다. 우리 특허제도에서의 이러한 오류는 특허요건에 대한 명확한 이해가 부족한 데에서 비롯된 잘못된 제도라 하지 않을 수 없다.

또한 우리의 특허법은 '확대된 선원주의'라 해석하는 내용을 특허법 제29조 제3항 및 제4항에 규정하고 있다. 이 규정 또한 제36조의 선원주의 규정과 중복되고 있으며, 중복특허를 허여할 수 있는 잘못된 규정이다.

본고에서는 선원주의에 대한 우리 특허법의 근본적인 문제점을 살펴보고 나아가 그로부터 파생되는 모든 문제점들을 살펴본다.

II. 선원주의의 개요

1. 선원주의의 의의 및 제도적 취지

특허요건으로서의 선원주의란 동일한 발명에 대하여 2 이상의 출원이 있는 경우에 가장 먼저 출원한 특허출원만이 특허를 받을 수 있다는 원칙이다. 우리나라의 선원주의는 출원일이 서로 다른 경우에만 적용하도록 규정하고 있으며, 출원일이 동일한 날짜에 출원된 경우에는 선원주의 요건을 적용하지 아니하고, 그들 출원인으로 하여금 협의토록 하고 협의를 통하여 정해진 자가 특허를 받을 수 있도록 규정

---

3 특허법 제62조 제1호.

한다.[4] 동일한 발명의 특허출원에 대하여 출원일이 서로 다르면 선원주의를 적용하고, 출원일이 동일하면 선원주의를 적용하지 않고 협의를 강제하도록 규정하는 것은 서로 일관성을 찾아볼 수 없다. 동일한 날짜에 출원되었다 하더라도 선원과 후원이 명백한 만큼 선원주의를 적용하지 않을 이유가 없기 때문이다.

특허요건에서 선원주의 규정을 두고 있는 이유는 크게 두 가지로 설명된다. 하나는 선원주의를 채택하는 한 가장 먼저 출원한 자를 보호하겠다는 취지이고, 다른 하나는 중복특허(double patenting)를 방지하겠다는 것이다. 중복특허를 방지하겠다는 것은 발명자가 동일하거나 출원인이 동일한 경우에 적용하기 위한 것이다. 예를 들어, 어떤 발명자가 특허출원을 한 후 그 특허출원이 공개되기 전에 동일한 발명에 대하여 다시 특허출원을 하는 경우 선원주의 규정을 적용하지 않는다면 동일한 발명에 대하여 시차를 두고 특허를 받게 될 것이다. 그렇게 되면 중복적으로 특허가 허여되어 결과적으로 동일한 발명에 대하여 특허기간이 연장되는 효과를 가져온다. 따라서 선원주의는 특허절차에 있어서 어떤 방식으로든지 적용되어야 할 필요성이 있는 중요한 절차적인 요건의 하나라 할 수 있다.

2. 선원주의의 판단대상

선원주의를 적용하기 위해서 후특허출원('후출원')을 거절시키기 위한 선특허출원('선출원')의 지위를 살펴볼 필요가 있다.

선원주의를 적용하기 위해서 선출원은 후출원의 출원 당시 특허청에 출원 중인 것으로 공개 또는 공고가 되지 않은 것이어야 한다. 만일 후출원의 출원 당시 선출원이 이미 공개되었거나 공고되었다면 선원주의는 이 경우에 적용될 수 없다. 그러

---

4 특허법 제36조 제2항: 동일한 발명에 대하여 같은 날에 2 이상의 특허출원이 있는 때에는 특허출원인의 협의에 의하여 정하여진 하나의 특허출원만이 그 발명에 대하여 특허를 받을 수 있다. 협의가 성립하지 아니하거나 협의를 할 수 없는 때에는 어느 특허출원인도 그 발명에 대하여 특허를 받을 수 없다.

한 경우에는 특허법 제36조에 의한 선원주의를 적용하는 것이 아니라 특허법 제29조 제1항 제2호에 의한 신규성 요건을 적용해야 하기 때문이다.

선원주의를 적용하기 위한 선출원의 대상은 특허출원뿐만 아니라 실용신안등록출원도 포함한다.5 물론 실용신안등록에 있어서 선원주의를 적용하기 위한 선출원의 대상은 실용신안등록출원뿐만 아니라 특허출원도 포함한다.

3. 선원주의의 판단방법

특허법 제36조 제1항에서는, "동일한 발명에 대하여 다른 날에 2 이상의 특허출원이 있는 때에는 먼저 특허출원한 자만이 그 발명에 대하여 특허를 받을 수 있다"라고 규정함으로써 선원주의를 적용하기 위한 선출원발명('선발명')과 후출원발명('후발명')의 판단을 동일성의 여부로 한다는 것을 알 수 있다. 다시 말해서, 후발명이 선발명에 의하여 거절되기 위해서는 후발명이 선발명과 동일해야 한다는 것을 의미한다. 후발명이 선발명과 비교할 때 동일하지 않다면 선원주의는 적용될 수 없다. 두 발명이 동일하다는 것은 어느 정도까지 동일해야 하는 것일까? 또 동일하지 않다면 어느 정도까지 동일하지 않은 것을 의미하는 것일까? 아래에서 다시 상세히 논의되겠지만, 우리나라 선원주의는 그 판단방법이라 할 수 있는 동일성의 문제에 가장 심각한 문제점이 있다고 할 수 있다.

4. 확대된 선원주의

우리나라의 특허제도에는 '확대된 선원주의'라 해석하고 있는 특허법 제29조 제3항 및 제4항의 규정이 있다.

---

5 특허법 제36조 제3항: 특허출원된 발명과 실용신안등록출원된 고안이 동일한 경우 그 특허출원과 실용실안등록출원이 다른 날에 출원된 것일 때에는 제1항의 규정을 준용하고, 그 특허출원과 실용실안등록출원이 같은 날에 출원된 것일 때에는 제2항의 규정을 준용한다

> *특허법 제29조 제3항: 특허출원한 발명이 당해 특허출원을 한 날 전에 특허출원 또는 실용신안등록출원을 하여 당해 특허출원을 한 후에 출원공개되거나 등록공고된 타특허출원 또는 실용신안등록출원의 출원서에 최초로 첨부된 명세서 또는 도면에 기재된 발명 또는 고안과 동일한 경우에 그 발명에 대하여는 제1항의 규정에 불구하고 특허를 받을 수 없다. 다만, 당해 특허출원의 발명자와 타특허출원의 발명자나 실용신안등록출원의 고안자가 동일한 경우 또는 당해 특허출원의 특허출원시의 특허출원인과 타특허출원이나 실용신안등록출원의 출원인이 동일한 경우에는 그러하지 아니하다.*

위에서 보듯이 특허법 제29조 제3항의 규정은 매우 난해하다. 특허법 제29조 제4 항은 제29조 제3항에서의 선특허출원의 범위에 PCT 국제출원을 포함시키고자 하는 의도에서 규정된 것이다. 그러나 이 역시 제29조 제3항만큼이나 난해하게 규정되어 있다.

특허법 제29조 제3항은 본문규정과 단서규정으로 구분할 수 있는데, 본문규정은 선원주의 규정과 다를 것이 없다. 특허법 제36조 제1항의 규정은 이미 제29조 제3 항의 본문규정의 내용을 포함하고 있는 것으로, 제29조 제3항의 규정은 제36조 제1 항의 중복 규정에 불과하다. 후특허출원의 출원 전에 선특허출원이 출원공개 또는 등록공고 되었다면, 후특허출원은 제29조 제1항 제2호에서 규정하는 신규성 요건을 적용하여 거절될 것이고, 후특허출원의 출원 전에 선특허출원이 출원공개도 되지 않고 등록공고도 되지 않았다면, 후특허출원은 제36조에서 규정하는 선원주의 요건을 적용하여 거절될 것이기 때문이다.

특허법 제29조 제3항의 단서규정은 선출원과 후출원을 판단함에 있어서 발명자가 동일하거나 출원인이 동일한 경우에는 예외 규정을 두어 후출원이라 할지라도 특허를 받을 수 있도록 하겠다는 취지의 규정이다. 이 단서규정도 중복특허를 허용할 수 있기 때문에 특허제도의 본래의 취지와 부합되지 않는 잘못된 규정이다. 그 이유는 아래에서 상세히 논의할 것이다.

Ⅲ. 우리나라 선원주의의 문제점

1. 특허요건과의 문제점

하나의 발명이 특허를 받기 위한 요건은 매우 다양하게 설명될 수 있다. 특허는 진정한 발명자에게 주어지는 것이기 때문에 발명자 요건이 있을 수 있고, 출원인이 발명자가 아닌 경우라면 양도증과 같은 적법한 출원인 요건이 있어야 하며, 발명의 정의에 해당되어야 하는 특허대상요건이 있고, 발명을 법적 요건에 맞도록 명세서에 설명해야 하는 명세서 기재요건이 있고, 각 단계에서 이행되어야 하는 절차적 요건이 있으며, 신규성, 진보성, 산업상 이용가능성과 같은 발명의 실질적 특허요건 등이 있다. 물론 이 중에서 가장 중요한 것은 발명의 실질적 특허요건으로, 그중에서도 신규성과 진보성이라 할 수 있다. 그리고 신규성과 진보성만이 바로 선행기술(prior art)과 대비하여 판단한다. 나머지 어떤 특허요건도 선행기술과 대비하면서 판단하는 것은 하나도 없다.

그런데 우리의 특허제도에서 선원주의 요건에 따라 후출원을 선출원에 의하여 거절하는 것은 일종의 선행기술과 대비하는 것이다. 그리고 그 판단방법은 동일성으로 규정하고 있다. 다시 말해서 후출원이 선출원과 동일하다는 이유로 선원주의를 적용하여 후출원을 거절하는 우리의 현행 특허법은 특허요건에 대한 정확한 이해 없이 제정된 것이라 할 수 있고 그 결과 파행적으로 운용되고 있다.

선행기술과 비교하여 특허여부를 결정하는 특허요건은 신규성과 진보성뿐이다. 동일성이란 특허요건은 특허제도에는 존재하지 않는다. 동일성(identity)이란 신규성을 판단하기 위한 방법에 불과한 것이지 그 자체가 특허요건이 아니다. 신규성을 판단하기 위해서는 판단하고자 하는 발명과 선행기술을 비교검토하게 되는데 그 과정에서 그들이 서로 동일하다면 동일성(identity)이 있다고 말하고 그렇게 되면 신규성(novelty)이 없다고 판단하는 것이다. 물론 이때의 동일성은 완전한 동일성을 넘어 '실질적인 동일성(substantial identity)'까지 확장된다.[6]

다시 말해서 선원주의는 특허요건 즉 신규성을 판단하기 위한 선행기술의 범위를 확정할 뿐이지 그 자체가 특허출원을 거절할 수 있는 특허요건이 아니다. 신규성을 판단하는 경우에 선행기술의 범위를 '출원 전에 반포된 간행물'(물론 '공지', '공용' 등도 있지만 여기서는 이들을 제외한다)로 한정한다면, 선출원되어 공개나 공고되지 않음으로써 '출원 전에 반포된 간행물'로 볼 수 없는 경우가 발생한다. 선원주의는 이러한 경우를 고려하여 존재하는 것이다. 후출원의 출원 당시 선출원이 이미 공개나 공고되었다면 그 선출원은 '출원 전에 반포된 간행물'로 보아 특허법 제29조를 적용하여 신규성을 판단하면 된다. 그러나 후출원의 출원 당시 선출원이 이미 공개되지도 않고 공고되지도 않았다면 선원주의 원칙하에서 그 대상을 확정하도록 하고, 그것에 기초하여 다시 특허요건을 판단하여야 하는 것이다.

이처럼 선원주의 원칙하에서 선행기술에 해당하는 선출원의 범위를 확정하고, 그것을 기초로 후출원의 특허요건을 판단하도록 규정하는 대표적인 예가 미국 특허법이라 할 수 있다. 미국 특허법 제103조(e)에서는, 특허출원 전에 타인에 의하여 선출원되어 그 후 출원공개된 그 선특허출원에 기재된 후출원 발명은 신규성이 없는 것으로 보아 특허를 받을 수 없도록 규정한다. 우리처럼 선출원과 동일하다는 이유로 후출원을 선원주의 규정에 의하여 직접 거절하는 것이 아니다. 따라서 미국 특허법은 선원주의에 관한 규정이 없다. 다만 신규성을 판단하기 위한 선행기술의 범위에 선출원이 포함될 수 있도록 제103조(e)에서 규정하고 있을 뿐이다.

선원주의 원칙에 따라 선출원에 의하여 후출원을 거절하는 경우에는 신규성을 판단하며 진보성에 대해서는 판단하지 않는다. 선원주의 규정에 따라 후출원을 직접 거절하는 우리의 특허제도에서도 이는 동일하다. 왜냐하면 선원주의를 판단하는 방법을 '동일성'으로 규정하고 있기 때문이다. 이처럼 선원주의 적용 시 진보성을 판단하지 않고 신규성만을 판단하는 이유는 후출원 발명은 선출원 발명의 존재를 모르고 완전히 독립적으로 발명된 것으로 보아 특허요건을 완화하여 후출원 발

---

6 Arthur R. Miller 외 1인, Intellectual Property, 4th ed., Thomson/West (2007), p.42.

명을 보호하겠다는 취지로 해석된다.

2. 확대된 선원주의의 문제점

우리 특허법은 제29조에서 특허요건을 규정하고, 제36조에서 선원주의를 규정한다. 제29조는 다시 제1항에서 신규성을 그리고 제2항에서 진보성을 규정하고, 제3항과 제4항은 '확대된 선원주의'에 대하여 규정한다. 특허법 제29조는 분명히 특허요건에 관한 규정인데, 제3항과 제4항은 '확대된 선원주의'라 설명한다. 제29조 제3항과 제4항을 누가 언제부터 '확대된 선원주의'라 설명하기 시작하였는지 알 수 없지만, 제36조 선원주의 규정과 함께 보더라도 어색한 규정이 아닐 수 없다. 이러한 어색한 규정의 근원을 살펴본다면 일본 특허법으로부터 그 기원을 찾을 수 있다.

일본 특허법 제29조에는 우리나라 특허법 제29조 제1항과 제2항에 해당하는 신규성과 진보성에 관한 특허요건을 규정하고, 제39조에는 우리나라 제36조에 해당하는 선원주의를 규정한다. 그리고 우리나라 제29조 제3항과 제4항에 해당하는 '확대된 선원주의'는 일본 특허법 제29조의2에 규정되어 있다.[7]

선원주의와 특허요건에 관한 규정을 보면, 일본이나 우리는 아직도 이들에 대한 올바른 이해가 없는 것으로 보인다.

7　일본　특허법　제29조의2: 特許出願に係る発明が当該特許出願の日前の他の特許出願又は実
用新案登録出願であつて当該特許出願後に第66条第３項の規定により同項各号に掲げる事
項を掲載した特許公報(以下「特許掲載公報」という。) の発行若しくは出願公開又は実用新
案法(昭和34年法律第123号) 第14条第３項の規定により同項各号に掲げる事項を掲載した実
用新案公報(以下「実用新案掲載公報」という。) の発行がされたものの願書に最初に添付した
明細書、特許請求の範囲若しくは実用新案登録請求の範囲又は図面(第36条の２第２項の外
国語書面出願にあつては、同条第１項の外国語書面) に記載された発明又は考案(その発明
又は考案をした者が当該特許出願に係る発明の発明者と同一の者である場合におけるその
発明又は考案を除く。)と同一であるときは、その発明については、前条第１項の規定にか
かわらず、特許を受けることができない。ただし、当該特許出願の時にその出願人と当該
他の特許出願又は実用新案登録出願の出願人とか同一の者であるときは、この限りでない。

우리의 제29조 제3항과 제4항은 '확대된 선원주의'가 아니다. 우리 특허법 제29조 제3항은 앞에서 살펴본 바와 같이, 본문규정과 단서규정으로 구분되는데, 본문규정은 '확대된 선원주의'가 아니라 그 자체가 바로 선원주의인 것이다. 다시 말해서, 제29조 본문규정은 선원주의 원칙을 적용하기 위한 선출원으로서의 요건을 규정하여 그 대상을 확정하고 있는 것이다. 그렇다면 제36조의 규정은 전혀 불필요한 규정이다. 물론 제36조에는 동일한 날짜에 출원된 경우에 대해서도 규정하고 있지만, 그것이 별도의 규정을 둘 만큼 의의를 갖는 것으로는 볼 수 없다. 이에 대해서는 아래에서 상세히 설명한다.

앞에서도 언급하였지만, 특허법 제29조 제3항과 제4항은 매우 난해하고 복잡하게 규정되어 있다. 제29조 제3항의 본문규정은 다음과 같이 간략하게 규정되어도 무방할 것이다.

> *"특허출원한 발명이 그 출원일 전에 출원공개되거나 등록공고된 선특허출원의 출원서에 기재된 발명과 동일한 경우에 그 특허출원 발명은 제1항의 규정에 불구하고 특허를 받을 수 없다. 상기 선특허출원의 범위에는 상기 요건을 갖춘 선실용신안등록출원도 포함한다."*

특허법 제29조 제4항은 제29조 제3항에서의 선특허출원의 범위에 PCT 국제출원을 포함시키고자 하는 의도에서 규정된 것이다. 따라서 상기 선특허출원의 범위에 PCT 국제출원을 포함시킨다면 제29조 제4항은 삭제될 수 있을 것이다.

3. 중복특허의 문제점

선원주의 원칙의 중요한 기능 중의 하나는 중복특허를 방지하겠다는 것이다. 동일한 출원인이 어떤 발명에 대해서 특허출원(선출원)을 한 후, 그 선출원이 공개나 공고가 되지 않은 상황에서 다시 동일한 내용의 특허출원(후출원)을 하여 선출원과 후출원에 대하여 모두 특허가 인정된다면 선출원과 후출원의 시차만큼 특허기간이 연장되는 결과를 가져온다. 이러한 폐단을 방지하기 위하여 동일인이 동일한 발명에 대하여 2 이상의 발명을 한 경우에도 최선(最先)의 출원에 대해서만 특허를 허여하도록 하는 것이 선원주의의 중요한 취지의 하나다.

그런데 특허법 제29조 제3항의 단서규정에 의하면, 선출원과 후출원의 발명자가 동일하거나 출원인이 동일한 경우에는, 후출원은 특허받을 수 있는 것으로 규정되어 있다. 이는 명백히 선원주의 원칙에 위배된다.

특허법 제29조 제3항의 단서규정은 선원주의를 규정한 제36조 제1항과도 상충된다. 예를 들어, 어떤 출원인이 선특허출원을 한 후, 그 선출원이 공개나 공고가 되지 않은 상황에서 동일한 발명에 대하여 후특허출원을 한 경우, 후출원은 제36조 제1항의 규정을 적용하면 특허받을 수 없게 되지만, 제29조 제3항 단서규정을 적용하면 특허를 받을 수 있게 된다. 이들 법 규정이 서로 상충되는 문제가 발생하는 것이다.

동일성을 판단방법으로 하여 신규성에 국한하여 판단하는 선원주의 원칙과 동일하지는 않지만, 동일한 발명자에게 중복특허가 허여되는 것을 방지하기 위하여 실질적으로 동일한 발명에 대한 선후 특허출원을 보호할 수 있는 방법으로 잔여기간 권리불요구제도(terminal disclaimer)가 있다.[8] 완전히 동일하지는 않지만 실질적으로 동일한 (이는 어느 정도 상이한 기술내용이 있다는 것을 의미함) 발명에 대하여 동일한 발명자가 2 이상의 특허출원을 하였을 때, 최선(最先) 출원을 제외한 나머지 후출원에 대하여 특허를 허여하고자 한다면, 그들 후출원의 존속기간 종료시점을 최선 출원의 존속기간 종료시점과 동일하게 함으로써 후출원의 잔여기간에 대한 권리를 포기하는 제도가 바로 잔여기간 권리불요구제도이다. 이렇게 함으로써 특허권이 연장되는 효과를 방지할 수 있다. 이 제도는 자기의 선출원특허에 의하여 신규성이나 진보성이 없다는 이유로 후특허출원이 거절되는 것을 방지하고 일반공중에게 피해를 주지 않으면서 그만큼 발명자를 돈독히 보호해줄 수 있는 제도이다. 미국이 이

---

8 미국특허법 시행령 제1.321조 (37 CFR 1.321).

제도를 가장 잘 시행하고 있다고 할 수 있다.

우리 특허법 제29조 제3항의 단서규정은 선원주의를 규정한 제36조 제1항과도 상충되기도 하지만, 제29조 제3항 단서규정을 적용하여 발명자나 출원인이 동일한 경우 후출원에 대하여 특허를 허여한다면 중복특허를 허용하는 결과를 초래하는 문제점을 갖고 있는 것이다.

4. 동일 날짜 출원의 문제점

우리나라의 선원주의는 출원일이 서로 다른 경우에만 적용하도록 규정하고 있으며, 출원일이 동일한 날짜에 출원된 경우에는 선원주의 요건을 적용하지 아니하고, 그들 출원인으로 하여금 협의토록 하고 협의를 통하여 정해진 자가 특허를 받을 수 있도록 규정한다.[9] 이에 해당하는 경우에 특허청장은 특허출원인에게 기간을 정하여 협의의 결과를 신고할 것을 명하고 그 기간 내에 신고가 없는 때에는 협의가 성립되지 않은 것으로 본다.[10]

동일한 발명의 특허출원에 대하여 출원일이 서로 다르면 선원주의를 적용하고, 출원일이 동일하면 선원주의를 적용하지 않고 협의를 강제하도록 규정하는 것은 서로 일관성을 찾아볼 수 없다. 동일한 날짜에 출원되었다 하더라도 선원과 후원이 명백한 만큼 선원주의를 적용하지 않을 이유가 없기 때문이다.

IV. 선원주의의 개선방안

앞에서 살펴본 바와 같이, 특허법 제36조에서 규정하는 선원주의에 관한 규정은 특허요건을 판단하기 위한 선행기술의 범위를 확정하기 위한 규정이 아니고 그 자

---

9 특허법 제36조 제2항.
10 특허법 제36조 제6항.

체가 특허출원을 거절할 수 있는 특허요건에 관한 규정으로 운용되고 있다는 점에서 바람직하지 못하며, 나아가 제29조 제3항과 제4항에서 규정하여 '확대된 선원주의'라 해석하는 특허요건에 관한 규정과 서로 상충되는 결과를 가져오고 있고, 특허 제29조 제3항에서 동일한 발명자나 동일한 출원인에게 중복특허를 인정하는 규정도 선원주의 원칙과 정면으로 배치된다. 또한 동일 날짜에 출원된 선후 출원에 대하여 선원주의 원칙과 다르게 별도로 규정한 것도 일관성이 없다 하겠다. 이를 구체적인 방안으로 분류하면 다음과 같다.

(1) 선원주의 원칙은 특허요건이 아니라 신규성 판단을 위한 선행기술(선출원)의 범위를 정하는 규정으로 개정되어야 한다.

현행 특허법은 제36조에서 규정하는 선원주의 원칙이 직접 특허출원을 거절할 수 있는 특허요건으로 규정하고 있지만, 선원주의 그 자체가 거절이유가 될 수 없기 때문에 제36조의 규정은 폐지되어야 한다. 제36조가 폐지되면, 제29조 제3항과 제4항이 선원주의를 적용할 때 선출원의 범위를 정할 수 있도록 하여야 한다. 선행기술에 의하여 판단되어야 하는 특허요건은 신규성과 진보성뿐이다. 동일성은 특허요건이 아니며 신규성을 판단하는 하나의 방법에 불과하다. 그리고 선원주의에 의하여 후출원을 거절하는 경우는 진보성은 제외되고 신규성만을 판단하여야 한다.

(2) 특허법 제29조 제3항과 제4항은 더 이상 '확대된 선원주의'로 해석되어서는 안 된다.

현행 특허법 제29조 제3항과 제4항은 확대된 선원주의가 아니라 선원주의 원칙에 따라 선출원의 범위를 정하는 규정으로 해석되어야 한다. 선출원이라 하더라도 후출원의 출원 전에 선출원이 출원공개 또는 등록공고 되었다면, 후출원은 제29조 제1항 제2호에서 규정하는 신규성 요건을 적용하여 거절될 것이고, 후출원의 출원 전에 선출원이 출원공개도 되지 않고 등록공고도 되지 않았다면, 후출원은 제29조 제3항에서 규정하는 선원주의 요건을 적용하여 거절되도록 해야 한다. 물론 제29조 제3항과 제4항은 하나의 항으로 개정될 수 있다. 그리고 그 개정된 항에는 후출원의 출원 전에 출원공개도 되지 않고 등록공고도 되지 않은 실용신안등록출원을 포함해야 한다. 나아가 현행의 제29조 제4항에서 규정하는 PCT 국제출원도 포함시켜야 한다.

(3) 특허법 제29조 제3항에서 동일한 발명자나 동일한 출원인에게 중복특허를 인정하는 규정은 잔여기간 권리불요구제도(terminal disclaimer)를 도입하여 보완해야 한다.

제29조 제3항에서 동일한 발명자나 동일한 출원인에게 중복특허를 인정하는 규정은 선원주의 원칙과 정면으로 배치된다. 그러나 이에 해당하는 후출원에 대하여 특허를 허여하고자 한다면 후출원이 선출원의 존속기간 종료일에 함께 만료될 수 있도록 출원인으로 하여금 잔여기간에 대하여 권리를 요구하지 않겠다는 절차를 밟도록 해야 한다.

(4) 출원일이 동일한 경우에 선원주의 요건을 적용하지 아니하고, 그들 출원인으로 하여금 협의를 강제하도록 규정하는 현행의 제36조 제2항과 제3항도 폐지되어야 한다.

동일한 발명의 특허출원에 대하여 출원일이 서로 다르면 선원주의를 적용하고, 출원일이 동일하면 선원주의를 적용하지 않고 협의를 강제하도록 규정하는 현행 규정은 일관성이 없다. 동일한 날짜에 출원되었다 하더라도 선원과 후원이 명백한 만큼 선원주의를 적용하지 않을 이유가 없기 때문이다.

(5) 선원주의와 신규성 의제 규정인 제30조와의 상충문제가 해소되도록 법 개정이 이루어져야 한다.

현행 특허법에 따르면, 특허를 받을 수 있는 권리를 가진 자가 자의(自意)에 의하여 또는 자기의 의사에 관계없이 발명이 개시(공지)된 경우에 그날로부터 6개월 이내에 특허출원을 하면 신규성을 의제받는다. 다시 말해서 이때의 특허출원은 그 개시된 내용에 의하여 신규성이 상실되지 않는다. 그러나 이 경우는 제3자가 상기 개시일과 상기 특허출원의 출원일 사이에 독립적으로 특허출원을 하였다면, 제3자는 신규성이 상실되기 때문에 특허를 받을 수 없게 되고, 후출원자는 제3자의 선출원 때문에 특허를 받을 수 없게 된다. 이러한 불합리한 점을 개선하기 위하여 후출원 자가 특허를 받을 수 있도록 출원일의 소급효를 인정하는 법 개정이 이루어져야 할 것이다.

앞에서 살펴본 바와 같이, 특허법 제36조에서 규정하는 선원주의는 특허여부를 결정하는 특허요건(patentability)에 관한 이해부족에서 비롯된 잘못된 규정이다. 선 원주의는 그 자체가 특허요건이 될 수 없는 것으로 특허요건 중의 하나인 신규성을 판단하기 위한 선행기술의 대상을 확정하는 절차적 요건에 불과하다. 특허요건에 관한 이해부족에서 비롯된 우리의 잘못된 선원주의는 제36조는 물론 제29조 제3항 과 같은 또 다른 잘못된 규정을 낳고 있다. 선원주의와 관련된 법규정을 정비하고, 나아가 자기의 선출원에 의하여 후출원이 특허받지 못하는 불이익을 받지 않도록 잔여기간 권리불요구제도(terminal disclaimer)를 적극적으로 도입해야 할 것이다. 동 일한 날짜에 출원된 선원과 후원에 대해서도 강제 협의에 관한 규정을 폐지하고 선 원주의를 일관성 있게 적용하도록 해야 할 것이다. 나아가 발명이 개시(공지)된 날 로부터 6개월 이내에 특허출원을 하면 신규성을 의제받는 경우에도 출원일의 소급 효를 인정함으로써 진정한 발명자를 보호할 수 있도록 해야 할 것이다.

12. 대한민국 특허제도의 문제점(Ⅳ)[1]
― 변리사 시험제도의 문제점 ―

I. 머리말

변리사는 특허, 실용신안, 디자인 또는 상표에 관하여 특허청 또는 법원에 대하여 할 사항의 대리 및 그 사항에 관한 감정 기타의 사무를 행함을 업으로 한다.[2] 그리고 변리사로서의 자격을 갖기 위해서는 변리사시험에 합격하거나 변호사 자격을 가진 자로서 변리사등록을 하여야 한다.[3] 변호사가 변리사 등록을 하면 변리사로서의 자격을 갖고 업무를 할 수 있다는 변리사법 제3조 제1항 제2호의 규정은 많은 문제점을 안고 있지만 아직까지 이 규정에 대한 별다른 진전이 없다. 국가에서 특정의 업무를 행할 수 있도록 법령에 의하여 자격을 부여하는 것은 비단 변호사나 변리

---

1 「창작과 권리」 제66호(2012년 봄호).
2 변리사법 제2조.
3 변리사법 제3조.

사에 국한되지 않고 모든 자격에 적용되는 것으로 그 특정의 업무를 행할 수 있는 능력을 갖추어야 한다는 것은 두말할 필요도 없다. 그럼에도 불구하고 특허명세서를 작성하지 못하는 변호사에게 등록만으로 변리사 자격을 부여하는 우리의 변리사 자격제도는 우리 사회의 모순과 비합리성을 보여 주는 일면이 아닐 수 없다.

변호사가 아니라면 변리사시험을 통하여 변리사 자격을 취득해야 한다. 변리사시험은 1차 시험과 2차 시험으로 이루어진다.[4]

1차 시험은 산업재산권법, 민법개론, 자연과학개론, 그리고 영어 모두 4과목이다. 산업재산권법은 특허법, 실용신안법, 상표법, 디자인보호법을 비롯하여 이들과 관련된 국제조약을 포함한다. 국제조약으로는 파리조약, 특허협력조약(PCT), 마드리드조약, 부다페스트조약 등이 있는데 우리나라가 모두 가입한 조약들이다. 민법개론은 친족편과 상속편을 제외한 민법총칙, 물권과 채권에 관한 부분이다. 자연과학개론은 물리, 화학, 생물, 지구과학을 포함한다. 영어시험은 토플, 토익, 지-텔프, 텝스 또는 플렉스로 대체한다. 영어시험은 일정 기준점수를 맞게 되면 통과되는 것으로 간주한다. 따라서 1차 시험은 산업재산권법, 민법개론, 자연과학개론 3과목의 점수를 합산하여 고득점자 순으로 당락을 결정한다.

1차 시험에 합격하면 2차 시험을 치르게 되는데, 2차 시험은 필수과목인 특허법, 상표법, 민사소송법과 각자 하나씩 선택한 선택과목을 합하여 모두 4과목을 치른다. 선택과목에는 모두 19과목[5]이 있는데 응시자는 각각 하나의 과목을 선택하여 시험을 치르게 된다.

1차 시험과 2차 시험을 치르는 자라 하더라도 법령에서 규정한 과목을 모두 치르지 않고 일부 과목을 면제받는 자들이 있다. 바로 특허청소속 공무원들이다. 7급 이상 공무원으로 10년 이상 특허행정사무에 종사한 자는 1차 시험이 면제된다.[6] 그들

---

4 변리사법 제4조의2 제2항.
5 디자인보호법, 저작권법, 산업디자인, 기계설계, 열역학, 금속재료, 유기화학, 화학반응공학, 전기자기학, 회로이론, 반도체공학, 제어공학, 데이터구조론, 발효공학, 분자생물학, 약제학, 약품제조화학, 섬유재료학, 콘크리트 및 철근콘크리트공학.

은 2차 시험 4과목만 치르면 된다. 5급 이상 공무원으로 5년 이상 특허행정사무에 종사한 자는 1차 시험이 면제됨과 동시에 2차 시험에서 각자가 선택한 하나의 필수과목과 하나의 선택과목 모두 2과목만 치르면 된다.[6] 병원에서 병원행정사무를 5년이나 10년 이상 근무한 자에게 간호사 자격이나 의사 자격을 주지 않는 것이 이상할 뿐이다.

이 글에서는 변호사가 변리사 등록을 하면 변리사로서의 자격을 갖고 업무를 할 수 있다는 변리사법 제3조 제1항 제2호의 문제점을 검토하고자 하는 것은 아니다. 특허청소속 공무원들이 1차 시험을 면제받고, 2차 시험에서 2과목만 치르도록 규정한 변리사법 제4조의3 및 그에 관한 부칙 규정의 문제점을 살펴보고자 하는 것도 아니다.

이 글은 현재 1차 시험과 2차 시험의 시험과목에 대한 문제점을 살펴보고 그에 대한 개선안을 제안하고자 하는 것이다.

II. 변리사 시험의 문제점

1. 1차 시험의 문제점

(1) 자연과학개론의 문제점

영어시험을 제외하면 자연과학개론은 산업재산권법 및 민법개론과 함께 변리사 1차 시험의 3과목 중의 하나이다. 자연과학개론은 1차 시험에서 1/3을 차지하는 결코 무시할 수 없는 과목이다. 자연과학개론은 물리, 화학, 생물, 지구과학으로 이루어지는데, 응시자가 공부해야 하는 분량을 보더라도 결코 적은 양이 아니다.

문제는 이 과목의 필요성이다. 변리사로서 일하기 위해서 물리, 화학, 생물, 지구

---

6 변리사법 제4조의3 제1항.
7 변리사법 제4조의3 제2항 및 부칙 별표 1.

과학을 포함하는 자연과학개론을 그렇게 알아야 할 필요가 있느냐는 점이다. 그것은 한마디로 그렇지 않다. 변리사가 변리사로서 업무를 정상적으로 수행하기 위해서는 모든 이공계 과목의 지식을 습득해야 하는 것은 아니다. 변리사로서 업무를 정상적으로 수행하기 위한 이공계 분야는 크게 4가지로 분류한다. 그것은 바로 전기·전자분야, 화학·화공분야, 기계·기구분야, 그리고 생화학·유전공학분야이다. 정상적인 변리사라 한다면 이들 4가지 분야 중에서 어느 한 분야의 지식을 갖추어야 한다. 물론 2개 이상 분야의 지식을 갖춘다면 더 다양한 업무를 할 수 있겠지만 3개 분야 또는 4개 분야 모두의 일을 한다는 것은 거의 불가능한 일이다. 그리고 그것은 지나친 욕심에 불과할 뿐이다. 정형외과도 할 수 있고 내과도 할 수 있고 안과도 할 수 있고 치과도 할 수 있는 의사가 있다면 우리는 과연 그를 훌륭한 의사라고 할 수 있을까?

변리사로서 필요한 전기·전자분야, 화학·화공분야, 기계·기구분야, 또는 생화학·유전공학분야의 지식은 최소한 대학이나 그에 상응하는 전문교육기관에서의 학습을 통하여 얻어지는 것이지 물리, 화학, 생물, 지구과학을 포함한 자연과학개론을 공부한다고 해서 얻어지는 것이 아니다.

물리, 화학, 생물, 지구과학을 포함하는 자연과학개론을 공부해서 변리사가 되었다 하더라도 해당 분야의 대학이나 그에 상응하는 전문교육기관에서의 학습 없이 전기·전자분야, 화학·화공분야, 기계·기구분야, 또는 생화학·유전공학분야의 모든 업무를 수행한다는 것은 불가능한 일이다. 현행 1차 시험의 자연과학개론은 변리사로서 업무를 정상적으로 수행하기 위하여 필요한 지식의 습득에 전혀 도움이 되지 못하는 과목으로 오히려 응시자로 하여금 과중한 부담만을 주고 있다. 불필요한 과목에 대해서 시험을 치르고 있는 실정이다.

또한 자연과학개론은 법학을 비롯한 인문분야 전공자들의 진입을 가로막는 장애물이 되고 있다. 우리나라의 변리사 제도는 특허업무만을 전담하는 특허변리사와 상표업무만을 전담으로 하는 상표변리사가 따로 구분되어 있는 것이 아니다. 우리나라의 변리사는 특허업무는 물론 상표업무도 할 수 있다. 그런데 상표업무는 기술과 관련된 이공계 지식을 필요로 하지 않는다. 법학의 아주 기초적인 이론과 상표법에 관한 전문적인 지식만 있으면 기술에 관한 지식이 전혀 없이도 상표업무를 수행하는 데 전혀 지장이 없다. 그리고 우리나라의 현실을 보더라도 변리사 업무 중에서 약 70~80%가 특허업무이고 20~30%가 상표업무라 할 수 있는데, 이는 최소한 변리사 중에서 20~30%는 상표업무를 전담할 변리사가 필요하다는 얘기다. 이러한 비율은 앞으로도 크게 변하지 않을 것이다. 물론 이공계의 특허변리사가 상표업무를 하는 경우도 상당수 있지만, 특허업무를 전기·전자분야, 화학·화공분야, 기계·기구분야, 생화학·유전공학분야 4개 분야로 구분할 때 상표분야는 또 다른 전문 영역이라 할 수 있다. 그에 상응하는 전문가를 필요로 하고 있는 것이다.

결국 물리, 화학, 생물, 지구과학을 포함하는 자연과학개론은 법학을 비롯한 인문분야 전공자들이 이공계 지식이 전혀 필요 없는 상표변리사로의 진입을 가로막고 있는 실정이다. 법학을 비롯한 인문분야 전공자들이 변리사가 되기 위해서 그들로 하여금 물리, 화학, 생물, 지구과학을 공부하라고 하는 것은 변리사가 되지 마라고 하는 것과 같다. 설사 그들이 물리, 화학, 생물, 지구과학을 공부해서 변리사 시험에 합격했다 하더라도 그 지식만으로 전기·전자분야, 화학·화공분야, 기계·기구분야, 또는 생화학·유전공학분야의 특허업무를 한다는 것은 불가능하다.

결론적으로 변리사 1차 시험에서의 자연과학개론은 특허업무를 주로 하는 특허변리사에게 도움을 주지 못하는 시험을 위한 시험과목에 불과하며, 상표업무를 주로 하는 상표변리사에게는 전혀 불필요한 것으로 오히려 인문분야 전공자들이 상표변리사로서의 진입을 가로막는 장애물이 되고 있다.

(2) 산업재산권법과 민법개론의 문제점

영어시험을 제외하면 산업재산권법, 민법개론, 자연과학개론은 각각 100점 만점으로 치러진다. 이들이 각각 1/3 즉 33%의 비중을 차지하는 것이다. 필자의 의도대로 자연과학개론이 1차 시험과목에서 제외된다면 산업재산권법과 민법개론은 각각 50%의 비중을 차지하게 된다. 변리사로서 일을 할 때 민법개론이 50%의 비중을 차지할 만큼 중요한 것은 아니다. 더욱이 산업재산권법은 특허법, 실용신안법, 상표법, 디자인보호법을 비롯하여 이들과 관련된 국제조약을 포함한다. 국제조약으로는 파리조약, 특허협력조약(PCT), 마드리드조약, 부다페스트조약 등이 있는데 이들 조약들이 그리 간단한 것이 아니다. 상황이 이러한데도 산업재산권법과 민법개론 각각 한 과목으로 취급하여 동일하게 100점 만점으로 한다는 것은 변리사가 어떤 지식을 필요로 하는지를 알지 못하는 것과 같다.

변리사에게 중요한 것은 특허법, 실용신안법, 상표법, 디자인보호법을 중심으로 한 산업재산권법이지 민법개론이 아니다. 물론 민법이 전혀 필요 없는 것은 아니지만 산업재산권법에 비하면 조족지혈이라 할 수 있다. 산업재산권법 중에서는 특허법이 가장 중요하고 그 다음이 상표법이며, 실용신안법과 디자인보호법은 대부분 특허법을 준용하는 특허법의 일부에 지나지 않는다.

이러한 현실을 무시하고 과목을 분류하고 분류된 과목별로 동일한 점수를 부여하는 현행의 1차 시험은 변리사가 되고자 하는 사람들에게 무엇을 어떻게 공부하도록 하는지를 알지 못하는 그래서 수험생에게 어떤 제시도 할 수 없는 시험이라 할 수 있다.

2. 2차 시험의 문제점

(1) 선택과목의 문제점

2차 시험은 필수과목인 특허법, 상표법, 민사소송법과 각자 하나씩 선택한 선택과목을 합하여 모두 4과목을 치르게 된다. 필수과목인 특허법, 상표법, 민사소송법은 누구나 치러야 하는 과목이기 때문에 그 자체에 대해서는 큰 문제가 없다. 하지만 선택과목은 19과목 중에서 하나를 선택하여 시험을 치르게 된다.

선택과목은 2개의 법과목인 디자인보호법과 저작권법, 그리고 산업디자인을 제외하면 나머지 16과목은 서로 학문분야가 다른 이공계 과목이다.

시험의 중요한 목적 중의 하나는 누구에게나 공평한 기회를 부여하여 공정하게 평가해야 한다는 것이다. 동일한 자격을 부여하기 위해서는 동일한 시험을 치르게 하고 그중에서 우수자 내지는 일정 요건 이상을 선발하는 것이다. 그런데 서로 다른 과목을 선택하도록 하고 그중에서 높은 점수를 받은 자를 선발하도록 하는 것은 공정성이 결여된 시험으로 그러한 시험은 시험으로서의 가치를 상실한다. 그러한 시험은 그저 운이나 바라는 요행에 불과하기 때문이다.

19개 과목 중에서 선택한 하나의 선택과목은 변리사 업무를 수행하는 데 있어서 별로 도움이 되지 못한다. 예를 들어, 전기자기학을 선택과목으로 선택해서 변리사가 되었다면 그 과목을 선택했기 때문에 그가 전기·전자분야의 특허업무를 수행할 능력이 생긴 것이 아니라 이미 대학이나 관련교육기관에서 전기·전자분야의 지식을 습득했기 때문에 전기·전자분야의 특허업무를 수행할 능력이 있는 것이다. 이처럼 변리사 업무를 수행하기 위한 능력을 평가하는 데 활용될 수도 없고 또한 서로 다른 과목을 평가하여 고득점 순으로 선발하는 2차 시험은 최악의 시험제도라 할 수 있다. 이렇게 시험을 치르는 나라는 이 지구상에 일본과 우리밖에 없다. 우리의 2차 시험에서의 선택과목은 일본 변리사 시험과 아주 흡사하다.[8]

선택과목은 필수과목인 특허법, 상표법, 민사소송법과 그 성격이 다르다. 필수과목인 특허법, 상표법, 민사소송법은 변리사로서 업무를 수행하는 데 변리사가 꼭 알아야 할 과목이다. 물론 변리사는 전기·전자분야, 화학·화공분야, 기계·기구분야, 생화학·유전공학분야 중에서 어느 한 분야의 지식을 갖추어야 하기 때문에 선택과목이 평가과목의 하나라고 할 수도 있지만 한 과목만을 평가하여 전문지식의 능력을 평가한다는 것은 매우 불합리하다. 그러한 지식은 대학이나 관련교육기관에서의 교육을 통하여 습득되는 것이지 한 과목의 시험공부에 의하여 습득될 수 있는 것이 아니기 때문이다.

(2) 필수과목의 문제점

2차 시험의 필수과목은 특허법, 상표법, 민사소송법이다. 이들은 각각 100점 만점으로 치러진다. 변리사 업무를 수행함에 있어서 민사소송법이 특허법이나 상표법만큼 중요하지 않다는 것은 명백한 사실이다. 특허법이나 상표법이 동등한 정도

---

8   일본 변리사법 시행령 제2장 제1절 제3조.

로 중요하다고도 할 수 없다. 법조문 수에 따른 물리적인 양을 보더라도 특허법은 232개의 조문으로 이루어지고 상표법은 98개의 조문으로 이루어진다. 조약을 보더라도 특허법은 파리조약과 특허협력조약을 비롯하여 부다페스트 조약 등을 포함하고, 상표법은 마드리드 조약과 니스분류를 포함한다. 우리나라의 업무량을 보더라도 약 70~80%가 특허업무이고 20~30%가 상표업무이다. 어느 것이 더 중요하고 더 복잡하며 더 많은 지식을 필요로 하는지 쉽게 알 수 있다. 그런데도 2차 시험의 필수과목인 특허법, 상표법, 민사소송법은 모두 획일적으로 100점 만점으로 치러진다. 이러한 시험규정은 변리사에게 필요한 지식이 무엇인지도 파악하지 못하였기 때문에 만들어진 잘못된 규정이며, 그 결과 변리사가 되고자 하는 자로 하여금 어떤 과목을 어떻게 공부해야 한다는 학습방향을 설정해 주지도 못하고 있다.

(3) 시험 내용상의 문제점

변리사법에 의하면 1차 및 2차 시험에 합격하면 변리사 자격을 갖는다. 변리사 자격을 부여받는다는 것은 변리사로서 일할 수 있는 능력을 인정받는 것이고, 그렇다면 변리사로서 스스로 일을 할 수 있어야 한다. 그런데 현실은 그렇지 못하다. 변리사 자격이 주어져도 개인에 따라 다르지만 스스로 업무를 하기 위해서는 상당한 기간이 필요하고 다양한 경험이 필요하다. 자격이 주어졌는데도 불구하고 왜 일을 제대로 할 수 없는 것일까? 한마디로 시험이 잘못됐기 때문이다. 변리사로서의 업무를 행할 수 있는 공부를 할 수 있도록 시험문제가 출제되어 그러한 능력을 시험해야 함에도 불구하고 우리의 변리사 시험은 그렇지 못하다. 현실적인 업무수행에 도움이 되지 못하고 문제를 위한 문제로써 시험을 위한 시험을 치르고 있기 때문이다.

1차 시험은 객관식으로 치러진다. 5지 선다형으로 치러지는 1차 시험의 문제 내용을 살펴보면 변리사로서 업무를 행하는 데 필요한 지식과 거리가 먼 문제들이 상당수 있다.

2차 시험은 주관식으로 치러진다. 가상의 사건을 문제로 주고 이에 대하여 서술형으로 답을 하도록 하는 케이스 문제와 특정의 논점에 대하여 설명하는 방식의 문제로 치러진다. 케이스 문제에서 제시되는 가상의 사건들도 자세히 보면 현실에서 일어나는 실제의 케이스와는 거리가 멀다. 문제를 위한 문제에 지나지 않기 때문이다.

시험은 특정의 자격을 부여하기 위하여 응시자가 갖추어야 할 능력을 평가하기 위한 것으로 응시자로 하여금 어떠한 내용을 어떻게 공부해야 하는지에 대하여 그 방향을 제시할 수 있어야 한다. 그런데 우리의 변리사 1차 및 2차 시험은 그러한 방향을 제시하지 못하고 시험으로서의 기능과 역할을 상실하고 있다.

Ⅲ. 시험의 필수요건

어느 시험이나 마찬가지이지만 국가에서 자격을 부여하는 시험은 공정해야하고 그 자격을 부여받은 자가 해당 업무를 원활히 수행할 수 있는 능력을 평가할 수 있어야 한다. 해당 업무를 원활히 수행할 수 있는 능력을 평가한다는 것은 그러한 문제를 출제해서 업무에 필요한 내용을 학습토록 하는 소정의 안내자 역할을 하여야 한다는 것을 말한다. 이런 관점에서 보면 우리의 변리사 시험은 1, 2차 모두 공정하지도 못하고 또한 안내자 역할을 하지도 못한다.

서로 다른 시험과목을 선택해서 높은 점수만으로 선발하는 2차 시험은 바로 공정하지 못한 시험임을 대변하는 것이며, 실제의 업무수행에 도움이 되지 않는 1차 시험의 자연과학개론이나 획일적인 점수체계 그리고 문제를 위한 문제 등은 한 전문직업인의 시험으로 적합하지 않다는 것을 보여 준다.

Ⅳ. 변리사 시험의 개선을 위한 제안

앞에서 살펴본 바와 같이, 현행의 변리사 1, 2차 시험은 시험과목이나 과목별 배점을 비롯하여 내용적으로는 변리사 업무 수행에 별로 도움이 되지 못하고 있다는 심각한 문제를 내포하고 있다. 특히 2차 시험에서의 선택과목은 공정한 경쟁을 통한 능력을 갖춘 자를 선발하는 시험이라기보다는 요행이나 선택의 운에 의하여 당락을 결정할 수 있는 지극히 불합리하고 불공정한 시험이라 할 수 있다. 이러한 관점에서 위 문제점에 대한 개선안을 살펴본다.

1. 1차 시험의 개선을 위한 제안

(1) 자연과학개론은 폐지되어야 한다.

특허업무를 수행하는 변리사는 전기·전자분야, 화학·화공분야, 기계·기구분야, 생화학·유전공학분야 중에서 어느 한 분야의 업무를 수행할 수 있도록 이공학에 대한 기본적인 전문지식을 갖추어야 한다. 그리고 이러한 기본적인 전문지식은 대학이나 관련교육기관에서의 교육을 통하여 습득되는 것이지 물리, 화학, 생물, 지구과학으로 이루어지는 자연과학개론을 공부한다고 해서 습득되는 것이 아니다. 다시 말해서 이공학 각 분야에 대한 기본적인 전문지식 없이 물리, 화학, 생물, 지구과학으로 이루어지는 자연과학개론에서 고득점을 취득했다고 해서 특허업무를 수행할 수 있는 것이 아니다. 이런 이유에서 자연과학개론은 전혀 불필요한 과목이고, 응시자로 하여금 불필요한 부담만을 주고 있다.

자연과학개론을 폐지하면 1차 시험은 산업재산권과 민법개론만을 치르게 된다. 이렇게 되면 이공계가 아닌 법학이나 인문학을 전공한 지원자가 대거 합격할 수 있다. 이 또한 변리사제도의 근본취지에 반한다. 변호사제도가 있음에도 불구하고 변리사제도를 존치하고 있는 이유는 변호사가 이공학에 대한 기본적인 전문지식을 갖추지 못하여 특허업무를 수행할 능력이 없기 때문이다. 이러한 폐단을 방지하기 위하여 미국의 변리사[9] 시험에서는 이공계 학위 소지자만이 변리사 시험을 응시할 수 있도록 응시 자격을 제한하고 있다. 이러한 제한은 헌법상 위배되는 것도 아니고 변리사제도의 취지와 합목적성을 고려한다면 지극히 당연한 일이다. 그러나 우리나라에서 자연과학개론을 폐지하는 대신 이공계 학위 소지자만이 변리사 시험을

---

9 미국 특허청에서 실시하는 patent agent를 의미함.

응시할 수 있도록 응시 자격을 제한하는 것은 현실적으로 불가능할 것이다. 따라서 우리는 자연과학개론을 폐지하는 대신 합리적이고 합목적적인 방법을 찾아야 한다.

(2) 전공분야별로 구분하여야 한다.

자연과학개론을 폐지하는 대신 (1) 전기 · 전자분야, (2) 화학 · 화공분야, (3) 기계 · 기구분야, (4) 생화학 · 유전공학분야로 구분하여 이들 중 하나를 선택하도록 해야 하고, 법학을 비롯한 인문학 전공자를 위하여 (5) 법학 · 인문분야를 추가해야 한다. 결국 5분야 중에서 1분야를 선택하도록 해야 한다.

그리고 이들 5분야는 각 전공분야에서 최소한 4년제 대학 수료자가 갖추어야 할 기본지식을 테스트할 수 있는 정도로 출제되어야 한다. 또한 이 5분야는 60점 이상 취득자를 "PASS"로 간주하고 그 점수는 다른 과목(산업재산권법 및 민법개론)의 점수와 합산하지 말아야 한다.

이렇게 하더라도 문제의 난이도에 따라 또 다른 문제가 발생할 수 있다. 이러한 문제를 해결하기 위하여 반드시 커트라인 60점을 고집할 것이 아니라 합격률로 "PASS"를 결정할 수 있다. 예를 들어, (1) 전기 · 전자분야의 문제가 어려워서 채점 결과 60점 이상자가 거의 없었다면 이 경우 전기 · 전자분야를 선택한 지원자를 모두 탈락시키는 것은 매우 불합리한 일이다. 따라서 이런 경우에는 상위 40%를 "PASS" 시키도록 할 수도 있다. 다시 말해서 각 분야별로 30 또는 40%와 같이 순위 비율에 따라 "PASS"를 결정한다면 문제의 난이도에 따른 불합리성을 해결할 수 있다. 이는 아주 공정한 방법이며 어떤 불만이나 이의가 있을 수 없다.

이공계 분야인 전기 · 전자분야, 화학 · 화공분야, 기계 · 기구분야, 생화학 · 유전공학분야를 선택한 응시자가 산업인력공단에서 취득한 기사 1급 자격증으로 이 과목 시험을 면제토록 해 주는 방안도 좋은 방법이 될 수 있다. 기사1급 정도의 자격이라면 4년제 대학이나 관련교육기관에서 교육을 통하여 변리사 업무를 수행하기에 필요한 기본적인 전문지식을 갖추었다고 볼 수 있기 때문이다.

변리사가 갖추어야 할 지식은 이공계의 전문지식과 산업재산권법에 관한 지식이다. 이공계의 전문지식이 없는 자에게 변리사 자격이 주어져서는 안 된다. 물론 상표를 전문적으로 취급하는 상표변리사인 경우는 예외로 한다. 이공계의 전문지식을 갖추었다면 변리사에게 그다음 필요한 것은 산업재산권법에 대한 지식인데, 이는 이공계의 전문지식보다 더 고도의 전문적인 지식이라 할 수 있다. 변리사가 갖추어야 할 이공계의 전문지식은 4년제 대학과정을 정상적으로 수료한 정도라면 충분하다고 할 수 있다.

(3) 산업재산권법과 민법개론의 배점은 조정되어야 한다.

위의 개선안대로 한다면 자연과학개론의 문제가 완전히 해소되어 변리사제도의 취지도 살릴 수 있고, 응시자에게 불필요한 부담도 주지 않게 되고, 법학을 비롯한 인문계 전공자도 응시의 폭을 넓혀 상표변리사로서의 진입을 보다 수월하게 할 수 있다.

그러나 위의 개선안대로 한다 하더라도 산업재산권과 민법개론의 배점은 반드시 조정되어야 한다. 이들이 현재로선 100점씩 배점되지만 이로써는 불합리하다. 변리사 업무를 수행하기 위하여 어떤 지식이 필요한지를 생각한다면 그 불합리성을 이해하게 될 것이다.

민법개론이 100점이라면 산업재산권은 최소한 300점 내지 400점 정도가 되어야 한다. 산업재산권이 300점이라면, 특허법은 200점, 상표법은 100점 정도로 하는 것이 바람직하다. 물론 조약을 포함한다. 산업재산권이 400점이라면, 특허법은 250점, 상표법은 100점, 디자인보호법은 50점 정도로 하는 것이 바람직하다.

2. 2차 시험의 개선을 위한 제안

(1) 선택과목은 폐지되어야 한다.

1차 시험에서 자연과학개론을 폐지하는 대신 (1) 전기·전자분야, (2) 화학·화공분야, (3) 기계·기구분야, (4) 생화학·유전공학분야, (5) 법학·인문분야로 구분하여 한 분야를 선택하도록 하고 이들을 "PASS"로 결정토록 한다면, 2차 시험의 선택과목은 폐지되어도 좋다. 변리사 업무를 수행하기 위하여 필요한 기본적인 전문지식은 소정의 대학과정이나 관련교육기관에서 교육을 통하여 얻어지는 것이지 한 과목의 시험에 의하여 얻어지는 것이 아니다. 그리고 선택과목이 폐지되어야 변리사시험은 비로소 공정한 시험이 될 수 있다.

현재 19개 과목으로 나뉘어져 있는 선택과목을 폐지하게 되면 시험주관기관의 업무량도 훨씬 가볍게 될 것이다. 불필요한 과목의 시험에 불필요한 시간과 정력을 쏟지 말고 꼭 필요한 곳에 필요한 시간과 정력을 쏟아야 한다. 시험주관기관은 보다 양질의 문제를 출제하는 데 정력을 쏟아야 한다.

(2) 특허법, 상표법, 민사소송법의 배점은 조정되어야 한다.

위의 개선안대로 한다면 2차 시험은 특허법, 상표법, 민사소송법 3과목을 치르게 된다. 이들은 현재로선 100점씩 배점되지만 이로써는 불합리하며 변리사가 필요한 지식을 갖추도록 할 수 없다.

민사소송법이 100점이라면 특허법은 400점 상표법은 200점 정도가 되어야 한다. 민사소송법이 50점이라면 특허법은 200점 상표법은 100점 정도가 되어야 한다. 변리사에게 상표법은 민사소송법보다 더 중요하며 특허법은 상표법보다 더 중요하기 때문이다.

(3) 특허법과 상표법 문제는 질적으로 향상되어야 한다.

앞에서도 변리사 시험문제의 문제점을 지적하였지만, 우리의 시험문제는 1차, 2차를 막론하고 질적으로 더 향상되어야 한다. 그러기 위해서 가장 시급한 것은 문제를 위한 문제를 출제해서는 안 된다. 변리사 업무를 수행하는 데 필요한 지식을 갖추고 있는지를 평가할 수 있도록 문제가 출제되어야 한다.

2차 시험에서의 주관식 문제는 객관성이 담보되어야 한다. 주관식 문제라고 해서 출제자의 주관에 따라 주관적으로 평가되어서는 안 된다. 객관성이 담보되지 않는 주관식 문제는 차라리 객관식 문제로 전환하는 것이 더 낫다. 객관식 문제라고 해서 주관식 문제보다 어렵지 않고 능력을 올바로 평가할 수 없다고 생각해서는 안 된다.

현행의 시험제도처럼, 출제자, 선정자, 채점자가 각각 다른 제도는 바람직하지 못하다. 아무리 시험의 공정성을 기한다 하지만, 이런 제도는 시험의 일관성을 해쳐 양질의 출제를 기대하기 어렵고 공정한 평가 또한 쉽지 않다.

V. 맺는 말

결론적으로, 1차 시험에서의 자연과학개론을 폐지하고, 대신 (1) 전기·전자분야, (2) 화학·화공분야, (3) 기계·기구분야, (4) 생화학·유전공학분야, (5) 법학·인문분야로 구분하여 이들 중 하나를 선택하도록 해야 하고, 이 과목은 60점 이상 취득자를 "PASS"로 간주하고 그 점수는 다른 과목(산업재산권법 및 민법개론)의 점수와 합산하지 말아야 한다. 민법개론이 100점이라면 산업재산권은 최소한 300점 내지 400점 정도가 되어야 한다.

2차 시험에서의 선택과목은 무조건 폐지하여야 한다. 2차 시험의 특허법, 상표법, 민사소송법의 점수배점은 합리적으로 조정되어야 한다. 한 예로, 민사소송법이 50점이라면 특허법은 200점 상표법은 100점 정도가 되어야 한다.

마지막으로 시험문제는 1차, 2차를 막론하고 질적으로 더 향상되어야 한다. 그러기 위해서 가장 시급한 것은 문제를 위한 문제를 출제해서는 안 된다. 변리사 업무를 수행하는 데 필요한 지식을 갖추고 있는지를 평가할 수 있도록 문제가 출제되어야 한다.

13. 대한민국 특허제도의 문제점(Ⅴ)[1]
— 법령의 미비와 법령운용의 미비에 대하여 —

Ⅰ. 머리말

우리나라 특허제도의 문제점을 살펴볼 때 특허법령의 미비를 거론하지 않을 수 없다. 여기서 특허법령이란 특허법을 비롯하여 특허법시행령, 시행규칙, 특허청의 심사기준 등 특허제도를 운용하는 데 필요한 모든 법령을 의미한다. 또한 특허법령이 미비하다는 것은 법령에서 소정의 규정을 두고 있지만 그 규정 자체가 허술하여 제도적 취지에 부합하지 못하거나 때로는 그에 상반되는 규정을 망라한다. 여기서의 특허법령의 미비는 명문 규정이 필요한데도 불구하고 규정하지 않음으로써 특허제도의 소기의 목적을 달성할 수 없는 경우도 포함한다. 다시 말해서 필요한 규정을 두었어야 함에도 불구하고 두지 않음으로써 발생하는 법령의 불비(不備)를 포

---

1 「창작과 권리」 제67호(2012년 여름호).

함한다.

특허법령의 운용의 핵심은 바로 진보성에 대한 판단이다. 특허요건에는 여러 가지가 있지만 그중에서도 가장 중요한 것이 진보성이다. 진보성은 특허여부를 결정할 때 가장 중요하면서도 가장 판단하기 어려운 특허요건이며 특허권을 행사하고자 하여 침해여부를 판단할 때도 그러하다.

우리나라 특허법령의 불비를 포함하여 특허법령의 미비를 여기서 모두 다룰 수는 없다. 이에 해당하는 대표적인 예를 거론하면서 제한된 일부만을 살펴볼 수밖에 없다는 것을 미리 밝혀 둔다. 그리고 진보성 판단에 대한 문제점에 대해서도 이제까지의 특허출원의 심사 또는 심판, 소송 과정에서 드러났던 모든 발명에 대하여 살펴볼 수 없다. 여기서는 진보성 판단방법에 대해서 보편적 이론만을 살펴봄으로써 진보성 판단에 조금이나마 보탬이 되도록 하고자 한다.

II. 특허법에 위반되는 법령들

1. 명세서 기재방식

특허법 제42조 제2항에는 "특허출원서에는 다음 각호의 사항을 기재한 명세서와 필요한 도면 및 요약서를 첨부하여야 한다"라고 규정하고, 1. 발명의 명칭, 2. 도면의 간단한 설명, 3. 발명의 상세한 설명, 4. 특허청구범위를 기재하도록 규정한다.

그런데 현재 특허청의 전자출원에 따른 서식의 순서를 보면, 1. 발명의 명칭, 2. 기술분야, 3. 해결하고자 하는 과제, 4. 과제의 해결수단, 5. 발명의 효과, 6. 도면의 간단한 설명, 7. 발명을 실시하기 위한 구체적인 내용, 8. 부호의 설명, 9. 특허청구범위 순으로 기재하도록 되어 있다.

한마디로 말해서, 특허청의 전자출원용 서식은 특허법을 위반한 것이다. 전자출원용 서식에 따라 작성된 특허출원명세서는 모두 특허법 제42조 제2항을 위반한 것이다. 그럼에도 불구하고 이제까지 위법하게 작성된 명세서가 한 번도 문제가 된

적이 없이 버젓이 특허가 되어 공고되고 있다.

특허청의 전자출원용 서식은 물론 특허청이 전자출원을 하기 위해서 임의로 만든 것이다. 반면 특허법은 국회에서 제정한 것이다. 법의 권위(authority)로 보아 특허청의 전자출원용 서식은 특허법에 비하여 훨씬 낮은 권위를 갖는다. 그런데 특허청의 전자출원용 서식이 특허법을 무색하게 만들어놓고 있다. 법에서 규정한 내용이 지켜지지 않는다는 것은 분명 어딘가에 문제가 있다는 것을 의미한다.

특허법 제42조 제2항의 내용은 우리나라가 특허제도를 도입할 초기부터 규정되었던 아주 오래된 규정 중의 하나다. 그런데 특허청의 전자출원용 서식은 우리나라가 1990년대 서면출원방식을 지양하여 전자출원방식으로 전환하면서 도입된 서식이다. 그리고 그 서식은 2012년 현재까지 수차례 변경되었다. 특허청의 전자출원용 서식은 전산프로그램에 의하여 만들어진 것인데, 전산프로그래머들이 특허법 제42조 제2항의 규정을 알 리 만무하다. 그렇다면 발주처인 특허청에서라도 그에 관한 내용을 알고 프로그래머들에게 올바로 지시를 했어야 했는데 우리는 그러지 못했다. 우리 법을 이해하고 우리 법제에 맞도록 전산화하여야 했는데, 일본특허청의 전자출원용 서식을 카피하다 보니 이런 일이 발생한 것이다.

특허법 제42조 제2항에 따르면, 명세서는 1. 발명의 명칭, 2. 도면의 간단한 설명, 3. 발명의 상세한 설명, 4. 특허청구범위 순으로 기재하도록 규정하고 있지만, 이는 전자출원용 서식에 의하여 무용지물이 되었다. 국회에서 제정한 법령이 행정부가 만든 시행규칙보다도 낮은 권위를 갖는 규정에 의하여 무용지물이 된다는 것은 그 법령에 대한 존재의의를 생각해야 한다는 것을 암시해 준다.

특허법 제42조 제2항은 사실 그 자체로 많은 문제를 내포하고 있다. 특허명세서는 도면이 없는 경우도 많이 있다. 그럼에도 불구하고 '도면의 간단한 설명'을 항상 기재하도록 법에서 규정하고 있는 자체가 잘못된 것이다. 그리고 특허명세서는 기본적으로 명세서(specification)와 특허청구범위(claims)로 이루어진다. 그리고 명세서에는 '발명의 명칭'부터 시작해서 발명의 모든 내용을 상세히 설명하게 된다. 따라서 특허법에서는 아주 기본적인 요건이라 할 수 있는 명세서와 특허청구범위에 대한 규정만을 두고 명세서의 세부사항이나 특허청구범위 기재요건에 대해서는 특허법시행령에서 규정하는 것이 옳다. 아래에서도 설명하겠지만 우리의 특허법은 특허법에서 규정해야 할 것인지 아니면 시행령이나 시행규칙에서 규정해야 할 것인지를 명확히 구분하지 못하고 있다.

2. 명세서 기재방식에 대한 제안

특허명세서를 1. 발명의 명칭, 2. 도면의 간단한 설명, 3. 발명의 상세한 설명, 4. 특허청구범위 순으로 기재하도록 규정한 특허법 제42조 제2항도 알고 보면 일본 특허법을 그대로 카피한 것이다. 지금 이 순서대로 명세서를 작성하는 나라는 하나도 없다. 그렇다고 일본제도를 모방한 전자출원용 서식으로 명세서를 작성하는 나라도 일본과 우리 외에는 없다. 1. 발명의 명칭, 2. 기술분야, 3. 해결하고자 하는 과제, 4 과제의 해결수단, 5. 발명의 효과, 6. 도면의 간단한 설명, 7. 발명을 실시하기 위한 구체적인 내용, 8. 부호의 설명 순으로 기재하는 것이 바람직하지 못하다는 것을 알 수 있다. 명세서를 작성해 본 자라면 그 이유를 쉽게 이해할 것이다.

발명의 모든 내용을 상세하게 설명해야 하는 명세서는 천편일률적으로 작성될 수 있는 것이 아니다. 발명의 대상이 모두 다르기 때문이다. 특히 모든 발명을, 우리의 전자출원용 서식처럼, '기술분야, 해결하고자 하는 과제, 과제의 해결수단, 발명의 효과, 도면의 간단한 설명, 발명을 실시하기 위한 구체적인 내용, 부호의 설명' 순으로 기재해야 한다는 것도 바람직한 것이 아니다. 따라서 명세서를 기재하는 방식은 우리처럼 강제적인 형식 속에서 강요되어서는 안 되고 예시적인 또는 권장하는 정도의 규정으로 두어야 한다. 그리고 그러한 예시적이거나 권장하는 정도의 방식이라 하더라도 보다 더 보편타당성 있는 방식을 채택해야 한다.

명세서를 작성함에 있어서 지금까지 전 세계적으로 채택하고 있는 보편타당한 기재방식은 다음과 같다. 1. 발명의 분야(Field of Invention), 2. 발명의 배경(Background of Invention), 3. 발명의 목적(Objects of Invention), 4. 발명의 요약(Summary of Invention), 5. 도면의 간단한 설명(Brief Description of Drawings) (도면이 있는 경우에 한한다), 6. 발명의 구체예에 대한 상세한 설명(Detailed Description of

Preferred Embodiments), 7. 실시예(Example) 정도의 순서가 바로 그것이다. 물론 이 순서에 의한 방식도 강제규정이 되어서는 안 된다. 이 순서가 아니라도 발명의 성격에 따라 이보다 더 좋은 서술 방식이 있다면 그 방식 또한 인정되어야 하기 때문이다.

III. 특허법의 난해성

우리 특허법의 문제는 많은 규정들이 매우 난해하게 규정되어 있다는 점이다. 특히 '특허협력조약(PCT)에 의한 국제출원'에 대하여 규정한 특허법 제10장(제192조~제214조)은 아주 난해하게 규정되어 있어서 이 분야의 전문가조차도 이해하기가 쉽지 않다.

특허법은 본래 특허를 출원하여 특허를 받기까지의 모든 절차를 비롯하여 특허 후의 권리소멸이나 분쟁에 관한 모든 절차를 규정하기 때문에 절차에 관한 규정이 상당히 많다. 특히 PCT는 국제단계에서의 모든 절차를 규정하기 때문에 그리 간단한 조약이 아니다. PCT가 운용되기 시작하던 1980년대 초만 하더라도 절차 자체가 너무 까다로워 전 세계 많은 변리사들이 PCT보다 쉬운 파리조약에 근거한 특허를 더 많이 할 정도였다.[2] PCT 자체가 이처럼 난해한데다 그에 기초하여 제정된 우리의 특허법 제10장은 그야말로 이해하기 쉽지 않다. 한 예를 들어보자.

> *특허법 제213조 [특허의 무효심판의 특례] 외국어로 출원된 국제특허출원의 특허에 대하여는 제133조 제1항 각 호의 규정에 의한 경우 외에 발명이 다음 각 호의 하나에 해당하지 아니한다는 이유로 특허의 무효심판을 청구할 수 있다.*
>
> *1. 국제출원일에 제출된 국제출원의 명세서, 청구의 범위 또는 도면(도면 중 설명 부분에 한한다)과 그 출원번역문에 다 같이 기재되어 있는 발명*

---

2 최덕규, 「特許法(4정판)」, 세창출판사, 2001, 380쪽.

위 규정은 이해하기가 쉽지 않다. 그 내용과 취지를 올바로 이해하였다면 이토록 난해하게 규정하지 않았을 것이다. 이는 다음과 같이 간단하고 명료하게 규정할 수 있을 것이다.

PCT에 관한 또 다른 규정을 예로 들어보자.

우리 특허법의 문제점은 준용규정이 너무 많다는 것이다. 준용규정이 없을 수는 없겠지만, 불필요한 준용규정을 둠으로써 이해를 어렵게 하고 있다. 위 제210조를 살펴보자. 제201조 제1항은 우리나라에서의 국내단계 진입에 관한 절차를 규정한다. 다시 말해서 최초 우선일로부터 31개월 내에 국어 번역문을 제출하여 국내단계를 밟는 것이다. 제82조 제1항에서 규정하는 수수료는 이 경우 바로 특허출원료를 의미한다. 특허출원료를 납부하지 않으면 절차의 무효에 해당되어 그 특허출원을 유지할 수 없게 되는데 이 경우 심사청구를 할 수 없는 것은 아주 당연하다. 따라서 제210조 전단 규정은 전혀 불필요한 규정이다. 그러나 제210조 전단 규정이 특허출원료를 납부한 후에 심사청구를 하도록 하는 규정이었다면 보다 쉽게 규정했어야 했다. 그리고 제210조 후단 규정은 출원인이 아닌 자가 심사청구를 하는 경우에 관한 규정이다. 이 경우에는 국내서면제출기간인 31개월이 경과해야 심사청구를 할 수 있도록 한 규정이다. 이는 다음과 같이 간단하고 명료하게 규정할 수 있을 것이다.

> 특허법 제210조 [출원심사청구시기의 제한] ① 국제특허출원의 출원인은 특허출원료를 납부하지 않으면 그 출원에 대하여 심사청구를 할 수 없다.
> ② 출원인이 아닌 자가 심사청구를 하고자 하는 경우에는 그 출원에 대한 국내서면제출기간이 경과하지 않으면 그 출원에 관하여 심사청구를 할 수 없다.

위의 두 가지 예는 빙산의 일각에 불과하다, 우리 특허법은 이토록 난해하다. 상표법은 특허법보다도 더 난해하다. 이처럼 법이 쉽고 명료하게 규정되지 않고 복잡하고 난해하게 규정되어 있는 것은 특허제도를 올바로 이해하지 못한 채 법을 만들었기 때문이다.

IV. 법령의 불비

우리나라 특허법령의 불비를 논할 때 가장 먼저 거론되어야 할 것은 개방형 청구항과 폐쇄형 청구항에 관한 것이다. 특허에서 청구항은 핵심 중의 핵심이다. 토지와 같은 부동산에 비유한다면, 청구항은 토지의 경계를 정하는 것과 같다.[3] 토지의 경계를 100평으로 할 것이지 200평으로 할 것인지를 정하는 것과 같이 특허권의 범위를 정하는 것이 바로 청구항이다. 따라서 특허로써 보호받고자 하는 범위를 정함에 있어서 필수적으로 고려되어야 하는 것이 청구항이 개방형 청구항인지 아니면 폐쇄형 청구항인지에 대한 판단이다. 이를 이해하기 위해서는 기본적으로 청구항

---

3 J. Thomas McCarthy, McCarthy's Desk Encyclopedia of Intellectual Property, 2nd Edition, BNA Books, 1995, 52쪽.

의 개념부터 올바로 이해해야 한다.

1. 청구항(Claims)

청구항은 분류기준에 따라 여러 가지가 있다. 종속여부에 따라 독립항과 종속항이 있고, 보호범위의 개방여부에 따라 개방형 청구항과 폐쇄형 청구항이 있으며, 발명의 종류에 따라 물(物: product) 청구항과 방법(method 또는 process) 청구항 또는 방법에 의한 물 청구항(product-by-process claim)이 있고, 특별한 기재방식에 따라 젭슨(Jepson) 청구항과 마커쉬(Marcush) 청구항 등이 있다.

어떤 청구항이든지 기본적으로 세 파트로 이루어지는데, 본체부(body), 전환부 (transitional phrase) 및 후단부가 그것이다.[4] 예를 들어 청구항은 모두 "Y로 이루어지는 X"라는 형식을 취하게 되는데, 이때 "Y"를 본체부라 하고, "이루어지는"을 전환부라 하며, "X"를 후단부라 한다. 다른 예로, "a, b, c 및 d로 이루어지는 감기약 조성물"이라는 청구항을 가정할 때, "a, b, c, d"가 바로 발명의 구성을 이루는 내용으로 본체부에 해당하고, "이루어지는"은 전환부에 해당하며, "감기약 조성물"은 대개 발명의 명칭에 해당하는 것으로 후단부에 해당한다. 이는 물론 우리 국어의 문장구조에 따라 청구항을 설명한 것이다.

영어로 작성된 청구항은 영어의 문장 구조상 전단부(preamble), 전환부(transitional phrase) 및 본체부(body)로 이루어진다. 예를 들어 영어의 청구항은 모두 "X comprising Y"라는 형식을 취하게 되는데, 이때 "X"를 전단부라 하여 대개 발명의 명칭과 일치하게 되고, "comprising"을 전환부라 하며, "Y"를 본체부라 한다. 다른 예로, "Resin composition comprising a, b, c, and d"라는 청구항을 가정할 때, "Resin composition"이 대개 발명의 명칭에 해당하는 전단부에 해당하고, "comprising"이 전환부에 해당하며, "a, b, c, d"가 바로 발명의 구성을 이루는 내용으로 본체부에

---

4 최덕규, 앞의 책, 235~240쪽.

해당한다.

젭슨 청구항인 경우에는 전단부 앞에 서론부(introductory phrase)가 더 부가된다.[5]

2. 개방형 청구항과 폐쇄형 청구항

어떤 청구항이 개방형 청구항(Open-Ended Claim)인지 아니면 폐쇄형 청구항(Closed Claim)인지를 판단하는 것은 특허권의 보호범위가 열려 있는 것인지 아니면 닫혀 있는 것인지를 결정하기 때문에 매우 중요하다. 예를 들어 "a, b 및 c로 이루어지는 감기약"이라는 청구항이 보호범위가 닫혀 있는 폐쇄형 청구항이라면 다른 사람이 "a, b, c 및 d로 이루어진 감기약" 또는 "a, b, c, d 및 e로 이루어진 감기약"을 제조하여 판매하는 경우 그 사람은 특허침해에 해당되지 않는다. 다시 말해서 폐쇄형 청구항에서는 "a, b 및 c로만 이루어지는 감기약"에 대해서만 특허침해를 주장할 수 있는 것이다. 그러나 "a, b 및 c로 이루어지는 감기약"이라는 청구항이 보호범위가 열려 있는 개방형 청구항이라면 다른 사람이 "a, b, c 및 d로 이루어진 감기약" 또는 "a, b, c, d 및 e로 이루어진 감기약"을 제조하여 판매하는 경우, 이는 모두 특허침해에 해당한다. 물론 "a, b 및 c로만 이루어진 감기약"도 특허침해에 해당한다. 개방형 청구항은 이처럼 그 보호범위가 개방되어 있어서 청구항에 기재된 필수 구성요소를 포함하기만 하면, 설사 다른 구성요소가 부가되었다 하더라도, 특허침해를 면할 수 없다.

어떤 청구항이 개방형 청구항인지 아니면 폐쇄형 청구항인지를 구분하는 기준은 바로 전환부의 용어에 달려 있다. 전환부의 용어가 "comprising"이라는 용어로 기재되면 개방형 청구항이라 해석하고, 전환부의 용어가 "consisting of"라는 용어로 기재되면 폐쇄형 청구항으로 해석한다. 물론 이러한 해석은 영미법의 특허실무에서 채용되어 오늘날 대륙법계의 유럽지역에서도 채용되어 운용되고 있다.[6]

---

5   최덕규, 앞의 책, 243쪽.
6   최덕규, 앞의 책, 568~570쪽.

영미법은 성문법에 기초를 두기보다는 판례에 의한 관습법에 기초를 두고 있는데, 청구항 해석을 위한 전환부의 용어도 미국에서 판례에 의하여 정립된 제도이다.

우리는 아직까지 개방형 청구항과 폐쇄형 청구항을 구분할 기준이 없다. 아직까지 이를 명확히 할 판례도 없다. 이러한 기준이 없다는 것은 토지의 경계가 분명하지 않는 상황하에서 소유권 다툼을 벌이고 그 다툼을 판단하는 것과 같다. 그 판단이 제대로 될 리가 없다. 이러한 기준이 없이 전 세계 특허출원 4, 5위를 유지한다는 것은 신비하다고 할 수밖에 없다.

이러한 문제점을 인식하고 있는 일부 변리사들이 전환부의 용어로 "포함하는"이라는 용어를 사용하여 개방형 청구항을 작성하고 있지만, 이러한 노력만으로는 아직 미흡하다. 이에 관한 규정은 하루빨리 청구항의 기재요건을 규정한 특허법시행령 제5조에 신설되어야 할 것이다.

V. 법령운용의 불비

상표의 심장이 식별력(distinctiveness)이고, 저작물의 심장이 독창성(originality)이라면, 발명의 심장은 신규성(novelty)이다.

신규성은 진보성과 함께 가장 중요한 특허요건이다. 신규성은 발명의 심장이지만, 특허여부를 판단함에 있어서는 신규성보다는 진보성이 훨씬 더 중요하다. 신규성의 유무를 판단하는 것은 의외로 간단한다. 특허요건으로서의 신규성은 동일한지의 여부를 판단하는 것이다. 어떤 발명이 선행기술과 동일한 것인지의 여부를 판단하면 된다. 따라서 신규성을 판단하는 선행기술의 분야는 그 발명이 속하는 기술분야뿐만 아니라 모든 기술분야를 망라한다. 이 지구상에 존재하는 모든 선행기술과 비교하여 동일하지 않은 경우에 신규성이 인정되는 것이다.

그런데 진보성은 그렇지 않다. 진보성은 선행기술과의 동일여부를 판단하는 것이 아니라, 선행기술과 어떤 차이점이 있느냐를 판단하는 것이다. 그래서 그 차이점이 그 발명이 속하는 기술분야의 평균적인 지식인('당업자')에게 진보적인 것으로 인정되는 것인지의 여부를 판단하는 것이다. 그 차이점에 진보적인 기술이 없다면 진보성은 인정되지 않고, 진보적인 기술이 있다면 진보성은 인정된다. 다시 말해서, 어떤 발명이 선행기술과 동일하지는 않고 서로 다른 상황인데, 그 다른 정도가 당업자에 의해 쉽게 개발될 수 있는 것이라면 진보성은 인정되지 않고, 쉽게 개발될 수 있는 것이 아니라면 진보성은 인정된다. 따라서 진보성은 진보성을 판단하는 선행기술이 모든 기술분야를 대상으로 하는 것이 아니고 그 발명의 기술분야에 국한하여 판단한다.

특허여부를 판단할 때 신규성은 거의 논란의 여지가 없다. 선행기술과 동일한지의 여부만을 판단하면 되기 때문이다. 하지만 진보성은 그렇지 않다. 실제 특허출원의 심사에서 진보성으로 다투는 경우가 전체 95% 정도를 능가한다. 그리고 어떤 발명이 당업자에 의해 쉽게 개발될 수 있는 것인지의 여부를 판단하는 것은 쉬운 일이 아니다. 이는 어찌 보면 이현령비현령 같은 얘기가 될 수도 있다. 그러나 진보성 판단은 결코 그렇지 않다. 명확하고 객관적인 판단방법이 있다.

법의 판단이 판단하는 자의 자의(自意)에 따라 변해서는 안 된다. 그것은 법이 아니라 개인적인 견해, 즉 주관에 불과하다. 발명의 진보성에 대한 판단이 주관적인 판단이 아니고 누구나 수긍할 수 있는 객관적인 판단이 되기 위해서는 어떻게 판단되어야 하는 것인지 구체적으로 살펴보자.

1. 특허법 제29조

특허법 제29조 제1항에서는 산업상 이용가능성과 신규성에 대하여 규정한다. 특허출원 전에 공지된 발명이거나 공연히 실시된 발명, 또는 간행물에 게재된 발명이거나 전기통신회선을 통하여 공중이 이용가능하게 된 발명에 대해서는 신규성이 없는 것으로 보아 특허를 받을 수 없도록 규정한다. 여기서 공지된 발명은 당업자가 이미 알고 있는 상태의(public knowledge) 발명을 의미하고, 공연히 실시된 발명이란 이미 사용되고 있는 상태의(public use) 발명을 의미한다. 그리고 간행물에 게재된 발명이란 특허문헌을 포함하여 모든 문헌에 게재된 발명을 의미하고, 전기통

신회선을 통하여 공중이 이용가능하게 된 발명이란 인터넷에 게재된 발명을 의미한다. 다시 말해서, 발명의 신규성을 판단하기 위한 선행기술의 범위는 ① 공지 (public knowledge), ② 공용(public use), ③ 간행물(publications), 그리고 ④ 인터넷 (internet) 4가지로 요약된다.

특허법 제29조 제2항에서는 진보성을 규정하는데, 위의 4가지 선행기술에 개시된 발명에 의하여 당업자가 용이하게 발명할 수 있는 발명에 대해서 특허를 받을 수 없도록 규정한다.

2. 진보성 판단을 위한 선행기술의 범위

발명의 진보성을 판단함에 있어서 범하기 쉬운 오류의 하나는 선행기술의 범위를 잘못 확정하는 것이다.

신규성을 판단하기 위한 선행기술은 그 기술분야에 제한이 없다.[7] 예를 들어, 어떤 발명이 자동차 엔진에 관한 발명인 경우, 신규성을 판단하기 위한 선행기술은 자동차 기술분야에 한정하지 않고, 자동차와 관계없는 기관차, 선박, 항공기, 로케트 등과 같은 모든 기술분야를 망라한다. 모든 기술분야를 망라하여 공지, 공용, 간행물, 또는 인터넷에 알려진 발명과 동일하다면 신규성이 상실되는 것으로 판단한다. 그러나 진보성은 그렇지 않다.

진보성을 판단하기 위한 선행기술은 그 기술분야에 한정한다.[8] 예를 들어, 어떤 발명이 자동차 엔진에 관한 발명인 경우, 진보성을 판단하기 위한 선행기술은 자동차 기술분야에 한정하여야 하고, 자동차와 관계없는 기관차, 선박, 항공기, 로케트 등과 같은 기술분야의 선행기술을 비교하여 진보성을 판단해서는 안 된다.

우리나라의 특허심사실무에서는 아직도 진보성을 판단하기 위한 선행기술의 범위를 잘못 확정하여 잘못된 선행기술자료를 인용하고 있는 경우가 빈번하다.

---

7   최덕규, 앞의 책, 160쪽.
8   최덕규, 앞의 책, 169쪽.

3. 복수의 간행물에 의한 진보성 판단

신규성과 진보성을 판단하기 위한 선행기술을 공지(public knowledge), 공용(public use), 간행물(publications), 인터넷(internet) 4가지로 규정하고 있지만, 공지, 공용, 인터넷에 의한 선행기술은 전무한 실정이며 99% 이상이 간행물에 의한 선행기술이다. 간행물 중에서는 특허문헌이 99% 이상이며 1% 정도가 각종 저널에 발표된 논문이나 단행본 서적이다. 그래서 신규성이나 진보성은 거의 모두가 간행물로써 판단하게 되는데, 신규성은 단일의 간행물에 의하여 판단하지만,[9] 진보성은 복수의 간행물에 의한 판단이 허용된다.[10] 다시 말해서, 신규성은 2개 이상의 복수의 간행물을 조합하여 신규성을 부인할 수 없다. 하지만 진보성은 하나의 간행물은 물론 2개 이상의 간행물을 조합하여 진보성을 부인할 수 있다. 예를 들어, 발명 A가 a와 b로 이루어지는데, a가 간행물 M에 개시되고, b가 간행물 N에 개시되어 있는 경우, 발명 A는 간행물 M과 N에 의하여 신규성이 상실되지는 않는다.

그렇다고 진보성을 판단함에 있어서 복수개의 간행물을 무조건 조합하여 진보성을 판단할 수 있는 것은 아니다.[11] 복수개의 간행물에 개시된 각각의 구성요소가 조합될 수 있다든지 조합되어야 한다든지 하는 설명이나 그러한 제시가 선행기술문헌에 개시되어 있지 않다면 복수 개의 간행물을 조합하는 것은 적절하지 못하다.[12]

4. 진보성 판단방법

진보성 판단은 이미 오래전부터 적용되어 오고 있는 3단계 판단방법에 의하여 판단한다. 첫 단계는 진보성을 판단하고자 하는 발명에 대한 선행기술의 내용과 범위

---

9 최덕규, 앞의 책, 156쪽.
10 최덕규, 앞의 책, 165쪽.
11 J. Thomas McCarthy, 앞의 책, 295쪽.
12 J. Thomas McCarthy, 앞의 책, 295쪽.

를 판단하는 단계이고, 두 번째는 진보성을 판단하고자 하는 발명과 선행기술과의 차이점을 찾아내는 단계이고, 세 번째는 그 발명의 발명 당시에 당업자의 수준을 판단하는 단계이다. 선행기술과 발명과의 차이점이 당업자 수준으로 보아 자명한 (obvious) 것이라면 진보성(inventive step)이 없다고 판단하고, 자명하지 않고 당업자가 쉽게 발명할 수 있는 것이라면 진보성이 있다고 판단한다.[13]

위의 진보성 판단을 위한 3단계 판단방법에서 가장 어려운 단계는 세 번째 단계이다. 어떤 발명의 발명 당시에 당업자의 수준을 고려하여 선행기술과의 차이점이 자명한 것인지 또는 그렇지 않은 것인지를 판단한다는 것은 실로 간단한 일이 아니다. 이 단계에서 항상 발명자와 심사관은 항상 서로 다른 견해를 갖게 된다. 발명자는 자명하지 않다고 주장하는 반면, 심사관은 자명하다고 주장하는 것이다.

그러나 위의 세 번째 단계에서 올바른 판단을 하기 위해서는 첫 번째와 두 번째 단계도 항상 명확하게 판단해야 한다. 첫 번째와 두 번째 단계를 소홀히 한다면 결코 세 번째 단계에서 올바른 판단을 할 수 없게 된다. 예를 들어, 심사실무에서는. "선행기술과 발명은 미차(微差)의 차이가 있지만, 당업자에 의하여 용이하게 발명될 수 있다" 또는 "선행기술과 발명은 다소의 차이가 있지만, 당업자에 의하여 용이하게 발명될 수 있다"는 식으로 진보성을 판단하고 있는데, 이러한 판단은 위의 두 번째 단계를 충실히 이행한 것이 아니다. '미차의 차이'라든가 '다소의 차이' 등으로 불명확하게 설시해서는 안 되고, 그 차이점이 무엇인지 구체적으로 설시해야 한다. 두 번째 단계에서 기술의 차이점을 구체적으로 파악할수록, 세 번째 단계에서의 진보성 판단은 그만큼 쉬워지고 설득력 있는 결론에 도달할 수 있기 때문이다.

진보성 판단을 위한 위의 3단계 판단방법에서 추가적인 판단방법이 도입될 수 있는데, 그것이 바로 객관적인 증거를 판단하는 단계이다. 여기서의 객관적인 증거는 '보충자료(secondary considerations)'라고 하는, 이들 보충자료에는 영업상의 성공 (commercial success), 예측치 못한 결과나 효과(unexpected results), 타인의 실패사례

---

13 J. Thomas McCarthy, 앞의 책, 295쪽.

(failure of others), 수요자의 오랜 욕구(long felt need), 경쟁업자에 의한 복제품 (copying) 등이 있다.[14] 위의 3단계 판단방법만으로 진보성 판단이 어려울 때, 객관적인 증거라 할 수 있는 위와 같은 보충자료를 제시하여 진보성 판단에 고려하기 위한 것이다. 위의 3단계 판단방법에 보충자료에 의한 판단을 포함시켜 진보성 판단을 위한 4단계 판단방법이라고도 한다.[15] 물론 보충자료가 제시되었다고 해서 진보성이 항상 인정되는 것은 아니다.[16]

VI. 맺는 말

앞에서 살펴본 바와 같이, 우리나라 특허법을 비롯한 특허법시행령, 시행규칙, 특허청의 심사기준 등은 법의 체계를 무시한 명세서 기재요건을 비롯하여 난해한 규정, 과도한 준용규정 등으로 많은 문제를 안고 있다. 특허관련 법령을 일제히 정비할 필요가 있다. 나아가 특허청구범위를 확정하는 청구항의 기재요건에 관한 명문규정도 없다. 이에 대해서는 조속한 입법규정이 필요하다.

발명의 진보성 판단방법은 보다 더 철저하게 이해되어야 한다. 진보성 판단은 이현령비현령이 아니다. 진보성 판단은 아주 구체적이고 객관적이어야 하며 결코 주관적이거나 모호해서는 안 된다. 특허제도에서 명확하게 정립되어 운용되고 있는 3단계 판단방법은 물론 객관적인 자료라 할 수 있는 보충자료에 의한 판단방법을 포함한 4단계 판단방법에 대한 올바른 이해만이 올바른 진보성 판단에 이르게 할 것이다.

---

14 J. Thomas McCarthy, 앞의 책, 295쪽.

15 J. Thomas McCarthy, 앞의 책, 295쪽.

16 최덕규, 앞의 책, 174~175쪽.

14. 법의 문외지대(門外地帶) — 특허분야[1]
— 캐논사건의 전모(全貌)를 밝히다 —

I. 캐논사건의 개요

캐논사건은 일본의 캐논사가 프린터에 사용되는 감광드럼을 생산하는 국내의 6개 업체[삼성전기㈜, ㈜네오포토콘, ㈜백산OPC, ㈜알파켐, ㈜대원SCN(후에 '㈜파켄OPC'로 변경), ㈜켐시를 상대로 특허권을 행사한 사건이다. 캐논은 위 국내업체들이 감광드럼을 생산하는 행위가 그들의 특허권을 침해한다고 주장하여 국내업체들로 하여금 감광드럼을 생산하지 못하게 함과 동시에 그동안 생산한 것에 대하여 손해배상을 청구하였다.

캐논은 2001년 삼성전기㈜를 상대로 특허권침해금지 소송을 청구한 것을 필두로 2002년에는 ㈜대원SCN을 상대로 같은 소송을 청구하였고, 2010년에는 ㈜알파켐을

---

1   최덕규, 「법! 말장난의 과학」, ㈜청어(2015년).

상대로 같은 소송을 청구하였다. 2012년에는 ㈜백산OPC와 ㈜켐스를 상대로 소송을 청구하여 이들 소송은 2014년 1월 현재 서울고등법원에 계류 중이다.

삼성전기㈜와의 소송에서 캐논은 3억여 원의 손해배상을 받아냈으며, ㈜대원SCN(㈜파켄OPC)으로부터 18억여 원의 손해배상을, 그리고 ㈜알파켐으로부터 15억여 원을 받아냈다. ㈜백산OPC에게는 100억 원이 넘는 손해배상을 청구하고, ㈜켐스에게는 5억여 원의 손해배상을 청구하였다.

> "레이저프린터에 쓰이는 핵심 부품인 토너카트리지 관련 특허소송에서 대법원이 원고측인 일본 캐논의 손을 들어줬다. 이에 따라 토너카트리지 재생품을 생산해온 300여개 국내 기업은 존폐기로에 놓인 반면, 캐논 부품을 써 정품을 생산하는 미국 휴렛팩커드는 독점적 지위를 더욱 공고히 할 것으로 보인다. 재생품 시장 규모는 연 1000억원대다.
>
> 대법원 1부(주심 고현철 대법관)는 12일 "레이저프린터용 핵심 부품인 감광드럼 제조방식의 특허권을 침해한 만큼 완제품과 반제품을 모두 폐기하고 손해를 배상하라"며 캐논이 삼성전기와 파캔OPC를 상대로 낸 특허권 침해 금지 청구소송 상고심에서 원고승소를 판결한 원심을 확정했다.
>
> 대법원은 판결문에서 "감광드럼을 특허권자 허락 없이 생산해 특허를 침해했다고 본 원심의 판결은 타당하다"고 밝혔고, 삼성전기 3억2000만원, 파캔OPC 18억2000만원 등 21억여원의 손해배상도 확정했다.
>
> 이번 판결로 파캔OPC, 백산오피씨, 켐스, 네오포토콘 등 300여개 업체는 동일한 감광드럼을 사용한 토너카트리지를 생산하지 못하거나 캐논 측에 로열티를 지불해야 되는 등 막대한 피해를 입을 전망이다."[2]

2006년 10월에 있었던 신문기사이지만, 7년여가 지난 2014년 1월에도 ㈜백산OPC와 ㈜켐스를 상대로 한 손해배상소송은 아직 진행 중이다.

특허권자로부터 특허침해금지 또는 손해배상을 청구하는 소송을 당하는 경우,

---

2 한국경제, 2006. 10. 13. 09:54:42, 정태웅 기자 redael@hankyung.com.

상대방(피고)은 특허권자의 특허가 과연 올바르게 특허가 난 것인지를 판단하거나 특허가 올바르게 난 것이라 하더라도 과연 자기가 그 특허를 침해했는지를 따져 보아야 한다.

특허권은 특허를 받았다고 해서 항상 확고부동한 권리가 아니다. 어떤 특허는 애당초 특허를 받을 수 없는 것임에도 불구하고 특허를 받은 경우 그 특허를 다시 무효시킬 수 있기 때문이다. 이것이 무효심판이다. 특허는 새로운 발명에 대해서 주어지는 권리인데, 새로운 것인지 아닌지는 심사관이 판단한다. 동일한 것이 있으면 특허를 받을 수 없다. 심사관이 전 세계 자료를 열심히 조사하여 판단하지만 전 세계 자료를 모두 다 조사할 수는 없는 노릇이다. 그래서 모든 나라의 특허제도에서는 특허를 받았다 하더라도 추후 발견된 자료에 의하여 다시 무효시킬 수 있도록 무효심판을 두고 있다.

다음에 특허가 올바르게 난 것이라 하더라도 과연 그 특허를 침해했는지를 따져보아야 하는데, 이 경우에는 피고의 침해품과 원고(특허권자)의 특허가 일치하는지를 따지게 된다. 이를 권리범위확인심판('확인심판')이라 한다. 침해품이 특허권자의 특허권 범위 내에 속하면 침해가 인정되고, 그렇지 않으면 침해가 인정되지 않는다. 특허권은 발명기술이 매우 복잡하기 때문에 확인심판을 통하여 침해여부를 판단한다. 확인심판은 특허권자가 먼저 청구할 수도 있고, 침해혐의를 받은 자(피고)가 먼저 청구할 수도 있다. 특허권자가 확인심판을 청구하게 되면 특허권자는 침해품이 자기 특허권의 권리범위에 속한다는 주장을 할 것이고, 침해혐의를 받은 자(피고)가 청구하게 되면 침해품이 특허 범위에 속하지 않는다는 주장을 할 것이다.

캐논이 국내업체들을 상대로 특허소송을 제기하자 국내업체들도 그에 대항하여 싸우기 시작하였다. 그들이 얼마나 처절하게 싸웠는지 살펴보자.

II. 처절한 싸움

(1) 캐논은 2001년 수원지방법원에 삼성전기㈜를 상대로 침해금지소송을 청구하

여 1심(2001가합10055), 2심(서울고등법원 2003나12511), 3심(대법원 2004다36505)에서 모두 승소하였다. 패소한 삼성전기㈜는 3억여 원의 손해배상금을 캐논에 지불했다.

(2) 캐논은 2002년 수원지방법원에 ㈜대원SCN을 상대로 침해금지소송을 청구하여 1심(2002가합5333), 2심(서울고등법원 2003나38858), 3심(대법원 2006다1831)에서 모두 승소하였다. 패소한 ㈜대원SCN은 18억여 원의 손해배상금을 캐논에 지불했다.

(3) 반격에 나선 삼성전기㈜는 캐논특허를 무효시키고자 무효심판을 제기하였으나, 1심(특허심판원 2001당2327), 2심(특허법원 2003허6548), 3심(대법원 2004후(당)3287)에서 모두 패소하였다.

(4) 다시 반격에 나선 삼성전기㈜는 그들이 제조한 제품(감광드럼)이 캐논특허를 침해하는지에 대하여 확인심판을 청구하였다(특허심판원 2002당2544). 하지만 삼성전기㈜가 제기한 확인심판은 침해에 대한 확인여부를 받아보지도 못한 채 각하되었다.

(5) 반격에 나선 ㈜대원SCN은 캐논특허를 무효시키고자 무효심판을 제기하였으나, 1심(특허심판원 2002당2885), 2심(특허법원 2003허6524), 3심(대법원 2004후(당)3270 및 2004후(당)3287)에서 모두 패소하였다.

(6) 다시 반격에 나선 ㈜대원SCN은 그들이 제조한 제품(감광드럼)이 캐논특허를 침해하는지에 대하여 확인심판을 청구하였으나, 1심(특허심판원 2002당2838 및 2004 당(취소판결)108)에서 침해에 대한 확인여부를 받아보지도 못한 채 각하되었고, 이어지는 2심(특허법원 2003허6531 및 2005허(당)6122), 3심(대법원 2006후(당)1179)에서 모두 패소하였다.

(7) 캐논은 다시 2010년 수원지방법원에 ㈜알파켐을 상대로 침해금지소송을 청구하여(2010가합17614) 15억 원을 지급받는 판결을 받아냈다.

(8) 그러자 ㈜네오포토콘, ㈜백산OPC, ㈜켐스, ㈜알파켐은 합동으로 반격에 나서 캐논특허를 무효시키고자 다시 무효심판을 제기하였다. 그러나 1심(특허심판원 2010당2074), 2심(특허법원 2011허7492)에서 패소하였고, 대법원에 상고하여 싸우고 있다. (새로운 증거가 발견된 경우에 무효심판은 얼마든지 다시 청구될 수 있다.)

(9) 캐논은 2011년 ㈜네오포토콘, ㈜백산OPC, ㈜켐스, ㈜알파켐을 무역위원회에

제소하기에 이르렀다. 이때 캐논은 유일하게 패배의 맛을 본다. 무역위원회가 캐논의 청구를 기각한 것이다. 그러나 그것도 잠시 캐논은 다시 2011년 서울행정법원에 무역위원회의 기각판정을 취소하라는 소송을 제기하여(서울행정법원 2011구합44471) 그 소송을 승소로 이끌었다. 결국 캐논이 승소하였다.

(10) 캐논은 ㈜백산OPC에게는 100억 원이 넘는 손해배상을 청구하고, 이 소송은 2014년 1월 현재 서울고등법원에 계류 중이다.

(11) 캐논은 ㈜켐스에게는 5억여 원의 손해배상을 청구하고, 이 소송은 2014년 1월 현재 서울고등법원에 계류 중이다.

나는 기록을 살펴가면서 캐논사건을 위와 같이 정리하는 데에만 며칠이 걸렸다. 이 정도면 소송하다가 지쳐 죽을 지경이다. 소송비용은 아마 손해배상액을 훨씬 넘었을지도 모른다. 앞으로 캐논사건의 전모가 드러나겠지만 모두가 쓸모없는 소송들이었다.

이 소송을 대리한 대리인을 살펴보면, 캐논은 항상 김앤장이었다. 나머지 국내업체들을 대리한 대리인은 법무법인 광장, 특허법인 제일특허, 특허법인 AIP, 특허법인 대륙 등이었다. 우리나라 1, 2위 로펌과 특허법원 판사와 기술심리관 등을 역임한 전관들이 있는 쟁쟁한 사무소들이었다.

나는 캐논사건에 관여한 바가 없었기 때문에, 일이 이토록 복잡하게 10년 이상 진행되어 왔음에도 아무것도 알지 못하였다.

2012년 9월 나는 평소 잘 알고 지내던 ㈜켐스의 사장으로부터 전화 한 통을 받았다. 캐논과의 싸움에서 국내업체들이 모두 패소하고, 그 결과 ㈜켐스도 손해배상청구소송을 당했다는 것이었다. 그때 ㈜켐스가 나에게 모든 소송기록을 보내와 살펴보기 시작했다. 1, 2, 3심을 모두 합쳐 30여 건이 넘는 방대한 소송을 10년 이상 하면서 그들은 어떤 소송을 하였을까. 기록을 살펴보는 순간 나는 한동안 넋을 잃었다. 한마디로 이 특허소송들은 모두 개판이었다. 캐논특허를 무효시키고자 했던 무효심판과 캐논특허를 침해하지 않았다고 주장하였던 확인심판 모두 엉망으로 진행되었던 것이다.

나는 켐스 사장에게 소송을 다시 시작하자고 하였다. 이 소송은 ㈜켐스가 반드시 승소할 수 있는 소송이라고 하였다. 그래서 나는 2012년 9월 ㈜켐스를 대리하여 다시 특허소송을 진행하기 시작하였다.

(12) 나는 ㈜켐스를 대리하여 2012년 9월 캐논특허에 대하여 무효심판을 청구하였다. 그러나 1심(특허심판원 2012당2456), 2심(특허법원 2013허82), 3심(대법원 2013후1306)에서 모두 패소하였다. 대법원은 본건 상고에서 심리불속행기각을 하였다.

(13) 나는 ㈜켐스를 대리하여 2013년 1월 켐스가 제조한 제품(감광드럼)이 캐논특허를 침해하지 않는다는 확인심판을 청구하였다. 그러나 1심(특허심판원 2013당11), 2심(특허법원 2013허3340), 3심(대법원 2013후2217)에서 모두 패소하였다. 대법원은 본건 상고에서 심리불속행기각을 하였다.

캐논특허의 무효심판과 확인심판을 승소할 수 있다고 장담하던 나의 예상은 완전히 빗나갔다. 나의 예상이 왜 빗나갔는지 그 과정을 살펴보자.

III. 지극히 간단한 사건

특허업무는 발명기술을 이해해야 하기 때문에 매우 복잡하고 전문적인 분야다. 특허업무를 올바로 수행하기 위해서는 고도의 첨단기술을 이해해야 하고 동시에 특허법에 관한 지식과 특허실무에 의한 경험이 뒷받침되어야 된다.

우리나라에서는 변리사 또는 변호사가 특허업무를 대리할 수 있다. 그러나 실제로는 변리사가 거의 특허업무를 대리하고 있다. 변호사는 거의 대부분 발명기술을 이해하지 못하기 때문에, 대리를 하고 싶어도 할 수 없는 실정이다. 또한 변리사라고 해서 모든 특허업무를 대리할 수 있는 것은 아니다. 한 변리사가 모든 기술분야를 이해한다는 것이 불가능하기 때문이다. 변리사는 크게 4분야로 나눈다. 기계분야, 전기전자분야, 화학분야, 생화학분야가 그것이다. 이 네 분야 중에서 최소한 어느 한 분야에 전문지식을 갖추어야 그 분야의 일을 할 수 있다.

자기가 잘 알지 못하는 분야의 글을 읽는다는 것은 매우 어려운 일이다. 자기가 알지 못하는 분야의 글을 쓴다는 것은 더욱더 어려운 일이다. 특허발명을 상세하게 설명하는 특허명세서를 읽고 이해하거나 작성하는 것이 어려운 이유가 여기에 있다. 나아가 특허명세서를 기초로 하여 행해지는 특허심판의 심결문이나 특허소송의 판결문이 어려운 이유도 마찬가지다.

캐논사건에서도 캐논특허의 명세서가 수십 쪽으로 이루어지고, 심결문이나 판결문 또한 보통 십수 쪽에서 40쪽을 넘는 것도 있다. 그러나 캐논특허나 국내업체들이 제조한 감광드럼은 일반인이 이해하지 못할 만큼 그렇게 어렵진 않다. 오히려 간단하여 중고등학교 정도의 수준만 되더라도 쉽게 이해할 수 있다.

요즘 컴퓨터에 연결되어 사용되는 레이저프린터를 모르는 중고등학교 학생은 없다. 레이저프린터를 구입하면 죽을 때까지 사용할 수 있는 것이 아니라는 것도 잘 알고 있다. 토너가 고갈되면 토너를 새로 주입해야 하는데 이때 토너가 들어있는 카트리지를 교체하게 된다. 카트리지에는 감광드럼도 함께 조립되어 있다. 감광드럼도 장기간 사용하면 마모되기 때문에 주기적으로 교체해 주어야 한다. 토너나 감광드럼은 소비자가 직접 교체하는 경우는 거의 없고 대부분 서비스 업체에 의뢰하여 카트리지를 교체하게 된다.

국내업체들이 생산했던 것은 바로 감광드럼이다. 감광드럼은 알루미늄 파이프를 주 소재로 해서 제조한다. 이렇게 제조된 감광드럼은 카트리지 재생업체에 판매된다. 카트리지 재생업체는 감광드럼을 구매해서 새로운 카트리지를 제조한다. 카트리지 재생업체는 새로 조립한 카트리지를 원하는 소비자(프린터 사용자)에게 교체해 준다. 결국 소비자가 감광드럼을 직접 구입하는 경우는 없다.

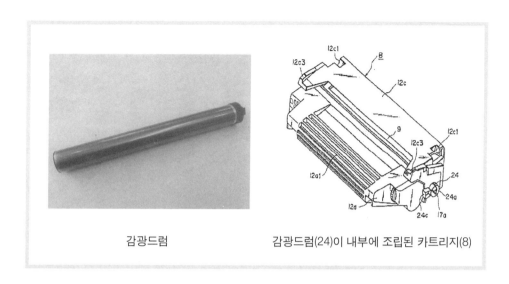

감광드럼　　　　　　감광드럼(24)이 내부에 조립된 카트리지(8)

다음으로 국내업체들과 문제가 되었던 캐논특허의 내용을 살펴보면, 캐논특허는 카트리지에 조립된 감광드럼이 프린터 본체에 결합되도록 하는 일종의 체결구조에 관한 것이다. 문제가 되었던 캐논특허는 2개의 청구항으로 그 내용을 인용하면 다음과 같다. 아래의 두 청구항을 보면 읽기도 전에 질려 버릴 것이다. 관련자가 아니면 아래의 두 청구항을 이해할 수 있는 사람은 많지 않다. 일단 밑줄 친 부분만 읽어도 본 사건을 이해하는 데 전혀 지장이 없으니 밑줄 친 부분만 읽어도 좋다.

청구항 25: 기록재 상에 화상을 형성시키기 위한 전자사진 화상형성 장치용의 전자사진 감광드럼에 있어서, 상기 장치는, 모터, 이 모터로부터 구동력을 받는 구동회전 가능부재 및 상기 구동회전 가능부재의 중앙부에 형성되며 복수개의 코너부가 있는 비원형 횡단면을 가진 비틀린 구멍을 구비하고, 상기 전자사진 감광드럼은, 그 주위면 상에 감광층을 가지는 실린더형 부재와, 상기 주 조립체로부터 구동력을 받도록, 상기 실린더형 부재의 일단부에 마련되고 상기 비틀린 구멍과 결합될 수 있으며 복수개의 코너부가 있는 비원형 횡단면을 가지는 비틀린 돌출부를 구비하여, 상기 감광드럼이 주 조립체에 장착될 때에, 상기 비틀린 돌출부가 비틀린 구멍에 결합되어 상기 전자사진 감광드럼을 회전시키는 구동력을 받는 것을 특징으로 하는

전자사진 감광드럼.

청구항 26: 기록재 상에 화상을 형성시키기 위한 전자사진 화상형성 장치의 주 조립체에 착탈 가능하게 장착될 수 있는 처리카트리지용의 전자사진 감광드럼에 있어서, 상기 주 조립체는 모터, 이 모터로부터 구동력을 받는 주 조립체 기어 및 상기 주 조립체 기어의 중앙부에 형성되며 실질적으로 삼각형의 횡단면을 가지는 비틀린 구멍을 구비하고, 상기 전자사진 감광드럼은, 그 주위면 상에 감광층을 가지는 실린더형 부재와, 상기 실린더형 부재의 일단부에 장착된 구동력 전달부재를 구비하고, 이 구동력 전달부재는, 상기 처리 카트리지가 주 조립체에 장착될 때에 구동력을 주 조립체로부터 현상롤러로 전달하는 드럼기어와, 상기 드럼기어의 중앙에 마련된 축과, 상기 처리 카트리지가 주 조립체에 장착될 때 상기 비틀린 구멍과 결합하여 주 조립체로부터 구동력을 받도록 상기 축의 일단부에 실질적으로 삼각형 프리즘의 형상으로 마련된 비틀린 돌출부를 구비하여서, 상기 전달부재가 구동력을 상기 비틀린 구멍과 비틀린 돌출부 사이의 결합을 통하여 주 조립체로부터 받아서, 이 구동력을 상기 축을 통하여 감광드럼으로 그리고 상기 드럼 기어를 통하여 현상롤러로 전달하는 것을 특징으로 하는 전자사진 감광드럼.[3]

위에서 보는 것처럼 특허는 청구항(claim)이라는 것이 있다. 청구항은 특허권의 보호범위를 규정하기 때문에 특허명세서에서 가장 중요한 부분이다. 특허명세서는 통상 하나 이상 여러 개의 청구항으로 작성되는데, 이는 하나의 특허라 하더라도 복수 개의 청구항으로 기재하여 보호받고자 하는 범위를 명확히 하고자 하는 것이다. 하나의 특허에 보통 10개 내지 20개 정도의 청구항이 작성되지만 때로는 그 이상 또는 수백 개가 넘는 청구항을 갖는 특허도 많이 있다. 청구항 작성은 쉬운 일이 아니기 때문에 해당 기술분야의 전문지식을 가진 고도로 숙련된 변리사에 의하여 작성되어야 한다.

---

3 캐논이 우리나라에서 받은 특허 제258,609호.

문제의 캐논특허는 모두 70개의 청구항으로 이루어져 있는데, 그중에서 문제가 되었던 것은 바로 청구항 25와 26이다. 청구항은 기술내용을 문자로 기재하여야 하기 때문에 위와 같이 복잡해질 수 있다. 그런 점을 감안하더라도, 내 기준으로 위 청구항의 수준을 살펴보면, 위 청구항은 C급 수준이다.

특허명세서에도 품질이라는 것이 있는데, 내 개인적인 생각으로는, 미국의 특허 품질이 100점이라면, 유럽은 90점, 일본은 50점 정도라고 말할 수 있다. 일본의 특허명세서는 아직도 특허명세서 품질이 그렇게 높은 수준이 아니다. 우리나라는 40점 정도 된다고 보면 된다.

캐논특허는 감광드럼에 관한 것도 아니고 프린터 본체에 관한 것도 아니다. 캐논특허는 단지 감광드럼과 프린터 본체가 결합하기 위한 체결구조에 관한 것이다. 카트리지에 조립된 감광드럼은 프린터 본체 내에 장착되어, 감광드럼(숫놈)이 프린터 본체의 기어 구멍(암놈)에 결합한다. 숫놈과 암놈을 결합시킨 후, 암놈인 기어를 회전시키면 그에 삽입되어 있던 숫놈인 감광드럼이 회전하게 된다. 다시 말해서, 암놈과 숫놈이 맞물려서 동력이 전달되면 이들이 함께 회전하게 되는 것이다. 캐논은 그 구조를 개발한 것이고, 그 구조에 대한 도면은 아래와 같다.

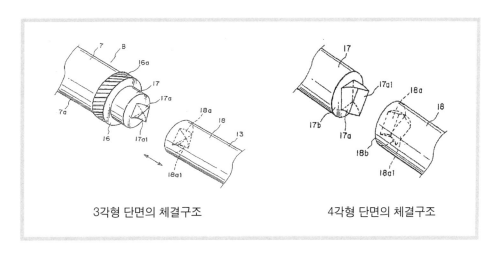

3각형 단면의 체결구조   4각형 단면의 체결구조

캐논특허에는 위 두 가지의 도면을 제시하고 있는데, 우선 〈3각형 단면의 체결구조〉를 보면, 누구나 쉽게 알 수 있듯이, 숫놈(17a1)이 3각형 단면으로 약간 비틀어져

있음을 알 수 있다. 이 비틀어진 숫놈이 삽입되어야 하니까 당연히 암놈도 비틀어진 구멍(18a1)이어야 한다. 이것이 캐논특허의 전부다. 이러한 내용은 위 청구항 26에 기재되어 있다. 위 청구항의 밑줄 친 부분을 보면 이제 청구항 26의 의미를 쉽게 이해할 수 있을 것이다. 이토록 간단한 내용을 그토록 복잡하게 기재하였기 때문에 내가 캐논특허를 C급 수준이라 하는 것이다.

다음으로 〈4각형 단면의 체결구조〉를 보면, 숫놈(17a1)이 4각형 단면으로 약간 비틀어져 있음을 알 수 있다. 이 비틀어진 4각형의 숫놈이 삽입되어야 하니까 당연히 암놈도 비틀어진 4각형의 구멍(18a1)이어야 한다. 4각형의 숫놈을 3각형 구멍에 삽입시킬 수는 없는 노릇이다. 이러한 내용은 위 청구항 25에 기재되어 있다. 위 청구항의 밑줄 친 부분을 보면 이제 청구항 25의 의미를 쉽게 이해할 수 있을 것이다. 3각형, 4각형, 5각형, 6각형 … 등등마다 청구항을 작성하면 청구항 수가 한정 없이 늘어나기 때문에, 청구항 25에서는 '*복수개의 코너부가 있는 비원형 횡단면*'이라 하여 '다각형 구조'로 일반화한 것이고, 청구항 26에서는 그중에서도 가장 중요하다고 생각되는 '3각형 구조'에 대해서 한정한 것이다.

결론적으로 요약하면, 캐논특허는 감광드럼과 프린터 본체가 결합하기 위한 체결구조에 관한 것으로, 감광드럼(숫놈)과 프린터 본체의 기어 구멍(암놈)이 결합하도록 비틀어진 돌출부(숫놈)와 비틀어진 구멍(암놈)이 그 특징이고, 국내업체들은 비틀어진 3각형의 돌출부(숫놈)가 형성된 감광드럼을 제조하였던 것이다.

IV. 종전의 무효심판은 왜 개판이었나

캐논특허가 감광드럼과 프린터 본체가 결합하기 위한 체결구조, 즉 감광드럼에 형성된 비틀어진 돌출부(숫놈)와 프린터 본체의 기어에 형성된 비틀어진 구멍(암놈)이라는 것을 파악한 국내업체들은 캐논특허를 무효시키고자 하였다. 그 결과 그들은 캐논특허를 무효시킬 만한 자료를 찾아냈다. 실제로는 많은 자료들을 찾아냈지만, 가장 중요한 자료는 아래 자료였다.

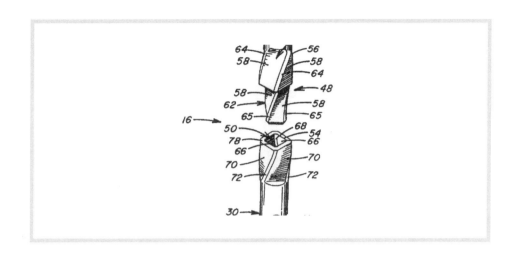

　국내업체가 찾아낸 위 자료는 미국특허 제4,454,922호로서 광산업 분야에서 사용하기 위한 "드릴로드(drill rod) 및 천공장치(drilling apparatus)"에 관한 것이었다. 즉 캐논특허가 개발되기 전에 이미 선행특허인 위 미국특허가 먼저 개발되었고, 따라서 캐논특허는 선행특허에 의하여 진보성이 없다는 이유에서 무효심판이 제기된 것이다. 바로 여기서부터 무효심판은 개판으로 흘러가기 시작하였다. 캐논특허가 선행특허에 의하여 무효로 되어야 하는 이유는 진보성이 아니라 신규성이기 때문이다.

　이제 신규성과 진보성의 의미를 이해해야 한다. 신규성(novelty)과 진보성(obviousness)은 특허법에서 핵심 중의 핵심이다. 그렇다고 이것이 일반인들이 이해하지 못할 만큼 어려운 것도 아니다. 법은 상식이라 하였다. 누구나 이해할 수 있고 납득할 수 있어야 한다.

　특허를 받기 위해서는 발명이 신규성과 진보성을 갖추어야 한다. 즉 신규성과 진보성은 특허요건인 셈이다. 다른 특허요건들이 많이 있지만 여기서는 별로 중요하지 않기 때문에, 신규성과 진보성에 대해서만 살펴본다.

　특허를 받기 위해서는 우선 새로운(new) 것이어야 한다. 이 세상에 이미 나와 있는 것에 대해 특허를 받을 수는 없다. 이러한 상식으로부터 신규성(novelty)이라는 특허요건이 나온 것이다. 특허를 받기 위해서는 진보성도 갖추어야 하는데, 진보성은 완전히 새로운 것은 아니지만 종전에 나와 있는 것보다 더 진보해야, 다시 말해서, 더 우수해야 특허를 받을 수 있다는 것이다.

예를 들어, 누군가가 감광드럼을 개발하였다면, 종전에 나와 있는 감광드럼보다 어딘가 더 우수해야 특허를 받을 수 있는데 이것이 진보성이다. 당연한 얘기다. 그런데 누군가가 감광드럼의 체결구조(비틀진 돌출부와 비틀린 구멍, 즉 숫놈과 암놈)를 개발하였다면, 그러한 체결구조가 이 세상 어디에도 없어야 하는데 이것이 신규성이다. 만일 그런 체결구조가 감광드럼이 아닌 다른 기술분야에, 예를 들어, 자동차 분야나 로켓트 분야에, 이미 있었다면 감광드럼의 체결구조는 신규성이 없기 때문에 특허를 받을 수 없는 것이다.

신규성과 진보성의 이러한 차이점을 이론적으로 체계화하면, 진보성을 판단하는 경우에는 해당 발명의 기술분야에 한정하지만, 신규성을 판단하는 경우에는 해당 발명의 기술분야는 물론 다른 기술분야 즉 모든 기술분야를 망라한다는 결론에 이르게 된다. 이러한 이론은 그리 어려운 이론은 아니지만 특허법에서 가장 중요한 핵심적인 이론이다. 특허법을 공부했다면 이 정도 이론은 필수적으로 알고 있어야 한다.

이처럼 신규성과 진보성을 판단함에 있어서 그 기술분야를 달리하는 것은 다음과 같은 상식에서도 쉽게 이해될 수 있다. 예를 들어, "이 감광드럼이 저 감광드럼보다 우수하다(진보적이다)"라고 말할 수는 있어도, "이 운동화가 저 컴퓨터보다 우수하다(진보적이다)"라고 할 수는 없는 노릇이다. 기술분야가 서로 다르면 어떤 것이 더 우수하다거나 진보적이라고 비교할 수 없기 때문이다. A는 영어시험에서 70점을 받고, B는 수학시험에서 50점을 받았다면, 어느 누구도 'A가 B보다 우수하다'고 말할 수 없는 것과 같다.

캐논특허는 감광드럼에 관한 것이고, 선행특허는 광산용 천공드릴장치에 관한 것이다. 그렇다면, 이 둘은 기술분야가 서로 다르기 때문에 서로 우열(진보성)을 가릴 수 있는 것이 아니다. 그런데도 국내업체를 대리하였던 대리인들은 캐논특허의 감광드럼이 천공드릴장치에 대하여 우수하지 않다고 주장하였다. 이보다 더 한심한 주장은 없다. 이러한 주장이 우리나라 1, 2위 로펌과 특허법원 판사와 기술심리관 등을 역임한 전관들이 있는 사무소에서 한 주장이었다. 대한민국의 특허수준이 어느 정도인지 알 수 있을 것이다.

국내업체들의 이러한 주장은 받아들여지지 않았다. 받아들여질 수도 없는 주장 이었다. 그래서 1심인 특허심판원에서 기각당했고, 특허법원과 대법원에서도 모두 기각당했다. 심결이나 판결 내용을 살펴보면 한심하다 못해 황당하다. 감광드럼이 천공드릴장치에 비하여 우수하지 않다는 주장에 대하여 그 가부를 판단할 사람은 아무도 없다. 누가 감히 운동화가 컴퓨터보다 우수하다고 말할 수 있으며, 영어점 수가 70점인 학생이 수학점수가 50점인 학생보다 우수하다고 말할 수 있겠는가. 장 님이 장님을 데리고 가다가 다 같이 방죽에 빠져 죽은 형국이다.

캐논특허를 선행특허인 광산용 천공드릴장치에 의하여 무효시키기 위해서는 그들의 기술분야가 서로 다르기 때문에 진보성이 아니라 신규성이 없다고 주장했 어야 했다. 그래서 나는 신규성이 없다는 이유로 다시 무효심판을 진행하게 된 것 이다.

V. 내가 대리한 무효심판도 개판이었다

내가 다시 무효심판을 청구하자 캐논측은 일사부재리一事不再理를 들고 나왔다. 선행특허는 이미 대법원의 상고심까지 거치면서 심리하였기 때문에 다시 심리할 수 없다는 이유였다. 나는 종전의 심리는 진보성에 관한 심리였고, 신규성에 관해 서는 심리하지 않았기 때문에 일사부재리에 해당되지 않는다고 주장하였다. 신규 성과 진보성은 판단대상도 다르지만 판단방법도 판이하게 다르다. 이들의 판단방 법에 대해서도 나는 준비서면에서 소상하게 설명하였고 구두변론에서도 그렇게 하 였다.

신규성과 진보성은 모두 특허요건이지만 판단대상과 판단방법이 판이하게 다르 다. 더 다른 점들이 있지만 판단대상과 판단방법의 차이점을 이해하면 신규성과 진 보성 판단은 해당 기술을 이해할 수 있는 한 거의 무난하게 할 수 있다. 한마디로 설명하면, 신규성은 어떤 발명이 선행기술과 동일한지의 여부를 판단하는 것이고, 진보성은 어떤 발명이 선행기술보다 우수한지의 여부를 판단하는 것이다. 신규성의 판단대상은 기술분야가 서로 다를 수 있기 때문에, 신규성은 발명을 구성하는 부분의 동일성 여부만으로 판단하는 반면, 진보성은 동일한 기술분야에서 비교해야 하기 때문에 '발명의 목적, 구성, 작용효과'를 판단하여 진보된 것인지의 여부를 판단한다.

우선 진보성 판단방법을 먼저 살펴보자. A라는 선행의 감광드럼이 있었는데, B라는 새로운 감광드럼을 개발했다고 하자. 이 경우 감광드럼 분야의 보통의 기술자들이 B를 쉽게 개발할 수 있다고 판단되면 진보성이 인정되지 않는다. 그 기술분야에서 보통의 기술자들이 쉽게 개발할 수 없어야 진보성이 인정되는 것이다. 진보성 판단은 이처럼 '보통의 기술자들이 B를 쉽게 개발할 수 있는지의 여부'에 달려 있기 때문에 주관적인 판단이 될 소지가 있다. 그런데 법은 절대적으로 주관적이어서는 안 된다. 법은 항상 객관성이 있어야 한다. 이러한 주관적 요소를 없애기 위해서 '발명의 목적, 구성, 작용효과'를 판단한다. 즉, B를 개발한 목적이 무엇이며, 어떤 구성이 A와의 차이점이며, 그 결과 B는 A에 대해서 어떤 효과가 있는지를 파악하여 진보성의 여부를 결정하는 것이다. 이를 특허에서는 '진보성의 3단계 판단방법'이라 한다.

다음 신규성의 판단방법을 살펴보면, 신규성에서는 일단 '발명의 목적, 구성, 작용효과'를 판단하지 않는다. 물품이 서로 다르기 때문에 '발명의 목적, 구성, 작용효과'를 판단할 수가 없다. 운동화의 목적과 컴퓨터의 목적을 서로 비교할 수 없고, 운동화의 구성과 컴퓨터의 구성을 서로 비교할 수 없으며, 운동화의 효과와 컴퓨터의 효과를 서로 비교할 수가 없기 때문이다. 그래서 신규성에서는 '발명의 목적, 구성, 작용효과'를 판단하지 않고, 서로 동일한지의 여부[동일성]만으로 판단한다. 두 발명이 동일한지 아닌지는 누구나 보면 알 수 있다. 그래서 신규성은 판단 주체가 해당 분야의 기술자가 아니라 상식을 가진 일반인이면 누구나 가능하다. 이쯤 되면 논리상 심각한 의문이 하나 떠오를 수 있다. "물품이 서로 다른데 뭐가 동일하다는 것인가"라는 의문이다. 하나는 감광드럼이고, 다른 하나는 천공드릴장치인데 뭐가 동일하다는 것인가? 바로 그 의문이다.

캐논특허는 감광드럼과 프린터 본체에 관한 것이지만, 발명의 진짜 내용은 감광드럼도 아니요 프린터 본체도 아닌, 바로 그들의 체결구조인 '비틀어진 돌출부(숫놈)와 비틀어진 구멍(암놈)'이라는 점이다. 그리고 선행특허인 천공드릴장치도 수많은 부품이 있지만 그중에 바로 '비틀어진 돌출부(숫놈)와 비틀어진 구멍(암놈)'이 있다는 것이다. 이를 도면으로 다시 비교해 보자.

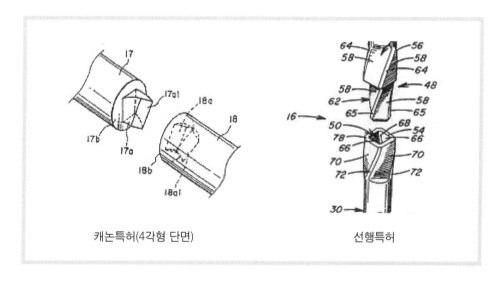

캐논특허(4각형 단면)   선행특허

신규성과 진보성은 판단방법이 다르기 때문에 캐논 측이 주장했던 일사부재리는 받아들여지지 않았다. 그 결과 1심인 특허심판원은 내가 제기한 신규성에 대하여 심리하였다. 그러나 특허심판원은 이 사건이 일사부재리에 해당되지 않지만, 선행특허에 의해 신규성이 있다고 판단하였다.

> "이 사건 심판청구는 일사부재리에 해당한다고 볼 수 없고, 이 사건 특허발명(캐논특허)이 비교대상발명 1(선행특허)에 의해 신규성이 부정된다고 볼 수도 없다."[4]

---

4 특허심판원 2012당2456 심결 (심판장 이해평, 주심 인치복, 심판관 박준영).

어떤 이유에서 신규성이 있다고 판단했는지 그 이유를 살펴보자.

> "캐논특허는 선행특허와 대비하여 그 목적과 구성 및 작용효과가 서로 다르므로 선행특허에 의해 신규성이 부정되지 아니한다."

"맙소사!" 내가 그 이유를 읽는 순간 내 입에서 나온 탄식이다. 신규성에서는 '발명의 목적, 구성, 작용효과'를 판단하지 않는다고 하였다. 물품이 서로 다르기 때문에 '발명의 목적, 구성, 작용효과'를 판단할 수가 없기 때문이다. 그런데 특허심판원에서 그렇게 판단한 것이다. 즉 특허심판원은 진보성의 판단방법을 신규성의 판단에 적용한 것이다. 감광드럼의 목적과 드릴장치의 목적을 서로 비교할 수 없고, 감광드럼의 구성과 드릴장치의 구성을 서로 비교할 수 없으며, 감광드럼의 효과와 드릴장치의 효과를 서로 비교할 수 없음에도 불구하고, 형식상 그들을 비교하여 그들의 목적, 구성, 작용효과가 다르기 때문에 신규성이 있다는 결론을 내놓은 것이다.

특허심판원의 심판장의 직급은 국장이고, 심판관은 최소한 과장이다. 그리고 심판장이나 심판관은 특허실무에 다년간의 경력이 있어야 임명되는 자리다. 그런 사람들이 특허법의 핵심인 신규성과 진보성을 이해하지 못한다면 대한민국 특허제도는 끝장난 것이나 다름없다. 설사 그들이 그것을 이해하지 못했다 하더라도 내가 심판청구서에서 그토록 상세하게 설명했기 때문에 누구라도 신규성과 진보성의 차이를 이해할 수 있는 상황이었다. 이런 상황에서 "그들의 목적, 구성, 작용효과가 다르기 때문에 신규성이 있다"는 결론에 이른 것은 어떻게 해서든지 캐논 측을 승소시키겠다는 의지가 없다면 나올 수 없는 결론이다. 이런 일은 눈깔이 뒤집히지 않고서는 아무나 할 수 있는 일이 아니다.

나는 다시 특허법원에 항소하였다. 특허심판원에서의 신규성 판단이 신규성 법리에 어긋나기 때문에, 특허법원에서 신규성 판단을 올바로 해 달라는 것이었다. 그러나, 특허법원은 나의 청구를 기각하였다. 특허법원도 캐논특허가 선행특허와 동일하지 않다고 판단하였다. 그 이유는 다음과 같다.

> *"이 사건 제25항 발명은 비교대상발명과 모터를 이용한 구동력의 전달구조, 그 전달에 관여하는 부품의 형상 및 결합 태양이 동일하기는 하나, 그 청구하는 물건이 비교대상발명의 드릴 로드와 용도와 기능이 전혀 다른 '감광층을 가지는 실린더형 부재를 구비한 전자 화상 형성 장치용 전자사진 감광드럼'이므로, 양 발명은 동일하다고 볼 수 없다."[5]*

"하느님 맙소사!" 내가 그 이유를 읽는 순간 내 입에서 나온 탄식이다. 특허법원이 캐논특허의 신규성을 인정한 이유는 '캐논특허와 선행특허는 형상 및 결합 태양은 동일하지만, <u>용도와 기능이 전혀 다르다</u>'는 것이었다.

특허법원에서 판단한 '용도'는 '발명의 목적'에 해당하고, '기능'은 '작용효과'에 해당한다. 신규성을 판단함에 있어서, 발명의 목적, 구성, 작용효과를 비교할 수 없듯이, 발명의 용도나 기능도 비교할 수 없는 것이다. 캐논특허('감광드럼')와 선행특허('천공드릴장치')는 서로 다른 물품이기 때문에 그 용도나 기능이 다르다는 것은 삼척동자도 알 수 있다. 특허법원이 '<u>용도와 기능</u>이 전혀 다르다'라고 판단한 것은 특허심판원에서 '<u>발명의 목적과 구성 및 작용효과가 서로 다르다</u>'라고 판단한 것과 같은 것이다. 이는 무늬만 다른 것이지 그 본질은 동일한 것이다. 이는 말장난, 언어유희(言語遊戱)에 불과하다. 법은 말장난의 과학이라고 한 찰스 맥클린(Charles Macklin)의 말을 실감케 한다.[6]

캐논사건에서 특허법원이 '<u>용도와 기능</u>이 전혀 다르다'라고 판단하여 캐논특허의 신규성을 인정한 것은 어떻게 해서든지 캐논 측을 승소시키겠다는 의지에서 비롯된 하나의 꼼수라고밖에 볼 수 없다.

대법원에 상고하였지만, 대법원은 이 사건을 심리불속행으로 기각하였다.[7] 승소

---

5 특허법원 2013허82 판결 (재판장 배광국, 판사 곽부규, 최종선).
6 아일랜드의 배우이자 극작가였던 찰스 맥클린(Charles Macklin, 1699-1797)이 한 말이다[프레드 로델 지음/이승훈 옮김, 〈저주받으리라, 너희 법률가들이여!〉, 후마니타스, 서울(2014), 20쪽].

할 수 있다고 장담하였던 나는 그렇게 무효심판에서 패하였다.

VI. 확인도 받지 못한 확인심판

캐논특허가 무효되지 않는다 하더라도 국내업체들이 제조한 감광드럼이 캐논특허 범위에 포함되지 않는다면 특허침해가 성립되지 않기 때문에 문제될 것이 없다. 감광드럼이 캐논특허 범위에 속하는지 또는 속하지 않는지를 판단받기 위해서 확인심판을 청구할 수 있다.

먼저 삼성전기㈜가 2002년에 확인심판을 청구하였다(특허심판원 2002당2544). 물론 삼성전기㈜가 제조한 감광드럼이 캐논특허에 속하지 않는다는 청구를 하였다. 하지만 이 확인심판은 침해여부에 대한 확인도 받아보지도 못한 채 각하되었다.

㈜대원SCN도 2002년 확인심판을 청구하였다. 그러나 특허심판원에서의 1심(2002당2838 및 2004당108(취소판결))에서 각하당하였고, 특허법원에서의 2심(2003허6531 및 2005허(당)6122), 대법원에서의 3심(2006후(당)1179)도 기각당하였다. 결국 국내업체들이 청구한 확인심판은 모두 각하됨으로써 침해여부에 대한 확인도 받아보지도 못한 꼴이 되고 말았다. 이들 심판에서의 각하 사유는 '확인대상'이 잘못 특정되었다는 것이었다.

확인심판을 청구하는 경우에는, '확인대상'을 특정해야 한다. 확인대상이란 확인을 받고자 하는 대상이기 때문에, 캐논사건에서는 감광드럼이 바로 확인대상인 셈이다. 국내업체들이 제조한 물품은 바로 감광드럼뿐이기 때문에 감광드럼을 확인대상으로 제시한 것이다. 그런데 특허심판원은 확인대상이 감광드럼이 아니라 감광드럼과 프린터 본체가 함께 확인대상이 되어야 한다고 판단한 것이다. 국내업체들은 감광드럼만을 제조했을지라도, 결과적으로 그 감광드럼이 프린터 본체에 사

---

7   대법원 2013후1306 (재판장 대법관 양창수, 주심 대법관 고영한, 대법관 박병대, 대법관 김창석).

용되기 때문에 프린터 본체를 포함해야 한다는 논리였다. 프린터 본체를 생산하지도 않은 국내업체로서는 귀신 씻나락 까먹는 소리나 다름없었다.

그래서 나는 귀신 씻나락 까먹는 논리를 반박하기 위하여 다시 확인심판을 진행하였다. 나는 ㈜켐스를 대리하여 2013년 1월 그들이 제조한 제품(감광드럼)이 캐논특허를 침해하지 않는다는 논리의 확인심판을 청구하였다. 그러나 1심(특허심판원 2013당11[8]), 2심(특허법원 2013허3340[9]), 3심(대법원 2013후2217[10])에서 모두 패소하였다. 대법원은 본건 상고에서 심리불속행기각을 하였다. 내가 청구한 확인심판도 역시 '확인대상'이 잘못 특정되었다는 것이었다. 이제부터는 '확인대상'이 잘못 특정된 것이 아니라는 것에 대하여 상세히 살펴볼 것이다.

㈜켐스가 제조하였던 사진과 캐논특허의 도면을 상기해 보자.

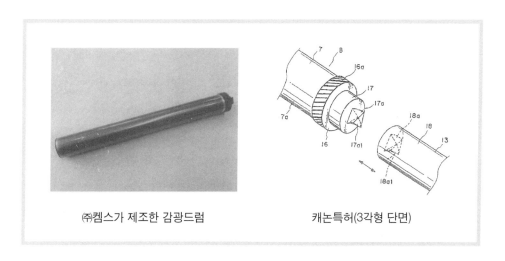

㈜켐스가 제조한 감광드럼　　　　　캐논특허(3각형 단면)

캐논특허의 핵심은 감광드럼과 프린터 본체의 체결구조인 '비틀어진 돌출부(숫놈)와 비틀어진 구멍(암놈)'이라 하였다. 그런데 감광드럼을 보면, 감광드럼에는 숫

8　심판장 이해평, 주심 인치복, 심판관 박준영.
9　재판장 배광국, 판사 곽부규, 최종선.
10　재판장 대법관 양창수, 주심 대법관 고영한, 대법관 박병대, 대법관 김창석.

놈만 붙어 있지 암놈은 거기에 없다. 암놈은 감광드럼에 붙어 있는 것이 아니라 프린터 본체에 붙어 있다. 다시 말해서, 캐논특허는 숫놈과 암놈 한 쌍인데, 감광드럼에는 숫놈만 있다. 이런 경우에는 특허침해가 성립되지 않는다. 특허를 구성하는 구성요소가 모두 있어야 침해가 성립되기 때문이다[이를 특허법에서는 '전요소이론(全要素理論, All Element Rule)'이라 한다].

이제 캐논 측이 왜 그토록 '프린터 본체'를 '확인대상'에 포함시키고자 하였는지 이해할 수 있을 것이다. 프린터 본체를 포함시키지 않으면, 감광드럼에는 암놈이 없게 되기 때문에, 감광드럼은 캐논특허를 침해하지 않게 된다. 국내업체들이 제조하지도 않은 '프린터 본체'를 포함시켜 '감광드럼'과 함께 '확인대상'이 되어야 특허침해를 인정받을 수 있다. 그래서 캐논 측은 '확인대상'에서 '프린터 본체'가 빠져 있기 때문에, '감광드럼'만으로는 올바른 '확인대상'이라 할 수 없고, 따라서 확인심판은 각하되어야 한다고 주장한 것이다. 특허심판원과 특허법원은 캐논 측의 주장을 받아들였다.

이러한 캐논 측의 주장은 특허법의 확인심판에 존재하지도 않는 법리이며, 다음과 같은 관점에서 잘못된 주장이다.

㈜켐스는 '감광드럼'만을 제조하는 회사로서, 그 '감광드럼'이 확인심판에서 '확인대상'이 되어야 한다는 것은 지극히 당연하다. ㈜켐스는 '감광드럼'만을 제조하는 회사로서, '프린터 본체'는 제조하지 않았기 때문에, 침해확인을 받기 위하여 그가 제조한 '감광드럼'을 확인대상으로 제시하면 충분한 것이지, 제조하지도 않은 '프린터 본체'를 확인대상에 포함시켜야 할 하등의 이유가 없다. 이는 마치 도둑질을 하지 않는 사람한테 도둑질을 했다고 자백을 강요하는 것과 같다. 확인심판에서 확인대상이란 특허범위에 속하는지를 확인받기 위한 물품에 한정되는 것이지, 그 물품이 본체에 결합하여 사용된다고 해서 그 본체까지 포함시킬 이유가 없는 것이다.

㈜켐스는 '감광드럼'만을 제조하는 회사로서, '감광드럼'이 '확인대상'이 되어야 한다는 것은 지극히 당연하기 때문에, 캐논 측은 ㈜켐스가 제조한 '감광드럼'이 그들의 프린터 본체에 사용되는 상황하에서 '감광드럼'이 어떻게 캐논특허를 침해하는지에 대하여 주장을 해야 했고, 심판부나 재판부는 그들의 주장이 타당한지에 대하

여 판단했어야 했다. 그런데 캐논 측은 그러한 주장을 하지 못한 채 귀신 씻나락 까먹는 논리를 주장했고, 심판부와 재판부는 그러한 논리를 받아들였다.

특허침해이론에 관한 심층부까지 설명하지 않으면 아니 되는 사건이기에 어쩔 수 없지만, ㈜켐스가 제조한 '감광드럼'이 그들의 프린터 본체에 사용되는 상황하에서 '감광드럼'이 어떻게 캐논특허를 침해하는지의 여부는 특허권의 간접침해이론을 적용해야 해결될 수 있는 사안이다.

내 능력이 허락하는 범위 내에서 가능한 한 쉽게 설명하고자 하였지만, 캐논사건의 확인심판은 전요소이론을 비롯하여 간접침해이론, 특허권 소진이론, 재생용품의 특허침해문제 등을 다룰 수 있는 특허법적으로도 매우 중요한 사건이었다. 특허심판원이나 특허법원이 이러한 이론들을 적용하여 캐논사건의 확인심판을 올바로 판결했다면 전요소이론, 간접침해이론, 특허권 소진이론, 재생용품의 특허침해이론에 관하여 기념비적인 판결을 내릴 수 있었던 사건이었다. 그러나 그런 이론들을 판단하기는커녕 제조하지도 않은 '프린터 본체'를 확인대상에 포함시켜야 한다는 귀신 씻나락 까먹는 논리를 받아들임으로써 국내업체들은 수백억 원의 손해배상을 지불해야 할 지경에 이르렀고 그로 인한 우리 산업현장은 수천억 원의 피해를 입게 되었다. 신규성이나 진보성조차도 판단할 줄 모르는 우리의 특허심판원이나 특허법원에게 전요소이론, 간접침해이론, 재생용품의 특허침해이론 같은 고급이론을 기대하는 것은 애초부터 한없이 어리석은 일이었다.

VII. 캐논사건을 마무리하며

그리하여 캐논사건은 신규성을 주장했어야 할 것을 엉뚱하게 진보성을 주장하는 잘못을 범하였고, 신규성을 주장했더니 이번에는 진보성 판단방법을 적용하여 신규성을 판단하는 잘못을 범하였고, 확인심판을 청구하였더니 제조하지도 않은 '프린터 본체'를 확인대상에 포함시켜야 한다는 귀신 씻나락 까먹는 논리를 받아들여 침해여부에 대한 실체적 판단도 받아보지 못한 채 기각당해야 했다. 장이 뒤집혀서

환장하지 않고서는 이런 판결은 나올래야 나올 수 없는 판결이다.

VIII. 장님이 장님을 끌고 가다

캐논사건은 특허분야에서 빙산의 일각에 불과하다. 신규성과 진보성도 판단할 줄 모르고 확인대상도 파악할 줄 모른다면 특허분야는 법의 문외지대門外地帶나 다름없다. 장님이 장님을 끌고 가다 다 같이 방죽에 빠져 죽는 형국이다.

특허행정의 수장이라 할 수 있는 특허청장은 대부분 청와대 낙하산 인사다. 2014년 재임 중인 23대 김영민 특허청장은 특허청 내부승진을 했다 하지만 산업자원부 관료출신으로 특허청 재직기간은 길지 않다. 특허청이 발족한 1977년부터 2013년까지 지난 35년간 모두 23명의 특허청장이 거쳐 갔다. 평균재임기간이 1.5년이다. 특허법에 대해서 알지도 못하는 특허청장이 1.5년 동안 무슨 정책을 펴겠다는 것인가. 변리사로 일하던 이스라엘의 노엄 박사는 특허청장에 임명된 후 10년간 재직하다가 물러났다. 우리로서는 꿈같은 얘기다.

특허청장 대부분은 특허법에 문외한이다. 그래서 그들은 1.5년 동안 발명자에게 도움이 될 만한 특허행정을 펼치지 못한다. 그런 그들이 1.5년 동안 반드시 하는 일이 있다. 법개정이다. 신임 특허청장이 부임하면 어김없이 특허법을 개정한다. 생색내기용 법개정이다. 그래서 우리 특허법은 매년 개정된다. 미국특허법이 지난 200여 년 동안 10번도 안되는 개정을 한 것에 비하면 우리는 연례행사다. 그 다음으로 특허청장이 관심을 보이는 것은 숫자놀음이다. 우리나라 특허출원 건수가 세계 4위를 했느니 5위를 했느니 하는 것들이다. 껍데기 같은 데이터를 언론에 발표하면서 뭔가 중요한 일을 하고 있다는 것을 보여 주어야 하기 때문이다. 발명자를 위한 내실은 찾아볼 수 없고 모두 빛내고 광내기 위한 것들이다.

세계경제포럼의 2012-2013 국가경쟁력 보고서에 따르면, 지적재산권 보호지수는 150여 조사국 중에서 40위였다. 이는 다른 지수들에 비하면 월등히 우수한 것이지만, 특허출원 건수가 세계 4, 5위를 자랑하는 나라로서는 여전히 초라하다. 지적재산권 보호지수가 40위를 기록한 것도 상대적으로 높은 특허출원 건수에 기인한 것으로 생각된다. 많은 외국을 상대로 한 나의 특허실무 경험으로 보아 특허심사나 심판의 질적인 면을 면밀히 평가한다면 우리는 100위권 내에 들기도 어려운 실정이다.

심사관과 심판관의 문제도 심각하다. 심사관은 특허심사관과 상표심사관으로 구분된다. 특허와 상표는 다 같은 산업재산권 또는 지적재산권에 포함되지만 내용을 살펴보면 이들은 유사한 점이 거의 없는 별개의 분야다. 특허분야는 각 기술분야의 전공지식을 갖추어야 하고 나아가 특허법의 지식과 함께 최소한의 특허실무를 겸비해야 한다. 보다 구체적으로 특허명세서를 작성해 보아야 하고 작성할 줄 알아야 한다. 그러나 현재의 우리나라 특허심사관 시스템으로는 그것이 불가능하다. 그래서 특허명세서를 한 번도 작성해 보지 않은 심사관들이 특허를 심사한다. 그렇기 때문에 심판관이 되어서도 신규성이나 진보성조차 올바로 판단할 수 없다. 상표심사관은 기술과는 관계없고 상표법에 정통해야 한다. 그러나 현재의 상표심사관 제도만으로는 그것도 기대할 수 없다. 미국은 상표심사관들이 모두 상표법에 정통한 변호사들이다.

특허법원장을 비롯한 특허법원 판사의 문제도 특허청 심사관보다 더하면 더했지 덜하진 않다. 1998년 3월 개원한 특허법원에 2014년 2월 현재 17대 법원장이 재임하고 있으니 평균 재임기간이 1년이 안 된다. 특허법원 판사들은 정확한 재임기간을 알 수 없으나 평균 3년이 넘지 않을 것으로 보인다. 특허법원은 고등법원급이니 고위법관이 잠시 들렀다 가는 곳이다. 양승태 대법원장과 김이수 헌법재판관도 특허법원장을 역임했고, 박일환 대법관, 전효숙 헌법재판관도 특허법원 판사를 역임했다. 특허와는 별로 관계없는 인사들이다. 특허법원의 판사나 법원장은 특허법에 정통한 인사로서 최소한 특허분야에서는 존경받는 인사이어야 한다. 우리에게 그런 인사는 없다. 대법관이나 헌법재판관이 되기 위하여 잠시 머물렀다 가는 곳이다. 특허야 죽이 되든 밥이 되든 승진해서 떠나면 그만이다. 이런 상황이기 때문에 신규성이나 진보성을 제대로 판단할 리 만무하다. 전요소이론, 간접침해이론, 특허권 소진이론, 재생용품의 특허침해이론과 같은 특허법의 고급 이론들은 엄두도 내지 못하는 상황이다.

기술도 이해하지 못하고 특허법도 정통하지 못한 판사들이 판결을 내리고 있으니 그 판결이 어떠하겠는가. 우리나라 특허 심결이나 판결은 문제의 핵심을 찾지 못하고 있다. 특허 심결이나 판결은 개발새발 쓰여진다고 보면 된다. 판결문에는 인용하는 판례와 특허의 청구항을 베껴 쓰는 데 절반을 할애한다. 대부분의 판결문은 기술내용의 핵심을 파악하지 못한 채 단어와 문장을 짜깁기 하여 나열하는 수준이다. 기술내용을 중심으로 논점에 대한 충실한 논리가 전개되어야 하는데 그런 판결은 찾아보기 어렵다.

지방법원이나 고등법원에서의 판결도 대동소이하다. 2012년 삼성과 애플의 특허 침해소송에서, 서울중앙지법은 삼성에게 2500만 원, 애플에게 4000만 원의 손해배상을 내렸다. 그 판결이 내려진 다음날 미국법원에서는 삼성이 애플에게 1조 2000억 원을 배상하라는 평결이 내려졌다. 물론 우리나라에서의 판매량이 미국과 다르기 때문에 그 배상액이 같을 수는 없다. 굳이 글로벌 기업 간의 분쟁이 아니라 하더라도, 선진국에서의 특허소송에서 4000만 원의 손해배상은 그 자체가 존재하지 않는다. 국제적인 망신거리였다. 세계적인 기업 간의 특허분쟁이 이러할진대 개인이나 중소기업의 특허권이 제대로 보호된다고 생각하면 큰 오산이다. 그래서 우리는 자조적으로 말한다. "특허받아 봐야 말짱 도루묵"이라고. 모두 특허법에 대한 무지로부터 비롯된 특허업계의 비참한 현상이다.

특허법원에는 다른 법원에서 볼 수 없는 기술심리관이라는 독특한 직책이 있다. 법복은 입지 않지만 법관 옆의 법대에 앉아서 법관과 같이 심리에 참여한다. 그런데 기술심리관은 특허청에서 파견한 특허청 소속 공무원이다. 특허여부를 판단하는 소송인 경우에는 특허청과 출원인이 상대가 되어 싸운다. 즉 출원인이 원고가 되고, 특허청장이 피고가 된다. 특허청에서는 특허청장을 대리하여 특허청 소속 공무원인 소송수행자가 소송을 수행한다. 기술심리관과 특허청 소송수행자는 다 같이 특허청 소속이다. 가재는 게 편이라 하였다. 공정한 재판이 되었다 하더라도 의혹을 떨칠 수 없는 부분이다. 기술심리관은 특허청 소속으로부터 독립하여야 한다.

우리나라 법과대학이나 로스쿨도 특허분야는 열악하기 그지없다. 특허나 상표와 지적재산권 분야가 부상하자 이 분야로 특화하겠다는 대학들이 있지만 내막을 알고 보면 속빈 강정이다. 상표는 기술에 대한 지식이 없어도 되지만, 특허를 제대로 이해하기 위해서는 기술을 이해할 수 있어야 한다. 그런데 우리나라 대학에서 특허법을 가르치는 교수 중에서 기술을 이해할 수 있도록 이공계 전공을 가진 교수는 거의 전무하다. 기술을 모르면 특허청구범위를 이해할 수 없고 가르칠 수도 없다. 사과를 먹어 보지도 못한 사람이 사과 맛에 대해서 그럴듯하게 설명하는 것과 같다. 혹세무민하고 있다고 보면 된다. 특허청구범위를 가르치지 않고서 특허법을 가르쳤다고 할 수 없다.

특허를 심사하는 과정에 이런 말이 있다. "하나의 청구항이라도 거절이유가 있으면 전체 특허가 거절되어야 한다"라는 말이다. 이 말은 특허법에 기초를 둔 특허심사에 관한 법리다. 나는 이 법리를 '일부거절 전체거절의 법리'라 약칭한다. 이 법리의 의미는, 특허는 하나의 특허라 하더라도 여러 개의 청구항이 있을 수 있는데, 그중에서 한 항이라도 거절이유가 있으면 전체특허가 특허받을 수 없다는 것이다. 이 경우 특허를 받기 위해서는 거절이유가 있는 청구항을 출원인이 자발적으로 삭제해야 한다. 완벽한 청구항만을 남겨 놓아야 특허를 받을 수 있다는 의미다. 지극히 당연한 법리이다. 특허를 인정함에 있어서 하나라도 하자가 있으면 특허를 내줄 수 없으니 출원인이 완벽한 상태로 만들어 놓아야 하기 때문이다. 이 법리는 심사관이 심사단계에서 적용되는 법리로서, 심판이나 소송단계에서는 적용될 수 없는 법리다. 그런데 이 법리가 수십 년 동안 대법원 판결에서 인용되고 있다.[11] 그래서 모든 심판이나 소송에서 이 법리가 그대로 적용되고 있다. 이는 엄청난 잘못이다. 그렇게 심판하거나 소송하는 나라는 이 지구상에 우리밖에 없다. 우리 특허청이나 특허법원 나아가 대법원은 아직까지 이 법리에 대한 의미를 알지 못하고 있다.

특허심판이나 특허소송에서 심각한 또 다른 문제는 복수의 청구이유가 있는 경우 어느 하나가 타당하면 나머지 청구이유는 판단도 하지 않고 결론을 내린다는 점

---

11 대법원 판결 91후578, 92후1615, 94후203, 94후2018, 96후603, 99후1263 (이는 극히 일부에 지나지 않는다).

이다. 심결문이나 판결문을 보면 "이 특허는 신규성이 없어서 특허받을 수 없기 때문에 진보성이 있다는 주장에 대해서는 살펴볼 필요가 없다"라는 식의 내용을 흔하게 볼 수 있는데 이 또한 엄청나게 잘못된 것이다.

예를 들어, 어떤 특허가 신규성도 없고 진보성도 없다는 두 가지 이유 때문에 거절되었다 하자. 이 경우 출원인은 심판을 청구하면서 신규성도 있고 진보성도 있다는 주장을 하게 된다. 그러면 심판에서는 신규성도 판단해야 하고, 진보성도 판단해야 한다. 지극히 간단한 상식이다. 그러나 특허심판원이나 특허법원은 신규성을 판단해서 신규성이 없다고 판단되면, 진보성에 대해서는 판단할 필요가 없다고 하여 판단하지 않는다. 이것은 직무유기에 해당할 뿐만 아니라 절차상 엄청난 하자다.

그 이유를 살펴보면, 심판에서 신규성이 없다고 판단하여 심판청구를 기각했다면, 특허법원에 소송을 제기하면서, 신규성을 거론하게 되지만 진보성에 대해서는 거론할 수 없게 된다. 심판에서 신규성만을 판단하고 진보성에 대해서는 판단한 바가 없기 때문이다. 소송에서 신규성이 인정된다면, 파기되어, 심판원에서는 다시 진보성을 논하게 된다. 이런 식으로 하면 죽을 때까지 소송만 해도 끝이 나지 않는다. 우리는 이러한 의미도 모르고 심판이나 소송을 하고 있다.

상황이 이런데도 누구도 문제를 제기하지 않는다. 심사관부터 시작해서 심판관, 특허법원 판사, 대법원 판사, 변리사, 대학교수들도 이를 거론하는 자가 없다. 모두 눈먼 봉사들이기 때문이다.

특허문제는 매우 전문적인 분야이기 때문에 일반인이 이해하기 쉽지 않다. 특허명세서를 개발새발 써 놓고 판결을 개발새발 써 놓아도 잘못을 지적하기 어렵다. 하루빨리 우리 특허업계가 법의 문외지대(門外地帶)로부터 벗어나길 바란다.

15. 특허심판 및 소송의 문제점(Ⅰ)
— 특허심판원 정체성의 위기 —

특허법원에서의 심결취소소송은 특허심판원 심결의 적법성을 판단하는 재판이다. 심결취소소송은 특허심판원 심결에 대하여 불복하고자 하는 자가 청구하는 소송으로, 특허심판원에서 판단한 사항이 타당하지 않으니 특허법원에서 다시 판단해 달라는 것이다. 심결은 기재불비와 같은 기재요건에 관한 쟁점도 있지만, 특허요건에 관한 쟁점이 대부분이며, 그중에서도 신규성과 진보성에 관한 사항이 대부분이다. 따라서 여기서 설명하는 내용들은 신규성과 진보성을 쟁점으로 하는 사건들에 대하여 살펴보고자 한다.

특허법원은 심판 단계에서 제출되지 않은 증거를 채택하여 심리해 오고 있다. 특허법원의 이러한 심리관행은 심결취소소송의 취지에도 맞지 않으며, 특허심판원의 정체성을 부정하는 결과를 가져온다.

출원발명이 신규성이나 진보성을 상실하여 특허를 받지 못하거나, 이미 특허받은 발명을 같은 이유로 무효로 한다는 특허심판원 심결에 대하여, 심판 단계에서 제출되지 않은 증거를 특허법원 소송 단계에서 제출하여 신규성이나 진보성 상실을 주장하는 것은 바람직한 재판이 아니다.

예를 들어, 어떤 특허발명이 무효심판 단계에서 선행기술 A에 의하여 신규성이 있다고 판단되어 무효로 되지 않았다고 하자. 현행의 재판심리 관행으로 보면, 이 경우 패소자는 특허법원에 심판 단계에서 제출되지 않았던 선행기술 B를 증거로 제출하면서 심결취소를 구할 수 있고, 특허법원은 선행기술 B로써 무효여부를 판단하는 판결을 내릴 수 있다. 이러한 관행에서는 많은 심각한 문제가 발생한다.

첫째, 심결취소소송은 심결의 적법성을 심리하는 소송이다. 하지만 특허법원에서 새로운 증거에 대하여 독자적으로 심리하는 것은 심결의 적법성을 심리하는 것이 아니다. 그것은 새로운 증거에 대하여 독자적으로 신규성이나 진보성을 판단하는 것이다.

둘째, 특허법원에서 새로운 증거에 대하여 독자적으로 심리하는 것은 1회의 사실심만을 거치게 되어, 헌법에서 보장하는 3심제에도 위배된다. 특허발명이라는 특수성 때문에 전 세계 대부분의 국가에서 특허청(특허심판원)에서 1심을 거치도록 하고 2심은 사법부인 법원에서 심리하는 것이 일반적인 특허심판 및 소송제도인데, 특허심판원에서 판단하지 않은 증거에 대하여 특허법원이 판단하는 것은 3심제에 대한 국민의 권리를 박탈하는 것이다.

셋째, 심판 단계에서 제출되지 않았던 증거를 바탕으로 특허법원이 독자적으로 특허요건을 판단한다면, 심판을 거치지 않고 특허법원에 직접 소송을 제기하는 것도 가능해진다. 예를 들어 무효심판을 제기하고자 할 때, 특허심판원의 심판을 거치지 않고 특허법원에 직접 1심에 해당하는 무효소송 제기가 가능하다는 얘기다. 그렇게 된다면 특허심판원의 존립 자체를 부정하는 결과를 가져올 것이다.

이처럼 심판 단계에서 제출되지 않은 증거를 특허법원의 재판 단계에서 제출하여 신규성이나 진보성 상실여부를 판단하는 것은 타당하지 않다.

그렇다고 새로운 증거가 심결취소소송에서 모두 인정될 수 없는 것은 아니다. 신규성이나 진보성을 심리한다 하더라도, 경우에 따라 심판 단계에서 제출되지 않은 새로운 증거가 인정될 수도 있다. 당사자가 신규성이나 진보성을 다투면서 심결에서 판단한 신규성이나 진보성을 보조하거나 보충하기 위한 증거는, 비록 그것이 심판 단계에서 제출되지 않았다 하더라도, 얼마든지 인정될 수 있다. 예를 들어, 무효심판 단계에서 선행기술 A에 의하여 신규성이 있다고 판단되어 무효로 되지 않은 경우에, 새로운 선행기술 B를 제출하면서 신규성이 없다고 주장할 때, 선행기술 B는 증거로 채택되어서는 안 되지만, 선행기술 A에 의하여 신규성이 있다고 판단한 심결의 부당성을 입증하기 위하여 그를 뒷받침하기 위한 새로운 증거 C는 얼마든지 인정될 수 있는 것이다. 다시 말해서, 신규성이나 진보성을 판단하기 위한 비교 대상으로서의 직접 증거는, 그것이 심판에서 심리되지 않았던 증거라면, 특허법원에서 채택하여 심리해서는 안 된다.

특히 신규성이 쟁점인 경우에는 새로운 증거가 절대로 특허법원에서 심리되어서는 안 된다. 심판 단계에서 선행기술 A가 판단의 근거가 되어 출원발명이나 특허발명의 신규성이 인정된 경우에, 상대방은 새로운 증거인 선행기술 B를 제출하여 신규성이 없다고 주장할 수는 없다. 신규성은 단일의 문헌(single source literature)에 의하여 판단되기 때문에, 새로운 증거에 의하여 신규성을 판단하는 것은, 다른 선행기술 자료(선행기술 A)에 의한 판단에 관계없이, 처음부터 다시 신규성을 판단해야 하기 때문이다. 따라서 새로운 증거인 선행기술 B를 소송 단계에 제출하여 심리해 주기를 요구하기 전에, 특허심판원에 새로운 심판을 제기해야 한다.

진보성은 신규성과는 다르다. 진보성은 신규성과 마찬가지로 단일의 문헌에 의하여도 판단할 수 있지만, 신규성과는 다르게 2개 이상의 복수의 문헌에 의한 판단이 가능하다. 복수의 문헌에 의하여 진보성을 판단할 때, 거의 대부분의 사건에서는 가장 기본이 되고 중요하게 여겨지는 증거(이하 '주증거')가 하나 있다. 나머지는 주증거와 함께 보조적으로 참조되는 증거(이하 '보조증거')들이다. 역시 특허법원의 소송 단계에서 새로운 증거를 주증거로 제출해서는 안 된다. 보조증거는 새로운 증거라 하더라도 소송 단계에서 채택되어 심리될 수도 있다. 그러나 이 같은 설명은 지극히 탁상공론에 가깝다. 실제의 경우에는, 보조증거가 진보성 판단에 영향을 미치는 경우는 거의 전무하기 때문이다. 새로운 증거가 진보성을 판단하는 주증거인 경우에는, 특허심판원에 새로운 심판을 제기하여 특허심판원에서 심리할 수 있어야 한다.

2015년에 특허법원 제3부에서 선고한 특허 및 실용신안 등록무효사건 중에서 심판 단계에서 제출되지 아니한 선행발명을 특허법원에 새로이 제출한 사건은 모두 12건이고, 그중에서 심결이 취소된 사건은 2건이라 한다. 새로운 증거가 제출된 12건의 사건에서, 그 새로운 증거가 신규성 판단 증거인지 또는 진보성 판단증거인지는 알 수 없지만, 그것이 신규성 증거이었거나 아니면 진보성 판단의 주증거이었다면, 이러한 소송관행은 앞에서 설명한 심각한 문제를 야기하고 있는 것이다.

16. 특허심판 및 소송의 문제점(Ⅱ)
― '비교대상발명'이라는 용어에 대하여 ―

1998년 3월 특허법원이 문을 연 이래로 우리 특허분야는 많은 발전과 함께 변화가 있어 왔다. 필자는 그 많은 발전과 변화 중에서 사건 이해상 중요한 하나를 말하고자 한다.

특허출원의 심사나 심판 또는 소송에서 필수적으로 등장하는 용어가 하나 있다. '비교대상발명'이라는 용어다. 신규성이나 진보성을 판단할 때 필수적으로 등장한다. 권리범위확인심판에서는 '확인대상발명'이란 용어로 대치된다. 상표의 유사여부를 판단하는 경우에는 '비교대상상표'가 또한 그러하다. '비교대상발명'이 여럿 있는 경우에는 '비교대상발명 1', '비교대상발명 2', '비교대상발명 3' 등으로 지칭한다.

특허법원이 개원하기 전에는 '비교대상발명'을 '인용발명'이라 하였다. '비교대상상표'는 '인용상표'라 하였고, '확인대상발명'은, 일본의 영향을 받은 것인지 모르지만, '(가)호 발명'이라 하였다. 물론 심사관의 심사단계에서는 아직까지 '인용발명'이나 '인용상표'를 즐겨 쓰지만, 심판의 심결문이나 재판의 판결서에서는 '비교대상발명'과 '비교대상상표'가 굳건히 자리 잡은 지 오래다. 심사단계에서도 '비교대상발명'과 '비교대상상표'의 사용이 점차 늘어나고 있다. 필자의 희미한 기억으로는 특허법원이 개원하고 나서 '인용발명'이나 '인용상표' 대신에 '비교대상발명'이나 '비교대상상표'로 사용하기 시작하였고, 특허심판원이 그 용어를 따라 하기 시작한 것 같다. 4글자가 6글자로 늘어났으니, 언어경제나 언어효율적인 측면에서 악화가 양화를 구축했다고 할 수 있다.

'비교대상발명'이나 '비교대상상표'란 용어는 비단 심결문이나 판결문에 국한되지 않는다. 의견제출통지서, 의견서, 답변서, 심판청구서, 소장, 준비서면 등에서도 계속 이어진다.

미국은 '비교대상발명 1', '비교대상발명 2' 등으로 표기하지 않는다. 그들은 심결문이나 판결문 또는 의견서 등에서 발명자(특허권자)의 이름으로 지칭한다. 예를 들어, '홍길동 특허', '김갑동 특허' 이런 식으로 표기한다. 더 간단히 '홍길동', '김갑동' 식으로 표기한다. 우리의 '비교대상발명'과 미국식의 발명자 표기방식의 차이점을 살펴보자. 예를 들어, "본원발명은 비교대상발명 1에 의하여 진보성이 없다"라는 우리식의 표현과 "본원발명은 홍길동 특허에 의하여 진보성이 없다"라는 미국식의 표현을 보자. 어느 것이 뜻이 쉽게 이해되는지는 더 이상의 설명이 필요 없다. 우리식 표현에서는 '비교대상발명 1'에 대해서 별도의 인식이 더 필요하다. 문제가 더 복잡해지면 이해하기가 더 어려워진다. 우리는 "비교대상발명 1에는 구성 1이 개시되고, 비교대상발명 2에는 구성 2가 개시되고, 비교대상발명 3에는 구성 3이 개시되기 때문에, 본원발명은 이들에 의하여 진보성이 없다"라는 식으로 표현한다. 반면, 미국은 '홍길동 특허에는 구성 1이 개시되고, 김갑동 특허에는 구성 2가 개시되고, 김갑순 특허에는 구성 3이 개시되기 때문에, 본원발명은 이들에 의하여 진보성이 없다'로 표현한다.

유럽을 비롯한 대부분의 영어권 국가에서나 WIPO의 PCT 보고서에서는 '비교대상발명'을 "D" 또는 "R"이라 표기한다. "D"는 "Disclosure"의 약자이고 "R"은 "Reference"의 약자이다. 문서의 서두에 "D1" 또는 "D2"에 대하여 정의하고, 간단히 "D1" 또는 "D2"로 통용하는 것이다. 우리가 "비교대상발명 1에는 구성 1이 개시되고, 비교대상발명 2에는 구성 2가 개시되고, 비교대상발명 3에는 구성 3이 개시되기 때문에, 본원발명은 이들에 의하여 진보성이 없다"라고 말할 때, 그들은 "D1에는 구성 1이 개시되고, D2에는 구성 2가 개시되고, D3에는 구성 3이 개시되기 때문에, 본원발명은 이들에 의하여 진보성이 없다"라고 말한다.

우리는 신규성이나 진보성을 판단하기 위한 대상이 모두 '비교대상발명'이다. 신규성이나 진보성을 판단하기 위한 대상은 크게 특허문헌(patent literature)과 비특허문헌(non-patent literature)으로 구분한다. 비특허문헌은 학술논문, 도서, 간행물 등으로 이루어진다. 특허문헌을 '비교대상발명'이라 하는 것은 문제가 없지만, 비특허문헌을 '비교대상발명'이라 하는 것은 적합하지 않다.

우리의 특허실무에서 사용하고 있는 '비교대상발명'이란 용어는 그 대상을 정확하게 지칭하지도 못할 뿐만 아니라, 의미를 파악하는 데도 별로 도움이 되지 못한다. 선행기술의 실질적인 내용파악도 버거운 상황에서, 그것을 지칭하는 용어마저 쉽게 정의하지 못하기 때문에 우리의 심결문이나 판결문은 그토록 이해하기 어려운 것이다. 언어경제나 언어효율의 측면을 보더라도 '비교대상발명'은 'D'보다 6배나 비효율적이다. 구술심리나 변론에서도 'D1' 또는 'D2'라고 간단히 말할 수 있는 것을 '비교대상발명 1' 또는 '비교대상발명 2'라고 해야만 하는 우리 현실은 나같이 말이 어눌하고 문장에 대한 이해력이 뒤떨어지는 사람에게는 더 괴롭다.

17. 특허심판 및 소송의 문제점(Ⅲ)
― 신규성과 진보성에 대하여 ―

신규성과 진보성은 특허에 있어서 가장 중요한 특허요건이다. 특허를 받기 위한 요건에는 여러 가지가 있지만, 신규성과 진보성이야말로 특허의 생명이라 할 만큼 중요한 특허요건이다. 신규성과 진보성이 없으면 특허를 받을 수 없고, 특허를 받았다 하더라도 무효로 될 수 있다. 따라서 신규성과 진보성에 대한 판단은 특허업무의 전부라 해도 과언이 아니다. 그런데 우리는 아직까지도 신규성과 진보성 판단을 잘못하여 잘못된 심결이나 판결이 나오는 경우를 종종 볼 수 있다. 그래서 신규성과 진보성의 차이를 명확히 살펴보고자 한다.

신규성과 진보성은 다 같이 특허요건이라는 점 외에는 공통점이 하나도 없다. 굳이 공통점을 찾는다면 판단대상이 이미 공지된 자료(선행기술)라는 점이다. 이처럼 신규성과 진보성은 전혀 별개의 개념이다. 구체적으로 어떤 차이점이 있는지 살펴보자.

첫째, 신규성은 단일 문헌(single source document)에 의하여 판단하지만, 진보성은 단일 문헌뿐만 아니라 둘 이상의 복수의 문헌에 의하여 판단할 수 있다는 점이다. 만일 구성요소 (가)와 (나)로 이루어진 발명의 신규성을 판단하면서, D1에 (가)가 개시되고, D2에 (나)가 개시되어, D1과 D2에 의하여 신규성이 상실되었다고 판단한다면 그것은 신규성을 잘못 판단한 것이다. D1에 (가)와 (나)가 모두 개시된 경우에만, D1에 의하여 신규성이 없다고 할 수 있는 것이다. D1에도 (가)와 (나)가 개시되고, D2에도 (가)와 (나)가 개시되었다면, 그 발명은 D1에 의해서도 신규성이 없고, D2에 의해서도 신규성이 없다고 할 수 있다.

둘째, 신규성은 판단대상의 기술분야가 모든 기술분야를 망라하지만, 진보성은 그 발명이 속하는 기술분야에 한한다. 신규성은 선행기술과의 동일성을 판단하는 것이다. 따라서 기술분야를 제한하지 않는다. 기술분야가 다른데 어떻게 동일할 수 있느냐라는 반문을 가질 수 있다. 그러나 그런 경우는 얼마든지 존재한다. 예를 들어, 휴대폰에 사용되도록 개발된 어떤 합성수지 필름이 이미 신발 밑창에 사용되어 왔던 필름이라면, 휴대폰용 필름은 신발용 필름에 의해 신규성을 상실한다. 신발과 휴대폰은 기술분야가 전혀 다르다. 그러나 이 경우, 신발용 필름은 휴대폰용 필름에 대한 진보성 판단대상이 될 수 없다. 신규성과 진보성의 판단대상을 이해하지 못하여 잘못 판단한 사건이 '캐논 사건'이다. 캐논의 '프린터용 감광드럼'에 대한 진보성을 판단함에 있어서 '광산용 드릴장치'를 진보성 판단자료로 삼았던 어처구니 없는 사건이었다.

진보성은 발명이 속한 그 기술분야에 한정된다. 아니면 조금 융통성을 발휘하여 그 기술과 밀접한 관계가 있는 아주 유사한 기술분야에 한정된다. 진보성은 '이것(해당발명)이 저것(선행기술)보다 우수한지(진보성이 있는지)의 여부'를 판단하는 것이다. 우열을 가리기 위해서는 동종의 사물이어야 한다. 신발이 휴대폰보다 우수하다고 말하는 바보는 없을 것이다. 그러나 "이 신발이 저 신발보다 우수하다"고는 말할 수 있다. 진보성 판단대상의 기술분야가 동일해야 한다는 것은 이러한 논리에서 출발한다. 다른 예로, 동일한 수학시험에서 90점을 받은 학생이 70점을 받은 학생보다 우수하다고 할 수 있다. 그런데 영어를 90점 받은 학생이 수학을 70점 받은 학생보다 우수하다고는 말할 수 없다. 서로 다른 전공을 선택하여 우열을 가리는 변리사 2차 시험이 얼마나 엉터리 같은 시험인지를 금방 알 수 있을 것이다.

셋째, 신규성을 판단함에 있어서는 발명의 구성만을 판단하지만, 진보성은 발명의 목적, 구성, 효과를 판단한다. 신규성은 동일성을 판단하기 때문에 구성만을 판단하면 된다. 그리고 기술분야가 다를 수 있기 때문에, 목적이나 효과를 판단할 수 없다. 신발용 필름의 효과와 휴대폰용 필름의 효과를 비교한다는 것은 무의미하고 불가능한 일이기 때문이다. 신규성을 판단하면서 발명의 목적과 효과를 거론하였다면 그 신규성 판단은 잘못된 것이다. 그러나 이런 일이 실제로 '캐논 사건'의 심결과 판결에서 일어났다.

넷째, 진보성은 당업자의 수준에서 판단하지만, 신규성은 당업자의 수준에서 판단하지 않는다. 진보성은 (당업자가 아님에도 불구하고) 당업자 수준을 갖는다는 가설하에서 판단한다. 그래서 진보성 판단을 가설적 판단이라 한다. 그러나 신규성은 그런 가설이 필요 없다. 신규성은 그 기술분야에서 평균적인 기술수준에 도달한 당업자가 아니라 그 기술을 이해할 수 있는 정도의 상식을 가진 자라면 누구나 판단할 수 있다. 신규성은 두 기술을 비교해서 동일한지의 여부만을 판단하기 때문이다.

다섯째, 신규성 판단에는 2차적 고려사항(보조증거)(secondary considerations)이 사용될 수 없지만, 진보성 판단에는 2차적 고려사항이 사용될 수 있다. 진보성 판단을 위한 2차적 고려사항이란 상업적 성공(commercial success), 소비자의 욕구(long-felt-but-unfulfilled-need), 발명의 개발과정(development history), 복제품의 등장(copying) 등이 있다. 진보성 판단을 위한 2차적 고려사항은 객관적 증거이지만 항상 인용될 수 있는 강력한 증거는 아니다. 그렇다고 진보성 판단에 고려해 볼 만한 가치가 없다는 것은 아니다.

이 외에도, 신규성과 진보성의 차이점은 많이 있지만, 이 정도만이라도 정확히 알고 있다면, 국내 5개 중소업체를 파산지경에 이르게 했던 '캐논 사건'과 같은 잘못된 판결은 나오지 않았을 것이다.

18. 특허심판 및 소송의 문제점(IV)
─ 진보성 판단의 문제점 ─

　특허요건 중에서 가장 중요한 것은 신규성과 진보성이다. 특허여부를 결정하는 심사 과정이나 특허무효심판에서 매우 중요한 요건으로, 모든 특허요건 중에서 이 두 요건이 차지하는 비율은 95% 이상이 될 것이다. 그중에서 신규성은 진보성보다 판단이 용이하고 관련 사건도 대략 5% 미만이지만, 진보성은 그 판단도 어렵고 관련 사건도 대략 95% 이상으로 특허요건의 심사에서 거의 대부분을 차지한다.

　진보성 요건은 발명이 속하는 기술분야에서 보통의 지식을 가진 자가 용이하게 개발할 수 있다고 판단되면 진보성이 없다고 결론짓는 것이다. 전 세계의 모든 특허법이 진보성을 이렇게 규정하고 있다. 지식을 많이 가져서도 안 되고 적게 가져서도 안 되며 보통의 지식을 가진 자가 판단해야 한다. 지극히 추상적인 규정처럼 보이고, 따라서 진보성 판단은 주관적 판단이 될 가능성이 높은 것으로 이해될 수 있다. 그러나 진보성 판단은 그런 것이 아니다. 어떤 법이 추상적인 규정에 의하여 주관적으로 판단하도록 만들어졌다면 그 법은 잘못된 것이다. 주관적 판단은 법을 해석함에 있어서 올바른 판단방법이 아니다. 진보성 판단은 아주 구체적인 것이며 객관적인 것이다.

진보성 판단은 3단계 판단방법(Three Step Test)에 의해 행해진다. 첫째, 선행기술의 범위를 확정하고, 둘째, 선행기술과 해당발명의 차이점을 분석하여 진보성의 유무를 판단하고, 셋째, 두 번째 단계에서 진보성을 판단하는 자가 당업자의 기술수준을 파악하여 당업자라는 가정하에서 진보성을 판단한다.

우선, 첫 번째 단계인 선행기술의 범위를 파악하는 단계는 그 범위를 해당발명의 해당(pertinent) 기술분야에 한정해야 한다는 점이다. 조금 더 확장한다면, 해당발명과 유사한(analogous) 기술분야까지 확장할 수 있다. 그런데 우리의 심사 실무에서는 선행기술의 범위를 파악하는 단계부터 잘못된 경우가 무수히 많다. 해당 또는 유사 기술분야가 아닌데도 진보성 증거로 인용하고 있다는 점이다. 이러한 잘못된 심사는 진보성과 신규성을 정확히 이해하지 못하기 때문이다. 신규성은 선행기술의 범위에 제한이 없기 때문에 모든 기술분야를 망라하지만, 진보성은 해당 기술분야 아니면 유사 기술분야에 한정된다. 또한 신규성은 동일성을 판단하기 때문에 판단에 융통성이 없지만(narrow), 진보성은 용이창작의 여부를 판단하기 때문에 상당한 융통성이 있다(broad). 이러한 기본 법리를 이해하면 진보성 판단을 위한 선행기술의 범위를 정확히 파악할 수 있다.

두 번째 단계는 진보성 판단에서 가장 중요하다. 우선 선행기술과 해당발명의 차이점을 정확히 파악해야 한다. 그 차이점을 파악하기 위해서는 발명의 목적, 구성 및 효과를 파악해야 한다. 물론 이 중에서 가장 중요한 것은 발명의 구성이다. 발명의 구성이 다르다면, 목적이나 효과도 다를 수밖에 없기 때문에 발명의 진보성이 부인되지 않는다. 또한 목적이나 효과가 다르다면, 구성도 다를 수밖에 없고, 따라서 이 경우도 진보성이 부인되기 어렵다. 목적이나 효과가 다른데 구성이 동일하다면, 그것은 신규성 문제일 가능성이 높고 진보성 문제일 가능성은 아주 희박하다. 그런데 우리의 심사, 심판 및 소송 실무에서는 이 단계에서 결정적인 잘못을 범하고 있다.

우리 실무는 발명의 차이점을 파악함에 있어서, 발명을 구성요소(1, 2, 3, 4 등으로)로 분해한다. 그리고 그 구성요소별로 선행기술의 구성요소와 대비한다. 마치 청구항을 기계적으로 분해하듯이 구성요소로 분해한다. 발명의 차이점을 이렇게 구성요소별로 분해하여 진보성을 판단하는 나라는 우리나라가 유일하다. 발명을 구성 요소로 대비하여 진보성을 기계적으로 판단한 심결이나 판결은 우리나라에만 존재 한다. 이러한 판단방법은 나무만을 보고 숲을 보지 못하는 결과를 가져온다. 진보 성의 판단은 발명의 목적, 구성 및 효과를 파악하여 기술적 특징들(technical features)을 중심으로 판단하는 것이지, 모래알과 같은 구성요소를 대비하여 판단하 는 것이 아니다.

구성요소들이 선행기술에 모두 개시된 경우의 진보성 판단은 반드시 발명의 효 과에 대한 파악이 수반되어야 한다. 공지된 구성요소들의 조합에 의하여 다른 (different) 또는 예측하지 못한(unexpected) 결과를 가져온다면 그 발명의 진보성은 부인되지 않는다. 다시 말해서, 상승효과(synergistic result) 또는 상승작용(synergism) 을 파악해야 한다. 상승효과가 인정되면, 설사 모든 구성요소들이 복수의 선행기술 에 개시되었다 하더라도, 진보성이 부인되지 않는다. 이 경우, 상승효과가 없다고 해서 반드시 진보성이 부인되는 것은 아니다. 이것이 진보성 판단의 올바른 법리 다. 상승효과를 판단하지도 않고 공지된 구성요소들의 조합이라는 이유로 당업자 가 용이하게 개발할 수 있다고 판단하는 우리의 실무는 이제 지양되어야 한다. 우 리의 특허실무는 상당히 많은 발명들을 진보성으로부터 배제시키고 있다.

마지막으로 당업자의 기술수준을 파악하여 판단하는 자가 그 기술분야의 당업자 라는 가정하에서 진보성을 판단한다. 해당 기술분야를 공부한 적도 없고 경험한 적 도 없는데, 해당 기술분야의 보통의 전문지식을 가진 자라고 생각하고 진보성을 판 단하라니 답답한 일이 아닐 수 없을 것이다. 때로는 심판이나 소송 과정에서 통상 의 기술자가 누구인지, 그가 가지고 있는 기술수준이 어느 정도인지를 묻거나 그에 대한 증거를 제출하라는 웃지 못할 일도 벌어진다. 당업자의 기술수준은 발명의 목 적, 구성 및 효과를 파악하여 그 발명을 전체적으로 이해하게 될 때 이해될 수 있는 것이다.

이러한 방법으로 진보성을 판단하면 주관적 판단에 의존하지 않고 보다 객관적 으로 진보성을 판단할 수 있다. 그렇다 하더라도 어려운 경우가 있을 수 있다. 그래 서 마지막으로 활용될 수 있는 것이 바로 2차적 고려사항(보조증거)(secondary considerations)이다. 2차적 고려사항이란 상업적 성공(commercial success), 소비자의 욕구(long-felt-but-unfulfilled-need), 발명의 개발과정(development history), 복제품의 등장(copying) 등이 있다. 2차적 고려사항은 객관적 증거이지만 항상 인용될 수 있는 강력한 증거는 아니다. 하지만, 진보성 판단을 보다 객관적으로 하기 위해 충분한 가치가 있는 것들이다. 물론 신규성 판단에는 2차적 고려사항이 절대로 사용될 수 없다.